JN437071

전자무역의 이해와 활용

최경주 | 류건우 공저

도서출판 두남

본 과제(결과물)는 교육과학기술부의 재원으로 한국연구재단의 지원을 받아 수행된 산학협력 선도대학(LINC) 육성사업의 연구결과입니다.

머리말

시대의 변화에 발 맞추어, 사이버공간의 확장은 종전의 시간과 공간의 개념을 크게 변화시키고 있습니다. 인터넷이 일상화 되면서 무역의 패러다임도 바뀌어 가고 있으며, 무역거래형태도 전자무역의 형태로 급속히 발전 변모하고 있습니다. 우리나라가 무역 규모 2조 달러를 넘어서고 있는 시점에서, 세계일류무역 강국이 실현 되려면 전자무역으로의 패러다임이 바뀌어야 한다고 봅니다. 이러한 시대의 변화 요구에 따라, 전문 인력양성을 위하여 "전자무역의 이해와 활용" 교재 집필을 하게 되었습니다.

전통적인 국제 무역 방식은 직접 해외 출장하거나, 해외 정보 수집을 포함한 마케팅 활동, 거래처의 발굴 및 선정 및 신용조사에서부터 무역 계약의 체결 및 그 이행, 그리고 국제분쟁 해결에 이르기까지 필요한 모든 절차가 종이서류를 기반으로 하였습니다. 그러나, 국제무역에 있어서, 전자무역이라는 무역 패러다임이 형성. 정착 심화되어 가고 있으며, 인터넷 등 정보기술 기반의 전자무역은 이러한 모든 무역절차가 전자서류를 기반으로 온라인상에서 일원적으로 구현을 가능 하게 하고 있습니다. 따라서 이번 교재개발을 통하여, 전자무역 전공 수업에 저극적으로 활용하여, 향후 학생들로 하여금 무역 통상분야로의 진출에 기반이 되는 교재로 활용하며, 또한, GTEP 등 무역 전문 인력양성 사업단의 교재로도 활용이 가능 하도록 집필 하였습니다.

전자무역 플랫폼은 물리적 재화의 수출입에 관련된 전통적인 무역처리과정에서 발생하는 막대한 무역정보를 전자적으로 교환함으로써 무역프로세스를 획기적으로 전환 하고 있습니다.

또한, 전자무역에 대한 학문적인 연구가 학계와 연구기관에서 활발하게 진행되고 있으나, 무엇보다도 중요한 것은 학생들에게 실무를 바탕으로 졸업 후 업계에 진출하여 바로 현장에서 활용되는 것이라고 할 수 있습니다.

본서는 업계에서의 무역 실무 경험을 바탕으로 집필 되었으며, 학생들이 이 책을 통하여 전자무역을 연구하는 학도들에게 조금이나마 도움이 되는 지침서가 되기를 바라고, 전자무역을 실행하는 무역업계에 많은 도움이 되었으면 하며, 그 밖에 연구기관 및 업계에서 전자무역에 관심 있는 사람들에게 전자무역의 미래와 과제를 제시하는 참고서가 되기를 바랍니다.

끝으로, 본서가 발간 되기까지 계명대학교 LINC사업단 관계자들에게 깊은 감사를 드리며, 아울러 출판을 맡아 수고하여 주신 도서출판 두남 전두표 사장님과 이승구 상무님에게도 감사를 드립니다.

2015. 1. 을미년 새해에

최경주, 류건우 드림

목 차

제10장 국제 지급결제시스템(서비스)과 무역 금융결제의 이해

제11장 전자무역플랫폼 활용 실무

제12장 전자무역기반의 공급망관리

제1장 무역업의 개요

1 무역의 의의 및 특징

1) 무역의 일반적 개념

무역(trade)은 국경을 달리하는 서로 다른 국가에 존재하는 기업, 국가, 개인 등의 경제주체 사이에서 재화 및 용역의 교환(exchange)이나 매매(sale)를 목적으로 행하는 국제상거래(international commerce transaction)를 말한다.

국내상거래가 같은 지역 내에서 같은 법률 · 상관습 · 통화 · 언어 · 정책에 의하여 규제를 받는데 비하여, 무역은 한 국가와 다른 국가간에 거주하는 경제주체들간의 상거래이므로 서로 상이한 법률 · 제도 · 관습 · 통화 · 언어 및 정책 등에 의해 규제를 받는다는 점이 다르다. 그러나 일반적으로 무역이 영리를 추구한다는 점에서는 국내상업과 다를 바가 없다.

무역은 경제적 국경선인 관세선(customs line)을 기준으로 하여 수출(export) · 수입(import)으로 나누며, 무역거래의 주체는 상대방이 내국인이든 또는 외국인이든 그리고 본 · 지점간이든 크게 문제가 되지 않는다.

한편, 최근에 와서 정보통신기술의 발달에 따른 전자상거래(electronic commerce : EC)방식에 의한 전자무역(electronic trade)의 활성화는 기존의 전통적 무역개념을 변화시키게 되었다. 전자무역은 무역을 이행함에 있어 인터넷을 통하여 전자적으로 업무를 처리하는 것 이상의 의미를 지니고 있다.

종래의 전통적 무역은 종이서류 중심의 거래(paper trade)에서 서류없는 무역(paperless trade)으로 급속히 이행됨에 따라 무역계약을 비롯하여 해외마케팅, 무역대금결제, 수출입통관, 전자서류 등 무역거래의 전영역에 걸쳐 전자적 방식에 의한 전자무역으로 전환되고 있다.

또한, 전통적인 무역에서는 유형재의 수출입이 주를 이루고 있었으며, 음악, 영화, 소프트웨어와 같은 무형재의 경우에도 반드시 유형재로써 제작되었을 때에만 수출입이 가능하던 것이 전자무역에서는 디지털 제품(digital goods) 그 자체로써 네트워크를 통해 수출입이 가능해졌다.

따라서 무역의 개념은 국경을 중심으로 국내거래와 국제거래로 구분하던 것에서 국내외시장을 구분하지 않는 하나의 시장으로서의 세계무역으로 한 단계 발전하게 되었다.

2) 무역관계법상의 무역의 개념

대외무역법상에서, "무역"이라 함은 무역거래자에 의한 물품과 대통령령이 정하는 용역과 전자적 형태의 무체물의 수출·수입을 말한다(대외무역법 제2조). 여기서 "무역거래자"라 함은 수출 또는 수입을 하는 자, 외국의 수입자 또는 수출자의 위임을 받은 자 및 수출·수입을 위임하는 자 등 수출·수입행위의 전부 또는 일부를 위임하거나 행하는 자를 말한다. 또한 "물품"이라 함은 외국환거래법에서 정하는 지급수단·증권 및 채권을 화체한 서류 외의 동산을 말한다.

이처럼 개정된 대외무역법에서는 무역의 개념에 전자무역을 포함하고 있는데 이는 최근 통신기술의 발달과 인터넷 보급의 확산으로 전자거래방식에 의한 수출, 수입거래가 증가함에 따라 이를 효율적으로 관리하기 위한 것이다.

한편 대외무역법상 수출입의 정의와 관련하여, 여기서 "수출"이라 함은 다음의 하나에 해당하는 것을 말하며(대외무역법시행령 제2조 3, 4), 여기서 "기타 지식경제부장관이 정하여 고시하는 방법"이라 함은 컴퓨터 등 정보처리능력을 가진 장치에 내장한 상태로 반출·반입한 후 인도·인수하는 것을 말한다(대외무역관리규정 제1-0-2조 2).

① 매매·교환·임대차·사용대차·증여 등을 원인으로 국내에서 외국으로 물품을 이동하는 것(우리나라의 선박에 의하여 외국에서 채취 또는 포획한 광물 또는 수산물을 외국에 매도하는 것을 포함한다)과 유상으로 외국에서 외국으로 물품을 인도하는 것으로서 지식경제부장관이 정하여 고시하는 기준에 해당하는 것

② 외국환거래법 규정에 의한 거주자가 비거주자에게 전자적 형태의 무체물을 정보통신망을 통한 전송 기타 지식경제부장관이 정하여 고시하는 방법으로 인도하는 것

또한 "수입"이라 함은 다음의 하나에 해당하는 것을 말한다.

① 우리나라에 있는 물품으로서 외국물품이 아닌 것

② 우리나라의 선박 등에 의하여 공해에서 채집 또는 포획된 수산물 등
③ 입항전 수입신고가 수리된 물품
④ 수입신고수리전 반출승인을 얻어 반출된 물품
⑤ 수입신고전 즉시반출신고를 하고 반출된 물품

그리고 "외국물품"이라 함은 다음의 하나에 해당하는 물품을 말한다(관세법 제2조 4).

① 외국으로부터 우리나라에 도착된 물품(외국의 선박 등에 의하여 공해에서 채집 또는 포획된 수산물 등을 포함한다)으로서 수입의 신고가 수리되기 전의 것
② 수출신고가 수리된 물품
③ 관세법의 규정에 의하여 인정된 바에 따라 소비 또는 사용하는 경우의 물품

3) 무역 특징

(1) 무역의 해상 의존성

무역은 일반적으로 원격지간의 거래로서 육로를 이용하는 것보다 해로를 이용하여 이루어지는 경우가 대부분으로 해상운송과 밀접한 관계가 있다. 세계무역은 옛날부터 바다를 중심으로 이루어져 왔기 때문에 해운이 발달과 함께 발전해 왔으며 그 후 경제가 발전됨에 따라 먼저 무역과 해운이 분화되고 다시 해운과 해상보험이 분리되어 각각 독립기업으로 발달하게 되었다.

(2) 무역의 기업 위험성

무역은 그 특성으로 인하여 국내거래에서 볼 수 없는 많은 위험을 내포하고 있다. 이러한 무역거래활동에는 다음과 같은 위험이 항상 내재하고 있다.

- 상품에 관한 위험
- 물품대금의 결제 및 금융에 관한 위험
- 상품가격 및 환율의 변동에 관한 위험

무역의 산업 관계성

- 무역과 국제분업: 무역은 국제분업의 발달을 촉진 시켜 값싸고 좋은 물품의 국제적 공

급을 가능하게 한다.
• 무역과 국내산업: 무역은 그 성질상 국내산업의 발전과 밀접한 관련이 있다. 특히 개발도상국에 있어서 국제무역은 경제발전을 촉진하는 기본적 전략이 되고 있다.

2 무역거래의 주체와 객체

1) 무역거래의 주체

(1) **직접거래:** 제조업자, 전문무역업자, 종합상사

• 제조업자
- 장점 : 직접 수출하니까 유통가격 절약함
- 단점 : 제조하면서 수출에 집중하기 어렵고 비용, 자원 부족함

• 전문 무역업자
- 통상적으로는 직접 제조 생산 안하고 전문적으로 무역만 함.
- 제조업체로부터 물건을 사와서 수입업자와 거래

• 종합 무역상사
- 일본을 벤치마킹해서 만든 것
- 1975부터 우리나라 수출에 지대한 공헌 함.
- 요즘은 인터넷 확대로 무역상사의 의미가 크지 않다.

(2) **간접거래:** 오퍼상, 위탁 매매인, 중개인, 자기가 직접 안하고 끼어드는 사람

• Agent - 오퍼상
• 위탁매매인
• 브로커: 계약체결 권한이 없음. 사무 위임만 받아서 계약이 성사되게끔 보조 역할. 수수료 받음. 대리인과 하는 일 다름

2) 무역거래의 객체

물품, 용역(서비스), 전자적 형태의 무체물을 포함

3 무역계약의 기초

1) 무역계약의 의의

무역계약은 국제간에 이루어지는 매매계약으로서 매도인(seller)이 매수인(buyer)에게 약정품(계약상품)의 소유권을 양도하여 상품을 인도할 것을 약속하고, 매수인은 이를 수령하고 그 대금을 지급할 것을 약정하는 국제매매계약을 말한다.

2) 무역계약의 종류

(1) 개별계약(Case by Case Contract)

매매당사자가 거래조건에 합의하여 거래가 성립될 때마다 계약을 체결하는 것이다.

(2) 포괄계약(Master Contract)

지정품목에 대해서 일반거래조건을 협의한 후 상호 합의점에 도달하였을 경우 그 내용을 문서화하여 교환하게 되는 일반협정서를 말한다. 이는 매 거래시마다 거래조건 등을 재확인 내지 계약하는 번거로움을 없애준다.

(3) 독점계약(Exclusive Contract)

어떤 특정품목의 수출입에 있어서 수출업자는 수입국의 지정 수입업자 외에는 동일품목을 offer하지 않으며, 또한 수입업자 역시 수출국의 다른 수출업자로 부터는 동일품목을 취급하지 않겠다는 조건으로 맺어지는 계약이다.

수출입을 전문으로 하는 특정상사간의 매매로 국한시키는 독점판매계약으로 대개 독점계약서(거래조건, 당사자 준수사항, 계약유효기간, 계약연장조건 등 기재)를 작성 교환한다.

4 무역업의 유형

1) 일반무역업

(1) 일반무역업의 의의

무역경영의 주체는 무역을 업으로 영위하는 무역업자이다. 여기서 무역업이란 무역업자가 자기명의로 자기책임하에 물품의 수출과 수입을 업으로 영위하는 것을 말한다. 무역은 수출상과 수입상 사이에 소유권 이전을 전제로 한다. 따라서 일반무역업은 수출업과 수입업 그리고 수출과 수입을 동시에 영위하는 수출입업 등 다양한 형태로 운영될 수 있다.

(2) 일반무역업의 유형

가. 수출업

수출업(export merchant)은 수출을 전업으로 하여 생산설비를 갖추고 제품을 생산하여 수출하거나 또는 그 밖의 공급자로부터 상품을 구입하여 해외로 매각하는 것을 말한다. 따라서 수출업은 자신의 명의와 계산에 의하여 이윤(margin) 베이스로 거래하는 것이기 때문에 그 수익은 판매가격과 구입가격과의 차액으로 일정하지 않으며, 당연히 신용위험(credit risk)을 부담하게 된다.

나. 수입업

수입업(import merchant)은 자신의 명의와 계산으로 본인(principal)의 입장에서 해외의 수출상으로부터 직접 또는 자국에 있는 판매대리점을 통하여 계약하고 수입하여 자국의 도매상·제조업자에게 판매하거나 해외로 재수출하는 것을 말한다.

다. 해외현지수출법인

무역거래의 규모와 범위가 확대되면 해외현지시장의 정보수집과 조사, 시장개척을 위하여 해외현지시장에 직접 진출을 꾀하게 된다. 해외마케팅의 가장 유효한 방법은 수출을 직접 현지국에 할 수 있는 해외지점 또는 자회사를 설치하는 것이다.

2) 무역대리업

(1) 무역대리업의 의의

무역대리업(import or export agent)은 외국의 수입상 또는 수출상의 위임을 받은 자가 국내에서 수출품의 구매 또는 수입계약의 체결과 이들에 부대되는 행위를 업으로 영위하는 것을 말한다.

종전의 대외무역법에서는 무역대리업을 갑류대리업과 을류대리업으로 나누고 갑류대리업은 한국무역대리점협회장에게, 을류무역대리업은 한국수출기업외국기업협회장에게 신고하도록 하였다. 그러나 이 규정은 2000년 12월 29일 개정 대외무역법에서 폐지하였으며, 이들을 모두 무역거래자로 통일하였다.

(2) 무역대리업의 유형

가. 수출판매대리점

수출판매대리점(manufacturer's export agent)은 수출대행업자와는 달리 해외의 수입상을 위하여 활동하지 않고 국내의 제조업자를 위하여 활동하는 해외수출판매대리점이다.

나. 수입판매대리점

수입판매대리점(exporter's selling agent)이란 대개 해외 수출국의 제조업자 또는 수출입을 대리히여 헤외 수출상이 명의와 계산으로 혀지 수입국시장에서 판매하고 일정한 수수료를 받는 판매대리점을 말한다. 일반적으로 해외수출상을 위해 국내에서의 물품판매 뿐만 아니라 Offer의 수주 및 관리를 총괄한다 하여 Offer상이라고 부르기도 한다.

5 무역거래의 형태

1) 상품무역과 서비스 무역

(1) 상품무역

국제간의 교역의 대상은 주로 재화, 즉 상품이 일반적이다. 고대무역의 예에서 알 수 있듯이 초기 지중해를 지배한 해양민족인 페니키아인(Phoenician)은 해상교역을 통하여 필요한 물자를 조달하여 왔는데, 그 중에는 이집트와 크리미아반도로부터 곡식을, 소아시아로부터는 포도주, 타레(Tyre)의 직물, 시돈(Sidon)의 유리 그리고 그리스 도시들로부터는 도자기 등과 같은 상품교역을 통하여 도시국가를 건설하고 식민지를 개척하고 무역항을 발전시켜 상업은 번창하였다. 또한 13세기 유럽과 동양과의 교역의 주종품목 역시 비단(silk), 면화(cotton), 호박단(taffetas), 진주(pearls) 등의 상품교역에 치중하여 왔다. 이와 같이 국제교역의 주대상으로는 재화로서의 상품 외에도 원료(raw material) 등도 포함하며 이를 유형무역(visible trade)이라고도 한다.

(2) 서비스 무역

무역은 상품거래 외에도 용역, 즉 서비스거래에 의해서도 수행되어 진다. 용역(services)이란 유체물인 상품과는 달리 상대방에 대한 노무의 제공 등을 말하는 것으로서 건설수출과 같이 단독으로도 무역거래의 대상이 되지만 상품수출에 수반하여 발생하는, 즉 상품의 수송에 따른 운송서비스, 운송중인 상품의 손상위험을 커버하기 위한 보험서비스, 금융서비스, 계약을 포함한 법무서비스, 기술서비스 등을 포함하고 있다. 서비스의 제공에 따른 대가(service fee)로서 운임(freight), 보험료(insurance premium) 및 기타 수수료(commission) 등의 수취를 통하여 궁극적으로는 상품무역에서와 같이 서비스무역에 의해서도 일국의 국제수지를 개선시킨다. 한편 최근에 와서 서비스무역은 WTO체제의 출범으로 그 교역범위가 종래 GATT하에서의 상품 특히 공산품위주의 교역패턴에서 벗어나 서비스시장의 개방은 물론 농산물, 지적재산권에 이르기까지 전산업분야에 걸쳐 확대되고 있다.

2) 제3자 개입 여부에 따른 분류

(1) 직접무역(direct trade)

직접무역은 수출상과 수입상이 직접 매매계약을 체결하여 거래를 이행하는 것으로서 직수출(direct export)과 직수입(direct import)이 있다

(2) 간접무역(indirect trade)

간접무역은 제3자를 통하여 거래가 이루어지는 경우로서 중개무역, 중계무역, 통과무역, 스위치무역 등이 있다.

가. 중개무역

중개무역(merchandising trade)은 수출국과 수입국의 중간에서 제3국의 상인이

중개·알선하여 거래가 이루어지는 경우 제3국의 중개인 입장에서 볼 때의 무역을 말한다.

중개무역에 있어서 제3국의 중개인은 수출국 또는 수입국 상인으로부터 거래의 알선·중개에 따른 중개수수료(commission)를 받는다. 이 경우 중개상의 거래 알선에 따른 커미션의 금액은 일정한 것은 아니지만 통상 송장금액의 3~5%를 지급하는 것이 관례이다.

▌그림 1-1 수출상과 중개상과의 관계

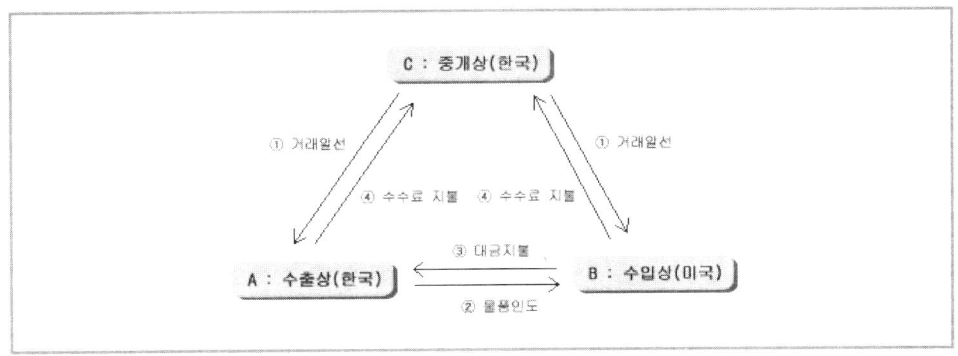

나. 중계무역

중계무역(intermediate trade)이란 수출할 것을 목적으로 물품 등을 수입하여보세구역 및 보세구역 외 장치의 허가를 받은 장소 또는 자유무역지역 이외의 국내에 반입하지 아니하고 수출하는 수출입을 말한다(대외무역관리규정 제1-0-2조 11).

중계무역은 중계상이 물품을 수출할 것을 목적으로 자기책임과 비용부담으로 수입한 후 다시 제3국으로 수출함으로써 매매차익을 얻는 거래이다. 그러므로 수입계약과 수출계약은 완전히 별개의 것이고 중계상은 수입금액과 수출금액의 차이를 매매차익으로 얻게 된다.

중개무역은 제3국 상사를 통해서 무역거래가 이루어지는 경우 제3국의 입장에서 볼 때의 무역임에 비해, 중계무역은 원래 화물이 수출국으로부터 수입국으로 직행하지 않고 제3국에 양륙되어 원형 그대로 혹은 약간의 가공을 해서 실제 수입국으로 재수출되는 경우를 의미한다.

한편 통과무역(transfer trade)은 화물이 수출지로부터 수출될 때 실제 수입지가 별도로 정해져 있어 원형 그대로 운송과정으로서의 중간국을 통과하는 것을 말한다. 이에 비해 중계무역은 수출지에서 선적할 때 실제 수입지가 결정되지 않고 중계항에서 양륙된 후에 최종 목적지가 정해질 때도 있으며, 중간 양륙항에서 간단한 가공도 이루어질 수 있다.

다. 스위치무역

스위치무역(switch trade)은 수출상이 직접 매매계약을 체결하여 상품이 수입국에 직송되는데, 대금결제는 제3국상사에서 하는 경우를 말한다. 즉, 특정 제3국의 통화를 결제통화로 사용하여 다른 통화지역으로부터 수입하는 거래형태로서, 이러한 거래를 알선해 주는 업자를 Switcher라고 하며, 이들은 거래가 성사되는 경우 Switch Commission을 받는다.

3) 상품생산방식에 따른 분류

(1) 가공무역

가공무역(improvement trade)이란 가공을 목적으로 원료 등을 수입하여 가공 후 일정한 대가를 받고 다시 외국으로 수출하는 경우와 또 이와는 반대로 외국에서 수입하는 거래를 말한다. 오늘날 국제무역에서 가장 많이 이루어지고 있는 거래 중의 하나로서, 가공수출국에게는 노임, 운임, 창고료 및 보험료 등이 외화가득액으로 돌아간다.

가. 위탁가공무역

위탁가공무역(improvement trade on consignment)이란 가공임을 지급하는 조건으로 외국에서 가공(제조, 조립, 재생, 개조를 포함한다. 이하 같다)할 원료의 전부 또는 일부를 거래 상대방에게 수출하거나 외국에서 조달하여 이를 가공한 후 가공물품 등을 수입하거나 외국으로 인도하는 수출입을 말한다(대외무역관리규정 제1-0-2조 6).

나. 수탁가공무역

수탁가공무역(improvement trade on trust)이란 외화가득액을 영수하기 위하여 원자재의 전부 또는 일부를 거래상대방의 위탁에 의하여 수입하여 이를 가공한 후 위탁자 또는 그가 지정하는 자에게 가공물품을 수출하는 수출입을 말한다(대외무역관리국정 제1-0-2조 7).

(2) 보세가공무역

보세가공무역(bonded process transaction : BPT)은 정부가 지정한 특정 보세지역

에 가공설비를 설치하여 외국에서 들여온 원자재를 가공하여 생산한 제품을 다시 외국으로 수출하는 거래형태를 말한다.

(3) 녹다운방식 무역

녹다운(knock-down)방식의 무역이란 완제품을 수출하는 것이 아니라 조립능력이 있는 외국 거래처에 부품이나 반품을 수출하여 현지에서 조립한 후 완제품을 판매하는 방식을 말한다.

(4) OEM방식 무역

OEM(original equipment manufacturing)방식의 무역이란 외국의 주문자상표를 부착하여 수출하는 국제하청생산방식에 의한 수출입을 말하며 일명 주문자상표 부착방식의 무역이라고 한다. OEM방식은 생산자의 상표를 부착하지 않고 주문자의 상표를 부착하여 수출하기 때문에 마치 주문자가 생산하여 판매하는 것처럼 보인다.

4) 상품판매방식에 따른 분류

물품을 무환(clean draft)으로 수출 또는 수입하여 당해 물품이 판매된 범위 안에서 수출대금을 회수하거나 수입대금을 지급하는 조건의 계약에 의한 수출입을 위탁판매무역(consignment trade)이라고 하는데, 위탁판매무역은 위탁판매수출과 수탁판매수입으로 구분한다.

(1) 위탁판매수출

위탁판매수출(export on consignment)은 물품 등을 무환으로 수출하여 당해 물품이 판매된 범위 안에서 대금을 결제하는 계약에 의한 수출방식으로서 외국의 사업자에게 판매를 대행하게 하는 경우를 말한다(대외무역관리규정 제1-0-2조 4).

(2) 수탁판매수입

수탁판매수입(import on trust sales)이란 물품 등을 무환으로 수입하여 당해물품이 판매된 범위 안에서 대금을 결제하는 계약에 의한 수입으로서 위탁판매수출을 수탁자의 입장에서 보는 거래이다(대외무역관리규정 제1-0-2조 5).

(3) 보세창고인도조건 수출

보세창고인도조건 수출(bonded warehouse transaction : BWT)이란 해외의 보세

창고에 무환으로 반출하여 현지에서 상품의 매매계약을 체결하여 판매하는 방식이다.

(4) 현지법인판매방식 수출

현지법인판매방식 수출(central terminal station : CTS)은 해외에 현지법인을 설립하여 그 법인의 명의로 본국에서 수입하여 현지판매하거나 직접 수출하는 방식으로서 해외시장개척을 위한 방식이다.

(5) 외국인수도방식에 따른 분류

가. 외국인도수출

수출대금은 국내에서 영수하지만 국내에서 통관되지 아니한 수출물품 등을 외국으로 인도하는 수출방식으로서 물품이 국외에서 국외로 인도되므로 현지인도방식수출이라고도 한다(대외무역관리규정 제1-0-2조 13).

나. 외국인수수입

수입대금은 국내에서 지급되지만 수입물품 등은 외국에서 인수하는 수입방식으로서 제3국도착수입이라고도 한다(대외무역관리규정 제1-0-2조 12).

(6) 임대차방식에 따른 분류

가. 임대수출

임대수출이란 임대(사용임대를 포함한다)계약에 의하여 물품 등을 수출하여 일정기간 후 다시 수입하거나 그 기간의 만료전 또는 만료후 당해 물품 등의 소유권을 이전하는 수출을 말한다(대외무역관리규정 제1-0-2조 8).

나. 임차수입

임차수입이란 임차(사용임차를 포함한다)계약에 의하여 물품 등을 수입하여 일정기간 후 다시 수출하거나 그 기간의 만료전 또는 만료후 당해 물품의 소유권을 이전받는 수입을 말한다(대외무역관리규정 제1-0-2조 9).

(7) 연계무역 형태에 따른 분류

대외무역법상의 연계무역(counter trade)이란 수출과 수입이 연계된 무역거래로서 물물교환, 구상무역, 대응구매, 제품환매 등에 의한 수출입으로 규정하고 있다(대외무역관리규정 제1-0-2조 10).

가. 물물교환

물물교환(barter trade)이란 통화결제가 수반되지 않는 순수한 연계무역방식을 말한다. 예를 들어 우리나라의 수출상이 필리핀의 수입상에게 사과를 수출하고 이에 대한 대가로서 바나나를 수입함으로써 상계처리하는 경우가 곧 물물교환방식이다.

나. 구상무역

구상무역(compensation trade)이란 수출입하는 물품대금의 전부 또는 일부를 그에 상응하는 수입 또는 수출로 상계하는 수출입을 말하며 상계무역이라고도 한다. 구상비율(compensation rate)이 100%인 경우를 물물교환이라고 할 수 있다.

다. 대응구매

대응구매(counter purchase)는 별도거래(two-way trade)방식으로 쌍방간에 이루어지는 형태로서 무역을 국영으로 행하던 구 동구권 국가와 다수의 개발도상국간의 동서교역에 활용되었으며 연계무역의 가장 보편적인 형태이다.

라. 제품환매

제품환매;(buy back)란 생산공장 또는 생산설비를 수출하는 조건으로 수출자가 대금회수를 수출한 생산설비에서 생산된 제품으로 하는 방식의 무역을 말한다.

6 무역의 수출입 프로세스 이해

1) 수입의 절차

(1) 수입승인

물품을 수입하고자 하는 자는 원칙적으로 산업자원부장관 또는 외국환 은행장의 승인을 받아야 한다.

(2) 수입 신용장의 개설

수입 승인을 받으면 유효 기간 내에 외국환 은행을 통해서 수입 신용장을 개설하여야 한다.

(3) 수입품의 인수

대금을 지불하고 선적서류를 인도받은 후 선적서류를 선박 회사에 제출한 후 수입화물을 인수한다.

(4) 화물의 통관

국내에 반입된 물품을 일련의 절차를 거쳐 통관시킨다.

상기 수입절차에서 해상적하보험 증권은 수입신용장 개설 시 담보취득을 위한 서류로써 필요하다.

2) 수출의 절차

- 해외시장조사
- 수출계약체결
  - 청약(Offer)과 승낙(Acceptance)에 의해 쌍방계약
  - 매매계약서 기재사항 : 상품명, 품질, 수량, 선적사항
- 수출신용장 수취
  - 신용장 방식, 기타
- 수출승인
  - 수출대상 품목
- 운송 및 보험계약 체결
- 통관 및 선적
- 무역 분쟁 및 해결

▌그림 1-2 수출 절차도

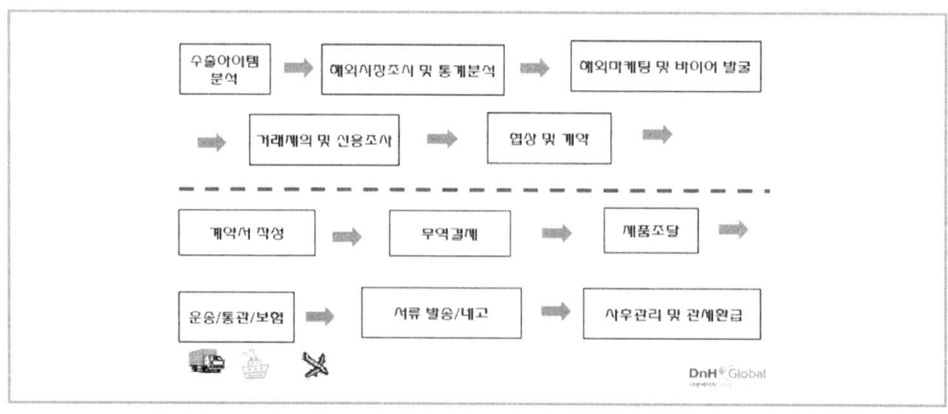

제2장 해외시장조사와 온라인거래선 발굴

1 시장조사의 개념 및 의의

시장조사(market research)는 상품을 그 생산자로부터 소비자에게로 유통·판매 활동과 관련된 모든 정보를 수집·분석하는 활동을 말한다. 이러한 시장조사는 기업의 마케팅 활동에 있어서 합리적인 의사결정을 하는데 많은 영향을 끼치며, 철저한 시장조사에 기반한 의사결정은 기업의 마케팅 실패에 대한 위험을 현저히 감소시킬 수 있다.

해외시장조사(foreign market research)는 수출입절차의 최초단계로서 특정상품에 대한 판매 또는 구매가능성을 조사하는 것을 말한다. 즉, 해외시장조사는 수출입절차의 최초의 단계로서 특정상품에 대한 판매 또는 구매가능성을 조사하는 것을 말한다.

해외시장은 국내시장과는 달리 지역적인 격리성, 상이한 문화, 종교, 상관습 및 언어 등의 차이로 어려움이 많으나, 외국과 무역거래를 함에 있어서 위험을 최소화하고, 이익을 극대화하기 위해서는 사전에 정확한 시장조사가 필수적인 선제조건으로 무역업 성패의 중요한 과제 중의 하나가 된다.

2 해외시장조사의 내용

1) 수출입 상품에 대한 이해

제품 자체에 대한 조사로서 최종 소비자의 기호도, 시장대상 및 판매가능성, 유통구조, A/S, 경쟁품 및 유사품의 가격동향, 특허권 문제, 제품수명주기 등을 조사해야 한다.

2) 시장, 유통구조의 이해

일반적인 특성 외에 소비자 계층, 상관습 및 구매 시기를 조사하며, 유통구조는 어떻게 형성되어 있는가를 점검하고 주요 수입상 리스트를 체크한다.

3) 시장접근 방법의 수립

중개상을 통하여 시장을 개척할 것인지, 전문 수입상을 통하여 개척하는 것이 바람직한지 또는 도매상과 직접 거래관계를 맺을 것인지 등 구체적인 시장접근 방법을 수립한다.

4) 일반사항

목적시장의 정치, 경제, 사회, 문화, 종교, 인구, 언어 등을 조사한다. 인구가 적다고 해서 소비 수요가 많지 않다고 단정할 수는 없다. 이는 지리적 여건으로 제3국 재수출도 활발한 곳이 많기 때문이다.

5) 경제동향 및 산업동향

경제성장, 국민소득, 물가, 임금, 고용, 국제수지 등의 경제동향과 산업구조 특히 제조업, 유통업 등에 관하여 조사한다.

6) 무역동향 및 무역관리제도

목적시장의 대외무역구조, 특히 품목별, 지역별 경쟁국 진출동향 등의 무역동향과 상대국의 수출입관리제도, 수입규제, 관세제도, 통화정책 및 외환관리제도 등 무역관리제도를 조사한다.

7) 기타 사항

해당국의 항만사정이나 통신시설 및 여행시 유의할 점 등을 조사하며 특히 해당국의 국민성 및 상관습 등을 세밀하게 조사한다.

3 해외시장조사의 방법

1) 전통적 방식의 해외시장조사

(1) 국가별 통계자료를 이용한 조사

판매하고자 하는 상품의 수요측정을 위해서는 우선 조사 대상지역을 선정해야 한다. 대상지역 선정을 위해서는 U.N. 무역통계연보 Yearbook of International Statistics나 IMF발간연보 International Financial Statistics 등의 국별 수출입통계자료를 이용하거나 기타 수출입통계월보 또는 연보 등을 이용하여 세부조사 대상지역을 선정할 수 있다.

(2) 국내외 경제단체 및 유관기관을 통한 조사

시장조사의 실제 방법으로는 대한무역투자진흥공사의 해외무역관을 활용하는 방법 이외에 전문시장조사기관에 의뢰하여 조사할 수 있다. 특히 시장조사에 필요한 기초자료는 한국무역협회 및 무역투자진흥공사 도서실에 비치된 각종 무역통계, 지역별 시장동향자료, 국별 수출입업자 총람 등을 활용할 수 있다.

(3) 주한 외국공관의 자료를 이용한 조사

국내에 주재하고 있는 외국공관의 상무관실 또는 자료실에 비치된 각종 자료를 이용하거나 또는 상무관과의 상담을 통해 시장조사를 할 수 있다.

(4) 광고회사를 통한 조사

현재 우리나라에는 일부 외국의 광고회사가 합작진출하고 있어 진출하고자 하는 대상지역의 광고회사가 국내 광고회사와 업무제휴가 되어 있는 경우, 국내 광고회사에 의뢰하여 조사할 수 있으나 대부분의 경우 그 지역이 미국과 일본에 국한되어 있다.

광고회사에 의뢰하는 경우 특수한 거래관계가 없으면 비현실적이고 설사 가능하더라도 조사에 따른 많은 경비가 요구된다.

(5) 자체 방문조사

기본적인 통계자료나 간행물에 의해 수출가능 지역으로 예상되는 곳을 직접 방문하는 방법이 최선의 조사방법이다. 현지를 방문하면 일단 우리나라 대사관이나 영사관 또는 무역투자진흥공사의 현지 무역관을 방문하여 일반적인 시장현황

상담 및 최대한의 협조를 구한다.

또한 해당 시장의 상공회의소 등을 방문하여 자료를 입수할 수도 있다. 이 외에도 해당 시장의 유력한 수입업자 또는 도매상을 방문하여 해당품목의 시황, 유통구조, 소비자 패턴, 가격 등을 문의하면 된다.

2) 인터넷을 이용한 해외시장조사

무역거래에 있어서도 인터넷을 이용한 전자상거래는 이미 정착화되어 각 기업들은 글로벌 마케팅(global marketing) 차원에서 막대한 데이터 베이스를 구축해놓고 있으며, 각국은 자국기업들의 경쟁력 확보를 위해 관련기관을 통한 법제의 정비에 힘쓰고 있다.

따라서 무역기업은 이러한 국제적 추세에 부응하여 무역거래에 있어서 인터넷을 적극적으로 활용함으로써 상대국의 상품유통 흐름 및 제품정보를 얻을 수 있으며, 이를 통해 장기적인 기업경쟁력을 확보할 수 있다.

(1) 검색엔진을 활용한 시장조사

시장조사자가 구하고자 하는 검색어를 가지고 원하는 사이트를 검색해주는 검색엔진을 이용하는 것은 필수적이다. 검색엔진은 웹 검색을 비롯해 유즈넷 검색, 전자우편 주소 검색, 뉴스 검색, 기업체 검색 등 다양한 검색기능을 갖추고 있으며 새로운 서비스를 추가하고 있다.

(2) 무역정보전문 사이트를 통한 시장조사

국내의 무역관련 사이트 중 대표적인 무역정보 전문 사이트로는 한국무역협회(KITA ; www.kita.net)가 있다.

4 해외 온라인거래선의 발굴

시장조사에 의하여 목적시장이 결정되면 다음에는 목적시장에 있어서의 신용력 있고 유력한 거래처를 찾아 거래관계(business connection)를 맺어야 한다. 물론 상대시장에 대리점을 두거나 자사의 지점을 설치하는 것도 생각할 수 있으나, 거래경험이 없는 새로운 시장에 처음부터 막대한 자금이 소요되는 직접투자를 하는 것은 그에 따른 위험도 크다. 따라서 우선 목적시장에서 가장 유망한 거래처

와 거래실적을 쌓고 상대시장의 실태를 완전히 파악한 후 다음 단계에서 기업진출을 계획하는 것이 가장 무난하다.

1) 전통적 방식의 거래선 발굴방법

(1) 무역관계기관의 소개

해당 상품에 대한 Buyer List 및 관련정보를 WTCA, 각국의 상공회의소를 비롯하여 한국무역협회, 대한무역투자진흥공사, 주한외국대사관 상무관실, 무역협회 국제통상부 WTC사무국, 대한상공회의소 국제부 등 무역관계기관들을 통해 Buyer List를 입수할 수 있다.

(2) 전문기관에 위탁조사

전문 마케팅 컨설팅업체와 KOTRA에 특정지역 특정 아이템에 대한 바이어 조사를 의뢰하면 그 명단을 쉽게 얻을 수 있다. 특정지역을 겨냥한 무역업계 초심자에게 안성맞춤인 바이어 발굴방법이다. 더구나 비용이 저렴하여 누구나 부담없이 접근할 수 있는 통로다.

(3) 상공인명록의 이용

상공인명록(directory)에 의하여 목적시장의 유력한 관련업자를 조사하는 한편 직접 카탈로그(catalogue)의 송부와 함께 거래를 권유하는 권유장(circular letter)을 통하여 교섭하면 매우 효과적인 방법이 된다. 상공인명록으로 현재 세계에서 가장 널리 사용되고 있는 것은 London에서 편찬한 Kelly사의 Kelly's Directory & Merchant, Manufacturers and Shippers of World를 들 수 있다.

(4) 국내발간 해외홍보매체의 활용

한국무역협회를 비롯한 국내 수출유관기관의 해외홍보용 매체를 이용하는 방법은 비용절감과 함께 홍보의 성과도 올릴 수 있다. 해외에서 배포되는 매체는 수만 가지에 이르므로 이중 어느 매체를 선택, 광고를 하느냐가 광고의 성공 여부를 좌우한다. 매체의 선정은 전문가의 조언을 받아야 예산낭비를 사전에 방지할 수 있다.

(5) 각종 전시회 및 상담회 참가

국내의 주요 무역관련기관에서 주최하는 사절단 및 각국의 무역기관에서 주관하는 각종 해외전시회 및 상담회에 참가하는 방법이다. 국제전시회는 바이어 발굴을 위한 최적의 조건을 갖추고 있어 권위있는 국제전시회에 출품하게 되면 고객들에게 좋은 인상을 심어 주고 노력에 비해 다대한 성과를 올릴 수도 있다. 한 장소에 같은 제품에 관심 있는 사람이 몰리고 한 번 참관으로 전 세계 기술 및 신제품 동향을 파악할 수 있다.

(6) 자체홍보물을 이용한 방법

해외배포용 Catalog 또는 Leaflet을 광고기획사 등에 의뢰하여 제작한 후 Buyer List는 주한외국대사관 상무관실, 한국무역협회 거래알선실, 무역투자진흥공사 등을 통해 입수하여 해당 상품을 취급하는 Buyer에게 배포하는 방법이다.

(7) 디렉토리와 CD롬 입수

2차 자료라는 한계가 있지만 원하는 대상을 손쉽게 찾을 수 있고 비용도 적게 든다는 점에서 디렉토리와 CD롬, INTERNET을 이용한 정보가 유용하다.

(8) 직접방문을 통한 방법

해당 지역 방문시 호텔에 비치된 Yellow Page나 Trade Directory 등을 통해 예상 거래상대방을 선정한 후 전화로 시간약속을 받고 직접방문하는 방법이다. 이것은 상당한 경비가 소요되는 반면 가장 확실하고 유효한 방법이다.

2) 인터넷을 이용한 거래선 발굴방법

인터넷상에는 전세계 기업 및 무역업체에 대한 정보뿐만 아니라 재무정보, 무역동향정보, 특허정보, 전시회정보 등을 유료 또는 무료로 제공해 주는 전문 웹사이트들이 많으므로 이를 잘 활용하면 보다 효과적으로 해외거래선을 발굴할 수 있다.

그러므로 전자무역을 활용하면 인터넷상에서 해외의 거래선 발굴과 해외시장정보를 효율적으로 얻을 수 있다. 우선 수출물품을 홍보할 수 있는 자체 웹사이트를 구축하고, 거래알선사이트를 이용하며, 검색엔진을 활용하여 해외시장정보를 수집할 수 있다.

해외 거래선을 발굴하면 수입상에게 거래를 제의한다. 거래제의는 전자메일을

이용하는 방법과 인터넷폰이나 인터넷팩스를 이용하는 방법이 있다. 전자메일을 보내는 경우에는 거래선을 알게 된 경위와 회사소개, 제품소개에 대하여 자세하게 소개한다.

또한 무역업체는 무역거래알선사이트를 이용하여 효율적으로 거래선을 발굴할 수 있다. 전통적으로 상품 및 제조업체 디렉토리는 무역업계에 중요한 정보서비스였지만 최근에는 제조업체와 바이어가 동시에 활동하는 공간, 즉 거래알선사이트가 더욱 주목받고 있다.

최근 무역유관기관 및 개별업체서 다양한 사이트가 개발, 운영되고 있어 무역업체는 웹사이트의 주요기능과 해외인지도, 해외 무역거래알선사이트와의 아웃소싱망의 범위 등을 고려하여 취사선택하여 활용할 수 있다. 현재 국내의 대표적인 무역거래알선사이트로는 EC21, EC Plaza, T-page 등이 있는데 최근 이들 국내 3대 무역거래알선사이트들은 정부의 e-무역상사 지정에 따라 기존의 거래알선 및 바이어 정보제공 등에 이어, 실제 시장조사, 신용조사, 계약체결, 무역거래 성사 및 사후관리까지 종합적으로 지원하는 전자무역중개기관으로 자리잡게 되었다.

▌그림 2-1 EC21 서비스 내용

출처: www.ec21.com

▌표 2-1 국내외 주요 무역거래알선사이트

운영주체	사이트명과 URL
(주)EC21	EC21(www.ec21.net)
대한무역투자진흥공사	KOBO(www.kotra.or.kr)
EC Plaza(주)	EC Plaza(www.ecplaza.net)
중소기업진흥공단	중소기업관(www.smipc.or.kr)

바이어스가이드	Buyersguide(www.buyersguide.com)
세계무역협회	WTC(www.wtca.org)
국제연합	ETO(www.tradepoint.tidco.co.tt/untpdc/eto/)
	Trade Leades(www.tradeleads.com)
	Trade Compass(www.tradecompass.com)
	Sellers-Buyers International(www.ace-uk.com)
	Trade Point USA(www.i-trade.com)
	Access Trade(www.access-trade.com)

제3장 디지털 경제와 e-비즈니스

1 디지털경제

1) 디지털경제의 출현배경

20세기 후반에 컴퓨터와 정보통신기술이 급격하게 발전하면서 디지털기술을 활용한 상품과 서비스들이 대거 등장하게 되었다. 특히 인터넷을 이용한 정보검색 및 자료전달, e-mail 등이 일상화되면서 개인의 소비 및 여가생활의 편리성이 향상될 뿐만 아니라 개인과 기업의 경제활동, 나아가 정치, 사회, 문화의 양식에 근본적인 변화가 야기되었다. 이와 같은 변화의 동인은 수요측면으로 개인과 기업의 지식 및 정보에 대한 욕구증대와 공급측면으로 디지털기술에 기반을 둔 정보통신기술의 발전과 네트워크기술의 발전에 따른 지식과 정보의 고급기반 확대에서 찾아볼 수 있다.

디지털경제가 성장하는 과정에서 발생할 주요한 변화 및 특징은 위의 표와 같이 인터넷의 이용확산 및 효율성증대, 기업간 전자상거래의 확산, 물적 재화와 서비스의 디지털운송, 물적 재화의 전자소매업의 증가 등을 들 수 있는데, 이는 모두 인터넷과 관련되어 있다. 다시 말하면, 디지털경제의 가장 큰 특성은 다양한 목적의 인터넷 거래가 크게 증가한다는 점이다. 그에 따라 기업차원에서의 생산성 향상과 인터넷상에 형성되는 새로운 시장이 전세계적으로 연결되면서 그 만큼 판매기회도 확대될 것이다. 이는 기업에게 시장이 확대되는 이득도 제공하지만 기업간 경쟁도 더욱 격화될 것으로 볼 수 있다. 또한 판매자와 구매자 간의 인터넷 거래의 확산은 판매자의 입장에서 볼 때 물류비용과 재고비용을 감소시키고, 구매자의 입장에서 볼 때 소비자들의 탐색비용과 거래비용을 감소시키고 소비자의 협상능력은 크게 증가하여 이들의 후생은 증가한다.

2) 디지털 경제의 개념

좁은 의미의 개념으로는 정보통신기술이 각 산업에 활용되고 인터넷을 기반으로 하는 전자 상거래의 역할이 중요시되는 경제를 말한다.

광의적인 개념으로는 재화와 서비스의 생산, 유통 소비 등 주요 경제활동이 "디지털화되고 네트워크화된 정보"라는 생산요소에 주로 의존하는 경제를 의미한다.

20세기 후반에 컴퓨터와 정보통신기술이 급격하게 발전하면서 디지털기술을 활용한 상품과 서비스들이 대거 등장하게 되었다. 특히 인터넷을 이용한 정보검색 및 자료전달, e-mail 등이 일상화되면서 개인의 소비 및 여가생활의 편리성이 향상될 뿐만 아니라 개인과 기업의 경제활동, 나아가 정치, 사회, 문화의 양식에 근본적인 변화가 야기되었다. 이와 같은 변화의 동인은 수요측면으로 개인과 기업의 지식 및 정보에 대한 욕구증대와 공급측면으로 디지털기술에 기반을 둔 정보통신기술의 발전과 네트워크기술의 발전에 따른 지식과 정보의 고급기반 확대에서 찾아볼 수 있다.

디지털경제가 성장하는 과정에서 발생할 주요한 변화 및 특징은 위의 표와 같이 인터넷의 이용확산 및 효율성증대, 기업간 전자상거래의 확산, 물적 재화와 서비스의 디지털운송, 물적 재화의 전자소매업의 증가 등을 들 수 있는데, 이는 모두 인터넷과 관련되어 있다. 다시 말하면, 디지털경제의 가장 큰 특성은 다양한 목적의 인터넷 거래가 크게 증가한다는 점이다. 그에 따라 기업차원에서의 생산성 향상과 인터넷상에 형성되는 새로운 시장이 전세계적으로 연결되면서 그 만큼 판매기회도 확대될 것이다. 이는 기업에게 시장이 확대되는 이득도 제공하지만 기업간 경쟁도 더욱 격화될 것으로 볼 수 있다. 또한 판매자와 구매자 간의 인터넷 거래의 확산은 판매자의 입장에서 볼 때 물류비용과 재고비용을 감소시키고, 구매자의 입장에서 볼 때 소비자들의 탐색비용과 거래비용을 감소시키고 소비자의 협상능력은 크게 증가하여 이들의 후생은 증가한다.

디지털경제의 생산력이 산업경제의 생산력과 다른 새로운 생산력이 형성되고 있음을 암시하고 있다.

디지털경제의 새로운 경제관계의 생성을 암시한다. 즉 이전의 산업경제에서 중요한 관계는 시장이었으나, 새로운 디지털시대에서는 네트워크라는 디지털경제의 가치창출 과정에서 매우 중요한 역할을 한다는 것이다.

3) 디지털 경제의 특징

(1) 신경제 현상

정보통신기술의 발전과 생산성 향상으로 인터넷을 활용한 새로운 융합업종이 출현하면서 정보통신기술 의존도가 높은 산업이 저물가와 저실업 등 경제성장을 견인하는 현상을 의미한다. 이러한 현상은 뒤늦게 자본주의 경제체제를 도입하는 나라들이 이를 압축적으로 모방함에 따라 정보통신혁명이 가속화되고 있다.

(2) 수확체증현상

자본과 노동 가운데 한 요소는 일정하게 두고 다른 요소의 투입을 증가시키면 그 요소의 투입이 한 단위 늘어날수록 증가되는 생산물양은 점점 감소하는 현상이다. 디지털경제에서의 수확체증은 인터넷이라는 네트워크에서 보다 많은 구성요소가 서로 결합하여 수확체증현상을 발생하게 되어 소비와 생산에 큰 영향을 준다.

(3) 디지털 격차가 확대

디지털격차(digital divide)는 인구 범주에 따라서 정보통신기술의 지식과 활용에 대한 접근성 차이로 인하여 발생하는 경제적 사회적 불평등을 의미한다. IT산업에 대한 대규모 투자는 생산성 향상과 경제성장을 유발하고 국제 분업을 심화시키는 경향이 높다. 따라서 선진국과 개도국의 정보격차로 인한 빈부격차의 확대는 범세계적인 인터넷 교육의 필요성을 증대시킨다.

그림 3-1 디지털경제의 특징

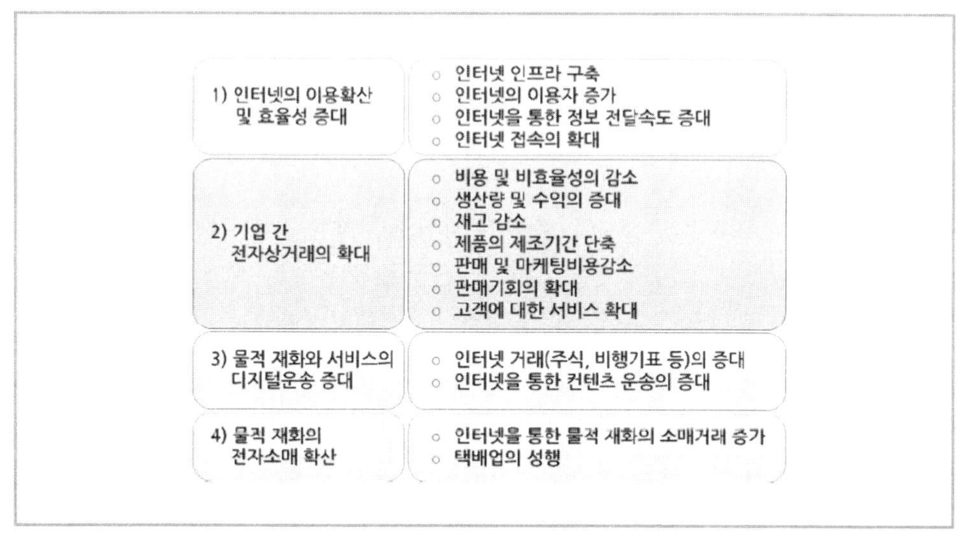

▌그림 3-2 산업경제와 디지털경제의 특성 비교

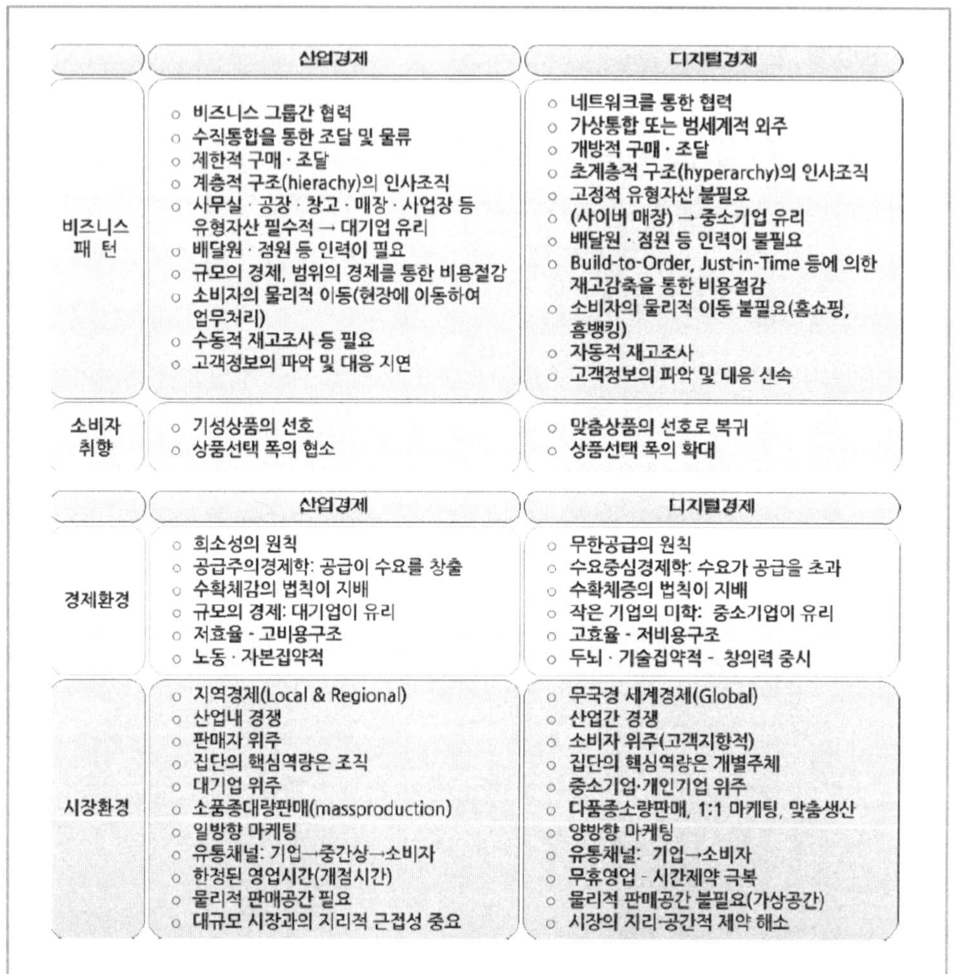

	산업경제	디지털경제
비즈니스 패 턴	○ 비즈니스 그룹간 협력 ○ 수직통합을 통한 조달 및 물류 ○ 제한적 구매 · 조달 ○ 계층적 구조(hierachy)의 인사조직 ○ 사무실 · 공장 · 창고 · 매장 · 사업장 등 유형자산 필수적 → 대기업 유리 ○ 배달원 · 점원 등 인력이 필요 ○ 규모의 경제, 범위의 경제를 통한 비용절감 ○ 소비자의 물리적 이동(현장에 이동하여 업무처리) ○ 수동적 재고조사 등 필요 ○ 고객정보의 파악 및 대응 지연	○ 네트워크를 통한 협력 ○ 가상통합 또는 범세계적 외주 ○ 개방적 구매 · 조달 ○ 초계층적 구조(hyperarchy)의 인사조직 ○ 고정적 유형자산 불필요 ○ (사이버 매장) → 중소기업 유리 ○ 배달원 · 점원 등 인력이 불필요 ○ Build-to-Order, Just-in-Time 등에 의한 재고감축을 통한 비용절감 ○ 소비자의 물리적 이동 불필요(홈쇼핑, 홈뱅킹) ○ 자동적 재고조사 ○ 고객정보의 파악 및 대응 신속
소비자 취향	○ 기성상품의 선호 ○ 상품선택 폭의 협소	○ 맞춤상품의 선호로 복귀 ○ 상품선택 폭의 확대

	산업경제	디지털경제
경제환경	○ 희소성의 원칙 ○ 공급주의경제학: 공급이 수요를 창출 ○ 수확체감의 법칙이 지배 ○ 규모의 경제: 대기업이 유리 ○ 저효율 - 고비용구조 ○ 노동 · 자본집약적	○ 무한공급의 원칙 ○ 수요중심경제학: 수요가 공급을 초과 ○ 수확체증의 법칙이 지배 ○ 작은 기업의 미학: 중소기업이 유리 ○ 고효율 - 저비용구조 ○ 두뇌 · 기술집약적 - 창의력 중시
시장환경	○ 지역경제(Local & Regional) ○ 산업내 경쟁 ○ 판매자 위주 ○ 집단의 핵심역량은 조직 ○ 대기업 위주 ○ 소품종대량판매(massproduction) ○ 일방향 마케팅 ○ 유통채널: 기업→중간상→소비자 ○ 한정된 영업시간(개점시간) ○ 물리적 판매공간 필요 ○ 대규모 시장과의 지리적 근접성 중요	○ 무국경 세계경제(Global) ○ 산업간 경쟁 ○ 소비자 위주(고객지향적) ○ 집단의 핵심역량은 개별주체 ○ 중소기업·개인기업 위주 ○ 다품종소량판매, 1:1 마케팅, 맞춤생산 ○ 양방향 마케팅 ○ 유통채널: 기업→소비자 ○ 무휴영업 - 시간제약 극복 ○ 물리적 판매공간 불필요(가상공간) ○ 시장의 지리·공간적 제약 해소

4) 디지털산업의 발전과 디지털경제로의 변화

디지털 산업이란 정보통신기술에 기초하여 인터넷 서비스를 가능하게 하는 장치와 프로그램, 그리고 인터넷을 이용하여 가상공간에서 거래되는 상품과 서비스를 총칭하는 개념으로 인터넷 자체 산업, 인터넷을 활용하는 산업, 그리고 인터넷 기반을 지원하는 산업으로 구성된다.

인터넷 자체 산업은 이용자가 인터넷에 접속하여 이용할 수 있도록 하는 S/W 개발 및 지원활동과 관련된 산업으로서 인터넷의 이용기반을 구축하는 부분이다. 즉 인터넷접속 및 이용환경의 제공을 위한 웹 호스팅, 홈페이지 및 인트라넷 구축

대행, 웹 기반 S/W(웹브라우저, 정보검색 S/W), 고도 멀티미디어 관련 S/W, 보안 관련 S/W, 에이전트 S/W 등 인터넷/인트라넷 관련 S/W 개발 및 판매 등이 이에 해당하는데, 최근 인터넷 서비스 제공자(ISP)를 중심으로 크게 발전하고 있다.

인터넷 활용 산업은 인터넷을 통해 제공되는 정보나 서비스와 관련된 산업으로서, 제공하는 정보에 따라 수많은 분류가 가능하다. 이 분야에서는 새로운 형태의 서비스가 지속적으로 창출되는데, 현재는 기존 서비스를 인터넷에서 활용하는 응용하는 측면으로 발전하고 있으나, 향후에는 인터넷 환경에서만 가능한 다양한 형태의 서비스가 출현할 것으로 전망된다. 이 분야는 대체로 인터넷 포털, 인터넷 상거래, 인터넷 콘텐츠 등으로 구분된다.[1)]

이용성향 측면에서 살펴보면, 현재는 정보검색, 통신, 원격교육 등의 분야가 인터넷 이용의 주류를 이루고 있으나 향후에는 마케팅, 취미오락, 전자거래 등의 상업적인 이용이 높은 신장을 보일 것으로 전망된다. 최근 인터넷을 통한 전자상거래가 급성장하고 있다. 인터넷 쇼핑몰 및 디지털몰을 이용한 B2C가 성행하고 있으나, 기업간 전자상거래(B2B)는 더욱 활발하다.

마지막으로, 인터넷 기반 지원산업은 컴퓨터, 라우터, 스위치, 모뎀, 네트워크 PC 등 인터넷의 물리적인 기반과 관련된 사업으로서 정보통신 장비 제조업체의 사업영역이다. 이는 인터넷의 물리적인 망을 구성해주고 이용자들을 인터넷에 연결해주는 장비를 생산하거나 연결서비스를 제공하는 산업으로서, 세부 분류로는 인터넷 기기산업, 인터넷 통신서비스산업, 기타 기반산업 등이 있다.[2)]

인터넷을 기반으로 한 디지털 산업이 등장함에 따라 기존의 거래형태가 변하거나 새로운 방식으로 대체되는 경우가 많다. <표 3-1>에서 보는 것처럼 인터넷으로 인하여 인터넷 경매와 같이 새로운 형태의 사업형식이 생겨난 것도 있지만 기존 사업을 대체하거나 보완하여 성능을 높이는 것도 많다. 예를 들어 정보통신 산업을 자세히 살펴보면, 인터넷 통신은 기존의 통신을 대체하거나 보완하고 있는데 그 효과는 점점 확산되고 있다.

---

1) 인터넷 상거래의 주요 항목인 인터넷 판매와 중개를 별도로 구분하는 경우도 있다. 이 경우 판매와 중개의 가장 큰 차이점은 판매의 경우 판매이익금이 중요한 수익원천이 되는데 반해, 중개는 중개수수료와 광고료가 주요 수익원이 된다.

2) 기타 산업기반으로 분류된 물류산업은 인터넷상의 디지털 거래에 대해 물리적 완결을 가능하게 해주는 산업으로서 전체 물류산업 중에서 일정부분은 인터넷과 밀접한 관계를 가지고 성장하고 있다.

▮표 3-1 디지털 산업의 분류

구 분			관련 서비스 및 산업
인터넷 자체 산업	정보보호산업		항바이러스(anti-virus) 방화벽(fire-wall) 암호화제품(encryption) 인증(authentication)
	응용산업		콘텐츠 제작 도구 웹 에디팅 소프트웨어(홈페이지작성) 인터넷컨설턴트 탐색엔진 소프트웨어 웹 기반 데이터베이스
인터넷 활용 산업	포털서비스		종합포털(Yahoo등), 전문포털
	전자상거래	판매서비스	인터넷 쇼핑몰 인터넷 광고 인터넷 시장조사
		중개서비스	중고제품, 부동산, 자동차, 서적 등 중개 및 경매, 취업/구인 중개 예약/발권 대행
		금융서비스	인터넷트레이딩(주식, 보험, 은행) 전자금융결제
	콘텐츠산업	문화 · 예술 교육서비스	가상도서관, 가상박물관, 가상대학 인터넷의료서비스 인터넷음악, 서적·잡지·신문 등 인터넷 미디어 인터넷컨설팅
		오락서비스	인터넷게임 인터넷가라오케
		방송 · 통신	인터넷전화, 인터넷 TV, 디지털방송
인터넷 기반 지원 산업	기기산업		서버, 네트워크장비(라우터, LAN 등) 가입자망 장비, 인터넷단말기
	통신서비스산업		유무선 인터넷망 운영(MVNO포함), 인터넷접속서비스
	기타 기반산업		물류산업

주) 삼성경제연구소(1999), 한국정보통신진흥협회(2014) 자료 참조

디지털 산업의 급속한 발전으로 국민경제에서 디지털 시장의 중요성이 커지고 있을 뿐 아니라 인터넷이 기업경영 및 소비에 미치는 영향력이 지대하여, 이제 기업경영이나 소비에 있어서 인터넷은 선택의 차원이 아니라 필수요건으로 각인되고 있으며, 인터넷 비즈니스는 기업의 운영체제와 소비자의 소비패턴 그리고 노동시장에도 큰 변화를 가져올 것으로 전망된다.

5) 디지털시장의 경쟁원리

디지털 경제의 특징을 나타내는 용어는 디지털과 네트워크로 집약할 수 있다. 디지털 정보는 생산비용이 많이 들지만 한번 생산되면 재생산 비용이 매우 저렴한 이점이 있다. 이와 같은 '수확체증 현상'은 디지털 산업의 보편적인 특징으로써 사업이 성장하는 데 있어서 절대적인 영향력을 발휘한다. 또한 디지털화 된 정보는 인터넷이라는 통신망 네트워크를 통해 거래비용을 최소화할 수 있는 특징을 가지고 있다. 기존의 물리적인 형태로 일상적인 상행위를 추구하던 경제주체들은 인터넷과 같은 정보통신망의 발전으로 전 세계적인 네트워크를 저렴한 가격에 활용할 수 있게 되었으며, 다양한 네트워크간의 효과적인 송수신이 가능해짐에 따라 디지털 정보의 부가가치가 극대화되게 되었다.

따라서 디지털 경제에서는 디지털화 된 상품이 네트워크 효과에 의해 수요측면의 소비자간 긍정적 피드백(positive feedback)을 증가시키고 이것이 생산측면의 비용체감현상을 추가로 유발시켜서, '디지털과 네트워크간의 상승작용'이 동시에 촉진되는 연결고리효과가 증폭되게 된다. 이로 인해 디지털화에 따른 생산측면의 수확체증효과와 네트워크화에 따른 수요측면의 수확체증효과가 양방향에서 확대 재생산되는 효과가 보편화될 것으로 예상된다.

또한, 디지털 경제에서는 네트워크를 통해 디지털 상품을 직접 거래하는 시스템이 활성화될수록 소비와 생산간의 경계가 희미해지고 소비자 스스로가 자신의 정보를 제공하고 노출시킴에 따라 생산과 소비가 융합되는 형태가 확산된다.

마지막으로, 디지털 경제에서는 관련 있는 디지털 업체와 네트워크화를 통해 적절한 정보공유 및 전략적 제휴를 도모함으로써 이중의 수익효과를 얻을 수 있다. 디지털 업체에서는 각 기업의 다양한 정보관리전략을 활성화하여 체계적인 정보데이터베이스를 구축할 수 있기 때문에, 이들과의 정보공유 대상 고객에 대한 추가적인 정보수집비용을 줄일 수 있다는 큰 장점이 있다.

(1) 네트워크 경제 이해

일반적으로 네트워크 산업은 정보통신뿐만 아니라 전기, 가스, 수도, 도로, 철로, 항공, 금융거래 등을 포함하는 것으로 현대 경제사회의 중요한 역할을 담당하고 있다. 이들 네트워크 산업의 특성은 네트워크를 구성하는 요소들이 서로 보완적인 역할을 담당하여 새로운 결합된 서비스를 생산한다는 점이다.[3)]

---

3) 손용엽, 이상호(2001), 사이버시장의 경쟁원리, 네트워크경제(6장) 참고.

디지털혁명이 급속히 진전됨에 따라서 인터넷으로 연결된 네트워크는 컴퓨터와 통신이 네트워크로 연결된 환경을 의미하는 가상공간(cyberspace)과 컴퓨터 사이에 표준통신규약(TCP/IP)으로 세계적인 원활한 정보통신이 가능하게 한 인터넷(internet)에 의해 경제적인 네트워크 효과(network effect)를 발생시킨다.

네트워크 효과는 특정 상품 또는 서비스에 대한 이용자가 그것을 이용하는 다른 사람에게 영향을 주는 가치를 의미한다. 즉, 어떤 상품 또는 서비스 이용자가 네트워크에서 얻는 가치는 그 네트워크에 연결되어 있는 다른 이용자의 수에 영향을 받는 것을 의미한다.4) 이러한 네트워크 효과로 인하여 물리적인 네트워크 시스템의 구축과 네트워크 구성요소간의 접속 등 네트워크 공급과 수요측면에서, 그리고 네트워크 구성요소 간에 경제적으로 의미 있는 현상들이 발생하고 있다.

(2) 네트워크의 구성

네트워크는 마디(node)와, 마디와 마디를 연결해주는 가지(link)로 구성되어 있다. 네트워크는 마디와 가지를 통해 하나의 서비스를 공급하기 때문에, 네트워크는 서비스를 제공하는 데 있어서 서로 보완적인 역할을 담당한다. <그림 3-3>은 별(star)형태의 네트워크를 표현하고 있다. S은행 A지점에서 보내는 송금은 S은행 전자금융센터를 통하여 AS와 BS를 통해 B지점으로 입금이 된다. 마찬가지로 B지점에서 보내는 송금도 AS와 BS를 통해 A지점으로 입금된다. 이처럼 AS와 BS는 서로 은행 내부인터넷망을 통하여 본지점간 송금서비스를 제공하게 된다. 이때, AS 혹은 BA의 양쪽으로 서비스가 이루어지는 경우 양방향 접속(two-way access)이라고 부르고, AB는 연결이 되고 역으로 BA는 성립하지 않는 경우 일방향 접속(one-way access)이라 부른다.

오늘날 인터넷은 통신기술의 발전으로 실시간 양방향 통신이 가능해 졌다. 이러한 변화는 과거 TV나 라디오 등은 일방향 접속만으로 되는 환경이었으나 웹서버에서 웹브라우저로 데이타 이동이 원활한 통신기술의 눈부신 발전으로 인터넷 TV, 인터넷 라디오, 온라인신문 등 디지털미디어의 양방향 통신이 가능해졌다.5) 이러한 양방향 통신은 단순한 별 형태의 네트워크 연결 형태에서 더욱 발전된 패킷교환기술에 의해 그물형(mesh) 분산처리네트워크로 공간적인 제약을 넘어서

4) 네트워크 효과는 네트워크 외부성(network externality) 또는 수요측 규모경제(demand-side economies of scale)라고 하는데, 공급측 요인 보다는 수요측 요인에 의해 발생하기 때문이다. Carl Shapiro and Hal R. Varian (1999). Information Rules 참조.

5) HTML5 웹소켓 기술의 등장은 양방향통신을 기존의 HTTP보다 한 차원 높게 전개하고 있다.

전 세계에 걸친 개방적인 상호접속으로 인터넷 비즈니스의 사업영역을 더욱 확대해 가고 있다.

▮그림 3-3 별 형태의 네트워크

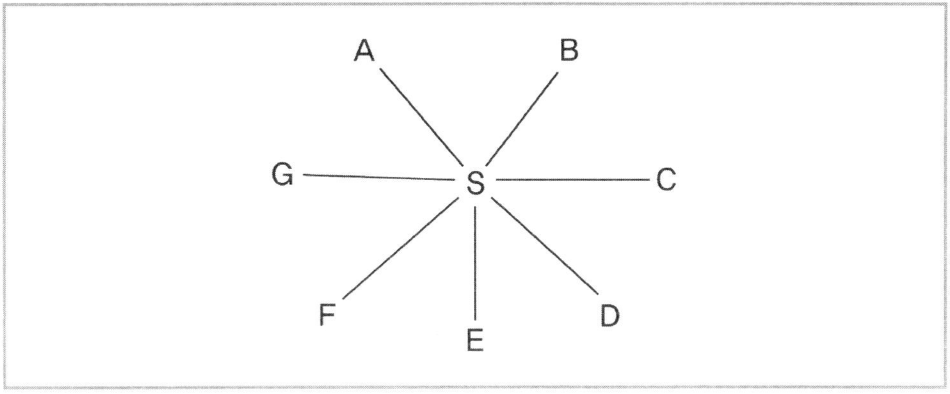

(3) 네트워크 공급의 특성과 수요의 특성

네트워크 공급측면에서 물리적인 네트워크의 구축은 생산량이 증가할수록 평균생산비가 급속히 감소하는 생산비용의 특성에 기인하여 초기 투자비용이 많이 들고 여러 개의 네트워크를 통해 다양한 서비스를 공급할 수 있는 점에서 규모의 경제성과 범위의 경제성이 동시에 발생한다. 따라서 전기, 가스, 철도, 정부통신산업에서 보는 바와 같이 초기에 정부투자 공기업이나 민간대기업이 대규모의 투자비용을 담당하게 된다. 특히 정보통신산업의 경우 초기 통신망 투자비용은 막대한 고정비용 투입을 요구하지만, 일단 초기투자가 완료된 상태에서는 추가적으로 드는 한계비용은 큰 차이가 없다. 따라서 규모의 경제성으로 인해 네트워크 상품은 시장의 지배적 사업자를 중심으로 독점화되는 경향이 많다.

한편, 최근의 정보통신 기술의 발전으로 유선망을 대체하는 무선망이 개발되고, 가상사설망(VPN, Virtual Private Network) 등 기존 네트워크에 부착하여 추가로 네트워크에 접속하거나, 기존의 네트워크를 이용하여 새로운 부가서비스를 공급하는 부가가치통신망(VAN, Value Added Network)사업자, 제한된 주파수를 가진 이동통신망의 일부를 임차하여 부가서비스를 제공하는 가상이동통신망(MVNO, Mobile Virtual Network Operator)사업자 등이 다양하게 나타나고 있다.

네트워크 수요 측면에서 네트워크 외부효과(또는 망외부성효과)는 같은 종류의 서비스 이용자 수가 많을 것이라고 기대할수록 서비스 이용가치가 높다는 수요

측면의 외부효과를 의미한다. 따라서 네트워크 서비스의 이용자는 서비스에 체화된 유용성 이외에도 네트워크 전체의 규모가 갖는 가치에도 주목하게 된다. 컴퓨터, 전화, 팩스, 소프트웨어 등 전자적 매체들은 그 제품을 소비하는 소비자의 수가 많을수록 소비자의 활용도가 높은 전자적 매체의 선택여지가 높게 나타난다. 전자매체를 구입하는 소비자에게는 하드웨어의 활용성과 안전성, 학습의 용이성, 응용소프트웨어의 적합성과 다양성 등 각 매체별 내재적인 가치도 중요하지만, 소비자가 어느 매체를 더 많이 이용하고 있는가도 대단히 중요하다. Metcalf 법칙이 의미하는 바와 같이 동일한 소프트웨어 이용자가 많을수록 파일공유가 편할 뿐만 아니라 호환성과 사후관리가 용이하기 때문이다.[6)]

(4) 네트워크 외부효과와 네트워크의 균형

네트워크 외부효과에 의한 기업 등 공급자의 이득은 임계점(critical mass)이라는 일정한 수준의 가입자비율이 도달한 이후가 중요한데, 그 까닭은 임계점에서 상품과 서비스로부터 획득한 가치는 실제 지불한 가격보다 같거나 크기 때문이다. 상품의 가치는 이용자 수에 의해 결정되기 때문에 가입자 수가 일정수준이 되면 가격을 초과하는 가치가 발생하게 되여 사람들이 추가적으로 상품을 구입하거나 서비스에 가입하게 된다는 점이다. 따라서 임계점에 도달하기 전에 지불, 가입비면제, 친구 권유 등 외부적 동기로 이용자를 유인하는 것이 기업의 입장에서는 바람직한 것이 된다.

네트워크의 균형이라는 측면에서 임계점보다 가입자 수가 증가하면 이용자가 네트워크를 과다하게 이용하게 됨으로 효용가치가 떨어지게 된다. 즉 전화가입자 수가 임계점보다 낮으면 추가 가입하는 고객에게 추가적인 가치를 제공할 수 있지만 임계점을 초과하는 가입자 수는 전화이용시스템의 과부하로 열악한 서비스로 이어질 수도 있어서 이용에 따른 효용가치가 낮아지는 것과 유사한 현상이다. 네트워크 시스템이 시장규모가 커짐에 따라 확장되면 네트워크 외부효과로 인하여 시장의 수요가 증가하는데 여기에 새로운 기술수준이 가세되면 시장의 수요 증가는 더욱 커지게 된다. Metcalf 효과에서와 같이 P2P(Peer to Peer)에 기반을 둔 인터넷전화(VoIP), 모바일메신저(mVoIP)의 등장은 네트워크 외부효과를 더욱 증가시킨다.

---

6) Metcalf 법칙에 따르면 네트워크 구성에서 마디(node)가 n개로 구성되어 있을 때, n(n-1)개의 잠재적인 서비스가 있고, n+1번째 마디가 추가되는 경우 잠재적인 서비스의 수는 (n+1)n 으로 늘어나게 되므로 (n+1)n-n(n-1)=2n개의 새로운 서비스수가 나타나게 된다. 손용엽 외, 전게서, p.237 참조.

이러한 과정을 네트워크 균형분석을 통하여 살펴보면, 네트워크가 확장되는 구축시기에는 네트워크의 통합현상은 일반적인 경제현상으로 네트워크 외부효과가 강하게 작용하는 경우 네트워크 규모에 대한 긍정적 피드백(positive feedback) 원리가 상승작용 하여 강자는 더욱 강하게 약자는 더욱 약하게 하는 이른바 승자가 모든 것을 차지(winner-take-all) 현상이 가속화될 것이다.[7] 따라서 시장의 구조는 승자가 모든 것을 차지하는 하나의 시장실패 현상으로 이어질 가능성이 있다. 이 경우 시장이 독점화되는 가능성에 대한 인식과 이를 해소하는 공정경쟁제도의 확립이 중요해 진다.[8]

네트워크 경쟁이 있는 경우 하나의 네트워크 서비스 제공자가 보유하고 있는 가입자 수는 경쟁사업자에게 쉽게 이전되지 않는데, 이런 현상은 네트워크 서비스 제공자의 자체 효율성에 기인한 것으로 판단하기는 어렵다. 네트워크 외부효과와 소비자의 교체비용에 따른 잠금 현상으로 발생한 과잉관성이 영향을 미칠 수 있기 때문이다.

한편, 여러 가지 네트워크가 복합적으로 분리되어 공존하는 경우에는 소비자에게 이질성을 인식시키기 위해 다양한 제품 차별화와 가격 차별화된 서비스가 적극적으로 개발된다. 또한, 네트워크간의 경쟁은 인터페이스 혹은 호환성 등의 기술력을 기반으로 범용성을 높여 네트워크 외부효과를 극대화하는 고도의 전문화된 네트워크로 분화될 것이다. 따라서 네트워크 산업에서는 기업의 이윤 동기만으로는 사회후생을 극대화하는 네트워크가 균형으로 달성되기 어려울 수 있으며, 소비자의 사용편익과 기업의 이윤을 조화시킬 수 있는 적절한 유인체계와 사회적 제도가 구비되어야 한다는 것이다.[9] 이와 함께 네트워크 산업육성을 위한 정부정책의 역할은 긍정적인 피드백이 작용하는 임계점을 제공하는 것이 매우 중요하며 승자를 선별하는 정책(picking the winners)에서 결론을 내리기 어려운 국면(chicken and egg problem)에서는 민간기업이 스스로 임계점을 협력적으로 구축하도록 하는 것이 중요하다.

---

7) 긍정적 피드백은 정보기술경제학을 이해하는 중요한 개념으로 A가 B를 많이 생산하면 뒤이어 보다 많은 A를 생산하게하는 선순환되는 고리(feedback loop)로 확장적 네트워크를 의미함.

8) 손용엽, 이상호(2001), 사이버시장의 경쟁원리, pp.239-247 및 Carl Shapiro and Hal R. Varian (1999). Information Rules, p.175-182 참조.

9) 손용엽 외, 전게서, p.247 참조.

(5) 네트워크의 성장과 네트워크 외부효과 확보전략

네트워크 외부효과는 소비자의 선택에 중요한 영향을 미치기 때문에 네트워크의 확장을 통한 네트워크 외부효과를 확보하는 것은 네트워크 상품을 제공하는 기업전략의 중요한 핵심이 된다. 소비자들은 네트워크의 규모를 통해서 상품의 효용가치를 얻을 뿐만 아니라 상품의 신뢰성과 안전성 그리고 네트워크 그룹간의 정보공유를 통해 정보탐색을 위한 거래비용을 줄일 수 있다. 따라서 기업들은 네트워크의 임계점을 확보하기 위한 유효한 전략을 구사할 필요성이 있다. 기업들이 소비자의 네트워크 크기에 대한 기대심리를 자극하기 위한 네트워크 외부효과 확장 전략으로 다음과 같은 것을 고려할 수 있다.

첫째, 초기에 낮은 가격으로 제품을 공급하거나 무료로 관련 서비스를 제공함으로서 소비자를 짧은 기간에 확보하여 네트워크의 임계점을 확보할 수 있다. 최근 휴대폰을 무상 또는 저가로 제공하거나, 가입비를 면제하고 무료통화를 제공하고 다양한 묶음판매(bundling sales) 또는 할인판매 등 이동통신사업자의 전략이 그러하다.

둘째, 상용소프트웨어를 무료 소프트웨어(freeware)나 사용기간이 만료되면 더 이상 사용할 수 없는 셰어웨어(shareware) 등 상품의 제공은 소비자로 하여금 학습효과를 통하여 같은 제품의 정품을 구매하여 이용토록 하는 전략이다.

셋째, 제품의 버전을 주기적으로 변경시키거나 성능을 업그레이드시킴으로써 자사의 상품을 구입한 소비자가 타사의 상품을 구입하지 못하도록 고착화(lock-in) 시키는 전략을 쓸 수 있다. 이러한 전략은 자사 제품의 소비자가 다른 회사 제품으로 이전할 경우 발생하는 교체비용의 부담을 증가시키는 전략과 연계하여 자사의 네트워크 외부효과를 유지할 수 있으며, 자사 상품에 대한 충성도(loyalty)를 갖게 함으로서 다른 소비자에게 파급되는 구전효과(word of mouth)로 자사 제품의 명성을 유지할 수 있다.

넷째, 자사 제품의 판매계약조건과 관련하여 소비자에게 유리한 판매계약조건(liberal terms and condition of sale)을 제시하여 판매량은 감소하지만 제품가격의 상승으로 전체적인 수입은 증가시키는 전략이다. <그림 3-4>에서 (a)는 기업이 자사 제품의 판매계약조건을 변경하지 않은 상태의 판매계약조건(baseline sale)으로 자사제품의 수요자들의 네트워크인 수요곡선을 통하여 기업이윤을 확보하는 경우이고, (b)는 기업이 자사제품의 판매계약조건을 소비자에게 유리하게 완화하여, 자사제품의 복제나 공유를 어느 정도 허용했을 경우에 소비자의 수요곡선은 상향으로 이동하게 되어 자사제품의 가격은 상승하고 판매량은 감소하지만 네트워크 외부효과로 인한 네트워크 확장으로 기업의 판매수입은 증가할 수 있음을 의미한다. 이러한 전략은 자사제품을 구입하는 소비자로 하여금 자사제품에 대한 충성도를 높이는 다양한 전략의 활용이 가능해 진다.[10]

▮그림 3-4 판매계약조건과 판매량의 조정 전략

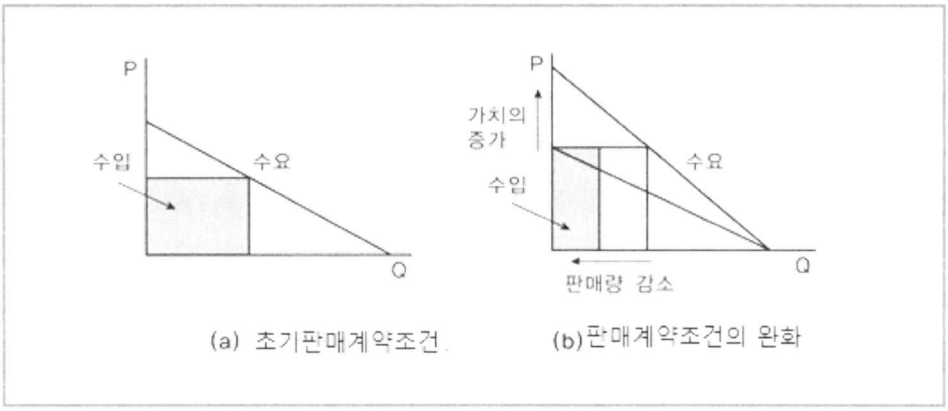

자료 : Carl Shapiro and Hal R. Varian (1999). Information Rules, p.99 참조

네트워크 산업에서 서로 경쟁하는 기업이 자사의 새로운 정보기술을 시장에 선보일 때 직면하는 네트워크의 특성을 파악하여 선택할 수 있는 본원적인 전략(generic strategy)은 다음과 같다.[11]

첫째는 자사제품의 호환성을 전략적으로 활용하는 것이다. 호환이 불가능하다는 것은 자사 제품의 성능이나 기술적 우위를 이용하는 전략으로 볼 수 있다. 둘째는 자사제품에 대한 지적재산권이나 특허 등 배타적 사용권을 경쟁회사에서 개방할 것인지 아니면 통제할 것인지를 결정하는 문제이다. <표 3-3>은 호환과 성능, 그리고 개방과 통제라는 네 가지 경쟁전략을 나타내고 있다.

10) 웹사이트 라이센스 판매전략은 DVD, mp3 등 하드웨어, 소프트웨어에 비하여 구매자와 판매자 모두에게 거래비용을 감소시킨다.

11) 손용엽, 이상호(2001), 전게서, pp.255-269, Carl Shapiro and Hal R. Varian (1999), ch.7-8 참조.

표 3-3 네트워크 시장에서의 기업전략

구분	통제(Control)	개방(Openness)
호환(Compatibility)	통제된 전환 (Controlled Migration)	개방된 전환 (Open Migration)
성능(Performance)	기술력에 의한 통제 (Performance Play)	불연속 (Discontinuity)

자료: Carl Shapiro and Hal R. Varian (1999). p.204 참조.

개방된 전환전략은 전체적 네트워크의 확장을 위한 협조 전략으로 어느 기업에도 신제품에 대한 독점권이 없어서 여러 기업들이 경쟁적으로 제품을 공급하는 한편, 각 제품들 간에 일정한 표준에 따라 호환이 가능하기 때문에 소비자는 교체비용이 거의 들지 않는 유익한 전략이다. 이러한 개방된 전환전략은 수요에 의한 네트워크 외부 효과를 모든 기업이 공유하기 때문에 경쟁우위는 비용 측면에 의해 결정되므로, 기업의 경영효율성, 규모의 경제, 비용절감을 위한 기술혁신 등 주로 제조능력에 기반을 두고 있는 기업에게 적합한 전략이다.

반면에 기술력에 의한 통제전략은 네 가지 전략 중 가장 대담하고 위험한 전략이다. 기존 제품과 전혀 호환이 되지 않는 새로운 차원의 기술을 지닌 제품을 출시하려는 기업이 자사의 제품에 대해 강한 지적재산권이나 독점권을 보유하고 있는 상황에서 나타난다. 따라서 기존 제품에 비해 월등히 우수한 획기적인 신기술을 개발한 기업에게 적합한 전략이며, 기존 제품과는 호환성이나 기존 고객에 대한 고려를 하지 않아도 되기 때문에 기존 사업자 보다는 신규로 시장에 진입하는 기업에게 적합한 전략이다.

한편, 통제된 전환전략은 소비자가 기존 제품과 호환이 가능하면서도 성능은 다소 개선된 신제품을 사용할 수 있다. 그러나 기존 제품과 신제품에 대한 특허는 특정 회사에게 주어져 있어서 독점적인 네트워크 시장이 형성되어 있는 상황이 된다. 따라서 이 전략은 특정 네트워크 시장에서 안정적인 시장을 독점적으로 점유하고 있는 기업이 보다 개선된 신제품을 판매하고자 할 때 전형적으로 사용된다.

불연속 전략은 기존 기술과는 호환이 불가능하지만 기술에 대한 접근이 개방되어 있어서 새로운 신규 제품이 다수의 공급자에 의해 동시에 출시되는 상황에서 사용된다. 불연속 전략은 생산기술면에서 효율적인 제조업체에게 유리한 전략이며, 수요측면에서 발생하는 네트워크 외부효과를 적절히 관리해야 한다는 점에

서 높은 부가가치를 제공할 수 있는 서비스업체에게 유리한 전략이다. 통제된 전환이나 불연속 전략은 경쟁제품과의 경쟁과 협조를 적절히 혼합하고 있는 전략으로 평가된다.

이러한 전략들은 자사 제품이 속한 시장에서 경쟁기업과의 협력과 경쟁전략을 채택하는데 영향을 주게 된다. 즉 경쟁효과 (competitive effect)와 네트워크효과 (network effect) 간의 상대적인 효과의 크기에 따라 다양한 전략이 활용될 수 있다. 이러한 네트워크간의 전략적 선택에 매우 중요한 영향을 미치는 요소가 호환성(compatibility), 접속가능성(accessibility), 상호운용성(interoperability), 표준화 (standardization), 안전성(security) 등의 전략적인 요소가 있다.

네트워크상의 호환성이란 서로 다른 공급자에 의해 공급된 부품이나 하위시스템이 하나로 결합되었을 때 같은 효과로 작동되는 네트워크 특성을 의미하는데, 정보통신 네트워크 산업에서 부품들이나 시스템들 간의 호환은 매우 중요하다. 예를 들면 워드프로세스의 경우 A제품으로 작업한 문서가 B제품에서도 같은 전자문서로의 기능과 특성을 가진다면 호환성이 있다고 보며, 두 개의 서로 다른 제품이라 하더라도 같은 네트워크(또는 플랫폼) 상에서 제품 특유의 기능을 수행하는 경우에도 호환성을 갖추었다고 할 수 있다.

일반적으로 호환성은 네트워크의 기능적인 측면에서 표준화(standardization)와 인터페이스 (interface), 어댑터(adapter)라는 기술요소에 의해 그 구현이 가능하다. 어댑터의 경우 일방향(one way) 어댑터는 A에서 B로는 호환이 가능하지만 그 반대로 B에서 A로는 호환이 이루어지지 않는 장치를 의미하며, 양방향(two way) 어댑터는 A에서 B는 물론이고 B에서 A로의 호환이 가능하다.

네트워크 산업에서 호환성의 경제적인 효과는 소비자와 생산자 모두에게 편익과 비용을 동시에 가져다주는데, 소비자가 얻는 편익은 첫째, 호환성에 의해 네트워크 규모가 커지므로 수요측면의 네트워크 외부효과가 증가하게 된다. 둘째, 부품 간 호환성이 이루어지면 소비자로 하여금 제품이나 서비스 선택에 다양성을 부여하여 소비자 후생을 증진시킨다. 셋째, 특정 제품을 구입할 때 소비자가 지니는 위험부담이 줄어 든다. 예를 들어 콘센트를 구입할 때, 110볼트와 220볼트 겸용 콘센트이면 전기 제품을 안전하게 사용할 수 있는 것이다.

그러나 표준화를 통한 호환성은 단기적으로는 소비자의 선택가능성이 확대되지만, 장기적으로는 표준화를 통해 기존의 표준화된 제품과 호환성은 없으나 성능이 매우 우수한 새로운 제품이나 시스템의 출현을 억제할 수 있다.

공급자의 경우도 호환성이 이루어지면 편익과 비용이 동시에 발생한다. 첫째, 호환성이 확립되면 생산측면에서 규모의 경제가 실현되어 각각의 제품 네트워크가 하나로 연결되어 시장이 확대되고, 이에 따라 각 기업들은 생산측면에서 규모의 경제 효과를 누릴 수 있다. 둘째, 호환성의 성립은 공급자간의 경쟁양상을 변화시키고 부품간의 보완효과가 강화되어 단기적으로는 경쟁을 완화시킬 수 있다. 그러나 장기적으로는 기술적 통합이 이루어짐에 따라 공급 부품의 표준화를 선점하기 위한 경쟁관계가 치열해 질 수 있다.

네트워크 기술의 발전에 따라 접속과 관련된 다양한 문제를 고려해야 한다. 접속서비스의 경우 한정된 필수적인 네트워크 장비 보유 여부, 접속의 가능성과 차별성의 여부, 접속의 개방이나 네트워크 세분화에 따른 접속조건의 설정문제, 최적 접속료 설정과 네트워크 사용의 효율성 등이 중요한 경제적 논점으로 대두된다. 예를 들어, 시장을 독점하고 있는 기존 기업은 진입기업에 대해 네트워크 외부효과로 산업 전체의 이윤이 증가하면 당연히 진입기업의 접속을 용인하여 접속료 수입을 확보할 것이고, 반대로 경쟁효과가 더 크다면 독점기업은 접속을 거부하게 된다.12)

가상공간에 대한 자율권을 보장하고 경쟁을 활성화하는 논의는 2000년대 중반 네트워크에 대한 접속과 관련하여 이른바 망중립성(network neutrality)에 관한 논의로 전개되어 최근 초고속인터넷시장의 형성에 따른 인터넷 트래픽관리와 더불어 더욱 뜨거운 논쟁으로 확대되고 있다.

2 전자적 형태의 무체물 이해

대외무역법은 소프트웨어, 영화, 게임, 애니메이션, 만화 등 전자적 형태(영상물, 음향 음성물, 전자서적, 데이 터베이스)를 무체물로 규정한다.

무체물에 대해서도 무역으로 간주 돼 무역금융 혜택을 받을 수 있다. 같은 소프트웨어라 해도 디스켓이나 포장 형태로 수출입을 하면 통관 절차를 밟게 되고, 패키지 소프트웨어로 통관기준 수출입 통계에 잡힌다.

---

12) 2002년 8월 마이크로소프트(MS)는 미국 법무부와의 반독점소송에서 합의하고 소프트웨어와 관련 인터페이스의 소스를 경쟁사에 공개하기로 한 것은 접속료의 설정에 유리한 위치를 차지하여 접속료 수입을 극대화하려는 전략으로 해석된다.

1) 소프트웨어 이해

컴퓨터를 동작시키고 컴퓨터에 어떤 일을 처리할 순서와 방법을 지시하는 명령어의 집합인 프로그램과 프로그램의 수행에 필요한 절차, 규칙, 관련 문서 등의 총칭. 보통 프로그램과 같은 의미로 쓰인다. 컴퓨터 시스템을 구성하는 요소 중에서 형체를 갖고 있는 하드웨어를 제외한 보이지 않는 무형의 부분을 소프트웨어라고 할 수 있다.

기능에 따라 크게 2가지로 분류할 수 있다. 하나는 디스크 운영 체계(DOS)나 윈도즈와 같이 컴퓨터를 동작시키는 일을 하는 시스템 소프트웨어이고, 다른 하나는 시스템 소프트웨어에 의해 동작시킨 컴퓨터에서 사용자가 원하는 일을 수행하기 위해 만들어진 응용 소프트웨어이다. 시스템 소프트웨어는 운영 체계(OS)와 동의어라고 할 수 있는데, 컴퓨터 시스템의 각 장치를 통제하여 정상적으로 작동하도록 검사하고 제어하는 등 컴퓨터를 사용하기 위해 기본적으로 필요한 프로그램으로 DOS, 윈도 및 유닉스(UNIX) 등이 있다. 응용 소프트웨어는 컴퓨터를 사용하는 목적이 되는 여러 가지 업무를 수행하는 프로그램으로 워드 프로세서, 스프레드시트, 데이터베이스 등이 있다.

또 시스템 소프트웨어나 응용 소프트웨어는 아니지만 이 2가지 요소를 다 포함하고 있는 망 소프트웨어(network software)와 언어 소프트웨어(language software)의 2가지로 다시 분류할 수 있다. 망 소프트웨어는 복수의 컴퓨터가 통신할 수 있게 하는 프로그램이며, 언어 소프트웨어는 프로그램 작성자가 프로그램을 작성하는 데 필요한 도구(tool)를 제공하는 프로그램 작성 언어이다. 이와 같은 기능에 의한 분류 이외에 소프트웨어의 배포 방법에 따라 패키지 소프트웨어, 공용 소프트웨어, 프리웨어, 공유웨어, 베이퍼웨어 등으로 분류할 수 있다. 일반적으로 소프트웨어도 데이터(정보)라는 그릇된 인식을 갖고 있는데, 소프트웨어는 데이터가 아니며 하드웨어에 데이터를 처리하는 순서와 방법을 지시한다. 소프트웨어는 실행되고 데이터는 처리된다.

2) 디지털방식 정보처리

디지털은 손가락이란 뜻의 라틴어 디지트(digit)에서 온 말이다. 이는 모양으로 표시되는 아날로그에 비해 분명하게 1 2 3을 셀 수 있다는 늣에서 나왔다. 예건대 각각의 눈금과 수치를 바로 확인할 수 있는 막대 그래프가 디지털형태라면 아날로그는 정확히 수치를 파악하기 어려운 곡선 그래프에 비유할 수 있다.

먼저 0과 1을 이용하는 디지털 방식의 전송은 종래 아날로그 방식의 전송에 비해 신호왜곡이 적기 때문에 훨씬 깨끗하고 선명한 화상과 깨끗한 음질의 음성을 재생할 수 있다는 장점이 있다. 쉬운 예로 일반 비디오테이프와 레이저디스크(LD), 카세트테이프와 컴팩트 디스크(CD)의 경우를 서로 비교해 보면 알 수 있다.

또한 요즈음 우리가 많이 사용하는 휴대폰, 콤팩트 디스크 등이 모두 디지털 방식입니다. 디지털휴대폰은 아날로그 신호인 음성을 수십만 개의 디지털 신호로 바꾸어 전달하는 것으로 CDMA라는 방식이 사용된다. 디지털이란 소리도 001011, 그림도 110101, 문자도 010100 등 모든 정보를 0과 1로된 숫자로 바꿔서 저장, 재생되는 것을 말한다.

3) 디지털 콘텐츠의 정의

최근 초고속 인터넷의 발전과 더불어 영화, 게임, 음악, e-Book 등과 같은 다양한 형태의 디지털콘텐츠 산업이 발전하고 있다. 다가오는 21세기는 콘텐츠가 하드웨어를 지배하는 시대이며, 동시에 가치를 창출하는 시대로 변화할 것으로 전망되고 있다.

콘텐츠란 문자, 소리, 화상, 영상 등의 형태로 이루어진 정보의 내용물을 지칭하며, 출판, 음악, 영화 등의 영상, 사진 등의 화상, 게임, DB 등 광범위한 분야가 여기에 포함된다. 디지털콘텐츠는 위에 정의된 콘텐츠를 디지털화하여 제작, 유통, 소비하는 산업을 모두 포괄하고 있다. 따라서 디지털콘텐츠는 첨단 IT 기술을 사용하여 부호, 문자, 음성, 음향, 영상 등을 디지털 포맷으로 가공·처리하고 정보통신망(PC 통신망 및 인터넷 망포함), 디지털방송망, 디지털저장매체(디스켓, DVD, CD-ROM 등) 등을 통하여 활용하는 정보로 정의될 수 있다. 또한 기존의 콘텐츠를 디지털화 하거나 디지털 형태로 제작되는 모든 콘텐츠를 포함할 뿐만 아니라 이를 제작 및 유통 시키는 모든 산업군을 포괄적으로 포함하는 것을 디지털콘텐츠 산업으로 정의 할 수 있다. 우리나라 정보통신부가 분류한 디지털콘텐츠산업은 <표 3-4>와 같다.

▌표 3-4 디지털 콘텐츠산업

분류		정의
디지털정보	전문정보서비스	PC통신 및 인터넷을 통하여 제공되는 텍스트 및 멀티미디어 형태의 전문정보(예 법률, 금융)PC통신 및 인터넷을 통하여 제공되는 텍스트 및 멀티미디어 형태의 전문정보(예 법률, 금융)
	일반정보서비스	PC통신 및 인터넷을 통하여 제공되는 텍스트 및 멀티미디어 형태의 일반생활이나 기타 정보(예 상품, 생활정보 등)
디지털출판	e-Book	책의 구조를 가진 Viewer가 탑재된 정보단말기를 통하여 지식을 전달하는 콘텐츠비지니스
	웹출판	웹신문, 웹진, 웹사전, 웹만화 등 인터넷을PC통신 및 인터넷을 통하여 발간되는 지식전달용 콘텐츠비지니스
디지털게임	PC 게임	PC 기반게임
	온라인게임	통신망을 이용하여 서비스되는 게임
디지털영상	특수편집 영상물	방송, 영화, 광고 등에 이용되는 특수편집 영상 및 컴퓨터 그래픽 작품
	디지털영화/애니메이션	2D/3D 등 컴퓨터 그래픽을 이용한 영화 및 애니메이션
	디지털캐릭터	상품화를 목적으로 디지털화된 2/3차원의 영상모델 (예: 아담, 루시아 등)
	전시영상	이벤트 및 홍보용으로 컴퓨터 그래픽으로 제작된 전시용 영상
교육용콘텐츠	온라인형콘텐츠	영상, 음성, 그래픽, 텍스트 등으로 이루어진 양방향 학습 프로그램
	패키지형콘텐츠	CD, 디스켓 등의 오프라인 기억 매체를 통한 학습 프로그램
e-Music		인터넷을 통한 유료 유통을 목적으로 기획·제작되는 음악용 콘텐츠
웹 캐스팅		인터넷을 통한 중계서비스
시뮬레이션		건축, 환경, 기계동작, 모의진행 등을 컴퓨터 그래픽으로 구현
원격진료		진료를 목적으로 디지털화된 화상 및 음성용 송수신
메일링서비스		이메일을 이용한 맞춤형 정보제공
모바일콘텐츠		무선인터넷을 이용하여 디지털콘텐츠를 서비스

자료: 정보통신부, 2001.4.

4) 디지털로 인한 국제상거래

세계 모든 나라의 무역상사들은 자사의 디지털 쇼핑몰을 구축하고 있으며 일부 제조업체들은 세계적 체인을 갖고 있는 대규모 상품 카탈로그 전문업체를 통해 인터넷 광고, 제품 소개 등 텔레마케팅 활동을 하고 있다. 이 상품 카탈로그 전문업체는 세계 각국에서 수집된 제조업체, 고급업체, 바이어 등 수출입거래에 필요한 모든 정보를 인터넷 홈페이지나 웹 사이트(Web Site)에 탑재시켜 두고 있다.

① 신속 · 정확한 정보 제공, ② 상품 및 서비스의 유통경로 단축, ③ 시간과 공간의 초월성, ④ 완전경쟁의 실현 가능성, ⑤ 거래비용의 절감, ⑥ 시장의 확대 등을 통해 각국 경제의 세계화를 더욱 더 가속화시켜 나가고 있는 것이 사실이다.

3 e-비즈니스

1) e-비즈니스 개념

인터넷기반의 기업활동의 e-Transformation이라고 볼 수 있다.

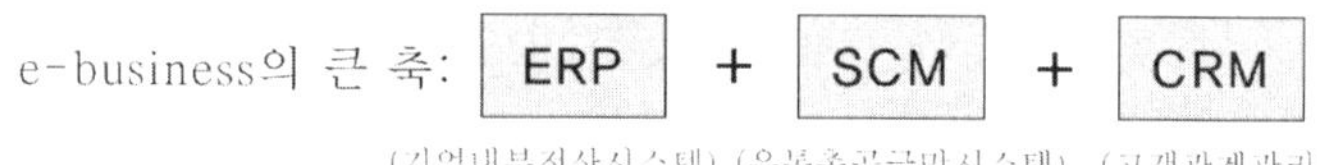

▌표 3-5 비즈니스 관계의 변화

구 분	아날로그 시대	디지털 시대
기 업	내부지향적	기업개념의 확장
고 객	생산업체에 대한 제한적 접근	생산업체에 대한 직접적 접근, 개입
공 급 업 체	일정거리 유지	전자적 관계, WIN-WIN실현
중 개 업 체	독립적이고 분리된 프로세스	확장, 공유 개념의 프로세스
종 업 원	수직적, 기능적 관리	네트워크개념의 관리, 신속한 고객대응

▌표 3-6 비즈니스 요소의 변화

구분	아날로그 시대	디지털 시대
비즈니스 범위	-다국적 개념 -가치체인(Value Chain) -필요에 의한 제휴관계 -지식의 산재 -경계가 명확하고, 제한적 관계	-글로벌 개념 -통합네트워크(Value Network) -제휴관계는 기본 -지식의 공유 -경계가 불분명하고, 친밀한 관계
기업 문화	-상위 하달식 통계 -책임에 초점 -부분적인 혁신 -효율성 제고를 위한 관리 -학습 후 실행	-대폭적인 권한 이양 -비전에 초점 -지속적인 혁신 -변화를 위한 관리 -실행 후 학습

조 직	-수직적인 명령/통제조직 -대면접촉 커뮤니케이션 -팀 중신의 프로젝트 수행 -비전자적 거래	-유연한 조직 -디지털 커뮤니케이션 -팀 중심의 비즈니스 실행 -e-business관계

2) 인터넷 경제의 변화된 요소

정보통신기술(ICT)의 발전이 인터넷 경제를 등장시켰다.

- 정보가 인터넷을 통해 효율적으로 배분 → 막대한 부가가치 창출
- 전자상거래등 새로운 상거래 출현 → 유통구조가 변화하기 시작
- 노동생산성 향상과 재고정보의 효율화
- '원자적 경쟁(Atomistic Competition)'체제로 변화
- 정보의 확산으로 사회적 변화가 급속하게 바뀜

3) 인터넷 비즈니스의 발전 패턴

- 3C비즈니스 형성: 콘텐츠(Contents)를 바탕으로 커뮤니티(community)를 형성하며, 이를 기반으로 상거래(commerce)를 수행함
- 콘텐츠(Contents): 소비자가 원하는 참신한 정보를 생성하는 것
  ex) 상품정보, 가격비교, 음악, 뉴스, 동영상 등
- 커뮤니티(community): 원하는 사람들과 교류할 수 있는 장을 만들어 주는 것
  ex) 채팅 공간, 게시판 운영, 동호회 등
- 상거래(commerce): 실제로 웹을 통해 재화나 서비스가 거래되는 것
  ex) 쇼핑몰 경매 등

그림 3-5 인터넷 비즈니스의 전형적 모델

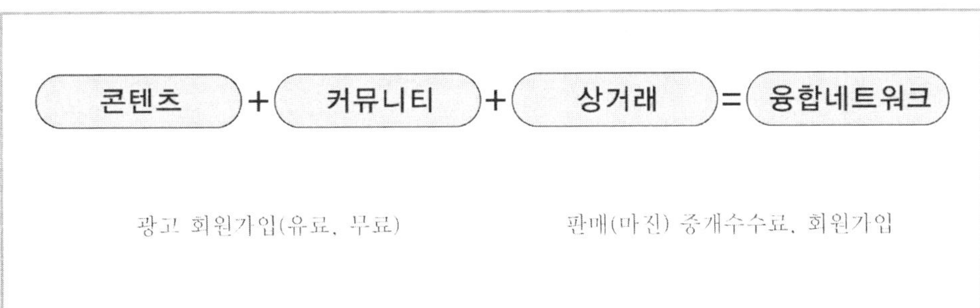

4) 인터넷 비즈니스의 모델

인터넷 비즈니스모델 인터넷을 기반으로 사업을 하는 방식 또는 사업 아이디어를 의미한다. 즉, 이윤추구를 목적으로 어떤 상품을 누구에게 판매할 것인가를 결정하는 것을 의미.

ex) **미국 프라이스라인의 '역경매'** - 컴퓨터라는 구체적인 수단을 통하여 구매자와 판매자간의 거래를 연결시키는 영업 방법에 관한 것이다. 즉, 구매자가 구매희망 가격을 부르면 이 가격에 응할 판매자를 찾아 소비자와 연결시켜주는 온라인상에서 비즈니스를 하는 모델에 관한 것으로 프라이스라인사는 이를 발판으로 최근에는 항공권 예약부터 중고트럭 판매, 호텔예약, 금융업, 식료품 판매에까지 사업범위를 확장하고 있다.

대표적인 비즈니스 모델로는 아마존의 '원클릭 서비스'가 있다.

▌그림 3-6 국가별 정보통신 성능 비교

	Country/Region	Q1 '10 Avg. Mbps	QoQ Change	YoY Change
--	Global	1.7	-4.7%	-1.0%
1	South Korea	12	-2.3%	9.6%
2	Hong Kong	9.0	–	19%
3	Japan	7.9	2.5%	-1.6%
4	Romania	6.3	-14%	6.5%
5	Latvia	6.3	-0.1%	35%
6	Sweden	6.2	-0.7%	-8.6%
7	Netherlands	6.0	3.6%	9.6%
8	Czech Republic	5.5	-6.4%	0.7%
9	Denmark	5.3	0.1%	6.2%
10	Switzerland	5.3	3.7%	-6.1%
…				
16	United States	4.7	0.5%	0.5%

출처 : Average Measured Connection Speed by Country/Region(Akamai, 2010)

5) 인터넷 비즈니스 진화 과정 및 모델의 변화

안정적 비즈니스 모델 창출과 함께 시장이 확대 되었다.

과거 전형적인 비즈니스모델의 대표사례 미국월마트 vs 현재 대표적 모델 아마존 비즈니스모델을 비교해 보았다. 디지털모델로 갈수록 개발기간, 해외시장 진출기간이 대폭 줄어들었으며, 변화에 대한 융통성도 높아지는 추세. 또한 디지털 시대의 비즈니스 모델에 가까울수록 유형자산보다는 기술개발이나 마케팅 비용에 더 많은 투자를 하며, 차별화된 서비스, 신속한 시장대응, 저렴한 가격, 다양한 선택 등을 핵심 경쟁력의 요소로 삼고 있다.

▌표 3-7 비즈니스 모델 진화

모델형	전형적인 비즈니스모델(과거)	디지털시대 비즈니스모델(현재)
대표사례	wal-mart business model	Amazon business model
개발기간	20년	2년
미주시장 진출	20년	2~3년
세계시장 진출	40년	2~3주

▌표 3-8 주요 인터넷 비즈니스 모델 비교

수익 모델	주요 산업	특징 및 진화 추이
수수료	전자상거래, 금융, 보험 등	-낮은 가격, 편리함이 관건 -오픈마켓으로 진화
이용료	초고속 인터넷, 게임, 음악, 전화, 무선인터넷, 와이브로 등	-가입후 요금부과형태(정액제, 종량제) -융합된 서비스(dlsxjspt + 통신 + 방송 + 무선 등)
유료 아이템	아바타, 도토리, 음악, 영화, 강좌	-인터넷 진화와 유사 품목의 확대 -개별 아이템, 콘텐츠에 대한 요금 부과
기기-콘텐츠 결합	애플의 MP3P + 음악판매	-기기 및 콘텐츠 판매가 동시 발생 -기기 업체들이 유사 성공모델 시도중

인터넷 비즈니스 모델 도입 방식 3가지

- 인터넷을 또 하나의 채널로 간주하고, 기존 비즈니스모델을 보완&대체하는 방식
- 인터넷을 새로운 비즈니스로 규정하고 경영활동 전반에 걸쳐 활용하는 방식
- 전략적인 제휴를 하거나 해당 기업을 M&A함으로써 비즈니스에 참여하는 방식

6) 인터넷 비즈니스 사례 : B2B

(1) 물리적 상품의 B2B 모델 : NTE

회원사들은 NTE의 인터넷시스템을 통하여 확정된 경로에 확정된 가격으로 배달을 주문하거나 실시간으로 배달시간, 거리, 가격에 따라서 원하는 운송방법을

선택한다. 배달이 완료되면 NTE는 운송업체에게 요금을 지불하고 운송주문 업체에 송장을 발송한다.

(2) 디지털 상품의 B2B 모델 : LexisNexis

LexisNexis는 세계 최대의 법률 관련 데이터 베이스를 보유하고 있으며, 세계 각국의 법령·판례·특허·법률 관련 문헌 등을 온라인으로 제공하고 있다. Lexis.com은, 이러한 풍부한 정보를 web 베이스로 제공하는 법률 정보 조사의 최강 솔루션이다. 간단한 조작만으로 필요한 정보를 바로바로 입수하는 것이 가능하며 법률 정보의 소스를, 화면을 클릭하면서 간단하게 선택할 수 있도록 구성되어 있습니다. 법률 뿐만 아니라 뉴스, 회사 정보, 마케팅 정보 등도 함께 제공하고 있으며 Shepard's 서비스에 의한 인용 정보(판례 외)등, 특히 법률 정보의 검색에 편리한 기능을 갖추고 있다.

Lexis.com의 이점

1. Shepard's 서비스

단순히 case의 수정/철회 이력 또는 유효성에 대한 상태와 인용 정도 만을 알려주는 것이 아니라 다른 연관판례와의 상호 분석 및 평가를 통해 해당 판례에 대한 보다 세밀하고 전문적인 분석 근거 자료 제공

- 전문성 : 판례 상태 분석 정보를 6가지 시그널을 통해 보다 상세하고 전문적인 정보를 제공
- 정확성&신속성 : 130년 역사의 판례 인용 분석 전문 출판사인 Shepard's 제공 정보로 보다 정확하고 신속한 정보를 제공
- 다양성 : 해당 판례를 인용하는 관련 판례, 법령, 문건, 법률 전문 서적 자료(700개 이상의 Matthew Bender 자료 등 제공) 이용 가능.

Case&Summary의 경우 해당 판례 수신 후 72시간 이내에 첨가되며 출판된 자료 뿐만 아니라 다른 데이터베이스에서 볼 수 없는 미 출판된 자료도 함께 수록하였으며 Case Decision에 해당되는 내용은 Court Language 원문으로 제공되어 보다 공신력 있는 자료로써의 인용이 가능함

2. News&Business Resource

- 22,000종 이상의 News&Business 정보 데이터베이스 제공(최대 정보제공)
- 미국 상위 99개 Newspaper 원문 제공
- Factiva, EIU Country Report 등의 다양한 정보 Souce 제공.

---

7) 인터넷 비즈니스 사례: B2C

(1) 물리적상품의 B-TO-C모델: Dell online

온라인 고객의 주문에 따라 컴퓨터를 생산 보급하는데 대리점 같은 별도의 유통망을 갖추지 않았다. 그래서 유통마진을 줄이고 주고 주문에 의해서만 컴퓨터가 생산되기 때문에 제고 관리비등을 줄여 컴퓨터의 가격을 낮춤으로써 경쟁력을 갖추고 있다.

(2) 디지털상품의 B-TO-C모델 : 타임전자서점

타임전자서점은 국내의 여러 출판사들과 계약을 맺고 이미 출간된 서적을 전자서적으로 변환시켜서 판매하고 있다. 기존의 PDF의 형식의 전자서적과 함께 특별이 타임전자서점에서 개발한 타임북이라는 프로그램으로 읽을수 있는 형식의 파일을 함께 판매한다.

전자서적의 강점은 비용을 절감할 수 있고 서적을 보관 관리하는 공간이 별도로 필요하지 않고 인터넷을 이용해서 서적파일을 전송하기 때문에 운송비 등의 물류비용이 전혀 들지 않는다.

8) 인터넷 비즈니스 사례: C2B

(1) 물리적상품의 C-TO-B모델: ACCOMPANY.COM

Accompany.com은 인터넷을 이용, 익명의 개인 구매자들이 서로 알지 못하더라도 공동구매를 할 때 비슷하게 시중보다 저렴한 가격으로 상품을 구매할 수 있는 서비스 제공.

Accompany.com의 독특한 인터넷 비즈니스는 온라인 경매로는 다른 차원의 경험을 제공

(2) 디지털 상품의C-to-B모델: Priceline

기존의 인터넷 여행 정보 서비스가 제공하는 방식을 벗어나 소비자가 원하는 가격을 제시하면 거기에 맞는 공급자가 정해지는 방식이다. 우리가 알고 있는 경매와는 비슷하면서도 소비자와 공급자가 위치가 정반대인 셈이 되는 것이다. 고객은 가격을 계속 확인하며 인터넷 여행정보 사이트를 여기저기 검색할 필요 없이 원하는 가격을 입력하고 기다리면 되는데 이것이 성공사례의 가장 큰 요인이다.

9) 인터넷 비즈니스 사례: C2C

(1) 물리적 상품의C-to-C 모델: eBay

- 2013년 1월 16일, eBay는 2012년 4분기 매출이 40억 달러를 기록, 2012년 총 매출은 141억, 순이익은 26억 달러를 기록했다고 발표하였다.
- 2012년 4분기 매출 40억 달러는 2011년 4분기 33억 8,000만 달러 대비 18% 증가한 것이며, 2012년 총 매출 141억 달러는 2011년 대비 21% 증가하였다.

eBay는 인터넷에서 가장 활발하게 운용되는 경매시장과 벼룩시장의 역할을 동시에 수행하는 인터넷 비즈니스이다. eBay는 구매자와 판매자의 사이의 중간 연결고리 역할을 톡톡히 하면서 비즈니스모델을 성공시킨 사례이다.

(2) 디지털 상품의 C-to-C모델: 해피컴퍼스

해피컴퍼스는 대학생이 필요로 하는 리포트 및 기술시험정보를 제공하는 인터넷 비즈니스이다. 해피컴퍼스에서는 제공되는 정보의 질에 대한평가는 두 가지 방법으로 이루어지고 있는데 하나는 운영자에 의한 평가이고 다른 하나는 사용자들의 조회 및 다운로드 횟수에 의한 평가이다. 이러한 평가방법에 의해 양질의 정보를 걸러낼 수 있다.

10) 인터넷 비즈니스 신모델

(1) 인터넷 비즈니스모델의 성공전략

- 차별화된 컨텐츠
- 지속적인 수익 창출력
- 고객의 관점에서 출발
- 스피드로 기회를 선점
- 특허등록으로 방어벽 구축

(2) 인터넷 비즈니스모델의 시사점

전통산업에서 신제품이 새로운 시장을 창출했던 것처럼 인터넷 시대에는 새로운 비즈니스 모델이 가치창출의 원천이다. 또한 인터넷 시대에는 비즈니스 모델을 지속적으로 제안하는 능력이 기업경쟁력의 핵심이다. 특허로 보호받을 수 있다면 글로벌 경쟁에서도 생존가능 하다. 이는 제약 산업에서 신약 개발에 성공한 것과 유사하다.

(3) 인터넷 비즈니스모델은 '선점'과 '독특함'이 키워드

인터넷에서 1개월 정도를 앞서 미리 선점을 하고 독특함이나 특허, 지적재산권 등 신뢰에 기반을 둔 브랜드력이 훨씬 강력하다. 그렇기 때문에 선점과 독특함을 앞세워 나간다면 신모델을 출시할 수 있을 것이다.

(4) 인터넷 비즈니스모델의 향후 전개방향

매체에 국한되지 않고 계속해서 변화하는 인터넷 환경 하에서 성공하기 위해서는 기존의 웹상에서의 단순한 모형들에서 벗어나 새로운 모델을 창조하는 것이 우선시 되어야 할 것이며, 궁극적 목적인 수익과 연결될 수 있는 차별화된 인터넷 비즈니스모델을 창조하여야 할 것이다.

제4장 전자카타로그 활용과 e-비즈니스

1 전자카탈로그의 개념

전자카탈로그(electronic catalogue)는 어떤 상품 자체에 대한 정보와 그 상품의 거래를 위한 정보를 전자적으로 표현한 것을 말한다. 즉, 전자카탈로그는 상품의 다양한 속성을 포함해 제조 및 수·발주에 따른 제반 정보를 표준 규약에 맞게 데이터베이스로 구축한 시스템이다.

전자카탈로그는 상품의 정보를 볼 수 있는 것은 물론, 원하는 상품을 검색·비교할 수 있으며, 보완/대체 상품도 검색할 수 있다. 또 어떤 상품을 취급하는 업체에 대한 정보도 얻을 수 있다. 이러한 전자카탈로그는 기업 간 거래의 근간인 전자문서교환(EDI)은 물론, 인터넷 쇼핑몰 등에서도 폭넓게 활용할 수 있다.

구매자와 공급자는 전자카탈로그를 통해 거래를 하게 된다. 구매자들은 표준화되고 잘 만들어진 전자카탈로그 시스템을 통해 품목의 효율적인 비교·검색이 가능해 싸고 좋은 상품을 쉽게 찾을 수 있다. 공급자의 경우도 일목요연하게 정확한 상품 정보가 담긴 전자카탈로그 시스템이 갖춰져 있으면 홍보 및 마케팅 비용을 절감해 매출 향상에 큰 도움이 있다.

또한, 개별적인 상품 데이터베이스 구축에 따른 시간과 비용의 중복 투자를 방지하고 상품정보의 공동 활용을 위해서는 표준화가 매우 중요하다. 왜냐하면, 전자카탈로그 포맷이 서로 다르면 거래마다 발생하는 데이터의 불일치성을 해결해야 하기 때문이다.

전자카탈로그를 표준화하기 위해서는 품목 코드체계를 구축, 상품분류체계에 따른 상품 속성정보정의, 전송표준, 정보를 담고 있는 문서형태의 표준인 포맷 표준, 품목정보의 화면출력에 관한 표현 표준 등에 대해 표준화가 진행돼야 한다.

현재 정보를 교환하기 위한 전송 표준으로는 SCTP, 상품정보를 담고 있는 문서형태에 관한 포맷 표준으로는 XML, 상품정보를 화면에 출력하기 위한 표현 표준으로는 XSL, 카탈로그 및 목록 등에 사용되는 디렉터리 표준으로는 X.500, LDAP 등이 논의되고 있다.

1) 구성요소

(1) 상품/서비스 관련 데이터베이스

- 제품관련 정보 : 분류체계, 코드체계(모델명), 상품명, 제조일, 상품특성정보(색상, 재질, 용량, 무게, 규격 등), 이미지
- 거래관련 정보 : 가격(형태, 통화단위), 지불방법, 세금정보, 대금지급 조건 및 방법 등
- 업체관련 정보 : 업체명, 상호, 사업자등록번호, 국적, 주소, 전화번호, 성명 등
- 기타 배송방법 등 배송관련 정보와 환불·해약조건 등의 정보를 포함

(2) 상품/서비스에 대한 디렉터리 능력 혹은 검색 능력

이러한 데이터 서비스가 존재하는데, 이 수많은 정보 중에 원하는 상품들만을 골라내어서 상품을 구매할 수 있도록 지원해 주는 것이 필수적이다. 이러한 역할을 해주는 것이 디렉터리와 검색 기능이라 볼 수 있다.

디렉터리의 기능은 FHS(Filesystem Hierarchy Standard) 표준 파일 시스템 계층을 사용하고 같은 목적의 파일들을 같은 장소에 일관되게 모아 관리하는 것으로 시스템의 파일이나 상품을 쉽게 찾을 수 있게 하는 기능을 한다. 또 검색기능은 우리가 손쉽게 접속하는 포털사이트처럼 상품의 몇 가지 정보를 시스템에 바로 주면 곧 바로 상품을 찾아내어서 구매자에게 알려주는 기능이다.

(3) 인터넷상에 상품/서비스에 대한 표현 능력

상품에 대한 표현 능력이란 상품정보와 디렉터리 혹은 검색 구조를 개방된 네트워크인 인터넷상의 웹에 올려놓음으로써 누구나 들어와서 상품정보를 볼 수 있도록 지원할 수 있는 기능이다.

표현 방식으로는 HTML이 가장 많이 쓰인다. 그러나 요즘은 XML 또한 널리 쓰이고 있다. 왜냐하면, HTML(Hyper Text Markup Language)에는 확장성이 없어서 새롭게 만들어진 문서 요소들을 정의하는데 적절하지 않았기 때문이다.

또한, XML은 웹상에서 보이는 문서작성을 위해 개발된 SGML(Standard Generalized Markup Language)을 인터넷용으로 최적화하고 단순화한다.

이와 함께 JAVA와 문서, 이미지 및 오디오 클립 같은 많은 종류의 매체를 보낼 수 있는 CGI 프로그램이 같이 쓰인다.

이러한 전자카탈로그의 풍부한 상품 표현을 통해서 소비자들에게 구매를 이끌

어 내야하는 만큼 상품/서비스의 표현 능력은 더욱더 중요시되고 있다.

전자카탈로그는 앞에서 언급했던 다양한 콘텐츠를 기본으로 소비자들이 원하는 상품을 검색하고 쉽게 찾아낼 수 있도록 체계적으로 분류, 나열하고 그것을 구매하고 싶게 표현하는 가시화하는 방법을 통해서 상품과 서비스에 대한 정보를 교환, 거래를 좀 더 효율적이고 편하게 만든다.

2) 전자카탈로그 표준 및 표준화 동향

- 내용적 요소 : 상품의 내용을 나타내는 정보(상품분류/식별표준/속성표준)
- 기술적 요소 : 상품의 내용을 어떠한 형식으로 구축하여 구매자에게 어떻게 보내야 하는지에 대한 기술적인 방법(포맷/표현/전송/디렉터리 서비스)

▌표 4-1 상품 분류 및 식별 표준 정보

구 분	내 용	비 고
상품 분류 및 식별 표준	상품 분류 및 식별 체계의 구축	내용적 요소
속성 표준	상품 분류 및 식별 체계에 따른 상품 속성정보 정의 (content)	
전송 표준	통신망으로 교환하기 위한 프로토콜 (HTTP / X.400 / X.435 / FTP / SMTP)	기술적 요소
포맷 표준	상품정보를 담고 있는 문서 형태에 관한 표준 (텍스트 / HTML / XML / SGML / PDF / RTF)	
표현 표준	상품정보를 화면에 출력하기 위한 표준안 (CSS / ZSL / DSSSL)	
디렉터리 서비스	카탈로그 및 목록 등에 사용되는 디렉터리 표준 (X.500 / LDAP)	

3) 상품 분류 및 식별 표준

상품코드 = 분류코드 + 식별코드

- 분류코드 : 여러 가지 유사한 상품들을 그룹화하기 위한 것으로서 코드가 계층적으로 구성.
- 식별코드 : 상품별로 주어지는 ID로서 상품 하나하나에 유일한 ID를 부여.

표 4-2 세계 표준 관련 상품분류 체계

구 분	내 용	비 고
HS(Harmonized Commodity Description and Coding System, 통일성 분류체계)	• 수출입 상품을 위한 체계 • 1931년 UN관세 협력이사회 추진 • 상품 분류명/품명 등에 관한 분류	분류
SITC(Standard International Trade Classification, 국제표준무역분류)	• UN 경제사회 이사회 추진 • 무역상품 분류 • 상품의 종류별/산업구조별로 분류	
UNCCS(UN Common Coding System, UN 일용분류 시스템)	• UN 일용용품 DB에서 사용 • 상품/서비스 분류체계	
UN/SPSC(UN/Stadard Products and Services Classification, UN 표준상품 서비스 분류)	• UNCCS와 SPSC 코드체계 결합 • 기업카탈로그, 산업출판물 창조 • 카테고리에 의한 제품/서비스 파악	
NICE(상품, 서비스 국제분류표)	• 상표출원 및 등록을 위한 분류 • 한국상품분류체계에서 전환('98)	
SKTC(Standard Korean Trade Classification, 한국표준무역분류)	• 관세청의 무역통계를 위한 분류 • SITC의 기본사항과 일치	
UCC/EAN(Uniform Code Council/European Article Number)	• POS 시스템용 바코드 관리 • 제조업 중심으로 제품 분류 부적합	식별
GDAS(Global Data Alignment System)	• UCC와 EAN International이 함께 추진 • 전자카탈로그 용으로 UN/SPSC의 분류 코드와 UNN/EAN의 식별코드를 함께 사용	분류/식별

(1) HS(Harmonized System) : 통일성분류체계

국가 간에 유통 및 거래되는 상품의 이동을 촉진하고 관세, 무역통계, 운송, 보험 등과 같이 다양한 모적에 공통적으로 사용할 수 있도록 만든 조화 제도에 의한 상품분류 체계를 말한다.

- 국제적으로 합의된 상품분류 체계로서 WTO 등의 국제협상에서도 수입 개방여부, 관세양허에 대한 협상의 기준으로 사용되는 등, 국제무역에서 큰 비중을 차지한다.
- 세계 관세기구(World Customs Organization)에서 관장한다.
- 국제무역에 종사하는 이들은 HS분류 체계를 충분히 이해하여 우리나라에 상품을 수입할 때 뿐만 아니라 외국으로 수출할 때에도 상품별로 수입 가능여부 및 적용 관세율을 정확히 확인한 후, 수출입을 하는 것이 필수적이다.

(2) SITC(Standard International Trade Classification) : 국제표준무역분류

• 1938년 국제연맹에서 무역통계의 국제적 비교를 위하여 제정된 상품 분류방식.
• 1963년에 개정되었으며 약 45,000개 품목을 1,312개의 기본항목, 177개의 Group, 625개의 Sub Group, 56개의 Division, 10개의 Section으로 구분.

(3) UN/SPSC(UN/Stadard Products and Services Classification) : UN 표준 상품/서비스 분류

• UNDP(United Nations Development Program)의 UNCCS와 Dun & Bradstreet사의 SPSC(Standard Products and Services Classification)를 결합하여 만든 상품 분류코드 표준.
• 세크먼트(segment), 패밀리(family), 클래스(class), 코모디티(com- modity)의 4단계 계층구조를 이루며, 각 단계가 두 자리 수로 구성되어 총 8자리 수의 코드체계.
• 필요에 따라 2자리를 더 추가하여 대여, 도매, 소매, OEM과 같은 공급업체의 비즈니스 기능을 표현.
• 8,000개 이상의 품목과 서비스를 분류.

(4) NICE : 국제 상품/서비스 분류

• 국제적으로 사용되는 상품/서비스의 표준 명칭 및 분류를 의미하는 것으로 1957.6.15 표장등록을 실행하기 위한 상품/서비스의 국제 분류에 관한 니스협정(NICE Agreement)에 의해 채택.
• 한국을 비롯해 미국, 유럽, 일본 등, 세계 대다수 국가는 니스 분류를 채택하고 있으며, 일단 이 분류에 상품의 이름이 등록되면 각 회원국은 해당 상품

(5) SKTC(Standard Korean Trade Classification) : 한국표준무역 분류

• 대외무역 거래대상 상품에 관한 통계작성을 위하여 UN에서 상품의 특성과 제품의 원재료, 생산단계, 제품의 용도 등의 기준과 원칙에 따라 작성된 통계목적용 분류.
• 분류 항목은 원칙적으로 1950년 국제연합에서 작성, 발표한 무역상품와 일치.

(6) UCC/EAN(Uniform Code Council/European Article Number)

EAN(European Article Number) 코드는 1977년 설립된 EAN 연합에서 유럽 국가들의 품목 거래에 사용하기 위하여 개발한 품목실별코드체계로 북미의 UPC

(Universal Product Code)와 상호 호환된다. 1997년 EAN 연합은 EAN International로 이름을 바꾼 후, 북미 품목코드체계를 관리하고 있는 UCC와 함께 UCC/EAN 코드를 제공한다.

- 100개 이상 국가에서 소매, 의료, 수송, 공공조달, 서비스, 컴퓨터, 의류 등 각 산업분야에서 90만개 이상의 기업이 사용.
- UCC/EAN-8, UCC-12, UCC/EAN-13, UCC/EAN-14 코드체계를 이용하여 거래 품목을 식별.

(7) GDAS(Global Data Alignment System)

- 국가별 전자카탈로그를 전 세계적으로 상호연계 및 호환이 가능하도록 만든 국제표준 데이터 세트 권고안.
- UCC와 EAN International이 공동으로 추진하고 있으며 미국, 호주, 벨기에, 프랑스, 독일, 포르투갈, 싱가포르, 스페인, 스위스 등 9개국이 참여하여 1차 시범사업의 결과로 GDAS가 발표되었다. 이 표준에서는 분류 및 식별 코드를 함께 사용하는데 분류코드로는 UN/SPSC를 적용하고, 식별코드로는 UCC/EAN 코드를 적용.

4) 속성 표준

상품/서비스 및 거래처 정보와 상거래를 지원하는 정보를 포함

표 4-3 속성 표준 정보

분 류	내 용
상품관련 정보	• 상품자체 정보 • 상품분류, 상품명, 코드, 모델명, 원산지, 제조일, 크기, 재질
거래관련 정보	• 상거래 정보 • 가격, 할인율, 세금정보, 결제방법, 통화단위, 수량
배송관련 정보	• 배송에 필요한 정보 • 배송가능일, 배송방법
업체관련 정보	• 제조 및 판매업체 정보 • 업체명, 사업자등록번호, 대표자명, 국적, 주소, 연락처
소비자(보호)관련 정보	• 소비자 보호를 위한 정보 • 환불/반품 조건, 거래제한 조건, 해약 조건

5) 전송 표준

전자문서교환(EDI) 시스템 기반의 응용에서는 X400/435, X500 등의 전송표준이 이용되고 있으며, 그 상위 계층에 있어서는 EDI 응용 프로토콜을 따른다. 인터넷 기반의 전자카탈로그 전송에 있어서는 인터넷 전송 표준인 TCP/IP를 따르며, 그 상위계층의 파일 전송 프로토콜(FTP), 이메일 전송 프로토콜(SMTP : Simple Mail Transfer Protocol 및 MIME), HTTP(Hyper Text Transfer Protocol) 등을 이용해 전송한다.

6) 포맷 표준

전자카탈로그 내용을 표현하는 형식으로는 XML(eXtensible Markup Language)이 가장 적합하다는 국제적인 공감대가 형성되어 가고 있다.

지금까지 SGML(Standard Generalized Markup Language), EDI, HTML 등의 다양한 표준과 형식이 전자상거래를 위한 정보 표현 및 전달 방식으로 제안되었으나 기능 결합으로, 혹은 필요 이상의 복잡성으로 말미암아 널리 받아들여지지 못하고 있는 실정이다.

반면, XML은 내용과 표현 방식의 분리, 단순하면서도 확장 가능한 구조, 용이한 이식성과 적용성 등의 성질에 힘입어 이러한 중요한 역할을 담당할 수 있는 정보표현 방식으로 여겨지고 있다. 이미 XML을 이용한 전자상거래 솔루션 업계에서도 데이터 교환 포맷으로 채택되어 사용되고 있다.

XML(eXtensible Markup Language) : 확장성 표기 언어

현재 웹문서를 만드는데 사용되는 HTML(HyperText Markup Language) 보다 유연성과 확장성이 뛰어난 차세대 인터넷 언어이다. HTML이 미리 정의된 하나의 의미만을 갖는 표기 언어인 반면에 XML은 사실 메타언어(meta-language, 다른 언어를 설명하기 위한 언어)로서 사용자가 마음대로 태그를 재 정의하여 여러 가지 형식의 문서에 적용할 수 있는 표기 언어이다. 이것이 가능한 이유는 XML이 텍스트 표기 시스템(text markup systems)을 위한 국제 표준 메타언어인 SGML(Standard Generalized Mark-up Language, 표준 범용표기 언어)의 부분집합이기 때문이다. 전자상거래 분야에서 XML이 각광받는 이유는 서로 다른 운영체계와 애플리케이션 간의 데이터 교환이 XML을 이용함으로써 보다 용이하게 만들 수 있는 장점이 있다.

7) 표현 표준

XML로 표현된 카탈로그는 그 내부의 데이터만을 표현하므로, 시각적인 표현을 위해서는 따로 표현에 대한 사항을 명시하여야 하며 XSL, CSS 등이 사용된다.

- **XSL**

XSL은 XML 문서의 원소들을 명시된 형식으로 바꾸어주는 역할을 하는데, 대개 HTML 문서로 변환을 시켜주는 방식이 널리 사용된다.

- **DSSSL**

DSSSL은 SGML 문서에 대해 이 같은 역할을 하는 언어이나 그 복잡성으로 인해 전자상거래 응용에 중요한 역할을 할 수는 없을 것으로 보인다.

8) 디렉터리 서비스 표준

디렉터리 서비스 표준은 카탈로그 및 목록 등에 사용되는 디렉터리의 표준으로서 일반적으로 X.500, LDAP이 고려되고 있다.

- **X.500**

X.500은 ITU-T(International Telecommunication Union-Telecommunication Sector)와 ISO (International Standard Organization)에서 디렉터리 서비스 표준으로서 채택하고 있으며, 디렉터리 구현 및 서비스를 위한 광범위한 표준규격을 제공하고 있다. 이것은 비교적 안정적인 규격으로 향후 개정의 가능성이 별로 없다. 규격이 방대하고 복잡하여 구현이 어렵고 시간이 많이 소용되는 단점이 있으며 인터넷 환경에 적합하지 않다.

- **LDAP**

LDAP는 IETF(Internet Engineering Task Force)에서 인터넷을 위한 디렉터리 서비스 표준으로서 채택되고 있다. 이것은 X.500을 기본모델로 하여 인터넷 환경에 적합하도록 필수적인 내용을 규정하고 있다. 장점으로는 X.500에 비해 구현이 쉽고 시간과 비용이 절감된다.

현재 세계 주요업계에서 LDAP를 핵심기능으로 지원하고 있어 발전 가능성이 매우 크지만, X.500에 비해 다양한 기능이 제공되지 않은 상태인 만큼 인터넷의 발전과 함께 지속적인 표준의 보완이 필요하다.

2 우리나라 전자카탈로그 표준화 추진현황

1) 우리나라 상품분류 및 식별체계 현황

표 4-4 국내 기관별 상품 분류 사항

구 분	구 축 대 상	등 록 범 위	기 타
조 달 청	총액물품, 저장품, 단가계약물품, 시중물품, 우수/문화상품	상 품 : 70,000 수요기관 : 25,779 조달업체 : 6,125	• 정부물품분류기준사용 • 상품명, 물품분류번호, 품목분류명, 규격, 판매원/제조원, 인도조건, 제품 상세소개, A/S기간, 결제조건, 가격등록일자, 가격 등, 개시 • 조달업체에서 원격등록(WEB 이용)
한국전자산업 진흥회	전자부품	전자부품 : 80,000 부품업체 : 300	• 자체분류 및 식별코드 사용(HS분류 제공) • 전자부품 수급업계 간 인터넷 상거래 구축
중소기업 진흥공단	중소기업제품, 중소기업정보	제 품 : 50,000 업 체 : 10,000	• HS 코드 사용 • 제품명, 제품성명, 특징, 원료구성, 유통기한, 포장단위 등, 개시
KOTRA	중소기업수출상품 국제수출업체	제 품 : 5,500 업 체 : 27,000	• HS 코드 사용 • 제품명, 제품성명, 특징, 원료구성, 유통기한, 포장단위 등, 개시
(사)한국커머스넷	기본 상품군, 서비스/특산물, 문화상품 등	제 품 : 300,000	• 자체분류 및 식별 코드 사용 • 소비자를 대상으로 한 사품 카탈로그 구축
전자상거래 연구조합	건설기자재	제 품 : 200,000	• 자체분류 및 식별 코드 사용
한국유통 정보센터	일반유통상품		• KAN 코드 사용 • 식품, 일용품, 문화용품, 내구소비재, 의류, 신변잡화, 스포츠용품, 기타로 구분
한국표준 현회의 한국산업 표준원	무역상품		• SKTC 체계 사용 • SKTC 분류기준에 따라 무역상품을 상품종류별/산업구조별로 분류
	상품분류		• KS X1504 • SITC와 BTN 등 분류체계에 포함된 상품분류

	산업분류		• KS X1503 • 생산 공정을 분류한 품목분류 체계

2) 업종별 표준화 추진 현황

(1) Vertical Portal(Vortal)

완제품을 조립하는 업체와 구성부품을 납품하는 업체들 간의 상하 거래 관계.
예 전자, 자동차, 철강, 화학, 조선 등 업종별

(2) Horizontal Portal(Hortal)

다양한 완제품을 나열하여 판매
예 완제품 중심으로 판매하는 유통분야, MRO성 부자재를 판매하는 분야.

3 전자카탈로그 운영 프로세스

1) 운영 프로세스 개요

전자상거래의 중요성이 국내외에서 매우 크게 증가함에 따라 효율적인 전자상거래를 위해서는 전자카탈로그를 통해 정보를 검색하고 거래 절차를 지원하는 운영 프로세스가 정의되어야 한다.

2) 운영 프로세스의 현황과 필요성

(1) 전자카탈로그 표준화의 문제점

전자카탈로그는 단순히 비즈니스 프로세스 내에 필요한 정보로서의 가치를 가지고 있을 뿐 아니라, 비즈니스 트랜잭션을 발생시키고 운영하는데 있어서 가장 핵심적인 단위이다. 하지만, 이를 위한 전자카탈로그 관련 표준화 작업은 다음과 같은 문제점을 안고 있다.

- 식별, 분류, 속성 등 정적인 개념에만 집중
- 비즈니스 프로세스 표준화 안의 부분으로 존재
- 규격 간의 경쟁

(2) 전자카탈로그 운영 프로세스 정의와 필요성

가. 전자카탈로그 이용의 효율적 방안 제시

전자카탈로그를 운영 시 단순 데이터베이스 응용프로그램 수준의 전자카탈로그 관리시스템, 사용 주체의 목적과 전자카탈로그 관리 시스템 제품 기능 간의 불일치와 같은 문제점에 직면하게 된다.

이러한 문제점은 불필요한 비용 상승을 야기하며, 결과적으로 전자카탈로그 관리 시스템 도입의 저해요소로 작용한다.

나. 이질적인 시스템간의 연동을 위한 해결책

전자카탈로그 자체의 정적인 정보에 대한 표준화만으로는 연동성 보장이 어렵다.

다. 전자카탈로그 개념의 확장

전자카탈로그의 횡적 단순성으로부터 종적, 산업별 다양성에 기반을 두어 점차 복잡하게 변화하고 있는 카탈로그 데이터를 체계적으로 관리하고, e-Procuerment 시스템과는 독립적인 운영 프로세스를 구축함으로써 서로 다른 전자카탈로그 간의 연동성을 보장하는 것이 필요하다.

라. 전자상거래 기반 소프트웨어로서의 카탈로그 관리 시스템

전자카탈로그 관리 및 이동 프로세스를 정의함으로써 기반 컴포넌트의 기능적 표준을 제시하고 전자카탈로그 관리 시스템의 참조 모델을 제시하는 것이 시급하다.

(3) 여나 전자카탈로그 규격과 운영 프로세스 정의와의 관계

- 기술적 요소 : 각종 전자가탈로그 규격을 어떤 방식으로 구현할 수 있는가에 대한 타당성을 파악.
- 기능적 요소 : 역할에 대해 중복되는 규격들 간의 전자카탈로그 운영 시스템에 적합한 규격을 선택.

■ 표 4-5 전자카타로그 운영 프로세스별 사항

구분	세 분 류	주 내 용	기술 및 구현방법	비 고
관리프로세스	구축 프로세스	• 필수 프로세스 • 원시 상품 정보를 전자카탈로그 데이터베이스로 정형화 • 설계, 정제, 입력 프로세스 포함	• 공통 속성과 개별속성의 분할관리 • 데이터베이스 선택 • 데이터베이스 스키마 설계 • 카탈로그 객체	• 각 장단점을 파악하여 목적에 알맞은 선택이 필요 • 관계형 DB에 저장하기 위한 미들웨어 필요
	갱신 프로세스	• 지원 프로세스 • 실 상품과 전자카탈로그 정보와의 일관성 유지, 백업, 버전 관리 프로세스 포함	• 폴링, 실효 등의 기법을 이용한 일관성 유지 • 버전 관리	
	공유 프로세스	• 지원 프로세스 • 전자카탈로그 권한 설정 및 인증 설정 프로세스 포함	• 카탈로그에 대한 사용자의 역할 및 권한을 정의 • Account Protocol	
이용프로세스	검색 프로세스	• 필수 프로세스 • 기본 검색 및 검색지원, 검색어 검증 프로세스 포함	• 지능적 검색 최적화 • 용어사전 • 분류체계를 이용한 검색	• 빠른 검색 • 용어의 혼용에서 오는 혼란 최소화 • 검색의 용이성
	동기화 프로세스	• 지원 프로세스 • 전자카탈로그 데이터의 전자문서로의 재구성 성격과 이에 따른 일관성 유지, 버전 관리에 대한 프로세스	• 전자카탈로그 재구성을 위한 카탈로그 모델	
	교환 프로세스	• 지원 프로세스 • 전자카탈로그와 외부 시스템의 연동을 위한 프로세스	• 카탈로그 교환 규약	

전자카탈로그 : 전자무역, e-Business의 필수적 기술

e-Business를 구축한다고 할 때, 공급자/중계자/구매자가 주고받는 정보의 핵심은 "제품정보"이다. 이와 같은 제품에 대한 정보를 나타내는 것이 전자카탈로그이며, 이는 단순한 홍보자료와는 다른 개념이다.

즉, 전자카탈로그는 제품의 다양한 속성을 포함, 제조 및 수발주에 따른 제반 정보를 표준규약에 맞게 작성한 데이터베이스로 e-Business에 있어서 핵심이 되는 개념이다.

4 전자카탈로그의 필요성과 e-비즈니스

1) 전자카탈로그와 종이카탈로그의 차이

표 4-6 전자카탈로그와 종이카탈로그의 장단점

구분	전자카탈로그	종이카탈로그
장점	• 상품정보 변경을 신속하게 처리 • 강력한 검색 • 공간적인 제약이 없음 • 동영상 가능 • 개별화된 카탈로그의 실현 가능 • 구매와 판매 프로세스가 연결됨	• 카탈로그 작성이 용이 • 컴퓨터 시스템 없이 카탈로그 이용가능 • 전자카탈로그 보다는 이동 간편
단점	• 개발이 어려움 • 사용을 위한 기본지식이 요구됨 • 표준화를 해야만 다양한 분야의 연계 적용이 가능	• 실시간 처리가 어려움 • 지면의 제한성 • 사진과 서술문장에 의한 한정된 정보 표현 방법만 가능 • 신속성이 없음 • 배포의 문제가 있음

사용자와 매체의 상호작용 정도의 관점에서 보면 전자카탈로그는 물리적 소매점포 만큼 상호작용 정도가 높지는 않지만, 종이카탈로그에 비해서는 상호작용 정도가 높다. 즉, 종이카탈로그는 내용이 처음부터 끝까지 수동적으로 노출되는 직렬적 텍스트인데 비해 전자카탈로그는 하이퍼텍스트 기반으로 사용자의 의도에 따라 선택적으로 노출되는 병렬적 텍스트 구조를 지니고 있다. 그리고 종이카탈로그는 물리적 매체인 반면, 전자카탈로그는 가상의 매체이다.

2) 전자카탈로그의 필요성(B2B 전자상거래의 핵심, 전자카탈로그)

전자카탈로그는 상품의 다양한 속성을 포함, 제조 및 수발주에 따른 제반 정보를 표준 규약에 맞게 작성한 데이터베이스로 전자상거래에 있어서 핵심이 되는 개념이다.

전자카탈로그 DB라고 하는 것은 B2B와 ERP의 겸용 목적으로 최적화해 놓은 것이다. 왜냐하면, 기업 간에 전자상거래를 하려면 거래하려고 하는 품목을 완벽하게 표시하지 않으면 다른 거래 상대가 그 품목을 정확히 알 수 없기 때문에 완전하게 표기해야 한다는 것이다. 그렇기 때문에 전자카탈로그가 필요하게 된 것이다.

▌그림 4-1 전자카탈로그 DB 속성 표기의 예

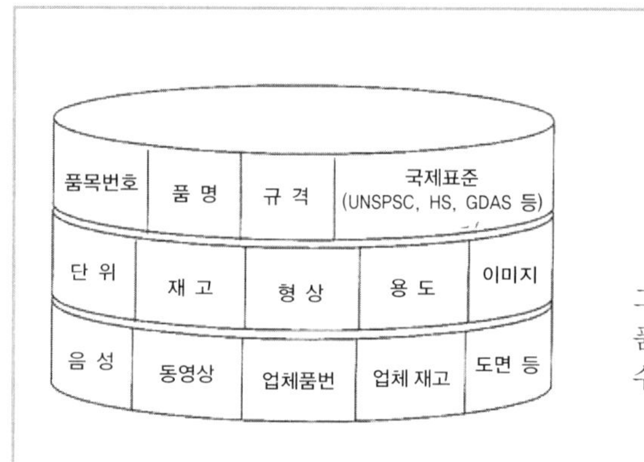

그림에서와 같이 전자카탈로그는 다양한 품목의 사양(속성)을 무제한으로 표시할 수 있다.

3) 전자카탈로그의 효과

구매자들은 표준화되고 잘 만들어진 전자카탈로그 시스템을 통해 품목의 효율적인 비교·검색이 가능해 싸고 좋은 상품을 쉽게 찾을 수 있다.

공급자의 경우도 일목요연하고 정확한 상품 정보가 담긴 전자카탈로그 시스템이 갖춰져 있으면 홍보 및 마케팅 비용을 절감해 매출 향상에 큰 도움을 받는다. 또한, 전자카탈로그는 고객들에 대한 정보제공의 실현방법에 완벽을 기한다면 고객만족을 극대화시킬 수 있다.

(1) 물류 및 Supply Chain 상에서 전자카탈로그 효과 및 필요성

가. 생산

- 상품의 납품 정확성 증대
- 생산계획 용이
- 재고관리 용이
- 원재료 추적 용이
- 예측 용이

나. 판매 및 마케팅

- 정확한 주문접수
- 정확한 대금청구
- 신뢰성 향상
- 고객서비스 증대

다. 도매물류와 운송

- 납품 및 운송의 정확성 증대
- 적재 Volume의 계산 용이
- 적정한 물류차량 배정 가능

라. 유통업체

- 상품의 속성정보 정확성
- 정확한 상품가격
- 클레임(claim) 감소
- 성공적인 판촉활동
- 정확한 발주와 처리
- 효율적인 상품보충
- 재고관리 용이
- 재고부족의 감소

마. 소비자

- 상품 구색이 다양함
- 신선도 유지
- 고객기치
- Right Product
- Right Place
- Right time

(2) 전자카탈로그 표준화의 필요성

개별적인 상품 데이터베이스 구축에 따른 시간과 비용의 중복 투자를 방지하고 상품정보의 공동 활용을 위해서는 표준화가 매우 중요하다. 이는 전자카탈로그 포맷이 서로 다르면 거래마다 발생하는 데이터의 불일치성을 해결해야 하기 때문이다.

전자카탈로그를 표준화하기 위해서는 품목코드체계를 구축, 상품분류체계에 따른 상품 속성정보정의, 전송표준, 정보를 담고 있는 문서형대의 표준인 포맷표준, 품목정보의 화면 출력에 관한 표현표준 등에 대해 표준화가 진행되어야 한다.

국가 전체적으로 품목코드체계를 표준화함으로써 거래비용을 크게 줄일 수 있을 것으로 기대된다. 또한, 품목코드체계가 표준화되면 현재까지 독자 품목분류 기준을 활용해 상품과 고객을 확보하는데 다소의 독점력을 발휘한 개별 e마켓 플레이스들이 다소 위축되고 앞으로는 개방형 e마켓 플레이스가 부상해 경쟁을 촉진하고 새로운 전자상거래 영역을 발전시켜 나갈 것으로 예측된다.

4) KorEANnet이란?

표준 바코드가 부착된 상품의 상세정보를 표준화시켜 데이터베이스에 등록하고, 이를 제조, 물류, 유통업체가 인터넷 및 EDI를 통해 실시간으로 활용할 수 있도록 지원하는 전자카탈로그 서비스이다.

▌그림 4-2 Koreanet 서비스 개념 전후 비교

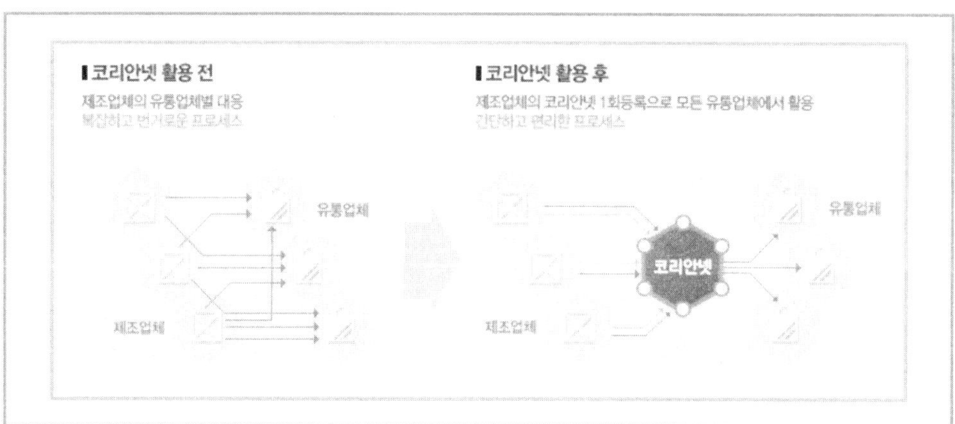

또한, KorEANet은 동일한 상품임에도 제조업체가 유통업체에 따라 이중으로 상품의 정보입력 작업을 해야 했던 국내 유통 관행상의 문제를 해결하는 핵심역할을 담당한다. 제조업체는 코리안넷에 신규(변경) 상품정보에 대한 내역을 1회 등록함으로써 각 유통업체별로 대응할 필요가 없으며, 유통업체 또한 수작업으로 직접 정보입력을 하는 번거로운 절차를 생략하고 수시로 신규(변경) 상품에 대한 정보를 연람하거나 내부 시스템에 등록하여 활용할 수 있다.

따라서 코리안넷을 통하여 제조업체와 유통업체 모두 정확하고 표준화된 상품정보의 검색 및 교환 서비스를 제공받을 수 있다.

KorEANet의 기대효과

① 대형 유통업체의 이점
- 신상품 정보의 신속한 입수
- 상품 데이터 정확도 향상
- 상품 정보등록에 따른 시간, 비용 및 오류감소
- 거래 상품 정보에 따른 시간, 비용 및 오류감소
- 거래 상품 정보에 대한 오류 감소 및 신뢰성 확보
- 결품 및 과도한 재고 수준 감소
- 매대 관리 및 마케팅에 필요한 이미지 규격 제공
- 주문서 및 송장의 데이터 오류 감소

② 납품업체(제조업체)의 이점
- 유통업체 납품 상품의 실시간 등록 및 처리결과 검색 가능
- 변화하는 국제표준 대응
- 신상품 소개/상품정보 수정 및 프로모션 리드타임 절감

5) 전자카탈로그의 유형

전자카탈로그의 유형은 아래의 표에서 볼 수 있는 것처럼 제작 방법과 사용 목적에 따라 여러 유형으로 분류할 수 있다.

표 4-7 카탈로그 유형에 따른 통신 형태

<table>
<tr><th>분류방법</th><th>세부분류</th><th>추가 장비</th><th colspan="2">통신형태</th><th>구체적 예</th></tr>
<tr><td rowspan="5">제작방법에 의한 분류</td><td>종이 카탈로그</td><td>없음</td><td colspan="2">우편</td><td>종이카탈로그</td></tr>
<tr><td rowspan="4">전자 카탈로그</td><td rowspan="3">컴퓨터</td><td>오프라인</td><td></td><td>CD-ROM 카탈로그</td></tr>
<tr><td rowspan="2">온라인</td><td>PC통신</td><td>PC통신 전자카탈로그</td></tr>
<tr><td>인터넷</td><td>웹 기반 전자카탈로그</td></tr>
<tr><td>텔레비전</td><td colspan="2">방송전파</td><td>케이블 TV 홈쇼핑</td></tr>
<tr><td rowspan="4">사용목적에 의한 분류</td><td rowspan="2">B-to-C 카탈로그</td><td colspan="4">종이카탈로그 예 : 개인별 우편발송 종이카탈로그</td></tr>
<tr><td colspan="4">전자카탈로그 예 : 디지털 쇼핑몰</td></tr>
<tr><td rowspan="2">B-to-B 카탈로그</td><td colspan="4">종이카탈로그 예 : 브로셔, 제품소개 카탈로그</td></tr>
<tr><td colspan="4">전자카탈로그 예 : 회사/제품소개 홈페이지, 구매입찰용
전자카탈로그, 판매상품 카탈로그</td></tr>
</table>

자료: 김현수 외 3인, 전자상거래 원론, 법영사

전자카탈로그는 종이카탈로그 처럼 유형으로 보이지는 않지만, 다른 장비를 사용하여 전자적으로 카탈로그를 표시하여 볼 수 있는 형태이다. 전자카탈로그를 좀 더 세분하여 분류하여 보면 사용하는 장비와 기술방법에 의하여 다시 나누어 볼 수 있다. 먼저 네트워크와 컴퓨터 장비를 활용할 전자카탈로그에 대해 알아보면 오프라인 형태의 전자카탈로그와 온라인 형태의 전자카탈로그로 구분할 수 있다. 오프라인 형태 전자카탈로그의 대표적인 예로서 CD-ROM에 의한 전자카탈로그를 들 수 있다. 온라인 형태의 전자카탈로그를 또 다시 데이터 통신 프로토콜(protocol)의 방법에 의해 세분할 수 있다. 또, 폐쇄된 네트워크 상에서 중앙 컴퓨터에 있는 상품정보를 등록된 사용자가 이용할 수 있는 PC통신에 의한 전자카탈로그와 개방된 네트워크인 인터넷 상의 전자카탈로그로 나누어 볼 수 있다.

우리가 흔히 말하는 디지털 상의 쇼핑몰이 여기에 속한다. 한편, 카탈로그라고 이해하기는 어렵겠지만 방송 전파를 이용하여 상품에 대한 정보와 목록을 동영상을 통하여 전달하는 케이블 텔레비전에 의한 카탈로그도 일종의 전자 상의 카탈로그라고 할 수 있다.

표 4-8 카탈로그 장단점

구 분	장 점	단 점
종이 카탈로그	• 카탈로그 작성이 용이 • 컴퓨터 시스템 없이 카탈로그 사용 가능 • 전자카탈로그 보다 이동 간편	• 상품정보의 빠른 갱신이 곤란 • 표현 가능한 상품 수가 적다 • 사진과 서술문장에 의한 한정된 정보 표현 방법만 가능 • 애니메이션이나 소리와 같은 멀티미디어의 장점 이용 불가 • 주문시 전화, 팩스 등에 의존 • 신속성이 없음 • 홍보지 배포 노력 필요
전자 카탈로그	• 상품정보의 갱신 간편 • 갱신된 상품정보의 빠른 제공 • 구매과정 통합 가능 • 강력한 검색, 비교 능력 • 비용 절감 가능 • 상품정보 전 세계적 배포 가능 • 고객별 개별화된 카탈로그 실현 가능 • 동영상과 소리 사용 가능 • 보다 좋은 비교 쇼핑 지원 가능 • 구매와 판매 프로세스 연결 가능	• 전자카탈로그 개발의 어려움과 고정비용 과다 • 고객들이 컴퓨터와 인터넷을 다루는 기술이 필요

사용목적에 의하여 카탈로그를 분류해 보면 우선 기업 입장의 판매자와 일반 개인 소비자 간의 상품정보를 교환하는 카탈로그가 있다. 이 예로서 종이카탈로그는 다이렉트 마케팅의 방법으로 많이 사용되고 있는 것으로 개인에게 발송하는 경우이고, 전자카탈로그는 일반 소비자를 위한 디지털 쇼핑몰 상의 카탈로그이다. 이것이 흔히 말하는 기업과 소비자 간의 전자상거래 B-to-C에서 나타나는 전자카탈로그라 볼 수 있다.

사용목적에 의한 또 다른 분류로서 기업과 기업 간의 상품정보 교환의 목적으로 사용되는 카탈로그가 있다. 이 예로서 전통적인 종이카탈로그에 의한 방법으로는 회사소개를 위한 브로셔와 상품소개 카탈로그 등이 있으며, 전자카탈로그는 회사소개 홈페이지와 상품소개 페이지 등이 있다.

또한, 제조업의 원재료 및 부품 조달용 구매 입찰을 위한 전자카탈로그 혹은 유지 관리를 위한 물품(MRO : Maintenance, Repair and Operation) 조달용의 전자카탈로그와 다이렉트 마케팅을 위한 판매 상품정보 활용의 전자카탈로그 등을 예로 들 수 있다. 전자상거래에서 이를 기업과 기업 간 상거래(B-to-B)에서 사용되는 전자카탈로그라고 말한다.

처음에 사람들은 인쇄된 종이카탈로그를 CD-ROM 기반의 전자카탈로그로 대체하려고 하였고, PC 통신상에 판매상품 목록을 올려놓았으나 인터넷과 특히, 웹의 사용이 일반화되고 기술수준과 사용자가 증가되자 CD-ROM 기반의 전자카탈로그를 생략하고 건너 뛰어 곧바로 웹 기반의 온라인 전자카탈로그로 상품에 대한 정보를 표현하기 시작했다.

6) 전자카탈로그의 구성요소

전자카탈로그에 대한 이해를 명확히 하기 위해서 전자카탈로그의 구성요소에 대하여 살펴보자.

(1) 상품에 대한 내용 혹은 콘텐츠

전통적인 카탈로그도 마찬가지지만 상품의 수요를 위한 세부내용 등이 부실하면 아무리 상품이 좋다고 하더라도 카탈로그의 주요 목적인 상품 내용 전달 측면에서 제대로 기능을 수행할 수 없다. 따라서 카탈로그 요소 중, 가장 중요한 구성요소라 할 수 있다.

이 부분은 전자카탈로그 상에서 잘 구성된 데이터베이스로 구축될 수 있고, 단순한 문자 형태로 저장된 데이터 모양의 초보적 단계일 수도 있다. 또한, 데이터의 형식도 단순한 문자 데이터 형태일 수도 있으며, 그림·사진 등의 멀티미디어 데이터 형태도 포함한다.

(2) 디렉터리와 검색기능

많은 상품정보로부터 몇 가지 찾고자 하는 유사한 종류의 상품들만을 선택하여 서로 비교해 가면서 구매 상품을 결정해야 한다. 이때 필요한 도구의 역할을 하는 것이 디렉터리와 검색기능이다.

검색기능은 찾고자 하는 상품과 몇 가지 정보를 시스템에 주면 곧바로 상품을 찾아내어 구매자에게 알려주는 기능으로 검색방법은 키워드 검색 혹은 파라미터 검색방법과 내용에 의한 검색방법 등, 다양한 검색방법이 있는데, 이 기능을 지원하기 위하여 검색엔진이나 에이전트 등을 이용한다.

(3) 상품에 대한 표현 능력

상품정보와 디렉터리 혹은 검색 구조를 개방된 네트워크인 인터넷상의 웹이 올려놓음으로써 누구나 상품정보를 볼 수 있도록 지원할 수 있는 기능이다. 이와 같이 웹브라우저에 상품정보를 올려놓을 수 있도록 지원하는 언어로서 HTML(Hyper Text Markup Language)등이 이용되고 있다.

그러나 최근에는 단순히 화면상에서 정보를 보여주는 기능뿐만 아니라 각각의 기술된 내용에 의미를 담아서 표현할 수 있는 XML(eXtensible Markup Language) 언어를 이용하는 추세이다. 이와 함께 JAVA, 가상현실 등을 이용하여 생동감 있는 표현을 하기도 하며, 상품 데이터베이스의 연동을 위해 CGI(Common Gateway Interface) 프로그램을 사용하기도 한다.

(4) 기타 카탈로그 구성요소

그 밖에 카탈로그의 기타 구성요소들은 다음과 같다.

표 4-9 카탈로그 구성요소

구 분	내 용
식별요소(ID)	브랜드명, 제품명, 모델명
기본적 속성	카테고리, 단위속성, 가격정보
부가적 속성	제품설명, 광고적 요소
디스플레이 요소	제품사진, 동영상 등, 구매결정에 필요한 시각적 요소

7) 전자카탈로그의 서비스 구성

(1) 웹 e-카탈로그 서비스

오프라인 카탈로그를 대신하여 온라인 쇼핑몰 및 귀사의 홈페이지에 연결해주며 기존의 썸네일 이미지 중심의 제품 안내 형태에서 벗어나 새로운 형태의 동적이면서 접근성이 용이하다.

또한, 웹상에서의 서비스 이외에도 비싼 인쇄비 부담이 없이, CD 타이틀로 제작하여 귀사의 거래업체나 고객들이 컴퓨터가 있는 어떤 공간에서도 쉽게 열어볼 수 있게 된다.

(2) e-Book 서비스

오프라인 책을 원본 그대로 웹상에서 보여 주는 서비스로 기존의 오프라인 서적관리 보다 훨씬 관리가 용이하고, 검색기능으로 콘텐츠를 찾기가 쉽다.

기존의 인터넷서점이나 서적관리 및 기록물 관리업체에서 사용하던 책 제목 검색의 한계를 벗어나 미리보기 기능으로 관리의 편리성을 높였다.

(3) 멀티미디어 매거진 서비스

오프라인 잡지 콘텐츠를 온라인에서 그대로 보여 주며 평소에 고객에게 다가가기 어려운 잡지 콘텐츠를 빠르고, 편리하게 보여줄 수 있으며, 수많은 콘텐츠를 유사 콘텐츠로 묶어 연합하여 서비스할 수 있는 장점이 있다. 또한, 사이트에 여러 잡지의 콘텐츠를 서비스하여 고객의 접근성을 높이고, 광고비의 절감도 가능하다.

(4) 앨범 서비스

중요한 날의 기록이나 추억의 사진을 디지털 앨범으로 제작하여 꺼내보기 쉽고, 관리의 편리성을 높일 수 있다.

추억의 졸업앨범, 소중한 신혼여행 사진 등, 평생 보관하고 싶은 앨범을 자신의 홈페이지에서 손쉽게 서비스하고, 지인들과 함께 커뮤니티를 나눌 수 있다. 자주 꺼내보지 않아도 컴퓨터가 있는 곳이면, 언제 어디서나 앨범을 쉽게 접할 수 있다.

5 전자카탈로그의 특징과 e-비즈니스 활용사례

1) 전자카탈로그의 특징

전자카탈로그는 인쇄물(책, 카탈로그, 잡지 등)을 CD-ROM 타이틀이나 온라인(인터넷) 상에서 실제 책장을 넘겨 보는 효과를 갖게 하는 것이다. 따라서 누구나 쉽게 볼 수 있는 것이다.

전자카탈로그는 인쇄물에서는 표현 불가능한 멀티미디어 콘텐츠, 가령 음악이나 동영상, 플래시, 가상현실 등과 웹기술, 하이퍼링크, 검색, E-메일, 자유게시판 기능 등이 어우러져서 비주얼하고 역동적인 표현과 함께 서로 쌍방 간의 커뮤니케이션이 가능한 새로운 형태이다.

인쇄물은 스캔을 통해 이용이 가능하고, 인쇄물이 없는 경우에는 파일형태의 문서나 이미지로도 제작이 가능하다. 이러한 특징을 가진 전자카탈로그의 다섯 가지 특징을 하나씩 살펴보자.

(1) 가용성

신간서적이나 절판된 서적 등도 인터넷 검색 등을 통해 접근이 비교적 용이하다. 또한, 빠른 시간 내에 검색도 가능하며, 이러한 특징인 개정이 빈번한 학습서적 등에 유용하다.

(2) 경비절감

초기에 단말기 구입비의 부담이 있지만, 인쇄비, 원자재비, 재고관리와 물류비용 등, 책의 출판과 유지에 드는 비용절감 효과가 있다.

(3) 휴대가능성

여러 권의 책을 데이터화시킴으로써 단 하나의 단말기로 수 백, 수 천 권의 책을 휴대할 수 있다.

(4) 기능성과 접근성

화면상에서 메모, 밑줄 등이 자유로워 기존 책처럼 용이하게 활용할 수 있다. 또한, 자료를 읽다가 내용 검색과 사전기능이 가능하며, 네트워크를 이용하여 독자와 실시간으로 인터랙티브(interactive)가 가능하다.

(5) 다양성

앞에서 언급했듯이 음악, 영상, 애니메이션, 플래시 등 다양한 멀티미디어가 첨가 가능하여 다채로운 콘텐츠로 맛 볼 수 있다. 이로 인해 학습효과 증진도 기대해 볼만하다.

2) 전자카탈로그 활용사례

전자카탈로그가 전자상거래에서 어떤 형태로 활용되고 있는지 살펴보자.

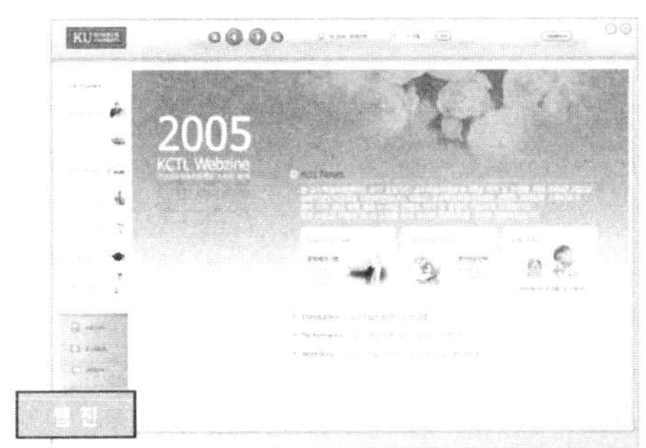

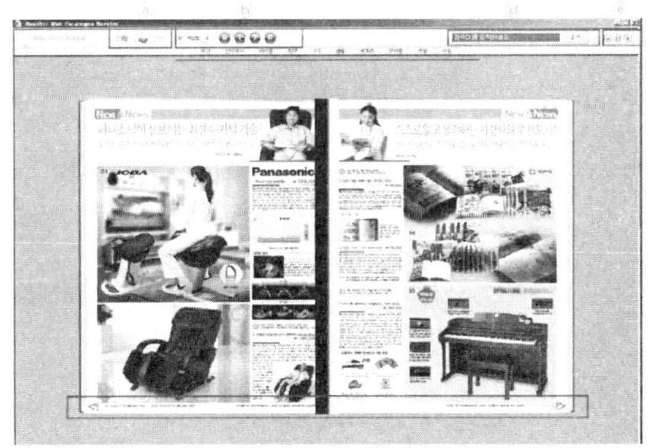

- 메일 보내기/프린터 출력/도움말 기능
- 상품 카테고리 바로 가기 기능
- 창 조절 기능
- 좌우이동 및 전체이동/책갈피 기능
- 콘텐츠 검색 기능
- 좌우 한 페이지씩 이동 기능

각 활용 사례들이다. 이처럼 집에서 편히 책자를 넘기는 것 같은 효과로 언제 어디서나 인터넷이 연결된 곳이면 편리하게 즐길 수 있다.

건설교통부
공공기관 백서

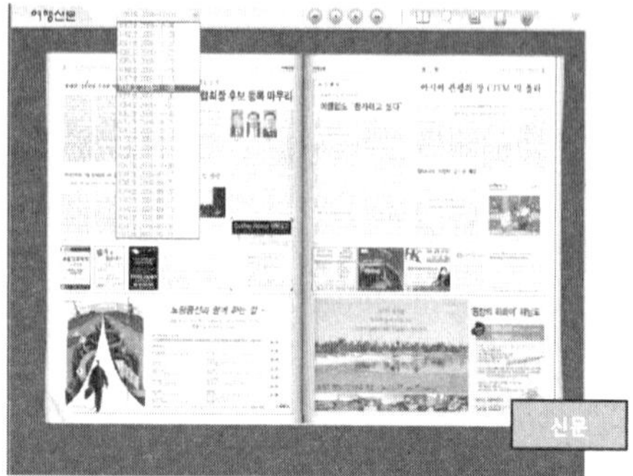
신문

BLACK BOX
쇼핑몰

화보

HANWOO
카탈로그

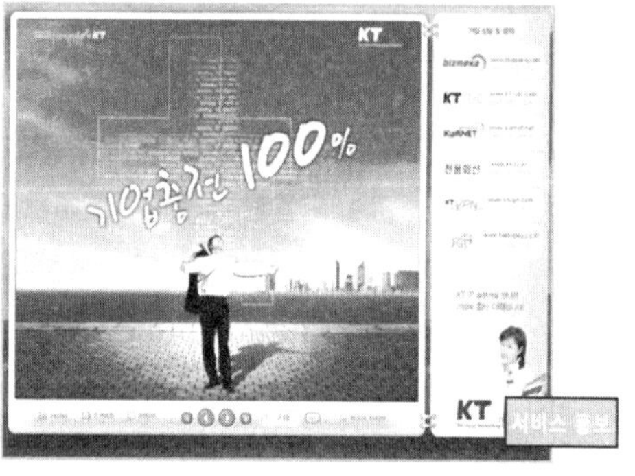
KT
서비스 홍보

제5장 전자무역 개요

1 전자무역 소개

전자무역이란 『거래선발굴 · 상담 · 계약 · 원자재조달 · 운송 · 통관 · 대금결제에 이르는 제반 무역업무를 인터넷 등 최신 IT기술을 활용하여 시공의 제약 없이 처리하는 새로운 무역거래형태』를 의미한다.

대외무역법 제2조에서는 무역의 전부 또는 일부가 컴퓨터 등 정보처리능력을 가진 장치와 정보통신망을 이용하여 이루어지는 거래를 말한다.

즉 기존의 무역 거래방식을 전자화하는 무역자동화의 수준을 넘어, 궁극적으로는 최신 정보기술을 활용하여 무역구조와 프로세스를 근본적으로 개선 도모하여 이루어진다.

전자무역 프로세스는 기업이 수출 또는 수입과정에서 수행하는 일련의 활동(통관/물류, 결제 등)과 수출입 관련 기업들(예컨대 선사, 외국환은행, 포워더 등)과 주고받는 정보(문서)의 흐름으로 정의 되며, 전자무역 인프라는 이러한 정보(문서)의 교환행위를 전자적 방식으로 처리하는 기능을 제공한다. 또한 전자무역 관련사업은 전자무역인프라와 연계되는 무역프로세스상의 다양한 기업들, 즉 금융 · 물류 · 보험 · e-MP 등을 포괄하여 적용된다.

전자무역은 『거래선발굴. 상담. 계약. 원자재조달. 운송. 통관. 대금결제에 이르는 제반 무역업무를 인터넷 등 최신 IT기술을 활용하여 시공의 제약 없이 처리하는 새로운 무역거래형태』

☞ 무역의 전부 또는 일부가 컴퓨터 등 정보처리능력을 가진 장치와 정보통신망을 이용하여 이루어지는 거래 (대외무역법 제2조)

전자무역은;

기존의 무역 거래방식을 전자화하는 무역자동화의 수준을 넘어, 궁극적으로는 최신 정보기술을 활용하여 무역구조와 프로세스를 근본적으로 개선 도모

『전자무역 프로세스』는 기업이 수출 또는 수입과정에서 수행하는 일련의 활동 (통관/물류, 결제 등)과 수출입 관련 기업들(예컨대 선사, 외국환은행, 포워더 등)과 주고받는 정보(문서)의 흐름으로 정의 되며

『전자무역 인프라』는 이러한 정보(문서)의 교환행위를 전자적 방식으로 처리하는 기능을 제공

『전자무역의 관련산업』은 전자무역인프라와 연계되는 무역프로세스상의 다양한 기업들, 즉 금융·물류·보험·e-MP등을 포괄

1) 무역업무 프로세스의 혁신 요구

전자무역은 21세기 세계무역의 새로운 패러다임으로 전통무역의 프로세스를 온라인화 하는 것뿐만 아니라 그 자체로서도 고부가가치의 수출산업이 될 수 있는 미래 전략산업으로 인식되고 있다.

80년대는 국경이 국내거래와 국제무역을 구분하는 기준이 되었으나. 80년대 말부터 전개된 세계화와 개방화는 세계 시장의 단일화 및 국경 없는 자유경쟁체제를 이끌어 내었고, 90년대에 들어 세계화와 지방화를 강조하는 세방화(glocalization) 기반이 마련되기 시작하였다.

90년대 중반이후 인터넷 보급으로 정보의 디지털 화와 네트워크에 의한 디지털화된 정보공유의 급진전으로 정치 · 경제 · 문화 · 사회 전반에 대한 급격한 변화를 초래하였고, 국내거래가 글로벌거래의 일부로 인식하게 하면서 국내거래와 국제거래의 경계가 약해지는 계기가 되었다.

이러한 변화는 국제무역에 크나큰 영향을 미치면서 무역의 거래대상 상품, 거래당사자, 활동영역, 활동경로, 업무처리방식 등을 급격히 변화시킴으로써 무역의 패러다임 변화를 초래하였다.

이에 따라 전통적인 무역에 대한 상대적 개념으로 마케팅 · 상담 · 계약 · 원자재조달 · 운송 · 대금결제 등 제반 무역업무를 가상공간(cyber space)을 통해 시간과 공간의 제약 없이 처리하는 새로운 무역거래형태인 전자무역(e-Trade)가 출현하게 되었다.

2) 전통적 무역과 e-Trade

전통적인 무역이 주로 대면방식(Face to face)에 의한 오프라인(off line) 중심의 물리적 재화의 국제적 거래 및 활동을 주요 대상으로 한다면, 전자무역은 EDI 등 무역자동화 시스템, e-Marketplace, 마케팅정보 등 시장정보 및 기업정보 시스템 등을 이용하여 전통적인 무역의 활성화를 도모하는 수단을 제공하는 동시에 무역정보, 비즈니스 모델, 소프트웨어 및 솔루션, 디지털 콘텐츠 등을 국제적으로 매매하는 것이라고 할 수 있다.

이에 따라서 전자무역거래 방식이 무역거래의 보편적인 양식으로 정착되어 전자무역 시대가 반드시 올 것으로 예측된다. 전자무역이 본격적으로 전개되면 바이어 발굴, 상담, 계약 등 수출마케팅이 e-Marketplace를 통해 이루어지며, 상역 ·

물류 · 통관 · 결제 등 계약체결 이후의 모든 무역절차도 기존의 무역 자동화에서 전자무역 인프라 수용에 따른 인터넷상에서 One-stop으로 처리 가능해지고, 국가간 전자무역 네트워크 연동을 통해 글로벌 전자무역이 구현될 것이라는 점이다.

결국에는 인터넷상에서 물품인도(physical delivery)까지 이루어지는 디지털제품(digitalized products)의 온라인거래 비중도 크게 증가할 전망이어서 인터넷 기반의 새로운 무역 패러다임에 능동적으로 대응하지 못하는 기업과 국가는 21세기 무한경쟁에서 낙오할 수밖에 없는 상황에 직면하고 있다.

2 전자무역 중요성

- 우리 무역은 세계 12위 무역국이라는 양적 성장에도 불구하고 고비용 구조에 따른 부가가치 저하라는 문제에 직면 → 전자무역은 무역프로세스의 혁신을 통해 무역 부대비용을 획기적으로 절감함으로써 우리 무역의 고비용 구조를 근본적으로 개선
- 무역자동화만으로도 연간 5.4조원의 부대비용 절감효과가 있음을 감안할 때, 전자무역이 본격화될 경우 엄청난 비용절감 효과달성
- 전자무역은 신시장과 신제품 창출을 통해 우리의 수출경쟁력 제고 및 수출확대 기반 제공
- 전자무역을 통해 창출되는 새로운 사업모델과 신시장 개척으로 우리 무역이 제2의 도약을 이루는 전기 제공

※ 2020년에는 전자무역이 세계무역의 30% 이상을 차지(이코노미스트)

- 21세기 핵심 수출산업인 디지털 재화를 포함한 지식서비스 등의 수출증대에 핵심 역할을 수행
- 전자무역은 기업과 정부의 e-비지니스화 노력을 무역이라는 연결고리(link)를 통해 실질적인 국가경쟁력 제고로 직결 → 수출 지향적 우리 경제 특성을 감안할 때, 기업과 정부의 e-비즈화는 전자무역을 통해 수출증대와 고부가가치화로 연결

3 전자무역의 비전 및 특징과 기대효과

1) 전자무역의 비전 및 특징

언제 어디서나(365일 * 24시간) 인터넷상의 『Single Window』를 통하여 해외 시장조사에서 계약, 외환, 상역, 물류, 통관/결제에 이르는 모든 수출입관련 업무를 가장 효과적이고 빠른 방법으로 수행할 수 있는 시스템으로 우리나라 무역업무의 처리를 정확하고 빠르게 함으로써 무역처리 능력의 향상을 가져온다.

▌그림 5-1 전자무역 비전 및 특징

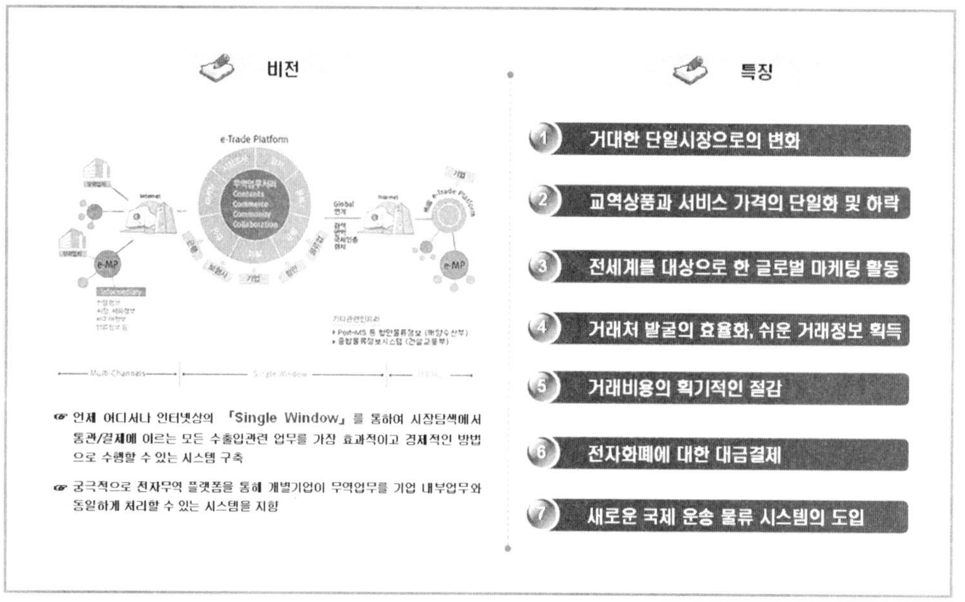

전자무역과 ICT융합 비젼

세계정보통신기술 성장률 하락에 불구하고 2014년 7월 현재 전년동월대비 1.7% 증가한 142.8억불로 6월에 이어 2개월 연속 증가세를 유지하고 있는 정보통신기술 ICT수출이다. 휴대폰 수출액이 지난해 같은 달보다 두 자릿수 증가해 월별 기준(7월) 최대 정보통신기술(ICT)수출액 기록을 견인하였으며, 반도체, 디스플레이 D-TV 등 주요 품목 대부분 고른 증가세 유지하고 있으며 국가별로는 중국(홍콩 포함), 일본 등 아시아권 국가 수출은 부진한 반면, 최근 회복세인 미국, 유럽연합(EU) 등 선진국 중심으로 증가하고 있다.

14년 7월 정보통신기술ICT수지는 반도체와 컴퓨터 및 주변기기 휴대폰 수입이 증가한

반면 디스플레이 패널 메모리 반도체등은 감소하였고 지역별로 중국과 일본 등은 감소했으나 미국과 유럽연합을 비롯해 중남미와 아세안 등으로부터 증가하여 71.3억불 흑자를 기록해 국내산업 무역수지 흑자(25.2억불) 달성에 크게 기여하였다.

2) 전자무역 기대효과

국가적인 측면에서의 도입효과는 부대비용 절감, 수출확대 기반 제공, 국가경쟁력 제고 등을 통해서 매년 약 1조 6566억원의 효과를 기대할 수 있다.

무역업체를 위한 수출입업무 단일창구 제공을 통해서 전자무역 단일창구 포탈의 구축으로 사용자의 업무 처리절차를 간소화하여 업무 효율성을 높이고 비용을 절감하고, 무역관련 각 포탈(관세청, 국가물류, KTNET 등)과 상호 효율적 연계를 통해 중복투자를 방지하고 비용대비 효과를 극대화 할 수 있다. 또한 전자문서보관소를 기반으로 전자무역문서의 유통성을 보장함으로써, 반복제출업무의 생략 또는 제3자 제출시 신뢰성 확보로 업무절차 간소화 및 프로세스를 개선하고, 전자문서의 진정성 및 제3자 유통성 확보를 통해 동일문서 중복제출 및 종이원본제출 생략함으로써 무역업무프로세스 간소화 및 비용절감을 얻을 수 있다.

▌그림 5-2 전자무역을 통한 기대효과

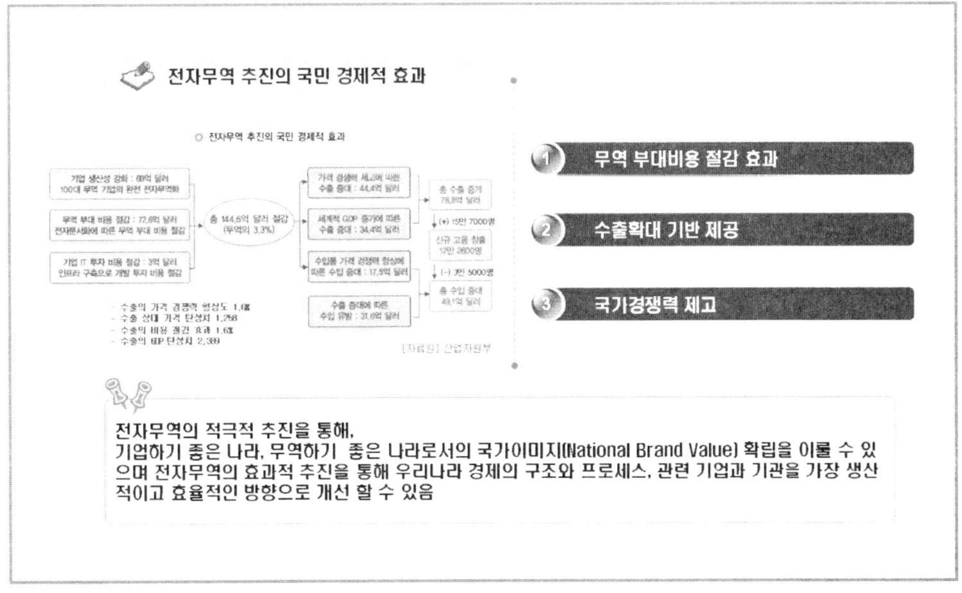

무역업체 입장에서는 반복되는 무역서류 및 업무처리의 시간과 비용을 절감하고 대외기관에 제출하는 각종 첨부서류를 생략할 수 있다.

WTO의 무역원활화 협정으로 인한 기대효과

제9차 WTO 각료회의에서 '발리 패키지(DDA 협상의제)' 협상 최종 타결

2011년12.3(화)~12.7(토)간 인도네시아 발리에서 개최된 「제9차 WTO 각료회의*」에서 '발리 패키지'(DDA 협상의제 중 조기수확 대상 3개 부문) 협상이 최종 타결되어 ① 무역원활화, ② 농업, ③ 개발·최빈개도국 3개 부문에 걸쳐 10개의 합의문(☞참고)이 채택됨

글로벌 분업 체제(global value chain)가 급속히 확대되고 있는 추세에서 무역원활화 조치들은 큰 의미를 갖는다. 국제상공회의소(ICC)에 따르면, 무역원활화 협정은 전 세계적으로 1조달러 이상의 수출 증가 및 2000만개 이상의 고용 창출 효과를 가져 올 것이라고 한다. 국내적으로도 상당한 GDP(국내총생산) 및 수출 증대 효과가 기대되는 것은 물론 무엇보다 복잡하고 불투명한 통관 절차가 개선됨에 따라 우리 기업의 애로 해소에 실질적인 도움이 될 것으로 생각된다.

무역원활화 협정은 구체적인 무역원활화 조치와 개도국 특별대우로 구성되는데, 무역원활화 조치 부분에서는 통관 절차를 간소화 하고 투명성을 강화하기 위한 각종 조치들을 규정하고 있다. 대표적인 예로 우리가 제안한 싱글윈도우 조항을 들 수 있는데, 이는 수출입 관련 서류를 한 번에 한 기관에 제출할 수 있는 단일서류접수창구를 의미한다. 개도국들이 싱글윈도우를 도입하게 되면, 수출입 신고를 위해 여러 기관을 방문할 필요가 없어져 무역업자의 편의가 크게 증대되고 물류비용도 절감될 것이다. 이 외에도 세관당국의 결정에 대한 불복 절차 보장, 통관 규정 및 절차의 인터넷을 통한 공표 등을 통해 투명성이 강화될 것이다.

▌그림 5-3 업무처리에 따른 기대효과

수입 신용장 개설: 신용장 개설신청 및 응답, 신용장 조건변경신청 및 응답

번호	전자무역 도입 전	전자무역 도입 후
1	신청서 작성+첨부서류제출 -신용장개설 신청서 -오파, I/L등 확인서류	신청서만 작성하여 전자무역로 송신 -첨부서류 제출면제
2	L/C원본 수령 시 은행방문	사무실에서 전자무역로 L/C 원본수신
3	법정서식 사용 미 관리상 부담	A4용지에 FREE FORMAT 형태로 출력 -유관기관에서 유효한 문서로 인정
4	해외수익자 통지까지 장기간 소요	은행이동시간 및 개설은행에서 재입력 절차가 생략되므로 수익자까지 통지기일이 2-3일 단축

신용장통지: 신용장(신)통지,신용장조건변경 통지, 해외양도신용장통지, 타행통지

번호	전자무역 도입 전	전자무역 도입 후
1	전화,팩스,TELEX로L/C통지후 은행 방문 후 원본수령	사무실에서 전자무역로 수령 후 업체가 직접 출력사용 -FREE FORMAT으로 출력사용
2	L/C통지 수수료 부과 20,000원	전자무역로 L/C통지시 통지수수료 경감 10,000

내국신용장업무: 오파, 내국신용장개설 및 통지, 세금계산서, 인수증, 네고

번호	전자무역 도입 전	전자무역 도입 후
1	개설업체를 방문하여 각종서류 처리 -오퍼 제출 -내국신용장수령 -세금계산서 전달 -인수증 수령 -은행 네고	사무실에서 모든 서류를 전자무역로 처리 -개설업체 방문 불필요 -은행 네고시 첨부서류를 업체가 직접 출력사용 -전자무역방식으로 은행 네고
2	내국신용장 개설신청서+첨부서류제출 -개설신청서 -오퍼 등 첨부서류제출	전자무역로 개설신청서만 송신 -첨부서류 제출면제
3	내국신용장 원본에 물품명세 입력	대표물품만 입력 -사무실에서 원본 수신후 출력사용 관세환급시 유효한 문서로 인정(관세청,세관)

구매승인서: 오파, 구매승인서, 세금계산서, 대금결제

번호	전자무역 도입 전	전자무역 도입 후
1	신청서+첨부서류제출 -계약서 수요량증명서 신용장 등	신청서만 전자무역로 작성 송신 -첨부서류 제출면제 -구매승인서 원본 업체가 직접출력 사용

보험업무: 적하보험 청약, 보험증권발급, 수출보험선적통지, 수출보험결과통지, 신용조사의뢰서, 신용조사통보

번호	전자무역 도입 전	전자무역 도입 후
1	적하보험 부보 후 원본 손보사로 부터 수령	적하보험 양식을 업체에 배포 후 증원을 업체가 직접출력사용 -원본인정
2	수출보험공사 부보 보험 방문부보	전자무역로 신청 부보 수출보험공사 방문 불필요

각종통지업무: 계산서,기급지시,환어음매입 및 추심업무, 선적서류내도통지, 수입어음할인내역, 내국신용장 어음도착통보, 송금방식업무, 입금통지, 수출환어음처리결과 통지

번호	전자무역 도입 전	전자무역 도입 후
1	무역업무와 관련하여 발생되는 각종 통지업무, 수수료등 정산업무등을 은행을 방문하여 처리	전자무역로 은행에서 업체로 직접통지 -전자무역로 수신되는 DATA를 내부회계시스템에 연계하여 회계처리업무 다수 간편화
2	통지수수료,환가료증 각종 수수료납부를 건건마다 정산	각종 수수료등을 한달단위로 정산 -매월 발생 수수료등을 익월 10일에 자동이체

▌그림 5-4 민간기업의 전자무역 도입 효과 사례

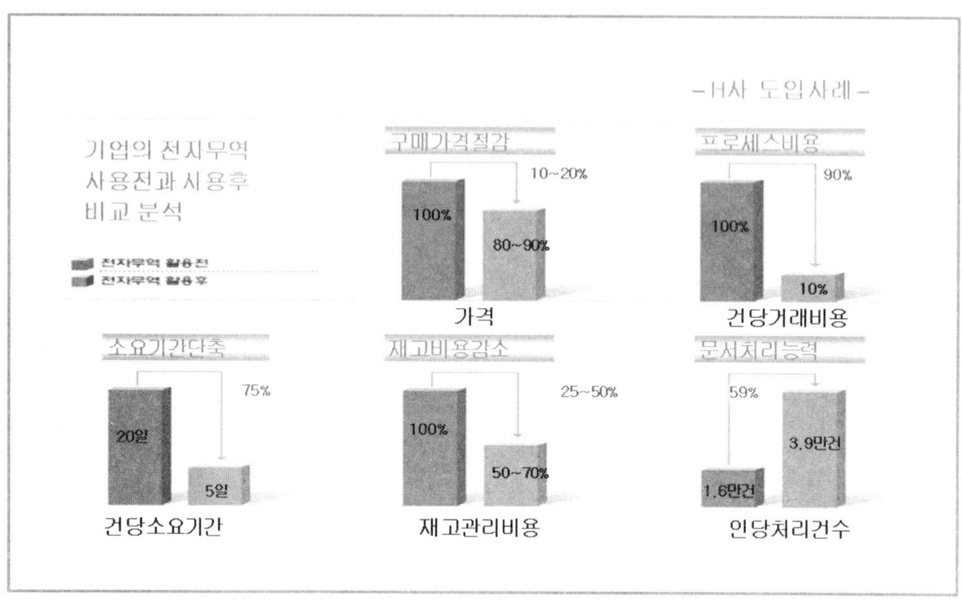

제6장 세계 전자무역의 추진 동향 및 전자무역관련 법규

1 국내외 전자무역 추진동향

국내 전자무역 서비스는 과거 무역자동화(EDI)에 발전되어 시대적 환경과 정보 인프라의 환경 변화에 의해 지속적으로 발전해 왔으며, 현재 정부 주도하에 전자무역서비스는 BPR/ISP 후 3차년도에 걸쳐 진행되었다. 도한 차세대 ISP수립을 완료하고 향 후 전자무역 인프라 및 시스템의 방향에 대한 로드맵을 형성하였다.

전자무역 서비스 진행 및 추진현황을 살펴보면

- 전자정부로드맵 과제로 채택('03.8 정부혁신지방분권위원회)
- 전자무역촉진3개년 계획(2004~2006) 수립('03.12)
- 전자무역혁신계획(e-Trade KOREA2007) 확정('04.9) – 4대 혁신전략 33대 과제 선정
- 무역업무 프로세스혁신 BPR/ISP수립('03.12~'04.12)
- 전자무역서비스 1차 구축사업('04.12~'05.6)
- 진자무역서비스 2차 구축사업('05.12~'06.11)
- 전자무역서비스 3차 구축사업('07.7~'08.2)
- 차세대 전자무역 서비스 ISP수립('08.10~'09.04)
- 전자무역 신규서비스 구축 및 확산(1차)('09 완료)
- 전자무역 신규서비스 구축 및 확산(2차)('10 완료)
- 전자무역 신규서비스 구축 및 확산(3차)('11 완료)
- 전자무역 신규서비스 구축 및 확산(4차)('12 완료)

▌그림 6-1 전자무역 촉진계획 및 전략

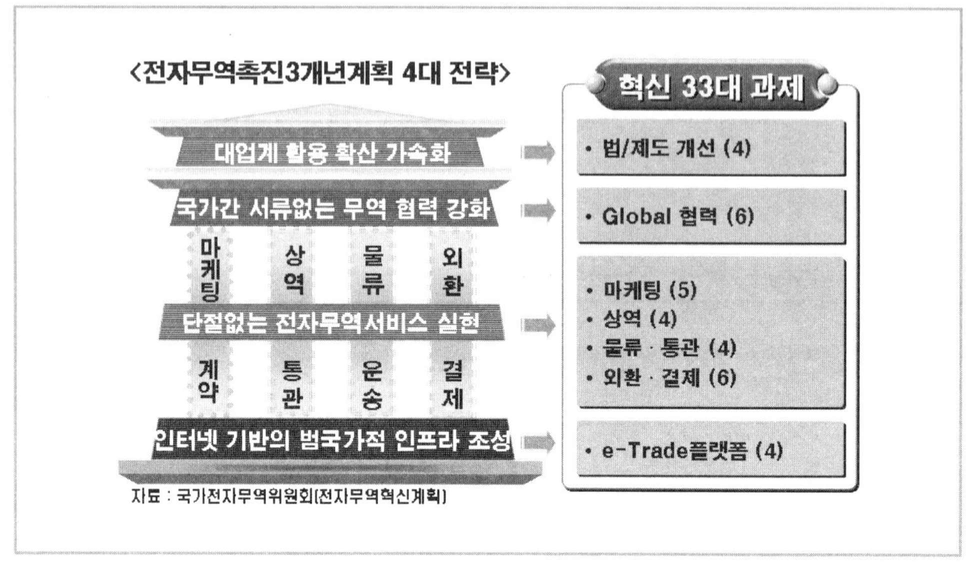

인터넷 환경에 맞는 범국가적 전자무역 인프라 조성

- 인터넷기반의 전자무역 구현을 위한 시스템적 · 제도적 기반 마련
  : 단절없는 전자무역서비스 실현
- 무역절차별 전자무역 촉진 저해요소를 발굴하여 개선
  : 국가간 서류 없는 무역 실현을 위한 대외협력 강화
- 글로벌 전자무역 구현을 위한 국제협력 활동에 주도적 참여
  : 대업계 전자무역 활용 확산 가속화
- 전자무역 수출지원사업 확대 및 사용자 친화적인 환경 구축

국제적으로는 미국, 영국, 일본, 싱가포르, 홍콩 등이 e비즈니스 전략중에 하나로 정부와 민간단체의 핵심정책으로 추진하고 있다. 최근에는 국내 IT컨설턴트, 엔지니어가 중심이 되어 도미니카공화국, 카자흐스탄에 BPR/ISP를 완료한 상태이다. 도미니카공화국은 전자통관, 전자물류 분야의 전자무역사업을 추진중에 있으며, 카자흐스탄의 경우 전자통관분야, 전략물자 분야에 준비를 하고 있다.

또한 APEC, OECD, UN 등 국제기구는 세계 전자상거래 활성화를 위한 법 · 조세제도 및 표준 등에 관한 논의를 활발히 진행하고 있다.

▌그림 6-2 세계 각 국의 전자무역 추진동향

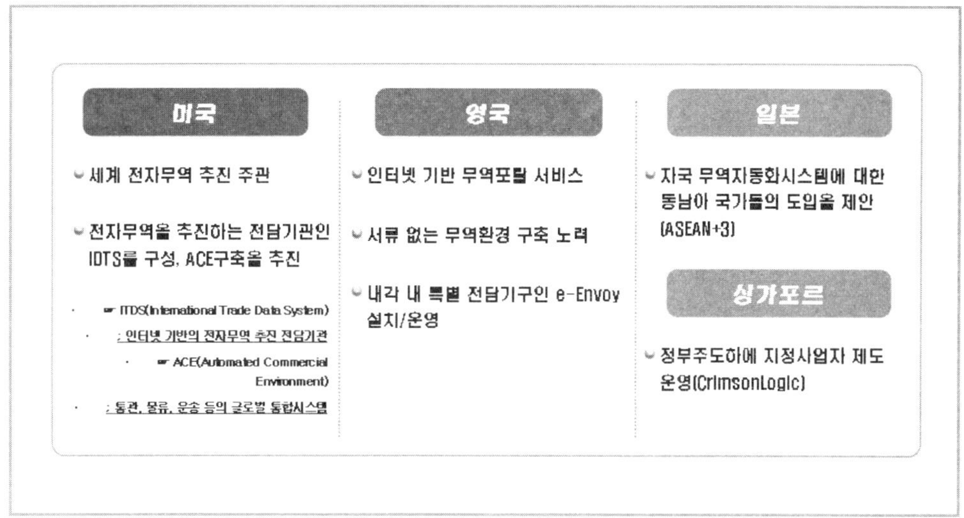

전 세계 전자상거래 시장규모와 향후 전망에 대해서는 조사기관이나 측정 방법에 따라 상당한 차이를 보이고 있지만, 일반적으로 연평균 100% 정도로 급속하게 성장할 것이라는 점을 전망하고 있다. OECD에 의하면 1997년에 260억불 정도이던 세계 전자상거래 시장규모가 2001~2002년에는 연간 3,300억불, 2003~2005년에는 연간 1조불 이상으로 성장할 것으로 전망하고 있다. 미국의 WEFA(와튼계량경세 연구소)는 1998년에 770억불, 1999년에 3,400억불, 2013년에는 1조 7000억불에 달할 것으로 전망하고 있다. 우리나라의 LG경제연구원에서는 세계 전자상거래가 2013년에 1조 9000억 달러를 상회할 것으로 전망하고 있다.

1) 미국

미국은 명실 공히 전 세계 전자상거래를 선도하고 있다. 민간이 전자상거래를 주도할 수 있도록 규제를 최소화라고 민간의 자율성을 고취하는 정책을 추진하고 있다. 정보 기반을 확립하기 위한 국가계획중의 하나인 NII프로젝트의 주요 응용분야로 전자상거래를 선정하여 지원하였고, 1944년에는 실리콘 벨리를 중심으로 한 200여개의 기업과 정부의 공동 출자에 의해 비영리 컨소시엄인 'CommerceNet'을 설립하고, 1994년부터는 16개 지역에 전자상거래 지원센터(ECRC)를 운영하여 중소기업의 전자상거래를 지원하는 등 주로 민간과의 공동작업 EH는 민간 부문의 전자상거래에 대한 지원을 주로 하고 있다.

2) 영국

전자상거래 지원을 위한 정부조직을 별도로 구성하여 정부개입의 최소화 원칙을 기본으로 정부가 전자상거래의 기반구축을 주도하고 있다. 1998년 7월 내각실 산하에 국가경쟁력 강화를 위한 성과혁신단(PIU)을 신설하였으며, 총리 직속으로 전자상거래 전담조직인 전자상거래 담당차관과 특사직을 신설하는 등의 노력을 기울이고 있다. 성과혁신단에서는 전자상거래 국가전략을 제시하고, 전자상거래 담당차관은 전자상거래에 대한 정치적 권한과 책임, 정부 부처 간 이견 조율을 담당하며 전자상거래 특사는 실무업무를 총괄하는 분업체제를 확립하였다.

3) 범아시아

미국 등 선진국은 물론이고 최근에는 한국, 중국, 대만, 홍콩, 싱가포르 등 5개 PAA(범아시아 전자무역 연합체) 회원국과 옵서버인 일본 및 말레이시아 등 아시아 7개국이 전자무역시스템을 연계해 공인 인증서 상호 연동기반의 전자문서 시범서비스를 실시키로 합의하고 아시아 국가 간 전자무역도 본격화되고 있다. PAA가 주도하는 민간 차원의 합의이기 때문이다. 또 거대시장 중국도 전자서명법이 시행되지 않았다는 이유로 제외되는 등 아쉬운 점이 없지는 않다. 하지만 서비스 이용자(무역업자)간에 이루어질 실질적인 연동을 정의했다는 점에서 시사하는 바 크다. 뿐만 아니라 향후 국가 차원의 공인인증서 상호 연동에도 적지 않은 영향을 미치는 등 범아시아 전자무역에 미치게 될 파급효과는 크다고 본다.

2 국제기구별 추진동향

1) APEC

- 각국별 서류 없는 무역을 위한 개별행동계획(IAP) 작성 및 로드맵 마련 중
- 선진국은 2005년, 개도국은 2010년까지 서류 없는 무역기반을 마련토록 권고

2) UN

- ebXML기반의 국제전자상거래 표준안 마련(UN/CEFACT)

- 전자계약 국제협약 초안 마련 (UNCITRAL)
- 우리나라는 1991년 한국 EDIFACT위원회 설립, 표준개발 보급을 시작하였으며, 현재 한국전자문서교환위원회(KEC)와 심사평가전문위원회(TAG)를 중심으로 표준화가 진행되고 있음. 사무국은 한국전자거래진흥원이 담당함.

3) WTO

WTO는 무역의 장벽을 낮추고 각종 공산품과 농·수산물, 교육 등 각종 서비스 산업의 자유로운 이동을 추가한다. 유럽 연합(EU), 북미 자유 무역 협정(NAFTA) 등의 경제 블록은 통합 지역 내 국가의 교류 확대로 시장 규모를 키워 무역자유화에 대한 적응력을 향상시킨다는 긍정적인 측면이 있다. 그러나 지역 외 국가에 대해서는 배타적인 정책을 취하며 세계 무역 기구(WTO)에서 주장하는 비차별 원칙과 상반된다는 주장도 있다.

4) WCO

세계관세기구(WCO : World Customs Organization) 관세절차를 단순화, 합리화하는 것 등을 목적으로 하는 국제기구. CCC(Customs Cooperation Council)의 후속기구이다.

세계관세기구는 관세 분야에 관한 국제적인 이슈의 개발과 전파, 세관 현대화 작업 등을 주도하고 있다. 즉, 세관 행정의 모범 사례를 제시함으로 회원국의 필요에 부응하고 있다. 세계관세기구의 기본 목표는 세입 확충, 국가 안전, 무역 원활화, 공동체 보호, 무역통계 작성 등을 통해 회원국 세관 행정의 효율성과 효과성을 제고함으로 국가발전에 기여하는 것이다.

5) UNCITRAL

국제상거래법위원회 (United Nations Commission on International Trade Law) 국제간에 거래되는 무역과 거래에 관한 상법을 제정하는 국제연합(United Nations:UN) 총회의 보조기관.

국제연합 국제무역법위원회(UNCITRAL, Unitcd Nations Commission on International Trade Law)는 1966년 열린 제21차 총회에서 채택된 결의 제2205호에 의거해 설치되었다. 국제무역법의 점진적 조화 및 통일을 촉진하고 신조약의 완성안 및 기존 관행의 성문화를 추구하며, 국제연합 무역개발회의(UNCTAD, United Nations Conference on Trade and Development)와 긴밀한 협조관계를 유지하는 기능을 한다.

6) OECD

경제협력개발기구 (Organization for Economic Co-operation and Development) 회원국 간 상호정책조정 및 협력을 통해 세계경제의 공동 발전 및 성장과 인류의 복지증진을 도모하는 정부 간 정책연구 협력기구.

OECD는 상호 정책조정 및 협력을 통해 회원국의 경제사회발전을 모색하고 나아가 세계경제문제에 공동으로 대처하기 위한 정부 간 기구이며 설립협약상의 목적은 회원국의 경제성장과 금융안정을 촉진하고 세계경제발전에 기여하는 것이다.

7) SWIFT

국제 은행 간 통신 협회 (Society for Worldwide Interbank Financial Telecommunication) 전세계 은행 금융 텔레커뮤니케이션 협회.

세계 각국의 주요 은행간을 온라인으로 연결 데이터 통신시스템을 운영하는 비영리법인으로 교환관계 정보 등의 전송, 교환서비스를 하고 있다.

8) ICC

국제상업회의소 (International Chamber of Commerce, 國際商業會議所) 제1차 세계대전 후 세계경제 부흥을 도모하기 위하여 세계 각국의 기업 및 사업자 대표들로 조직된 국제기관

ICC는 은행·항공·육상운송 및 해상운송·컴퓨터·장거리 통신·정보 정책·상거래관행·금융 서비스·보험 등 전자상거래에 관한 국제적이고 다방면에 걸친 연구 및 활성화를 목표로 설립된 국제기구이다.

ICC는 1995년 11월에 전자상거래의 법적 측면과 인증기관의 설립에 관한 국제적 가이드 라인이 있어야 한다는 원칙을 세우고 '디지털로 보장되는 국제상거래의 일반관례(GUIDEC: General Usage for International Digitally Ensured Commerce)를 제정하였다. ICC는 1995년 11월에 전자상거래의 법적 측면과 인증기관의 설립

에 관한 국제적 가이드라인이 있어야 한다는 원칙을 세우고 '전자서명의 국제인증에 관한 통일관행'(UIACP) 시안을 마련한 바 있으며, 1997년 11월에는 이를 보장(ensure)이라는 개념을 사용하여 '디지털로 보장되는 국제상거래의 일반관행'(General Usage for International Digitally Ensured Commerce : GUIDEC)의 최종본을 발표하였다. 국가별 추진현황은 다음과 같다.

표 6-1 아시아 3국 국제상거래 추진 현황

국가	추진사업자	주요내용
싱가포르	Crimson Logic (前 Singapore Network Services)	• 1988년, 글로벌 Trading 허브를 위한 싱가포르 정부의 Master Plan를 실현하기 위해 설립한 회사임 • 항만, 세관, 무역업자, 선사, 육상 및 항공운송업자 등과 연계된 TradeNet EDI (CrimsonLogic社 보유 시스템) 시스템을 통하여, 싱가포르의 수출입 신고는 진행됨
중국	CIECC : International Electronic Commerce Center	• 중국전자상무중심(中國電子商務中心)은 중국 대외무역경제합작부 (the Ministry of Foreign Trade and Cooperation, 한국의 산업자원부 성격)에서 1996년 4월 국제 무역의 활성화를 위한 전자상거래 지원을 위하여 설립하였음 • 현재 중국 내 70여 개 도시에서 CIECC 지역 센터를 운영하고 있음
홍콩	DTTNCO	• 홍콩정부는 홍콩의 무역/물류업계의 경쟁력 강화를 위한 인프라 구축을 위하여 향후 17년간 4500억 원을 투자하여 'Digital Trade and Transportation Network, DTTN'을 구축하기로 하고 TradeLink (PAA 회원사)사를 수행기관으로 선정 • 글로벌 정보 유동성과 서비스 통합의 활성화를 위한 중립적인 e-Platform의 제공 • 대기업뿐만 아닌 중소기업의 e-Business의 채택과 활성화를 유도

3 국제표준화 동향

1) 단일창구(SINGLE WINDOW)

통관 단일창구(Single Window) 관세청 전자통관시스템(UNI-PASS)을 통하여 검사검역 등 수출입요건을 갖추어야 하는 물품의 수출입을 원할 경우 식약청 등에 해야 하는 요건확인신청과 수출입신고를 하나의 창구에서 원스톱(One-Stop)으로 처리할 수 있도록 하는 시스템을 말한다.

여기에 덧붙여 싱글윈도우 시스템이란 무역업체가 수입관련 제반 요구사항을 단일창구를 통하여 일괄 제출할 수 있도록 하는 통관단일창구시스템을 말한다. 무역업체는 통관단일창구를 통하여 수입신고는 물론 검사, 검역 등 각종 요건확인자료를 일괄 처리한다.

2) UN/CEFACT이란?

유엔 산하의 국제전자문서표준 제정기구이다. 1980년대 들어 경제의 글로벌화와 기업의 국제화, 개방화가 진행되면서 이전의 국가표준이 그 한계점을 보이기 시작하자 1985년 9월에는 UN/ECE/WP4(국제연맹의 유럽경제위원회 제4작업부회)의 주관 하에 유럽의 TDI(운송 데이터 조정위원회)와 ANSI(the American National Standards Institute : 미국연방표준연구소), ASC(The Accredited Standards Committee) X.12의 통합을 추진하였고, 1986년 말 미국과 유럽의 표준화 기구들은 UN의 지원아래 국제 EDI표준을 제정하기 위한 합동위원회(UN-Joint Electronic Data Interchange)를 구성,활동하였다. 이러한 노력의 결과로 1987년 3월에 EDI국제표준인 UN/EDIFACT(United Nations/Electronic Data Interchange)를 구성, 활동하였다.

▌그림 6-3 UN/CEFACT의 전자무역 우수 사례 선정 ('06. 5)

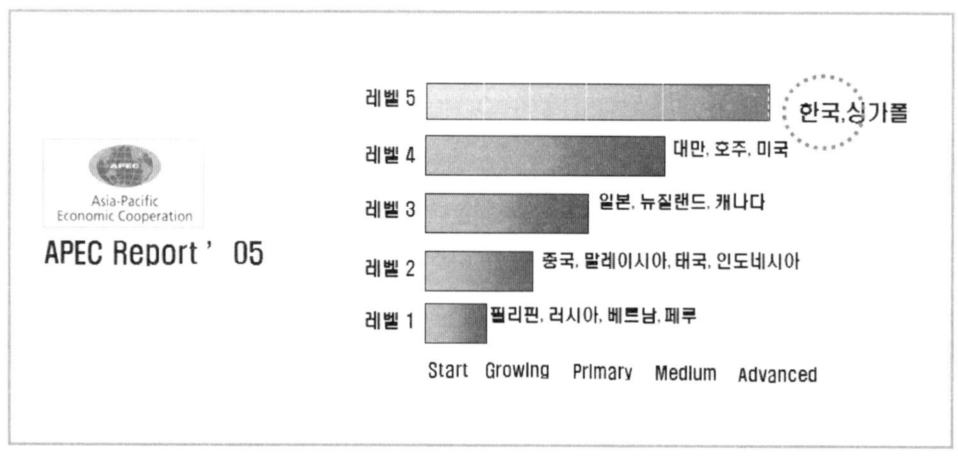

3) ISO TC 154

TC154는 전자거래 및 전자문서 관련 기술분과로, 아래와 같은 주요 분야의 표준화를 담당하고 있다.

어플리케이션에 적용되는 메타 표준의 개발/유지 - 프로세스 규격, 콘텐츠를 포함한 데이터 규격, 레이아웃 프로세스 식별 및 데이터 식별 표준의 개발과 유지, EDIFACT 구문의 유지를 담당하고 있다.

▌표 6-2 작업반 명칭과 작업 내용

	작업반명칭	작업대상
1	JWG 1	EDIFACT Syntax
2	WG 3	CCTS
3	WG 4	Layout Key
4	WG 5	Date & Time
5	ISO 14533 - 3	Long Term Signature Profile
6	ISO 15000 1 - 4	OASIS' ebXML Parts
7	UNTDED/ISO 7372 Maintenance Agency Meeting	
8	ISO/TC 154 Plenary Meeting	

4 전자무역관련 법규

1) UNCITRAL이란?

국제상거래법위원회(United Nations Commission on International Trade Law) 국제간에 거래되는 무역과 거래에 관한 상법을 제정하는 국제연합(United Nations: UN) 총회의 보조기관

1966년 UN 제21차 총회의 결의에 의해 국제상거래법의 전진적인 조화와 통일을 목적으로 하여 설립되었다.

1996년 6월 전자상거래 모델법(UNCITRAL Model Law on Electronic Commerce)을 채택하고 국제간 거래에 있어 전자상거래의 사용을 합법화할 법률적 기초를 제공하고 있다. UNCITRAL 표준법은 모든 국가가 전자상거래에 관한 제도적인 장애를 제거하여 전자문서의 사용을 규율하는 입법을 추진하는데 필요한 도움을

줄 목적으로 제정되었다. 즉, 서명이 있는 종이문서에 의하지 아니하고 컴퓨터 통신을 이용하여 메시지를 교환하는 전자상거래에 있어서 발생할 수 있는 법적인 장애와 불명확성을 극복하기 위한 방법을 규정하고 있다.

UNCITRAL의 제정성격

첫째, 이는 UNCITRAL에서 제정한 법조문의 형식을 취하고 있지만 여러 나라의 가입을 전제한 협약이 아니라 각국이 전자상거래법을 제정할 때 표준으로 삼을 수 있는 이른바 '소프트法'(soft law)의 형식을 취하고 있다. 따라서 그 자체로는 구속력을 갖지 못하고 각국에서 입법화되어야 한다. 둘째, 이 표준법의 적용범위를 국제거래에 한정시키고 있지 않다. 왜냐하면 전자상거래는 국경을 넘어 이루어지게 마련이므로 국제거래에 한정하여 이를 적용한다는 것은 오히려 전자상거래의 법적인 장애가 되는 결과를 가져오기 때문이다. 그 대신에 각국은 입법화 단계에서 국제거래에 한정하여 이를 적용한다는 규정을 둘 수 있도록 하고 있다. 셋째, 이 표준법은 원칙적으로 소비자 보호 또는 정부기관의 관여가 문제되지 아니하는 순수한 상사거래에 한하여 적용한다. 다만 소비자거래나 경매 등의 공공거래를 적용범위에서 제외시켰으나, 통관절차를 고려하면 상거래와 공공거래를 구별하는 것은 그다지 실용적이지 못하다. 앞으로는 각국의 입법을 통하여 가능한 한 공공거래에도 동일한 관념을 포함시킬 필요가 있다.

2) 국내 전자무역규범

(1) 전자무역촉진법

전자무역촉진법이란 전자무역촉진에 관한 법은 전자무역을 효과적으로 활성화하기 위한 기본법으로서 역할정의를 명확히 하고 있다.

이러한 역할정의가 왜곡되고 각자가 전자무역을 추진하고 정부가 이를 방조한다면 전자무역촉진에 관한 법은 존재의의를 상실하게 될 것이고, 세계를 선도하는 한국의 전자무역은 나락의 길로 들어설 것이다.

개정된 본 법률은 전자무역의 기반을 조상하고 그 활용을 촉진하여 무역절차의 간소화와 무역정보의 신속한 유통을 실현하고 무역업무의 처리시간 및 비용을 줄임으로써 산업의 국제경쟁력을 높이고 국민경제의 발전에 이바지함을 목적으로 한다(전자무역 촉진에 관한 법률 제1조). 그리고 주요 내용으로는 전자무역 촉진 추진세계, 전자무역기반사업자 지정 및 운영, 전자무역 기반시설의 이용, 전자무역문서의 보관 및 증명, 전자무역문서의 이용촉진, 전자무역문서의 기반시설의 이용, 전자무역문서의 보관 및 증명, 전자무역문서의 이용촉진, 전자무역문서

의 보안 및 관리, 전자무역전문서비스업자, 및 전자무역 시술개발의 추진 등을 규정하고 있다.

(2) 전자문서 및 전자거래기본법

이 법은 전자문서 및 전자거래의 법률관계를 명확히 하고 전자문서 및 전자거래의 안전성과 신뢰성을 확보하며 그 이용을 촉진할 수 있는 기반을 조성함으로써 국민경제의 발전에 이바지함을 목적으로 한다.

이 법에서 사용하는 용어의 뜻은 다음과 같다.

1. "전자문서"란 정보처리시스템에 의하여 전자적 형태로 작성, 송신·수신 또는 저장된 정보를 말한다.
2. "정보처리시스템"이란 전자문서의 작성·변환, 송신·수신 또는 저장을 위하여 이용되는 정보처리능력을 가진 전자적 장치 또는 체계를 말한다.
3. "작성자"란 전자문서를 작성하여 송신하는 자를 말한다.
4. "수신자"란 작성자가 전자문서를 송신하는 상대방을 말한다.
5. "전자거래"란 재화나 용역을 거래할 때 그 전부 또는 일부가 전자문서에 의하여 처리되는 거래를 말한다.
6. "전자거래사업자"란 전자거래를 업(業)으로 하는 자를 말한다.
7 "전자거래이용자"란 전자거래를 이용하는 자로서 전자거래사업자 외의 자를 말한다.
8. "공인전자주소"란 전자문서를 송신하거나 수신하는 자를 식별하기 위하여 문자·숫자 등으로 구성되는 정보로서 제18조의4에 따라 등록된 주소를 말한다.
9. "공인전자문서센터"란 타인을 위하여 다음 각 목의 업무(이하 "전자문서보관등"이라 한다)를 하는 자로서 제31조의2제1항에 따라 지정받은 자를 말한다.
   가. 전자문서의 보관 또는 증명
   나. 그 밖에 전자문서 관련 업무
10. "공인전자문서중계자"란 타인을 위하여 전자문서의 송신·수신 또는 중계(이하 "전자문서유통"이라 한다)를 하는 자로서 제31조의18에 따라 지정받은 자를 말한다.

전자문서의 효력은 법률에 따른 기록·보고·보관·비치 또는 작성 등의 행위가 전자문서로 행하여진 경우 해당 법률에 따른 행위가 이루어진 것으로 본다.

전자문서의 보관은 전자문서가 다음 각 호의 요건을 모두 갖춘 경우에는 그 전자문서를 보관함으로써 관계 법령에서 정하는 문서의 보관을 갈음할 수 있다.

1. 전자문서의 내용을 열람할 수 있을 것
2. 전자문서가 작성 및 송신·수신된 때의 형태 또는 그와 같이 재현될 수 있는 형태로 보존되어 있을 것
3. 전자문서의 작성자, 수신자 및 송신·수신 일시에 관한 사항이 포함되어 있는 경우에는 그 부분이 보존되어 있을 것

전자상거래의 활성화를 위해서는 기반이 되는 전자문서 표준화가 필수적인데 특히 네트워크 간, 인터넷상에서의 시스템 간 상호 연동성을 보장하고, 보안 및 인증, 전자카탈로그 등 전자상거래 요소들을 포함하는 전자문서 표준화가 필수적이다. 만약, 국제표준기구들이 급속한 기술발전에 부응하는 해당표준을 적시에 제공치 못할 경우, 사설 표준의 난립 등으로 거래 시 비효율을 초래한다. 그러나 자생적인 사설표준(de facto standard)의 개발과 수용이 이루어 질 수도 있다.

제7장 전자무역마케팅의 이해와 활용

1 전자무역 마케팅 이해

인터넷 마케팅이란 인터넷을 활용하여 수익을 얻고자 하는 전략 활동이라고 볼 수 있다. 인터넷을 통한 마케팅은 정보 제공자와 수용자간의 커뮤니케이션이 쉽고, 시간이나 공간 등의 제약을 받지 않고 무제한적으로 정보를 주고받을 수 있다는 장점을 갖는다. 또한 기존의 시장 점유율 위주의 마케팅에서 벗어나 고객의 구미에 맞는 정보를 직접 전달할 수 있어 인터넷 시대의 효과적인 마케팅 수단으로 떠오르고 있다. 아울러 기존의 유통 방식은 경로가 다양하기 때문에 비용이 높지만 이 마케팅 방식에서는 거래가 기업과 소비자 간에 직접 이루어지기 때문에 비용절감의 효과를 거둘 수도 있다. 전통적인 거래 공간인 시장 또는 쇼핑센터 등의 물리적인 장소는 물론, 영업시간도 별도로 필요하지 않고 판매자와 구매자가 거래를 위하여 만나지 않아도 되며, 소비자의 입장에서는 아이디어 개발과 제품설계 등에 참여하여 자신의 의견을 반영시킬 수도 있다.

해외시장조사를 살펴보면 무역 활동과 관련된 광범위한 영역의 의사결정에 필요한 해외시장의 정보를 체계적으로 수집 • 정리 • 분석하는 과정이다. 즉, 해외의 구매 잠재력을 가진 고객을 찾아내고 기호에 맞는 상품을 개발하여, 효과적인 마케팅 및 유통수단을 연구 • 분석하는 활동을 의미한다.

해외시장조사를 하는 이유는 신속 • 정확한 해외시장 조사는 외국과의 무역거래에 있어서 비용과 위험을 줄이고 이익을 극대화시키기 위해서다.

① 새로운 시장 기회 파악
② 적절한 진입방법 결정
③ 마케팅믹스 전략 수립
④ 마케팅활동 통합 • 조정
⑤ 변화하는 환경에 신속대응

▌그림 7-1 해외시장조사 필요성

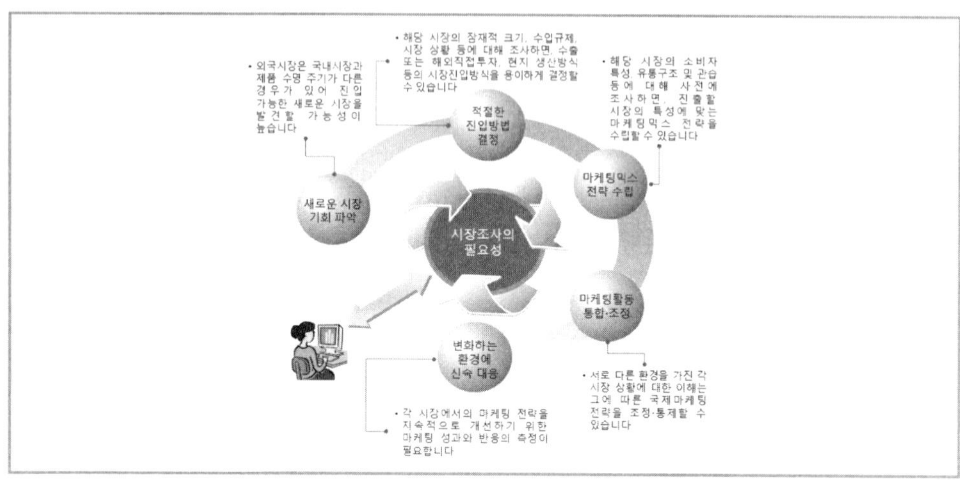

해외상품홍보를 하기 위해서는 우선 시장조사를 통해 수립된 정보를 바탕으로 타켓시장을 설정하고 주력상품을 선정하여 상세 상품홍보계획을 수립해야 한다. 상품홍보계획을 기반으로 회사소개서 및 제품소개서, 카탈로그 제작, 홈페이지 제작 등의 상품홍보 기반구축을 마련하고 거래알선사이트(ECPLAZA, BUYKOREA 등)에 상품을 등록하거나 검색엔진 및 전시회&박람회 등을 활용하여 상품홍보를 실시한다.

▌그림 7-2 상품홍보단계

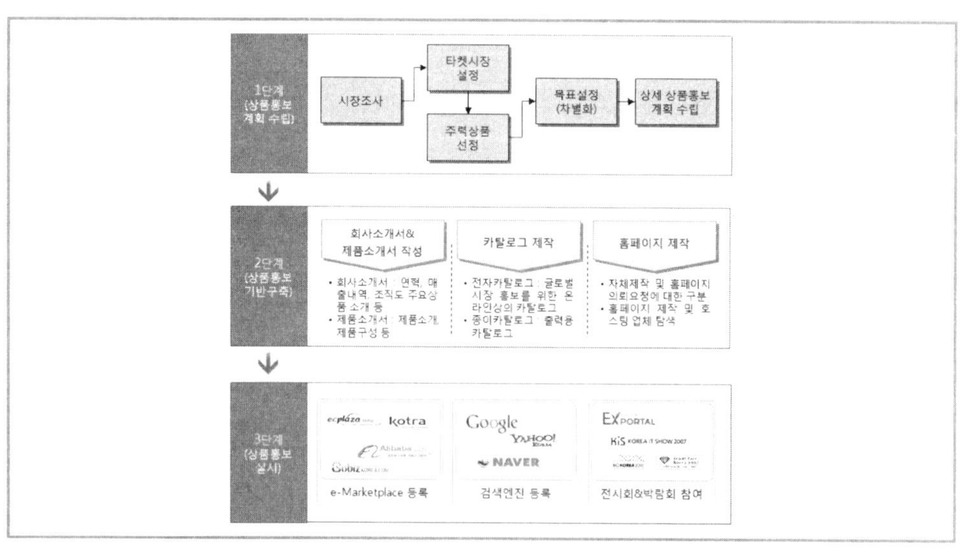

출처: KOTRA 보고서, 2012

전자카탈로그 등록 및 판매오퍼제작을 www.ecplaza.net을 활용하여 따라해 보자.

① ECPLAZA 웹사이트 접속 : http://www.ecplaza.net
② My Products → 전자카탈로그 제작
③ Selling Tools → 판매오퍼 제작

▌그림 7-3 전자카탈로그 등록하기

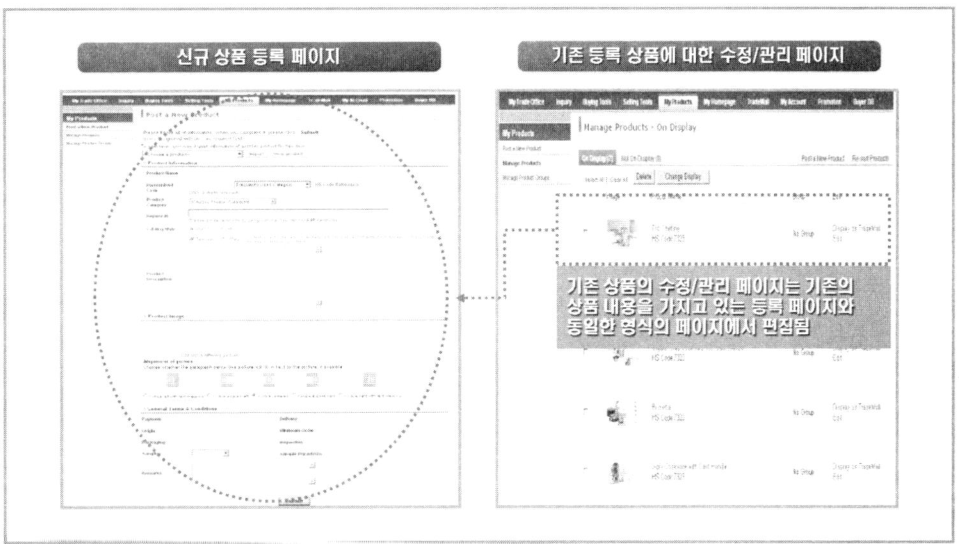

▌그림 7-4 판매오퍼 등록하기

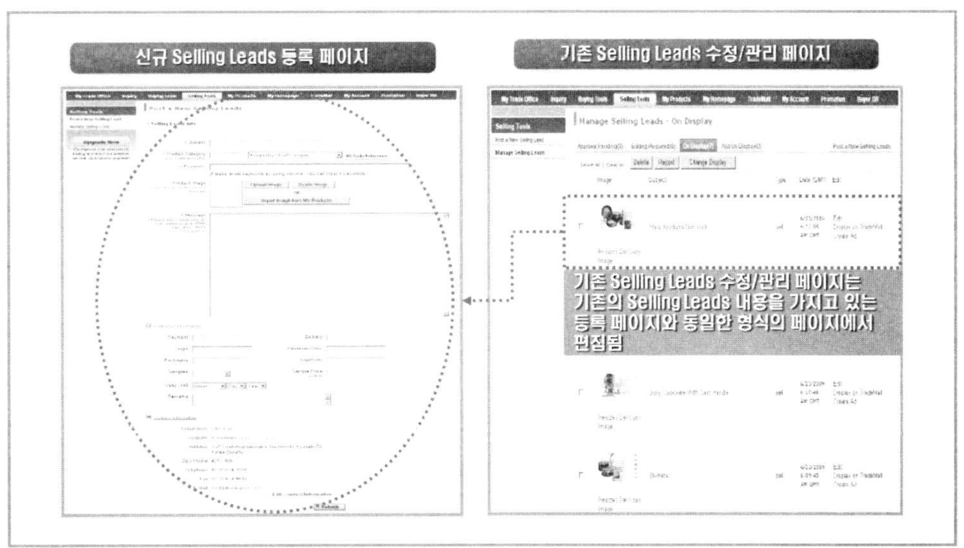

거래선 발굴을 위해 ECPLAZA, BUYKOREA, GobizKorea, Alibaba 등 국내 • 외에 있는 거래알선사이트를 이용할 경우에는 거래알선사이트에서 홈페이지 및 전자카탈로그 등록 및 관리, 오퍼정보, 기업정보, 거래정보 등을 제공하여 손쉽게 이용할 수 있기 때문에 중소규모 형태의 무역업체가 많이 이용한다. 반면에 거래알선사이트를 이용하지 않는 경우에는 별도의 홈페이지 및 카탈로그를 만들고 자체적으로 홍보를 해야 하기 때문에 기업의 규모가 큰 업체가 보통 많이 이용하는 방법이다.

그림 7-5 거래알선 사이트를 이용하는 경우

그림 7-6 거래알선 사이트를 이용하지 않는 경우

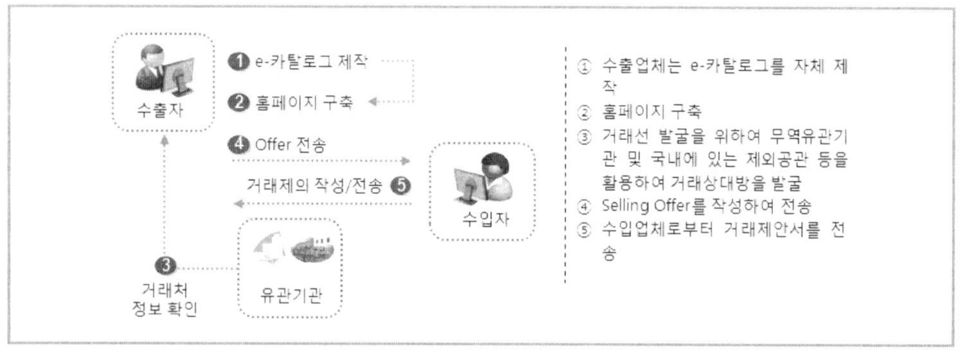

거래선 발굴은 거래알선 사이트 활용, 무역유관기관 이용, 해외홍보매체 활용 등 다양한 방법이 있으며, 가장 손쉽고 빠르게 접근하는 방법은 거래알선 사이트를 활용하여 거래선 발굴하는 방법이 있다.

거래선 발굴을 위해 www.ecplaza.net을 활용하여 따라해 보자.

① Buyer DB 페이지를 활용하여 거래선 발굴
② Global Buyer DB 검색을 통한 거래제의
③ e-MP 사이트 셀링오퍼 검색을 통한 거래제의

▌그림 7-7 Buyer DB를 이용한 방법

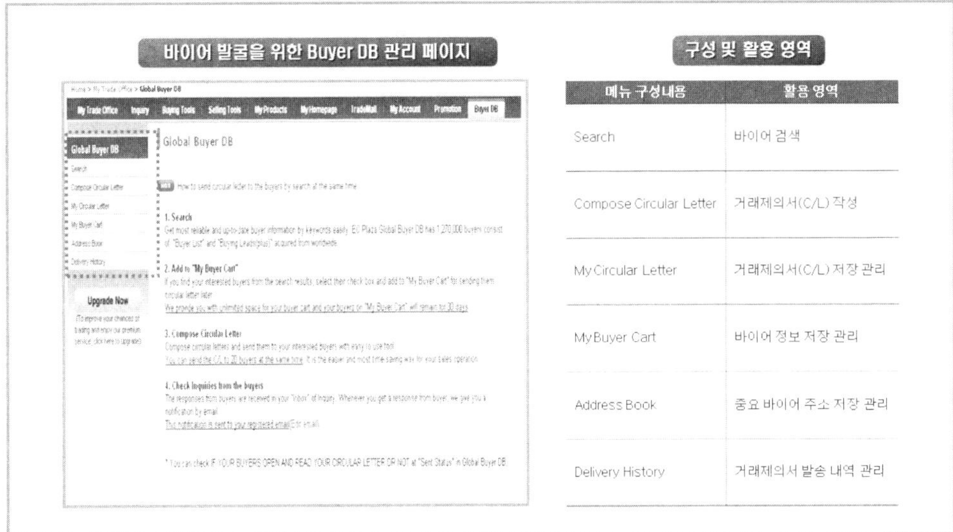

▌그림 7-8 Global Buyer DB 검색방법

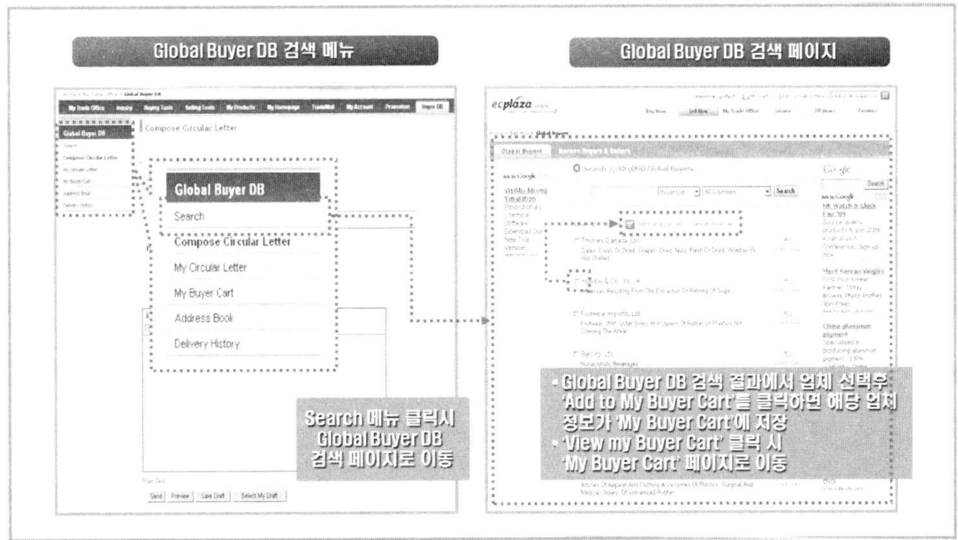

▌그림 7-9 Global Buyer DB 검색방법

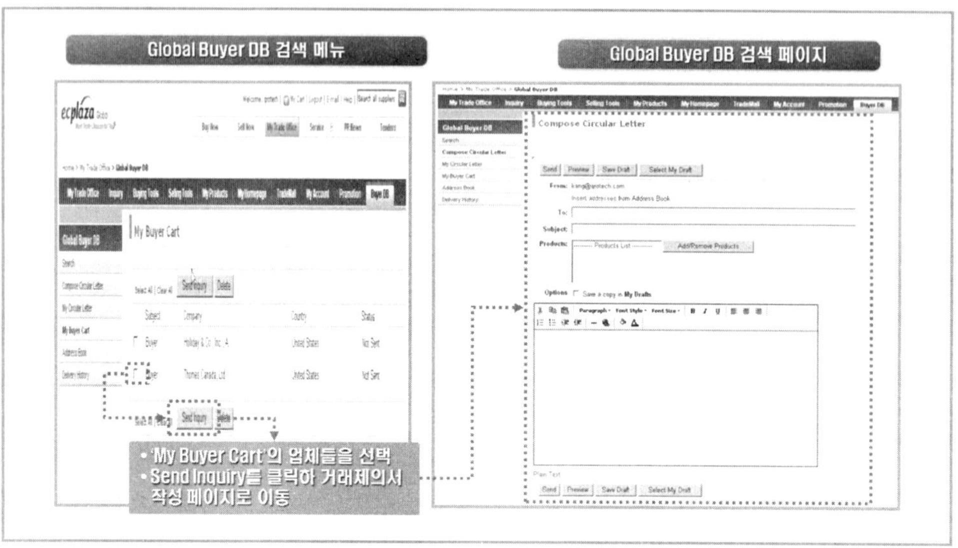

▌그림 7-10 e-MP 사이트 셀링오퍼 검색방법

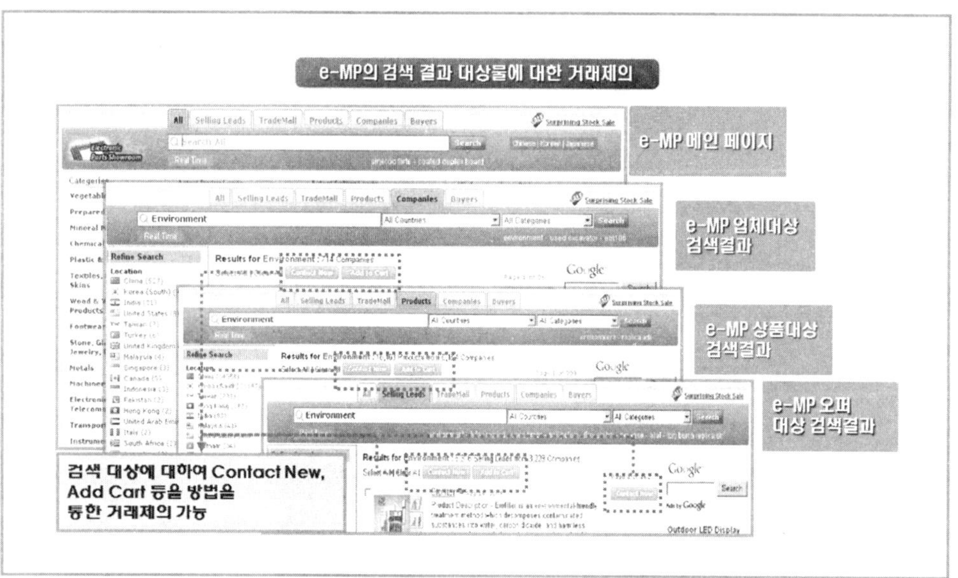

거래알선 사이트를 통해 거래선을 발굴하는데 있어 중요한 것은 양질의 바이어들이 얼마나 있는지를 꼭 확인하여야 한다. 즉 공증되지 않은 바이어 또는 허위 바이어를 필터링하는 사이트와 글로벌 회원 수가 많은 사이트에서 업무진행을 하여야 한다.

무역계약을 하기 전에 **신용조사**는 반드시 필요하다. 신용조사는 대개 상대방의 거래은행을 통해서 하는 경우가 가장 많으며, 이를 은행조회(bank reference)라고 하며, 상대방과 거래경험이 있는 국내업체, 상대국의 다른 거래처, 현지 상공회의소 등을 통한 신용조사도 가능한데 이를 업계조회(trade reference)라고 한다. 거래의 중요성을 감안하여 상대방의 신용에 대한 보다 상세한 정보를 필요로 할 경우에는 신용조사전문기관을 이용 할 수 있는데, 전세계적으로 가장 널리 알려져 있는 신용조사전문기관으로는 미국의 Dun & Bradstreet International이 있고, 우리나라에서는 대한무역투자진흥공사, 신용보증기금, 수출입은행, 한국수출보험공사 등이 신용조사서비스를 제공하고 있다.

신용조회에 있어서 필수적으로 조사내용에 포함해야 하는 것으로 보통 해당업체의 Character, Capital, Capacity 등을 들고 있고, 이를 신용도측정요소로 3C's라 한다.

▌그림 7-11 신용조사 3C's

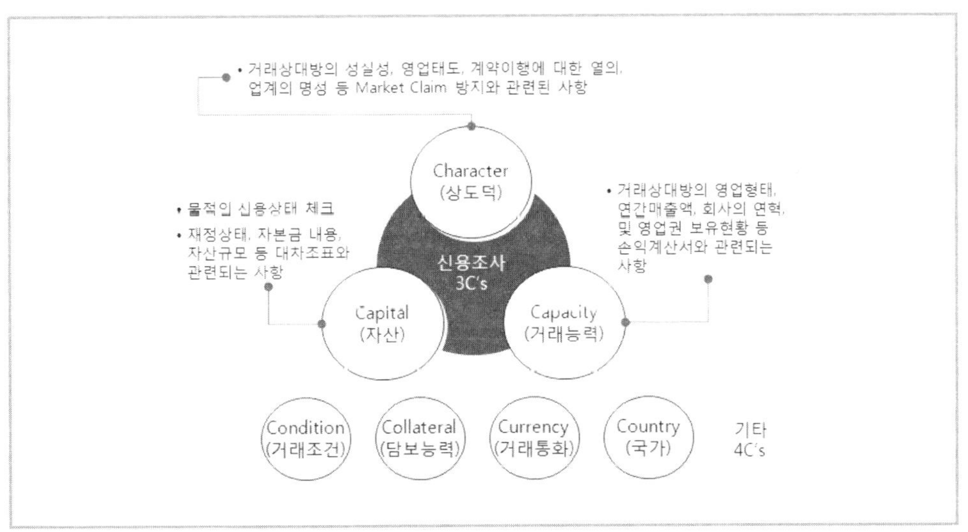

신용조사 단계에서 수출자에 대하여는『물품인도 능력』을 수입자에 대하여는『대금 결제능력』, 그 이행에 대한 신뢰성과 기업의 일반적인 정보를 사전에 조사하여 안전한 무역거래의 발판을 마련하고자 하는 것이 핵심요소이다. 최근에는 D/A, D/P, T/T 등의 부신용상 거래방식을 많이 취하고 있어 해외 거래선의 신용조사는 반드시 필요하다.

거래제의란 해외 및 국내의 시장조사 및 신용조사를 통해 거래처를 선정하면 우리의 상품을 구매할 의사가 있는지 또는 우리에게 상품을 판매할 의사가 있는지의 의향을 물어보는 것이다. 이러한 거래제의는 간행물 등을 통하여 불특정 다수인에게 광고형식으로 하거나, 동일한 내용의 Form Letter나 Circular Letter를 여러 장 인쇄하여 상대방의 주소와 발신인만을 타자하여 발송하는 방법이 있으나, 통상 개별적인 서신을 작성하여 정중하게 거래제의(Business Proposal)하는 방법을 많이 활용한다.

Circular Letter(거래제의서)는 작성시 주의할 점은 일면식이 없는 외국인에게 자사를 소개하는 첫 번째 서신이므로 이를 받은 상대방으로 하여금 좋은 인상을 갖고 거래관계를 개선할 의사를 가질 수 있도록 작성하여야 한다.

그림 7-12 거래제의서 작성 중 주의사항

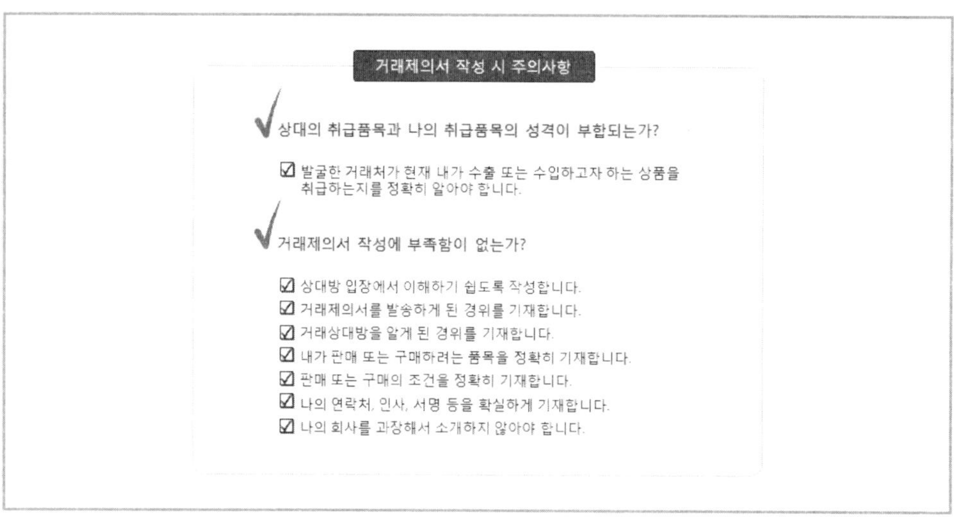

거래제의서를 작성 후 상호 필요한 사항이 발생되면, 수출자의 경우 Selling Offer를 보내서 가격조건, 결제조건, 상품명세 등의 구체적인 내용에 대해서 요청을 한다. 수입자는 무역거래조건 내용의 변경이 필요할 경우, Buying Offer를 작성하여 다시 수출자에게 보내주며, 이러한 여러 번의 협상을 통해서 쌍방합의가 이루어지면 계약서를 작성하여 계약을 체결한다.

Offer(청약)의 구체적인 내용에는 품질조건, 포장방법, 지급조건, 가격, 운송방법, 기타(원산지, 유효기간, 선적기한, 보험종류 등) 등의 내용으로 작성하여 주고받는다.

1) B2B 마케팅

(1) B2B 마케팅의 특징

B2B 마케팅은 business to business 마케팅을 줄인말로 일반개인이 아닌 회사를 대상으로 하는 마케팅을 B2B마케팅이라고 한다.

가. 고객 기반의 표적화와 집중화

일반적으로 고객의 수가 소수이기 때문에 고객 기반의 표적화와 집중화가 이루어진다. B2C 마케팅의 경우 타게팅이 되는 기반이 매우 많다. 삼성전자의 경우 전 세계인을 고객으로 잡고 마케팅을 한다. 하지만 위에서 언급한 B회사의 경우 삼성전자와 LG전자, 팬택 정도 밖에 고객 기반이 없다. 고객 기반에 3개인 것과 60억인 것의 차이는 상당합니다. 자연스레 고객 기반의 표적화가 일어날 수밖에 없고, 집중화로 이어진다. 삼성과 LG, 팬택에게 모두 마케팅을 하는 것보다, 삼성전자에게 꾸준히 마케팅을 하여 장기적인 계약을 맺는 편이 훨씬 경제적이다. 때문에 타겟이 되는 고객사에 맞는 특화된 마케팅 전략과 활동이 필요하다.

나. 기술(Technology)의 중요성이 매우 크다

대상이 되는 고객이 기업이기 때문에 기술 자체의 중요성이 매우 크다. 삼성전자 입장에서 주력 상품의 부품 계약에서 가장 중요한 것은 기술일 것이다. 계약하는 외부 업체의 기술에 대한 믿음이 있어야 안심하고 제품을 생산할 수 있기 때문이다. 아무리 마케팅 스킬이 뛰어나도 기술이 뛰어나지 못하면 마케팅이 성공할 수가 없다. 즉, 뛰어난 기술은 B2B 마케팅의 필수 조건이라 할 수 있다.

다. 장기적인 관계가 이루어져야 한다

고객사와의 관계가 장기적일수록 마케팅 자체의 비용도 줄어들고 매출이 안정적이다. B2B 고객은 고객 하나가 차지하는 비중이 상대적으로 크기 때문에 전환비용과 절차가 커지도록 만드는 것이 필요하다. B회사의 입장에서, 삼성전자가 다른 회사와 계약을 맺을 경우 발생하는 비용이 높을수록 계약에서 유리한 위치를 차지할 수 있다. 이때 제품 업그레이드나 지속적 부품 공급 관련 필요성이 커질수록 판매기업과 계속 거래를 하기 때문에 기술이 더욱 중요하게 된다.

라. 인적 요소 기반의 고객접근

B2B 시장의 경우 구매자가 한정되어 있다. 때문에 판매원이 구매자를 직접 만나 설득하는 것이 더 효과적이다. B2C 시장은 구매자가 너무 많아 판매원이 구매

자를 직접 만난다는 상황 자체가 성립될 수 없다. 불특정 다수에게 행해지는 광고나 판촉활동은 이러한 특성에서 기인하는 것이다. B2B 마케팅은 시장의 수가 적기 때문에 B2C 마케팅에서 중시하는 시장 세분화나 브랜드, 광고 등이 상대적으로 '덜' 중요하게 된다. 하지만 Face to Face로 구매자를 직접 만나는 경우가 많아 자칫 '영업'이라고 오해를 받기도 한다.

마. 복잡하고 까다로운 구매 결정 과정

B2C 시장에서 구매자는 보통 개인이다. 내가 사고 싶으면 사는 구조를 가졌기 때문에 구매 결정 과정은 개인의 욕구와 심리라 할 수 있다. 하지만 B2B 마케팅의 경우 구매자가 기업이기 때문에 기업 내부의 많은 부서를 거쳐 결정하게 된다. 구매 결정 과정에 참여하는 부서나 사람의 수가 많아질수록 복잡해지고 더 많은 시간이 소요된다.

바. 파생수요

B2B 마케팅은 기본적으로 B2C 시장의 수요에서 영향을 받는 파생 수요의 특징을 가진다. 갤럭시 S4가 많이 팔려야 B회사의 주문량이 많아진다. 최종 제품의 수요가 적다면 B2B 시장의 거래가 성립될 수 없다. B2C 활동에 영향을 받아 파생된 수요를 B2B 마케팅을 통해 얻는 구조를 가지고 있다. 거시적인 관점으로 B2B 마케팅은 가치를 창출한다고 보지 않는 사람들이 주장하는 근거가 바로 이 '파생수요'이다.

(2) B2B 구매과정

구매단계	내용
구매 필요성 인식	재고 부족, 거래선(공급업체) 교체, 신제품 구입 등
구매 내용의 명확화	구매 제품의 형태와 구매 관련 세부내용 명확화
제품 스펙 결정	구매 제품의 구체적이고 자세한 사양 결정
공급업체 탐색	공개 경쟁이나 입찰 등을 통해 구매 제품 스펙을 만족시켜 줄 공급업체 탐색
공급업체 제안서 평가	구매부를 비롯한 관련 부서에서 공동으로 후보 공급업체들의 제안서 평가
공급업체 선정	일반적으로 2~3개 업체 중에서 최종 공급업체 선정
계약서 작성 및 주문 처리	공급업체와 협상 과정을 통해 계약서 완성: 납기 및 주문 처리 절차 등 확정
구매 후 성과 평가	구매 제품에 대한 사용 후 제품 성과와 공급업체에 대한 성과 평가 후 향후 구매 발생 시 피드백

(3) B2B 마케팅 사례

가. EC 21

EC21 또는 이씨이십일은 대한민국 최대의 수출마케팅 및 무역컨설팅 전문기업이다. 지난 2000년 한국무역협회(KITA)로부터 분사한 이후 글로벌 B2B e-Market Place인 www.ec21.com 사이트 운영을 비롯하여 수출 인프라 구축, 해외 시장조사, 해외 바이어 발굴, 무역 실무교육에 이르기까지 한국 중소기업의 해외시장 개척을 활발히 지원하고 있다.

구체적인 사업 분야로는 해외 바이어 발굴, 해외 유명 검색엔진 마케팅 등 바이어 알선 사업과 해외시장조사, 무역컨설팅, 무역전문가양성 등 컨설팅 및 교육사업, 해외전시회 마케팅대행, 해외시장개척단, 해외바이어 초청 등 컨벤션 사업, 그리고 수출대행 및 실무지원, 수출인큐베이팅 등 무역대행사업을 수행하고 있다.

(주)이씨이십일(EC21 INC.)은 이와 같은 해외마케팅사업의 효율적인 수행을 위하여 전 세계 30여개국에 현지 네트워크를 갖추고 있음은 물론, 구글(Google)의 해외광고 프리미엄 파트너일 뿐만 아니라, 유럽연합(EU) 집행위원회 주관 "EU Gateway Programme"의 한국 사무국으로서 유럽 기업과 한국 기업 간의 비즈니스를 지원하고 있다.

나. 이씨프라자(EC PLAZA)

수출기업화사업을 전문적으로 다루는 업체로써 수출 초보기업들에게 교육 등 수출 전 과정을 업체당 1,500만원 이내로 지원함으로써 해외시장 개척 및 해외진출 기반을 구축하는 사업이다. 즉 정부에서 지원을 한다. 해외마케팅 전문기관답게 무역전문가, 온라인전문가, 디자인전문가들이 다양하게 기를 펼치고 있다 그러므로 이 이씨플라자는 전세계 36개 해외네트워크를 통해 시장조사, 해외현지마케팅, 수출상담회 바이어 초청 등 성공적인 해외마케팅 서비스를 제공하고 있다. 그리고 중소기업 청을 비롯해 16개 이상의 정부 기관 및 지자체의 수출파트너일 뿐만 아니라 국내외 금융기관과 함께 전자무역 솔루션을 제공하고 있는 정보 전문기관이다.

이씨플라자는 즉 해외시장조사, 디자인개발, 통합 해외 바이어 알선, 검색엔진 등록, 해외현지 네트워크를 통한 타켓 마케팅 지원 해외홍보 전문지, 전시회 사전 사후마케팅, 해외전시회 마케팅대행, 전자무역서비스 같은 것을 제공함으로써 홈페이지 고객들에게 보다 나은 보다 정확한 정보를 제공하는 것이다.

다. 알리바바 닷컴

알리바바는 1999년에 창업자 마윈에 의해 성립이 되었다. 시작은 B2B 전자 상거래 서비스일 Alibaba.com과 1688.com이었다. 중국 내 최고의 경매사이트 타오바오 닷컴을 소요하였고 중국 거래업체 및 전 세계 수출인 업체에 대한 정보 및 서비스를 제공하였다.

그러다가 2003년 C2C 소비자간 거래 전자상거래 서비스 타오바오를 런칭하게 된다.

알리바바는 Alibaba.com 1688.com, Taobao, Tmall 등의 전자상거래 플랫폼을 기반으로 결제서비스 Alipay와 물류 및 배송서비스, 온라인 마케팅서비스, 클라우드 서비스 등 전자상거래와 관련된 모든 서비스를 아우르고 있다.

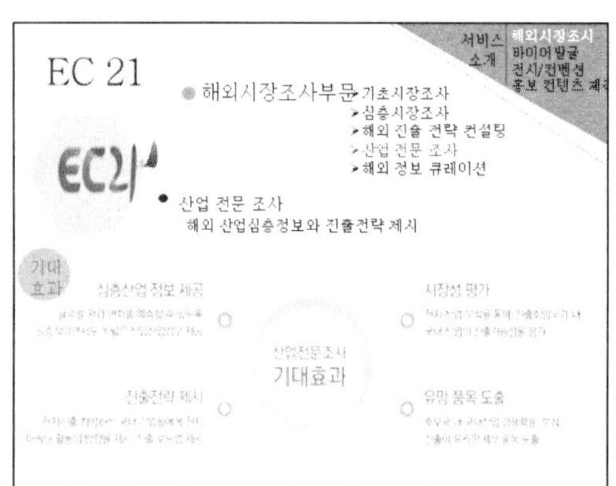

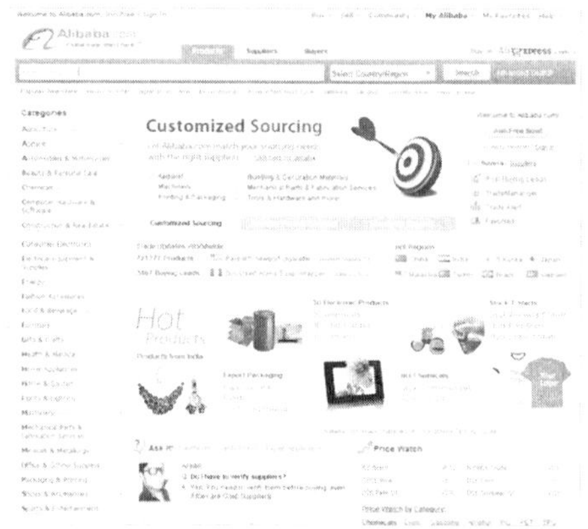

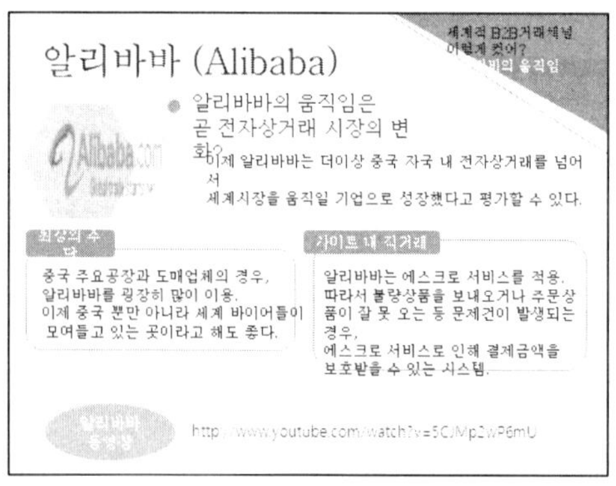

2 전자무역마케팅의 종류

1) 검색 엔진 마케팅

검색 도구를 단순한 검색에 그치는 것이 아니라 적극적으로 특정 웹 사이트로의 방문을 유도하여 상품을 구입하게 하는 인터넷 마케팅 전략. 각종 유명 검색 엔진에 등록하거나 검색 결과의 상위 랭킹, 그리고 사용자가 인식하지 못하더라도 광고 효과는 올릴 수 있는 모든 노력들을 통틀어 검색 엔진 마케팅(SEM)이라고 한다.

▌그림 7-13 Search engine optimization 구성도

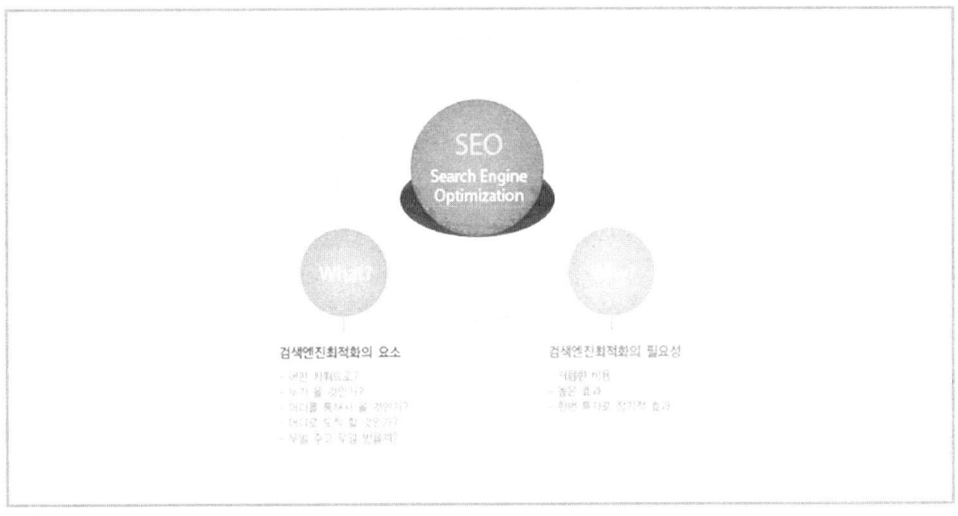

2) 바이럴 마케팅 [viral marketing]

네티즌들이 이메일이나 메신저 혹은 블로그 등을 통해 자발적으로 기업이나 상품을 홍보하도록 만드는 기법으로, 2000년 말부터 확산되면서 새로운 인터넷 광고기법으로 주목받기 시작했다. 바이럴 마케팅은 상품이나 광고를 본 네티즌들이 퍼담기 등을 통해 서로 전달하면서 자연스럽게 인터넷상에서 화제를 불러일으키도록 하는 마케팅 방식을 이른다. 컴퓨터 바이러스처럼 확산된다고 해서 바이럴(viral) 마케팅 혹은 바이러스(virus) 마케팅이라고 부른다.

▌그림 7-14 바이럴마케팅의 중요성

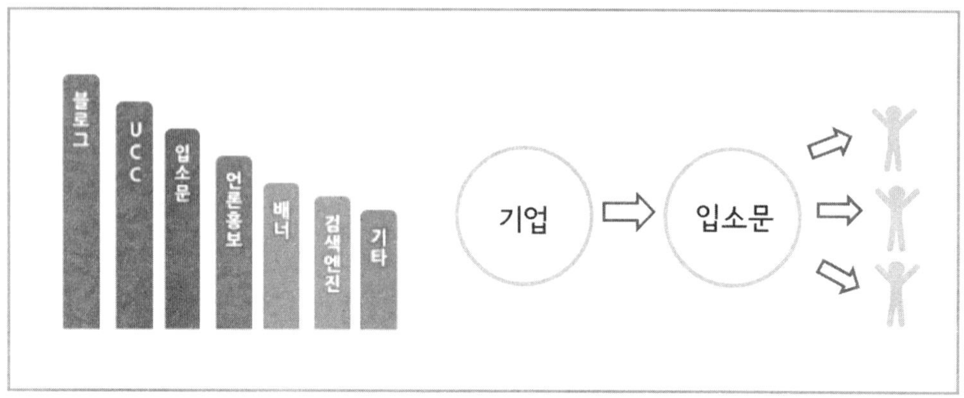

3) 블로그 마케팅 [blog marketing]

인터넷의 발달과 쌍방향성의 강화로 인하여 1인 미디어인 블로그가 주목받으며 신개념의 소통수단으로 자리잡고 있다. 이에 따라 블로그를 활용한 마케팅 방식도 등장하고 있다. 블로거들이 주로 자신의 관심사에 따라 모인다는 점에 착안한 것이다. 블로거들에 의하여 입소문이 나고 좋은 인식이 형성되면 홍보효과가 커진다. 즉, 타깃 마케팅이 가능하여 비용대비 효과가 크다는 장점을 가진다는 것이다. 이들을 통해 형성된 제품에 대한 긍정적인 반응이 입소문을 내고 이러한 반응을 통한 제품 홍보효과는 일반 광고를 통한 파급효과보다 크다는 것이다.

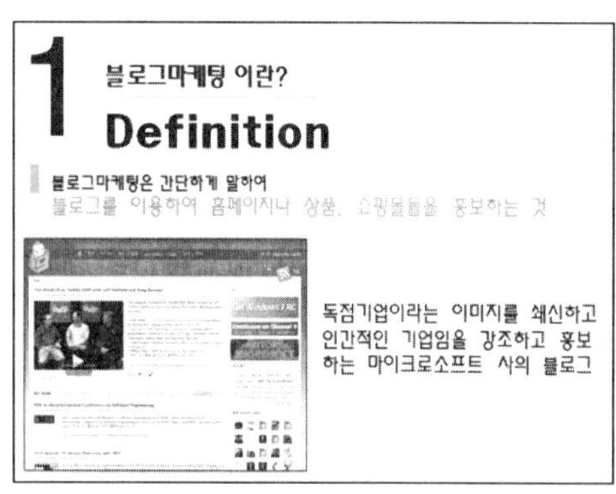

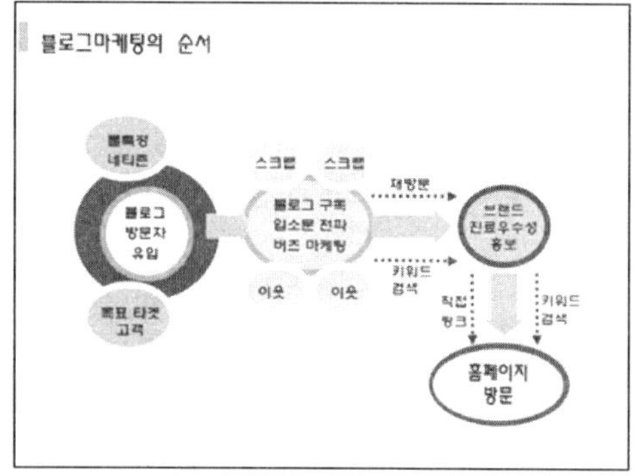

4) B2C (Business to Consumer) 마케팅

B2C란 Business to Consumer 의 약자로 간단하게 설명을 하면 기업이 소비자에게로 라는 것이다.

(1) B2C 마케팅 특징

가. 다수의고객을 기반으로 하기 때문에 대중화 마케팅을 펼친다

고객이 '개인소비자'이다.

소비자의 개개인에 따라 마케팅 전략과 활동을 하지 못하기 때문에 대중적인 4P.STP를 통하여 최대한 고객세분화를 하여 마케팅을 하게 된다.

나. "기술"의 중요성이 크고 장기적 관계로 가지고 가야 한다

B2B보다는 기술적인 측면과 장기적인 측면이 약하다고 말할 수 있다.

하지만 요즘 시대에선 1명을 고객이 100명의 고객 역할을(SNS발달) 하는 시대이기 때문에 B2B와 비슷하게 기술적인 측면과 장기적인 관계가 중요하다. 그렇기에 요즘 CRM이 대두되고 있다.

다. 간단한 구매과정을 거친다

B2B보다는 훨씬 간단한 구매과정을 거친다. 하지만 B2C의 구매과정에서 고객의 needs를 읽을 수 있어야 하기 때문에 간단하지만 중요한 과정을 거치게 된다.

(2) B2C 활용 사례

가. 이베이(e-bay)

이베이는 인터넷 경매 사이트로 출발해 지금은 세계 최대의 종합쇼핑몰 및 전자상거래 중개 사이트로 성장한 미국 회사다. 약 50만 개의 온라인 판매점을 개설한 이베이는 제품 등록 수수료, 판매 수수료로 수익을 올린다. 신발, 희귀한 앤티크, 휴대 전화, 신형자동차에서부터 무형의 서비스까지 다양한 물건들의 판매와 구매가 이루어진다. 매초 277달러의 물품이 팔리고 있는 이베이는 이랜스 경제(온라인으로 연결된 프리랜서들로 이루어진 경제체제)의 대표적인 비즈니스 모델로 손꼽히며, S&P500 구성 기업이다. 1995년 9월 컴퓨터 프로그래머였던 이란계의 미국인 피에르 오미디야르는 '옥션 웹' 사이트를 만들었다. 웹사이트에 올린 첫 품목의 하나였던 고장난 레이저 포인터가 14.83달러에 팔리자 놀란 오미디야르는 낙찰자에게 레이저 포인터가 부서진 것을 아느냐고 메일을 보냈다. 놀랍게도 “나는 고장난 레이저 포인터 수집가입니다”라는 답변이 돌아왔다. 우연히 시작한 일에서 사업 가능성을 발견한 오미디야르는 사무실을 내고 1996년 제프리 스크롤을 경영자로 영입했다. 1996년 이베이는 경매 아이템에 대한 수수료를 받기 시작하면서 급속하게 성장하였다.

1997년 ‘옥션웹’에서 ‘이베이’로 사명을 변경하였다. 원래 오미디야르는 에코베이닷컴(echobay.com)으로 도메인을 등록하려고 했으나 금광회사인 에코 베이 마인즈(Echo Bay Mines)가 에코베이닷컴을 소유하고 있었다. 할 수 없이 알파벳 3개를 빼버리고 이베이란 이름으로 등록하였다. 1998년 3월 멕 휘트먼이 CEO로 영입되었으며 같은 해 9월 21일 주식을 상장했다. 당시 주가는 주당 53.50달러였다. 2002년 프랑스의 옥션 웹 사이트인 아이바자(IBazar)를 인수했으며, 같은 해 페이팔을 인수하여 페이팔을 통한 전자결제 서비스를 운영하기 시작했다. 2013년 기준으로 페이팔은 이베이 전체 매출 규모 가운데 40% 가량을 차지했다. 2004년 인도의 최대 인터넷 경매업체인 바지닷컴(Baazee.com)을 인수하였다. 2005년 9월 이베이는 인터넷 전화업체 스카이프(Skype)를 인수해 고객에게 무료 인터넷 전화 서비스를 시작했다. 2013년 이베이는 결제 플랫폼 업체인 브레인트리(Braintree)를 인수했다.

2001년에는 국내 최초의 인터넷 경매 전문 사이트인 옥션(Auction)의 최대주주가 되었으며, 2009년 인터파크로부터 G마켓(G-Market)을 인수하였다. 한편 G마켓과 옥션은 2011년 합병하여 이베이코리아로 출범했다.

나. 타오바오(TaoBao)

타오바오 (淘宝网)는 중국의 인터넷 기업인 알리바바 그룹이 운영하는 오픈 마켓이다. 중국에서 운영되지만 대만, 홍콩, 마카오 등의 중화권 소비자들도 많이 이용하고 있다. 입점료 및 수수료가 없고 결제가 빨라서 많은 딜러분들이 많이 판매를 하고 있다. 년간 거래액(2013년) 170조 돌파 글로벌 랭킹 8위, 중국 내 3위

에 탑재 해마다 방문자수와 이용빈도가 증가하고 있는 추세

중국 소비자들에게 서구권 브랜드 상품을 구하는데 특화된 서비스를 제공 타오바오에서 제공하는 메신저 소비자와 판매자의 원활한 소통을 가능케한 시스템

각종 수수료 무료(개점비용, 상품 등록비용 등)

• 알리페이(즈푸바오)

페이팔과 유사한 에스크로 서비스로, 타오바오에서 물건을 결제하는 방식이다. 타오바오에서는 주로 중국내 은행 계좌 및 해외 발행 신용카드(비자카드, 마스터카드, JCB카드)를 사용할 수 있다. 단, 알리바바닷컴(www.1688.com)에서는 해외발행 신용카드를 사용할 수 없음에 유의해야 한다.

페이팔과 유사한 에스크로 서비스이다. 타오바오에서 물건을 결제하는 방식으로 알리바바 그룹의 계열사 중 하나로 중국 내 시장점유율 50%를 차지한다.

• 아리왕왕

소비자와 판매자가 채팅을 통해 거래에 관한 사항을 논의할 수 있는 시스템이다.

타오바오 사이트에서 문자, 음성, 거래내역 실시간 알림 등 최신 비즈니스 정보 알림 메신저를 제공하고 있다.

다. 아마존(Amazon)

세계 최초·최대의 인터넷서점이자 종합 쇼핑몰이다. 월가(街)의 펀드매니저이던 30세의 제프 베조스(Jeff Bezos)가 1994년 7월 아마존닷컴을 설립한 뒤, 이듬해 7월부터 인터넷서점 서비스를 시작하였다. 설립 당시의 자본금은 300달러였다.

그러나 서비스 개시 1년 동안 월 34%의 평균 매출 신장률을 보이면서 미국 시장뿐 아니라, 세계적인 인터넷서점 돌풍을 일으켰다. 개점 2년 만에 미국의 수많은 서점들이 아마존으로 인해 도산하였고, 1999년 6월에는 인터넷 전자상거래 사이트 가운데 처음으로 회원 수 1000만 명을 넘어섰다.

1997년에 250만 종 이상의 서적 데이터베이스를 구축하였고, 2000년에는 회원 수 2500만 명을 넘어섰다. 매출액도 해마다 증가해 2002년에 30억 달러 이상의 매출액을 올렸고, 같은 해 4분기에 처음으로 분기 흑자를 달성하였다. 2003년에는 67억 달러의 매출을 올려 연간 순이익 3530만 달러를 기록함으로써 창사 이후 처음으로 연간 흑자를 달성하였다.

1997년 6월 나스닥에 주당 18달러로 상장한 주식의 2004년 현재 시가총액만도

170억 달러가 넘는다. 현재도 300만 권 이상의 책을 보유하고, 전세계 220개국 2만 2000개가 넘는 웹사이트와 전략적 제휴를 통해 2000만 명이 넘는 고객을 확보하고 있다. 또 주력 분야인 서적 외에 음반·의류·주방용품·장난감·차량용품·DVD·전자제품·소프트웨어·컴퓨터 등 다양한 영역으로 사업을 확장하였다.

아마존의 성장요인으로는 크게 ① 광범위한 데이터베이스 구축을 통한 유통비와 재고 부담 비용의 획기적 절감 ② 다양한 고객 서비스 시스템 구축 ③ 전세계 웹사이트와 자사 사이트를 연결하는 치밀한 전략적 제휴 등이 꼽힌다.

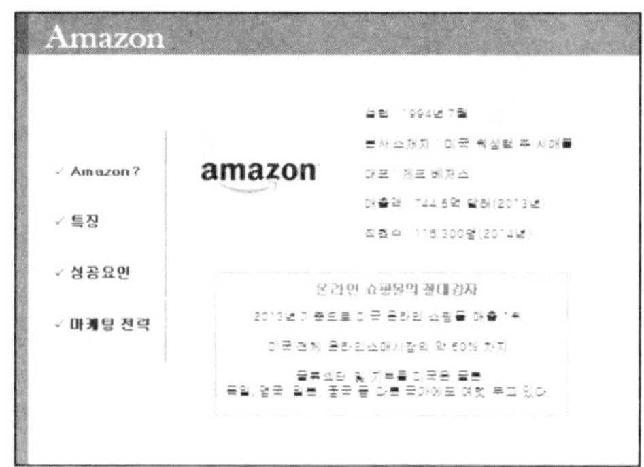

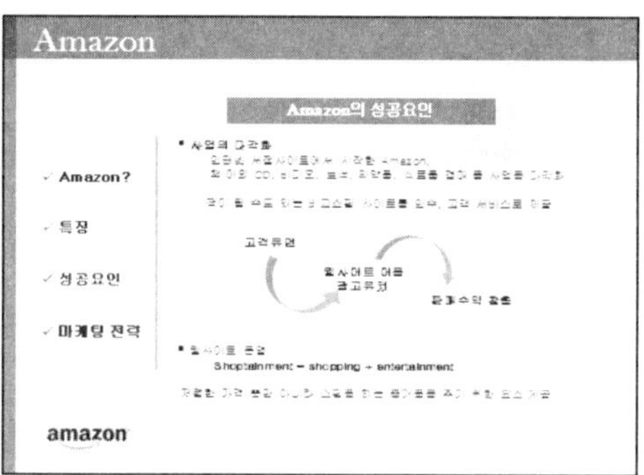

라. 큐텐(QOO 10)

지오 시스 그룹(Giosis Group)이 아시아 지역에서 인터넷 통신 판매를 전개하기 위해 설립된 회사로 현재 일본 및 싱가포르, 인도네시아, 말레이시아, 중국, 홍콩 등 총 6 개 지역에서 인터넷 쇼핑몰을 운영하고 있다.

Qoo10특징은 다음과 같다.

① 낮은 서비스 비용 & 무료상품등록 서비스 비용이 저렴하고 결제 체결 시에만 청구되며, 상품등록 비용도 무료이다.
Qoo10 MD (머천다이즈 디렉터)를 통해 전반적인 상품판매 및 홍보, 판매전략을 상의할 수 있다.

② 쉬운 상품등록 & 판매자가 사용하기 쉬운 QSM 프로그램 제공 중
상품등록 / 수정 / 삭제 / 배송 / 광고및 홍보 / 정산 / 고객관리 등을 신속, 정확하게 관리할 수 있다.

③ 여러 국가에서의 글로벌 판매, 하나의 통합된 QSM으로 관리가 가능하다. 패밀리 사이트로 싱가폴, 일본, 인도네시아, 말레이시아가 있으며, 더 많은 국가의 사이트가 준비 중이다.

④ 유일하게 한국어 지원이 가능한 해외 오픈마켓 문제 발생시 한국어로 모두 해결 가능하다.

⑤ 아시아 신흥시장의 손쉬운 접근이 가능하며, Qoo10은 일본, 싱가폴을 필두로 아시아 시장의 점유율 확장을 목표로 하고 있다.

⑥ 수수료가 저렴하고 환율에 따른 환차익이 여타 오픈마켓보다 우수하다.

Qoo10

Q 는 "탐험(Quest)" 을 의미합니다.
OO 는 "탐색(Search)" 을 의미합니다.
10 는 "완벽함(Perfection and completeness)" 을 의미합니다.

우리는 고객님께 3Q 서비스를 제공할 것을 약속합니다.

Quest 우리는 재미와 가치의 "탐험(Quest)"에 헌신적인 노력을 합니다.
Quick 우리는 "빠르고(Quick)" 신속한 쇼핑 서비스를 제공합니다.
Quality 우리는 서비스 전반에서 "품질(Quality)"을 보장합니다.

제8장 전자무역 시스템

1 EDI와 전자무역 구성요소

전자무역의 구성요소로는 전자무역 시스템, N.A, I.A, 전자문서 표준 등이 있으며, 전자무역 시스템은 과거 인터넷이 발달하기 전에는 EDI 기반의 시스템을 적용하였고, 인터넷의 발달과 더불어 보안, 보관소 등을 강화하여 전자무역 시스템으로 발전 하였으나 그 적용하는 사상에는 변함이 없고 발전된 형태로 진행되고 있다.

표 8-1 전통적 EDI와 web 방식 EDI의 차이점

구분	EDI시스템	전자무역 시스템
서비스 방식	중계 서비스(VAN)	중계서비스(WEB), Single Window
사용자 시스템	PC용, 서버용	웹방식
전자문서 교환방식	EDI	XML, ebXML
전사문서 표준	UNEDIFACT	UNCEFACT
문서변환	Flat File ↔ EDI	Flat File ↔ EDI Flat File ↔ XML(or ebXML)
문서 암호화	대칭키	PKI 비대칭키
통신	모뎀, 선용선(고성IP)	SOAP, TCP/IP
공인전자문서보관소	N/A	제공

과거에는 EDI프로그램을 PC에 설치하고 모뎀을 통해서 업무처리를 하였으나, 인터넷이 발달하면서 현재는 웹방식의 ASP방식와 Single Window방식으로 진화되어 업무처리가 이루어지고 있다. 과거에는 통신인프라 환경이 발달하지 않아서 VAN(부가가치망)을 이용하여야지만 업무가 적용이 가능했지만, 현재는 Single Window방식으로 관세청, 상공회의소, 식약청, KTNET에서 직접 운영을 하고 있다.

또한 이에 따라 전자눈서의 교환데이터 형식, 표준, 방법이 변화가 되어 EDI데이터가 XML기반의 ebXML데이터로 운영이 되고 있으며 문서보안도 인터넷이 개방형이기 때문에 공개키기반의 PKI 비대칭키 보안을 적용하여 운영하고 있다. 즉 과거의 인프라에서는 폐쇄망이기에 그 시기에 맞은 기술로 적용이 되어있나, IT인프라의 발달로 현재 기준의 주요기술을 적용하여 운영한다.

▌그림 8-1 EDI기반의 무역 시스템

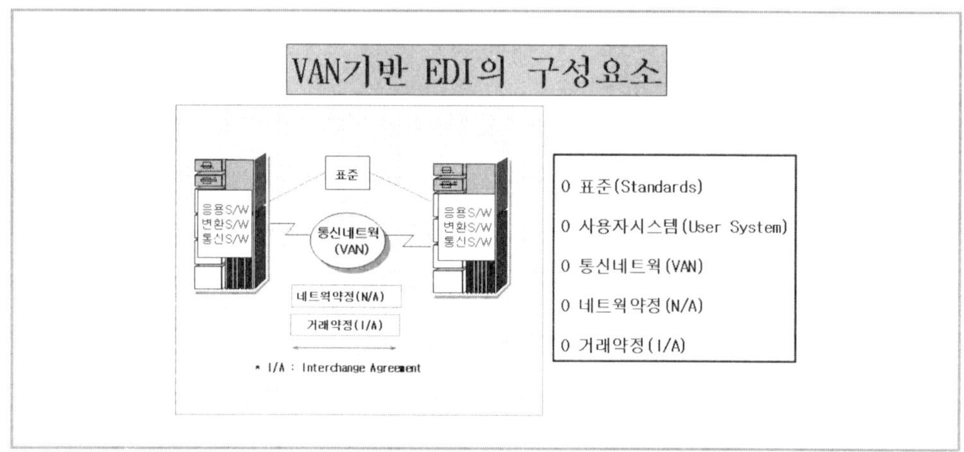

표준 : EDI를 적용하며 UNEDIFACT 기반의 KEDIFACT으로 표준화하여 적용하며, MIG(전자문서개발지침서)를 활용하여 표준 전자문서를 개발한다. MIG는 각 전자문서별로 제공한다. 현재 이런 MIG를 적용한 EDI분야는 전자무역 분야와 건강보험청구에 대한 의약품 분야가 있다. MIG에는 필수(Mandatory)항목과 선택(Conditional)항목으로 나눠서 구성되어 있으며, 전송항목 규격을 제시한다.

사용자 시스템 : 과거에는 PC나 UNIX에 프로그램을 설치하여 사용함으로 이에 따른 시스템을 의미하며, 응용S/W는 우리 눈으로 볼 수 있는 일반적인 프로그램을 의미하며, 변환 S/W는 MIG에 맞춰 EDI File로 변환하는 프로그램이고, 통신 S/W는 모뎀이나 인터넷 전용선을 활용하여 송수신하는 프로그램이다. 현재 인터넷 기반의 전자무역 시스템과 이와 같은 사상은 동일하게 적용한다.

통신네트웍 : 인터넷 인프라가 활성화되기 전에는 VAN이라는 부가가치망을 이용하여 적용하였으며, 이때 VAN은 전자무역 분야에서는 전자문서를 중계하는 역할을 담당한다. 현재 KNTET과 데이콤에서 전자무역 분야의 중계역할을 하고 있으나 관세청, 상공회의소, 식약청 등은 KTNET의 중계서비스를 받지 않고 직접 무역업체에서 각각의 웹포탈을 이용하여 전자문서를 송수신 하고 있다.

네트웍약정(N.A) : 중계 서비스를 하는 KTNET이나 데이콤에서 EDI 중계 서비

스를 받기 위한 네트워 약정을 의미한다.

- 수발신인식별자 : 수신인과 발신인에 대한 식별부호를 각 업체 및 기관별로 부여를 하여 전자문서를 주고받는 고유한 식별자를 의미한다.
- 사용자 ID, 비밀번호 : 전자무역 네트워을 활용하기 위하여 사용자 ID, 비밀번호를 부여 받는다.

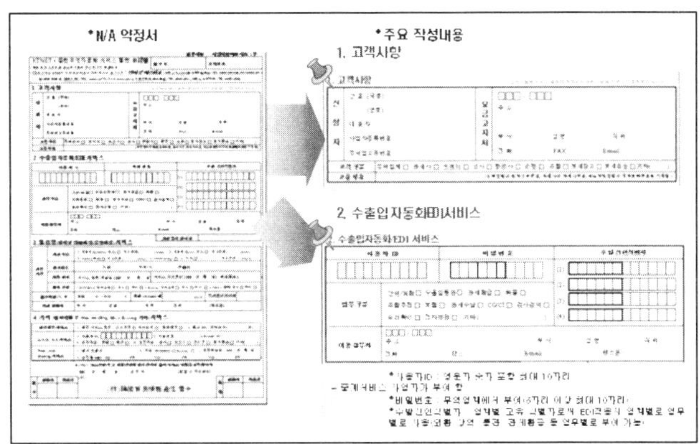

거래약정(I.A) : 무역업체가 거래하는 대외기관 즉 은행, 상공회의소, 요건확인기관, 관세청, 선사 등 전자무역 거래를 원하는 기관들과의 거래약정을 하여야 한다.

- 전자문서인증키값 : 네트워 약정을 한 후, 기업은 거래하는 은행, 보험사, 상공회의소, 관할세관 능의 유관기관과 거래약정을 맺을 때 각 객체별로 인증키 값을 갖는다. 이는 종이서류에서 도장 역할을 하는 것으로 각각 기업 및 유관기관별로 1개씩 가지고 있으며 기업 입장에서는 거래하는 유관기관과 기래약정올 맺을 때 마다 각긱의 인증키값을 교환한다.

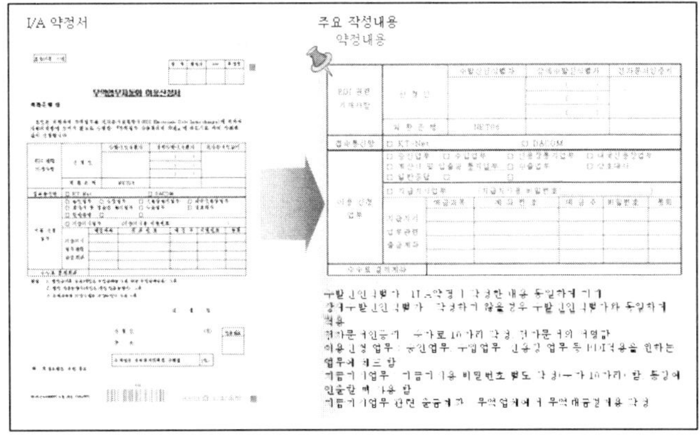

전자무역 시스템은 단절된 무역업무의 프로세스를 1개로 연결하여 통합된 무역업무 처리가 가능토록 하는 것을 목표로 한다. 즉 마케팅부터 외환, 상역, 물류, 통관, Nego에 이르기까지 무역의 전과정을 Single Windows상에서 구현하여 업무적용을 함으로써 One-Stop 서비스가 가능토록 하는 것이다.

전자무역 시스템(UtradeHub)을 통하여 모든 무역업무의 처리가 신속정확하게 이루어지도록 국가 차원 인프라를 구성하여 무역의 촉진이 이루어지도록 하였다.

▌그림 8-2 전자무역 시스템 구성도

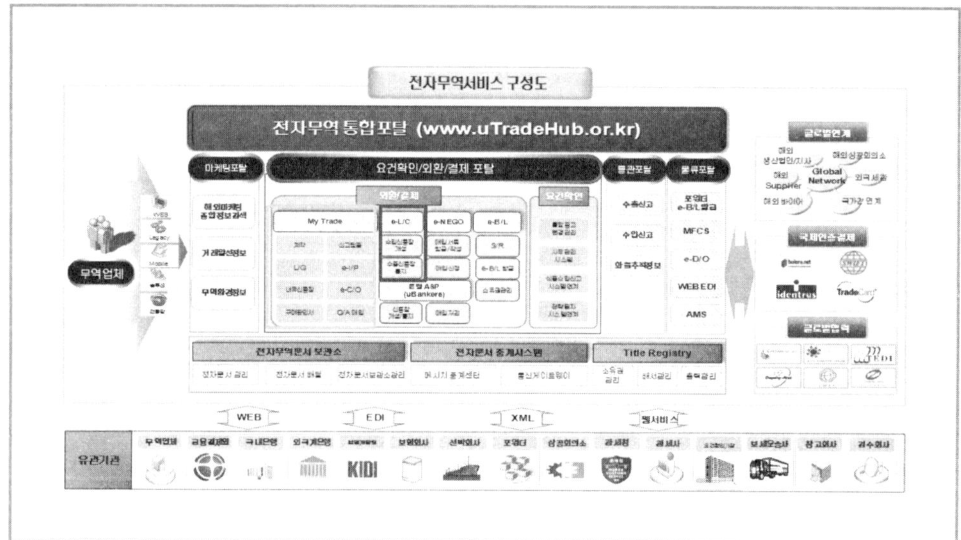

2 전자서명, 암호화 및 전자문서보관소

전자서명은 문서별 전자서명을 통하여 송신자의 신원확인 및 문서의 위변조를 방지한다. 즉 종이서류가 아닌 전자적으로 발행하는 문서에 대한 전자서명을 통해서 실제 발행자의 확인과 또한 문서내용의 위조 및 변조를 방지하기 위해 사용한다.

암호화는 문서 전체 또는 일부의 암호화를 통하여 보안정보를 유출시키지 않고 처리될 수 있도록 하며 W3C기반의 XML DISG. 표준을 수용하여 전자서명 및 암호화를 적용한다.

▌그림 8-3 전자서명 절차

● 전자서명

XML 전자서명은 XML전자문서에 대해 생성한 전자서명을 XML전자문서에 추가하는 과정으로 아래의 그림과 같은 절차로 이루어진다.

□ 전자서명 절차

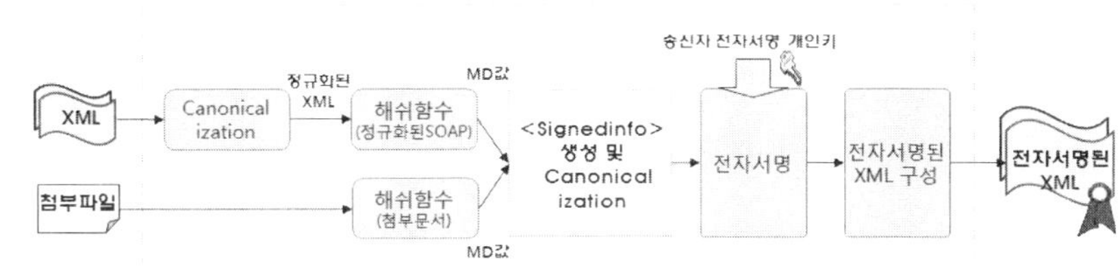

□ 절차 세부설명

1. 입력된 XML전자문서와 첨부문서에 대해 해쉬함수를 이용하여 문서요약값(MD : Message Digest Value)을 생성한다. 단, 전자문서의 경우 정규화(Canonicalization)을 통하여 불필요한 리턴 값이나 스페이스를 제거하고 전송 중에 변경될 부분을 제외한 후 문서요약값을 생성한다.
2. 생성된 MD값들을 이용하여 SignedInfo 태그를 생성하고 정규화(Canonicalization)를 실시한다.
3. 정규화된 SignedInfo에 대한 전자서명값을 생성하여 Signature 태그를 생성한다.
4. XML전자문서에 Signature 태그를 추가하여 전자서명된 XML전자문서를 생성한다.

▌그림 8-4 암호화 절차

● 암호화

XML암호화는 입력된 XML전자문서를 암호화한 후 결과를 XML형태로 재구성하고, 수신자가 복호화시 사용될 정보를 추가하는 과정으로 되어 있다.

□ 암호화 절차

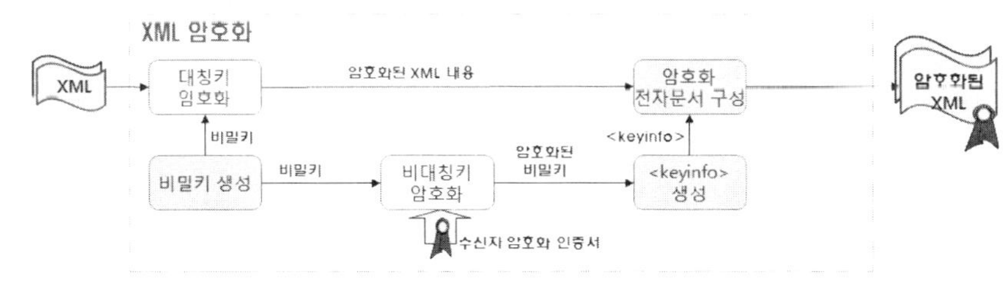

□ 절차 세부설명

1. 암호화에 사용될 비밀키를 Random함수에 의해 생성하고, 입력된 XML전자문서를 비밀키로 암호화한다. 주의) 입력된 XML전자문서는 정규화(Canonicalization) 되어 있어야 한다.
2. 비밀키를 수신자의 암호화인증서로 암호화한 후 KeyInfo를 생성한다.
3. KeyInfo와 암호화된 문서내용을 이용하여 암호화된 전자문서를 구성한다.

전자문서보관소는 동일한 전자문서를 여러 유관기관에 중복적으로 제출하는 업무 프로세스를 간소화하기 위하여 구축하고 이를 통하여 문서의 유통체계를 수립하였다. 즉 수출신용장의 경우 통지은행에서 수출신용장을 수령하고, C/O을 발급받거나, 수출요건확인을 받거나, 은행에 최종적으로 Nego할 때 모두 필요하다. 이러한 중복된 서류 제출이 필요한 업무를 개선하기 위해서 전자문서보관소를 운영하여 각 기관별로 제출하지 않고 보관소에 있는 문서를 원본으로 인정하여 적용할 수 있도록 한다.

즉 전자무역문서보관소는 문서의 중복제출 방지 및 유통간소화로 업무효율 향상, 보관 및 유통문서에 대한 신뢰성 부여로 문서 유통성 확보와 유관기관/업체와의 연계서비스 확대로 무역프로세스 단절 해소를 위하여 구성되었으며 전자무역문서보관소의 3대 기능은 내용증명, 문서보관, 문서배달이 있다.

▌그림 8-5 전자문서 보관소

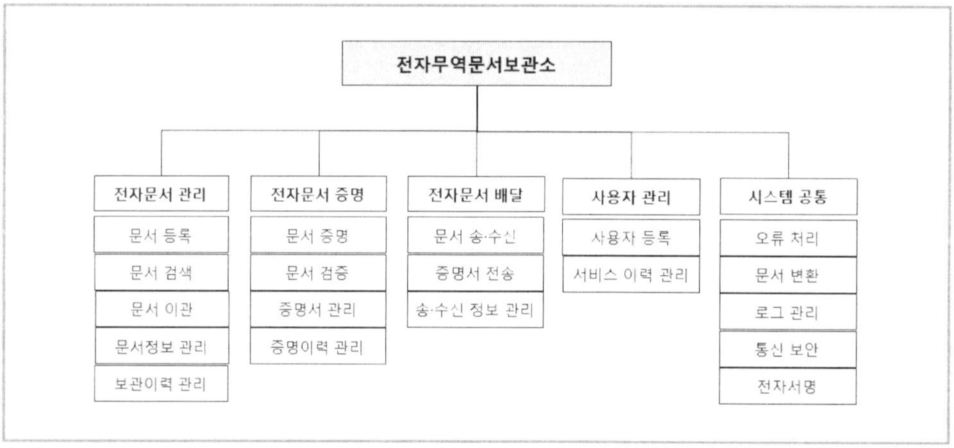

전자무역문서보관소

전자문서 관리	전자문서 증명	전자문서 배달	사용자 관리	시스템 공통
문서 등록	문서 증명	문서 송·수신	사용자 등록	오류 처리
문서 검색	문서 검증	증명서 전송	서비스 이력 관리	문서 변환
문서 이관	증명서 관리	송·수신 정보 관리		로그 관리
문서정보 관리	증명이력 관리			통신 보안
보관이력 관리				전자서명

3 전자문서 표준화

전자문서의 적용방법은 최근에는 컴퓨터 및 정보처리 기술의 급격한 발달로 상거래 및 단순 정보교환이든 관계없이 기존의 종이문서에서 상당부문 전자적방법으로 대체되고 있다. 전자문서의 등장은 종이문서의 형식의 변화에서 업무적인 성격에도 많은 영향을 주고 있다. 전자무역은 무역업무에 필요한 각종 종이서류를 전자문서로 적용하여 활용하고 있다.

전자거래기본법에서는 '컴퓨터 등 정보처리 능력을 가진 장치에 의하여 전자적인 형태로 작성, 송・수신 또는 저장된 문서'로 정의하고 있다. 또한 이러한 전자문서의 표준화를 위해 국제적으로는 UN/CEFACT에서 '실제 비즈니스 거래와 관련된 식별자나 정보를 구조화하고 기능화된 방법으로 구성한 비즈니스 정보개체들의 집합'에 대한 표준을 제정하고 이에 다른 전자문서를 XML을 활용하여 무역문서를 사용하고 있다.

▌그림 8-6 문서의 변천사

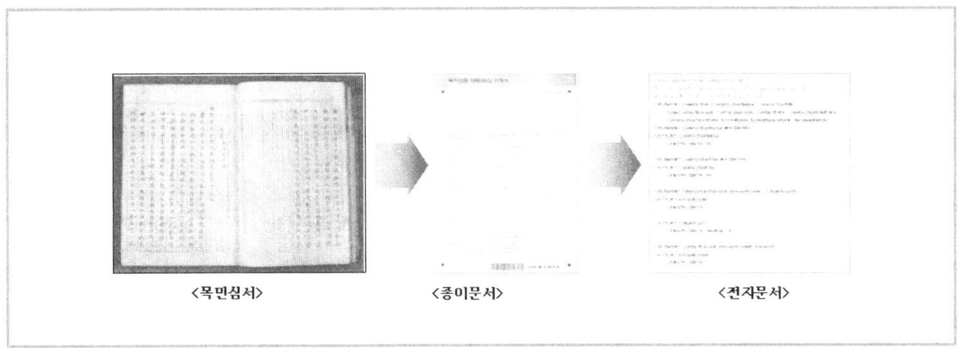

무역분야의 전자문서는 1994년에 EDI문서가 개발되었고 최근에는 XML기반의 전자문서로 변경되고 있다. 이는 전자문서는 요소기술의 발전과 함께 EDI방식에서 XML방식으로 진화된 것이다.

▌그림 8-7 EDI에서 XML로 변화

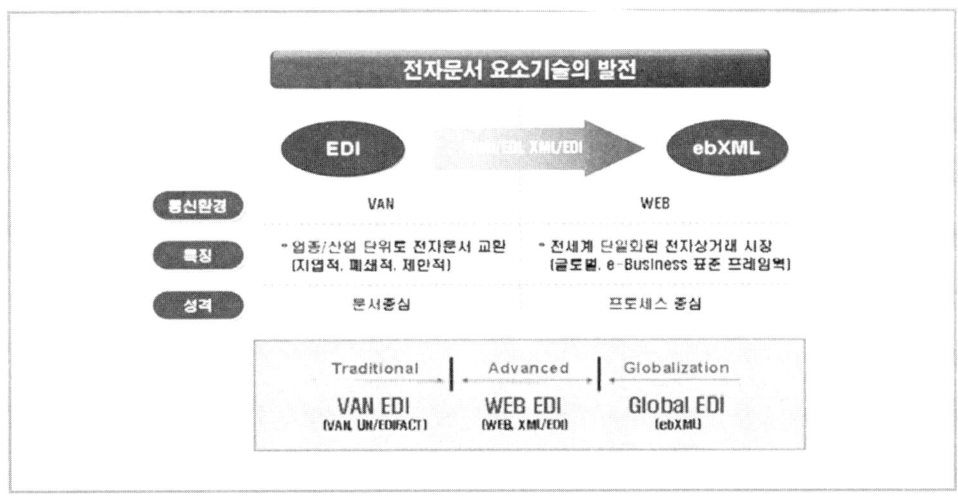

전자문서 표준화는 매우 중요하다. 과거 EDI적용시 UN/EDIFACT기반의 표준화된 KEDIFACT 표준에 따른 전자문서를 개발하여 활용하였으며, 지금은 XML 기반의 표준 전자문서를 활용하여 사용하고 있다. 전자문서 표준화는 활용하는 모든 사용자(기업, 은행, 세관, 상공회의소 등 사용자군)가 서로 약속된 문서의 항목을 가지고 전자문서유통이 가능토록 표준화를 설계하여 보급, 배포한다.

▌그림 8-8 표준 전자문서 개발방향

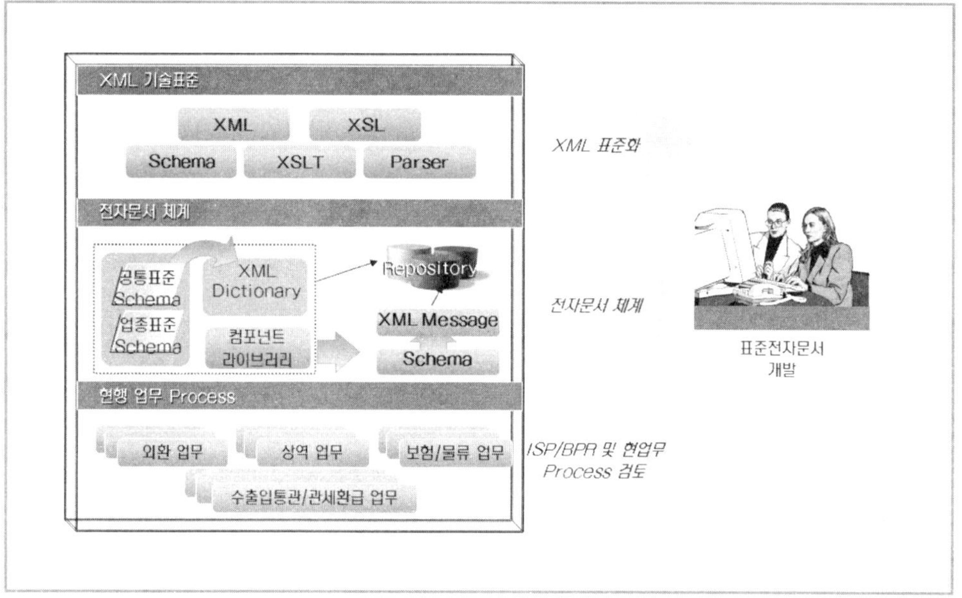

표준 전자문서 개발절차는 다음과 같다. 매우 중요하다. 비즈니스 프로세스에 대한 분석 현행 유통되는 문서의 절차와 사용자의 요구사항을 분석하고 CoreComponent를 구성하고 전자문서 구조 및 항목의 표준화를 통하여 표준화 연계체계를 확립하고 Schema를 구성하여 XML 전자문서의 표준화를 확립하여 관련 전자문서를 개발한다. 이때 Work Sheet를 이용하여 문서항목을 정의하고 구성된 라이브러리를 적용하여 Schema를 개발하고 XML Instance를 개발한다.

▌그림 8-9 표준 전자문서 개발절차

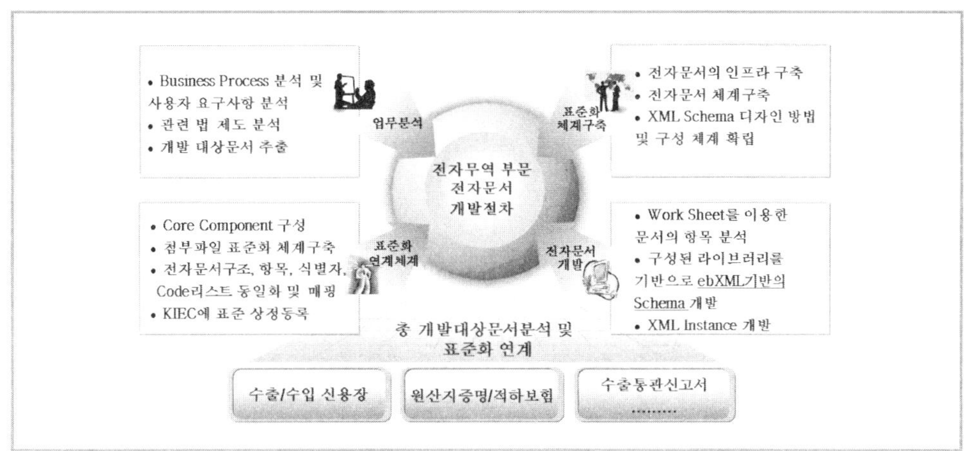

표준 전자문서 개발방향은 Schema방식과 DTD방식중에 선택하여 기술표준을 적용하며, Dictionnary를 구성하고 Core Compoment 개발하여 적용한다. 과거 건설분야 건설CITIS, 행자부 G4C 등은 DTD방식으로 개발하였으나, 현재는 대부분의 적용분야가 Schema방식으로 적용하고 있다. 현재 전자무역부문은 Schema방식으로 적용하며 ebXML 3.0기반으로 적용하고 있다.

1) 전자문서 개발원칙

(1) 국제적으로 공인된 규격의 적용

- Core Component Technical Specification
- XML Naming and Design Rule

(2) 특정 표준 독립적인 전자문서의 개발

- 특정 표준에 의존하지 않는, 구문 중립적인 비즈니스 정보 개체들의 개발을 통한 전자문서 개발
- EDIFACT로 개발된 전자문서의 경우, MIG(Message Implementation Guide)로만 되어 있어서 이를 XML로 변환하고자 할 때 곤란

(3) 개발 단계의 구분

- 비즈니스 정보 개발 단계 : 현업의 업무 프로세스로부터 비즈니스 정보 항목을 추출/수집

• 전자문서 구문 개발 단계 : 비즈니스 정보 항목을 전자문서 표준의 구문에 매핑

(4) 구조적인 접근법을 통한 전자문서 개발

• 전체 데이터에 대한 구조 설계
• 재사용 가능한 정보 개체들을 추출하여 재사용 컴포넌트로 개발
• 전자문서 개발

(5) 비즈니스 항목의 개발

• 객체지향적 개발 : 개념적 모델링 단계에서 객체와 객체의 하위 속성, 속성값의 데이터 유형으로 분류
• UML 클래스 다이어그램을 이용한 도식화
• 개발 산출물은 UN/CEFACT TBG17에서 권고하는 제출 포맷을 사용한 제출

(6) 전자문서 표준의 발표

• 전자문서 표준은 국내 다양한 이해 관계자들의 공개 검토를 수행한 후 발표(Release)

2) 전자문서 표준의 구성

개 체 명	정 의
코드리스트	코드화된 비즈니스 정보 개체들의 값을 목록화 한 전체 집합
식별리스트	비즈니스 정보 개체를 식별하거나 명명하는 데 사용되거나, 비즈니스 정보 개체의 속성을 나타내는 데 사용되는 문자들의 목록
비즈니스 정보	비즈니스 의미를 지닌 데이터 그룹 또는 데이터 요소
전자문서 구문 요소	비즈니스 정보 개체를 식별하거나 명명하는 데 사용되거나, 비즈니스 정보 개체의 속성을 나타내는 데 사용되는 문자들의 목록
전자문서 구문/설계 규칙	전자문서를 구성하는 구문 요소들의 구문에 대한 규칙과 전자문서를 구성하는 구성요소들의 순서, 관계 차수, 모듈 방식에 대한 규칙

3) 전자문서 개발절차

(1) 개념

• 현실 세계의 업무 프로세스를 공인된 방법론으로 분석하고 모델링하여, 물리적인 전자문서를 개발하는 과정

- 특히 국내 전자문서 표준은 국내라는 범위에서 통용될 수 있는 표준을 개발하는 과정으로, 개발 절차에 따른 문서 개발 필요

(2) 사전지식

- 업무에 대한 이해
- 전자문서 표준에 대한 이해
- 전자문서 구문 및 설계 규칙(XML DTD/Schema, EDIFACT 구문 규칙)에 대한 깊이 있는 이해

(3) OASIS의 UBL 기술위원회에서 제시한 4단계 개발 절차 적용

- 실제 문서를 구성하고 있는 비즈니스 정보 개체들에 대한 개념적 모델 작성
- 개념적 모델을 기반으로 UN/CEFACT TBG17의 제출 절차 및 포맷을 준용한 스프레드시트 작성
- 작성된 스프레드시트의 내용을 XML 스키마로 변환
- 객체 클래스의 속성이나 관계 차수 등이 기술된 구현 모델 작성

3) 전자문서 개발 가이드라인의 발전

(1) Version 1.0

- XML/EDI 전자문서 개발 지침
- 컴포넌트 기반 XML 전자문서 개발 지침
- 비즈니스 프로세스 분석 및 모델링 지침

(2) Version 2.0

- ebXML CCTS 1.85버전 기반
- XML 라이브러리 1.0버전 개발

(3) Version 3.0

- ebXML CCTS 2.01버전 기반
- UN/CEFACT NDR 규격을 국내실정에 맞게 커스토마이징
- 2.0버전 이후에 제기된 업계의 요구사항 및 의견 반영

EDI방식의 전자문서를 살펴보면 MIG기반의 전자문서를 개발 적용하였다. 즉

UNEDIFACT 표준 중 한국에서 활용하는 부분만을 적용하여 KEDIFACT를 정의하였고, 각 전자문서별로 MIG를 만들어서 표준화를 실시하였다.

▌그림 8-10 EDI방식의 전자문서 구조

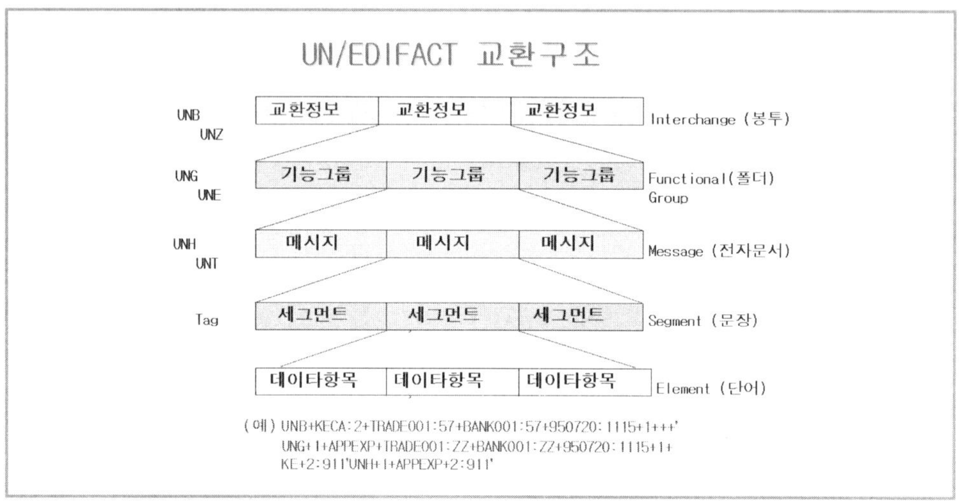

EDI방식에서는 UNB<->UNZ, UNG <->UNE, UNH <-> UNT로 구분하여 각각의 교환정보, 기능그룹, 메시지, 세그먼트, 데이터 항목, 항목간의 구분은 +, ; 등으로 나눠서 구분한다.

▌그림 8-11 MIG파일 예시

예 : 수출승인(신청)서 표준전자문서

UNB + KECA : 2 + TRADE001 : 57 + BANK001 : 57 + 931116 : 162 8 + 1 + + + A + 1 + + 1' UNG + APPEXP + TRADE001 : ZZ + BAN K001 : ZZ + 931116 : 1628 + 1+ KE + 2 : 911' UNH + 1 + APPEXP : 2 : 911 : KE' BGM + 810 + L9306001E0100' PAI + 10' LOC + 27 + KR : 162 : 5 + : : : Republic of Korea' FTX + AAI + + + 선적항? : PU SAN PORT : 선적 일자? : ?' 93.10.09' FTX + AAW + + + PARTS F OR AUDIO DECK' RFF + AAC : LCBA9048-103-312' NAD + EX + 700018 : 1AA+ + 주식회사 가나다 : 대표이사 김갑돌 : 149764732 599 + 경기도 안양시 안양동 199 번지' NAD + AV + 12481009 : 1A B + + 라마바 주식회사 : 대표이사 신을동: 서울시 중구 태평로2가 12 0번지' NAD + PG + + + ADVANCE BROKERS LTD. + 201SUM MER ST., E. BOSTON MA 02128 U.S. A. + + + + US' PAT + 1AA + 2 AA : : : At Sight L/C' MOA+9 : 5140000 : USD' TOD + + + CIF' LOC + 1 +US : 162 : 5 + : : : San Francisco' LOC + 8 + US : 162 : 5 + : : : San Francisco' UNS +D' LIN + 1' PIA + 1 + 5911900000' IMD + + + 1AA : : : FELTBLUSHV : PET, TP0900' QTY + 1 : 450000 : E A' FTX + AAA + + + 24, B3, L30, T4.5 : 11123=00181EA' MOA + 2 03 : 1215000 :USD' PRI + CAL : 2.7 : PE : CUP : 1: EA' LIN + 2' PI A + 1 + 8483109000' IMD + + + 1AA : : : SHAFT-CAPSTAN : S420 J2,' QTY + 1 : 300000 : EA'FAX - AAA + + + D2, L43.5 : 11150-010 00E A' MOA + 203 : 1845000 : USD' PRI + CAL : 6.15 : PE : CUP : 1 : EA LIN + 3' PIA + 1 + 8483109000' I MD + + + 1AA : : : SHAF T-CA PSAN : STS420J2,' QTY + 1 : 650000 : EA' FAX + AAA + + + D2, L17.6 : 11150-00630EA' MOA + 203 : 2080000 : D' PRI + CA L : 6.4 : PE : CUP : 1 : EA'UNS + S' CNT + 1AA : 140000 0 : EA' M OA + 128 : 5140000 : USD' FII + BF + + 42 : : : 01 : : : 신한은행 본 점' AU T + 6717458432' DTM + 218 : 931116162815 : 20 2' UNT + 44 + I' UNE+1+1'UNZ + 1 + 1

XML방식에서의 전자문서는 Business Process 분석하여 CC(Core Comonment)를 만들고 컴퍼넌트 라이브러리를 구성한다.

▌그림 8-12 CC와 컴퍼넌트 라이브러리 구성

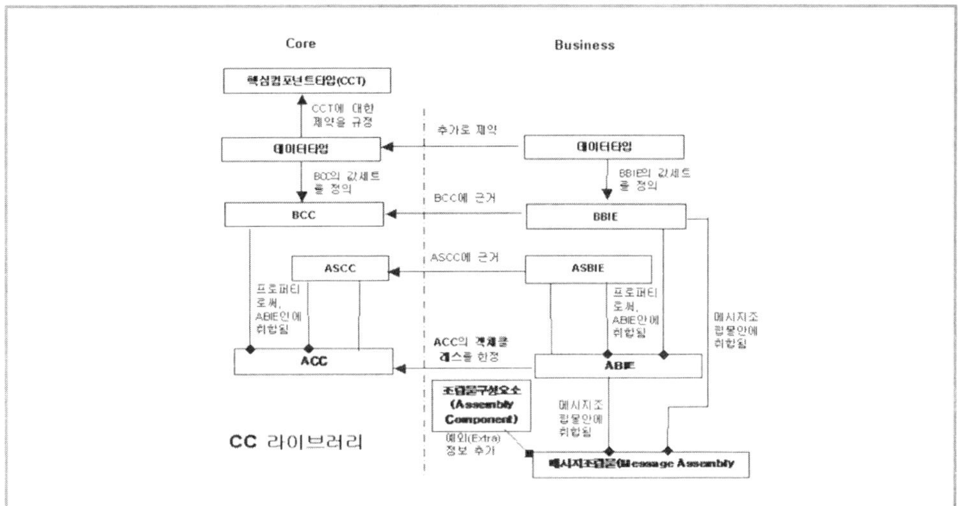

CCT: Core Component Type / BCC: Basic Core Component / ACC: Aggregate Core Component
BBIE: Basic Business Information Entity / ABIE: Aggregate Business Information Entity

XML방식에서의 전자문서 구조는 CCT, BCC, ACC, BBIE, ABIE의 구성한 내용을 중심으로 전자문서를 개발한다.

▌그림 8-13 전자문서 구조예시

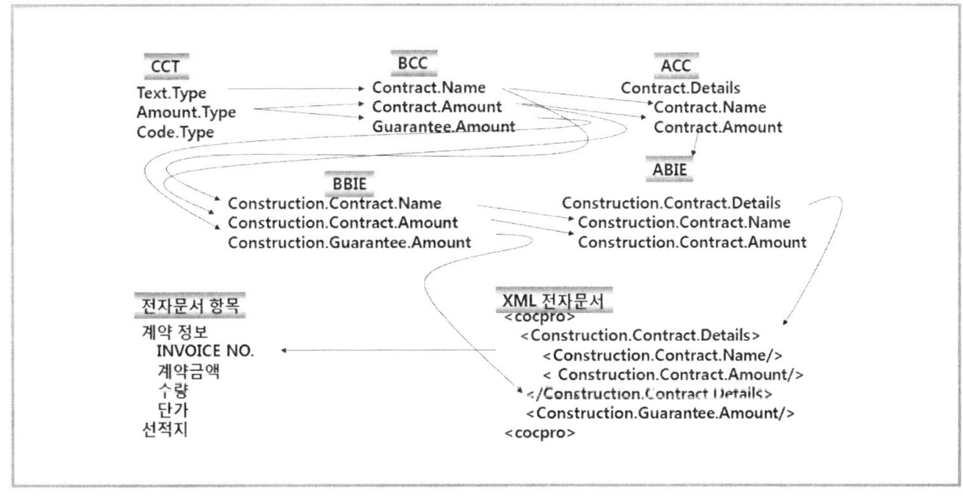

항목 표준화 결과물을 이용하여 XML 스키마로 변환한다. XML 스키마(정의 : 문서의 구조를 정의 / 검증 : 전자문서 항목의 유효성을 검증)는 국내외 관련 표준을 준수하여 개발한다. 국내는 XML 전자문서 개발 가이드라인 ver. 3.0을 적용하고, 국제표준은 XML Naming & Design Rules를 준수하여 스키마를 설계한다.

▌그림 8-14 스키마 구조예시

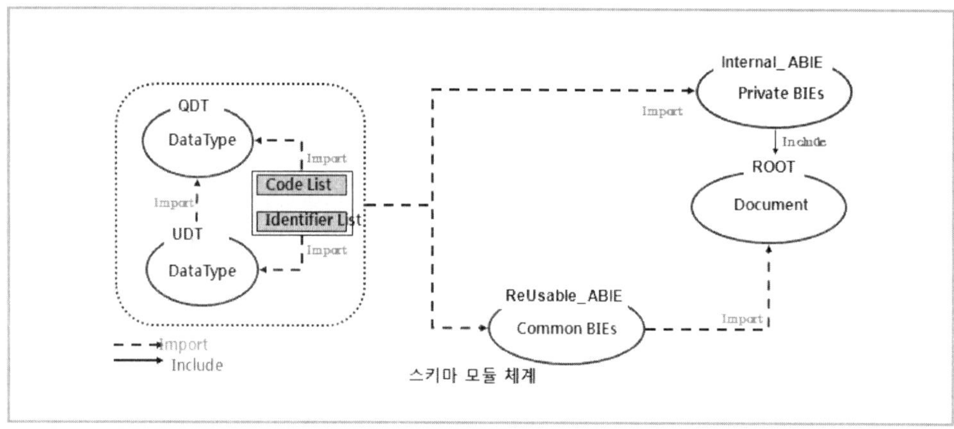

제9장 전자무역 적용분야

1 전자무역업무 프로세스

무역업무 프로세스는 핵심적으로 계약 이전 무역업무 프로세스인 1)사전정보조사/거래선 발굴, 2)신용조사/상담/계약과 계약 이후 무역업무 프로세스인 3)상역, 4)외환/보험, 5)통관/물류, 6)결제로 구분할 수 있으며, 해당 프로세스 별 세부업무 기능과 관련된 지원 및 유관기관은 다양하다.

▌그림 9-1 무역 프로세스 현황 및 세부업무, 관련기관

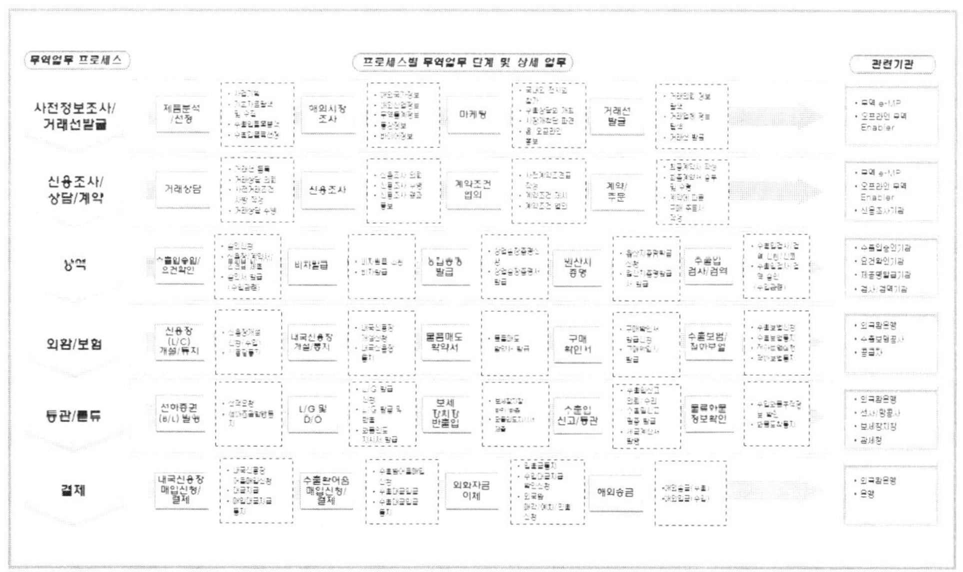

각 단계별로 여러가지 업무가 발생하고, 이에 따른 매우 다양한 관련기관들이 있다. 이러한 기관들과 좀 더 안전하고 빠르고, 편안한 무역거래가 이루어질 수 있도록 전자무역이 발전하고 있으며, 지속적인 처리 업무 영역이 확대되고 있는 추세이다. 현재 구매확인서입무, 내국신용장업무는 선시무역을 통해서 의무적으로 활용하고 있다.

전자무역마케팅 부문은 실질적 무역거래 성사 및 사후관리를 위한 마케팅 전략 과 모델을 전자적 요소를 통해 구현하고 활용한 무역활동으로, 무역마케팅과 디지털마케팅이 접목된 개념이라 볼 수 있다. 즉 무역마케팅은 해외시장 조사를 통하며 아이템을 발굴하거나 특정품목을 구입할 의사가 있는 바이어를 찾아내어 계약을 체결하고 해당상품을 확보하여 선적한 후 대금을 회수하는 일련의 절차를 의미한다.

현재 Ecplaza, EC21, KITA 등 다양한 민간사업자와 공공기관사업자들이 서비스 형태로 진행하고 있다 또한 UtradeHub에서도 마케팅포탈을 운영하여 서비스를 진행한다.

마케팅포탈의 적용범위는 마케팅정보 종합검색, 콘텐츠 연계 및 관리기능 등이 있다.

▌그림 9-2 무역 프로세스 현황 및 세부업무, 관련기관

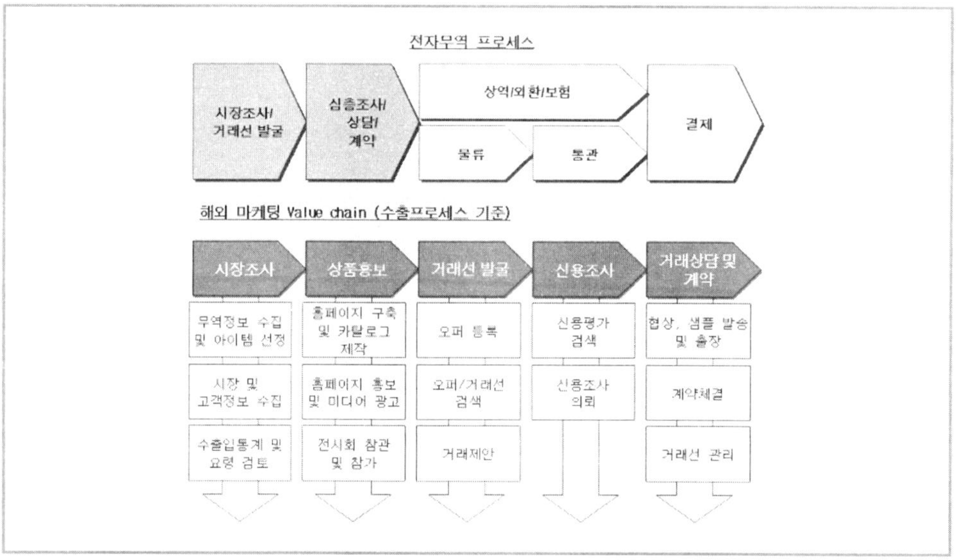

전자무역 프로세스

시장조사/거래선 발굴 → 심층조사/상담/계약 → 상역/외환/보험 · 물류 → 통관 → 결제

해외 마케팅 Value chain (수출프로세스 기준)

시장조사	상품홍보	거래선 발굴	신용조사	거래상담 및 계약
무역정보 수집 및 아이템 선정	홈페이지 구축 및 카탈로그 제작	오퍼 등록	신용평가 검색	협상, 샘플 발송 및 출장
시장 및 고객정보 수집	홈페이지 홍보 및 미디어 광고	오퍼/거래선 검색	신용조사 의뢰	계약체결
수출입통계 및 요령 검토	전시회 참관 및 참가	거래제안		거래선 관리

시장조사, 상품홍보, 거래선발굴, 신용조사, 거래상담 및 계약 부분의 마케팅 5단계에서 각각의 프로세스를 전자무역마케팅을 통해서 서비스를 제공한다.

시장조사는 KITA, KOTRA, 한국신용조사, 콤파스 등의 기관에서 시장대행조사를 진행하고 있으며 상품홍보는 글로벌e-MP를 통하여 회사등록 및 Catalog를 통한 제품등록, 노출이 최상위로 적용하여 프로모션을 진행한다.

거래선발굴은 등록한 offer, inquiry를 통하여 검색하여 거래를 제안하는 형태로

진행이 되며 신용조사는 신용조사 기관에 의뢰를 통하여 진행이 되고 있다.

거래처 상담 및 계약은 e-MP에서 진행 후 실질적인 금액부문 등의 내용은 off-line에서 직접 만나서 체결하는 것이 일반적이다.

www.ecplaza.net, www.utradehub.og.kr, www.ec21.com 등에서 서비스를 제공하고 있다.

▮그림 9-3 e-MP 적용 프로세스

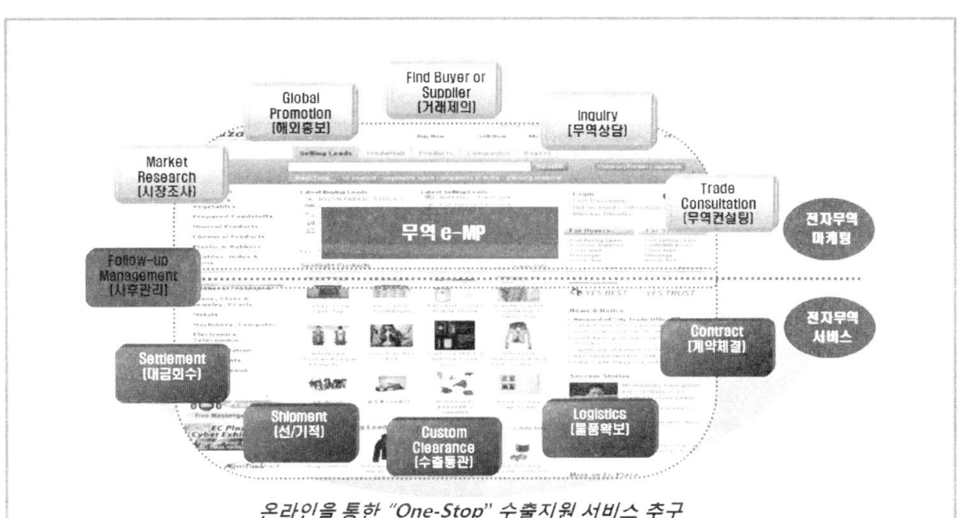

협의의 의미로는 수출유망 아이템을 발굴하는 동시에 바이어를 찾아 계약을 맺을 때까지의 단계만을 무역마케팅으로 지칭하지만, 광의의 의미로는 계약 후 진행되는 제품의 직접 생산이나 로컬확보, 선적, 대금회수, 클레임과 사후관리 등을 포함한다.

또한, 무역마케팅을 최근에는 단순히 상품 또는 서비스를 판다는 것으로만 국한하지 않고, 회사와 제품의 경쟁력 향상을 위해 필요한 원부자재 등을 가장 효율적으로 구입하기 위한 행위도 넓은 의미의 마케팅에 포함시켜 구매마케팅이라는 용어를 사용하는 것이 실무적인 현실이다.

최근에는 Web Promotion 기존의 무역형태를 탈피하여 인터넷을 통해 국내에서 생산된 제품과 서비스를 전세계 바이어에게 집중적으로 홍보 및 무역 전반에 관련된 일련의 경제활동을 말하는 것이라고도 일컫기도 하는 인터넷을 기반으로 한 무역마케팅활동이 전자무역마케팅에서는 주류를 이루고 있는 실정이다.

글로벌 전자무역은 한국의 무역경쟁력 제고를 위하여 중점적으로 이끌고 갈 핵심 전략사업으로 자리매김하고 있다.

기업입장에서 무역업무 프로세스는 사내 ERP시스템과 연계하여 업무처리를 하고 있으며, 일반적인 업무 프로세스의 형태를 기준으로 자사에 맞는 형태로 Customazing을 통해서 적용하고 있다.

▌그림 9-4 ERP와 연계된 수출업무관리

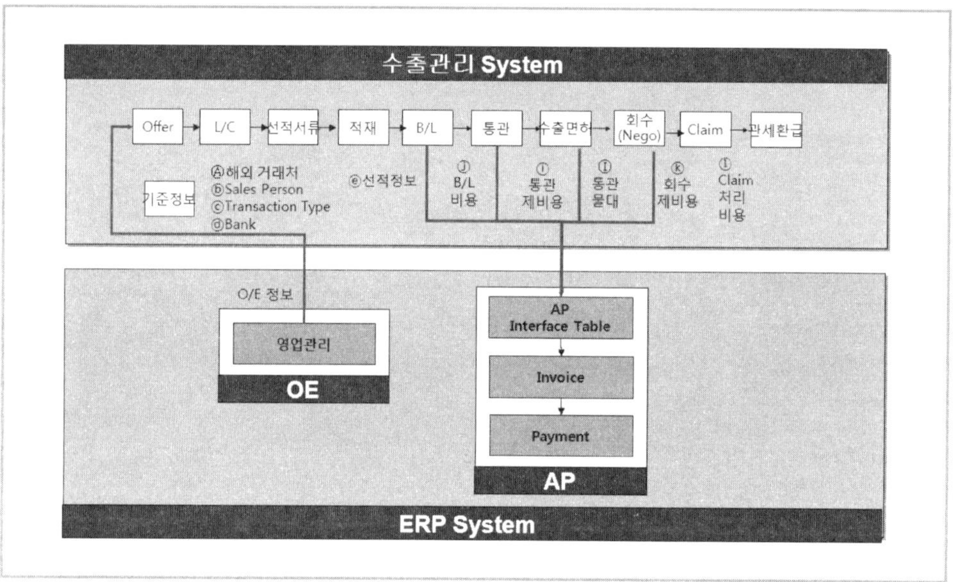

즉 OFFER관리는 ERP의 OE(영업관리)모듈과 연계하여 처리하고 B/L, 통관, 수출신고, 자금회수 부문은 AP(회계관리)모듈과 연계하여 업무 적용을 한다.

▌표 9-1 수출관련 제비용

Interface Data	Description	Source System	Target System	Trans. Type	Freq/ Period	비고
결제비용	환가료, Delay Charge 등	수출시스템	AP	MANUAL	R	
S/O 정보	SO No, Supplier, item, 수량, 통화	OE	수출시스템	BATCH/ MANUAL	R	
수출통관 제비용 정보	통관수수료, 운송비 등	수출시스템	AP	MANUAL	R	
NEGO 제비용 정보	환가료, 우편료	수출시스템	AP	MANUAL	R	

세부 연계내용은 기준정보 중 CUSTOMER 내역을 수출입관리의 거래처로 인터페이스 하고, ITEM MASTER 내역을 수출입관리의 품목관리로 인터페이스한다. 또한 ERP에서의 O/E 내역을 수출입관리로 인터페이스해서 넘겨준다.

수입관리시스템에서는 P/O(주문서)와 ERP의 구매관리, 수입신고, 대금결제, 수입제비용 부분은 AP(회계관리)와 연계하여 업무처리를 한다.

▌그림 9-5 ERP와 연계된 수입업무관리

ERP와 연계내역은 다음과 같다.

- VENDOR내역을 수출입관리의 거래처로 인터페이스 한다. (ERP -> 수출입)
- ITEM MASTER 내역을 수출입관리의 품목관리로 인터페이스한다. (ERP -> 수출입)
- ERP에서의 P/O 내역을 수출입관리로 인터페이스해서 넘겨준다.(ERP -> 수출입)
- ERP로부터 넘겨받은 P/O를 근거로 수출입관리의 P/O인 수입개설의뢰서를 작성한다.
- 수입통관 물대 내역으로 AP에 PO MATCHING INVOICE를 생성시켜준다.
- 수입통관 관세/부가세 내역으로 AP에 PO MATCHING INVOICE를 생성시켜준다.

• 수입제비용 내역을 가지고 AP에 비용쪽 INVOICE를 생성시켜준다.

▌표 9-2 수출입 정보별 시스템 현황

Interface Data	Description	Source System	Target System	Trans. Type	Freq/ Period	비고
P/O 정보	P/O No, Customer, Item, 수량, 통화, 금액 국가코드, P/O Date 등	PO	수입시스템	BATCH/ MANUAL	D/R	
OPEN 제비용 정보	Term Chgs/Cable Chgs/보험료 등	수입시스템	AP	MANUAL	R	
수입 통관 정보	P/O No, Customer, Item, 수량, 통화, 금액 등	수입시스템	AP		R	
B/L 정보	P/O No, Customer, Item, 수량, 통화, 금액	수입시스템	INVENTORY	MANUAL	R	
수입통관 제비용 정보	관세, 부가세, 통관수수료, 운송비 등	수입시스템	AP	MANUAL	R	

D사 사례를 기준으로 전반적인 수출업무, 수입업무, LOCAL업무, 관세환급업무 프로세스의 흐름을 살펴보자.

▌그림 9-6 무역업무 전체흐름도

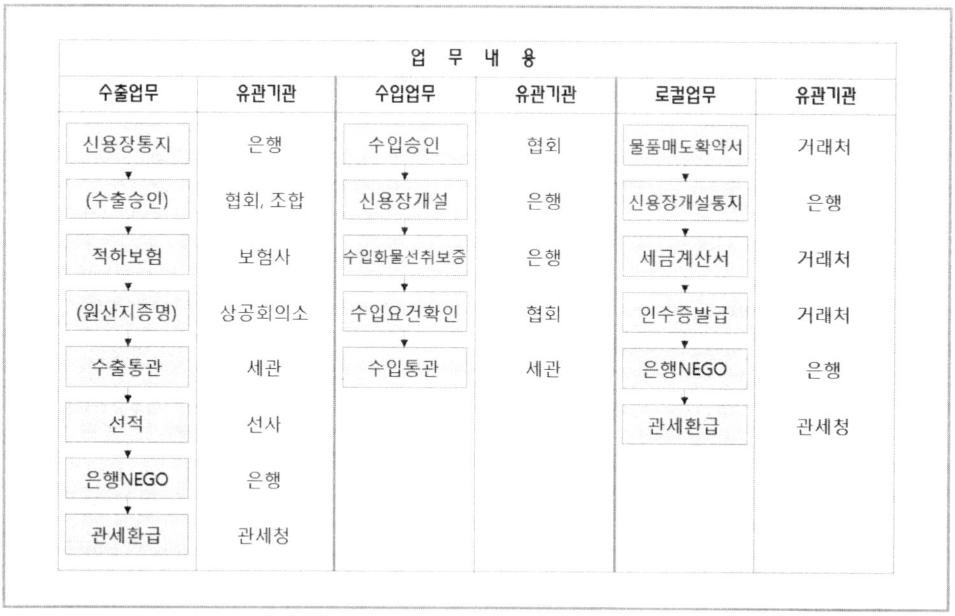

업 무 내 용					
수출업무	유관기관	수입업무	유관기관	로컬업무	유관기관
신용장통지	은행	수입승인	협회	물품매도확약서	거래처
(수출승인)	협회, 조합	신용장개설	은행	신용장개설통지	은행
적하보험	보험사	수입화물선취보증	은행	세금계산서	거래처
(원산지증명)	상공회의소	수입요건확인	협회	인수증발급	거래처
수출통관	세관	수입통관	세관	은행NEGO	은행
선적	선사			관세환급	관세청
은행NEGO	은행				
관세환급	관세청				

수출업무 흐름을 살펴보면, 은행, 협회, 보험사, 상공회의소에 관련하여 수출업무중 많은 비중을 가지고 있다.

▌그림 9-7 수출업무 전체흐름도

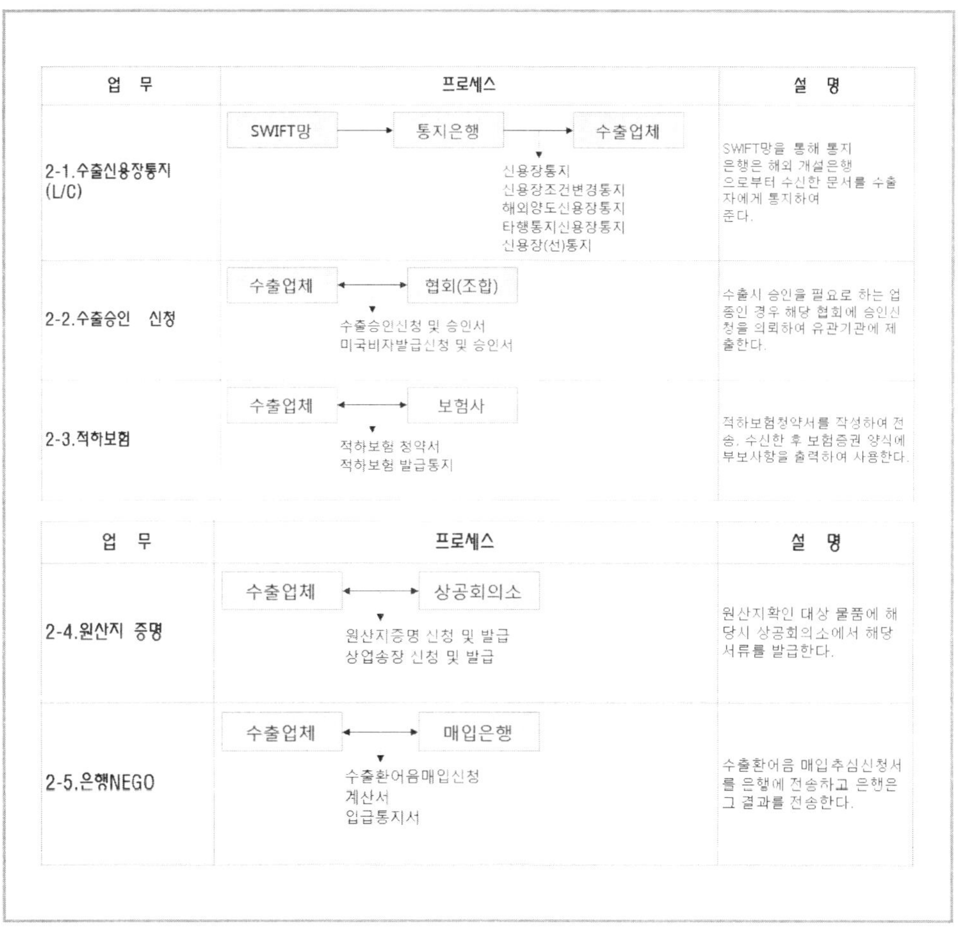

업 무	프로세스	설 명
2-1.수출신용장통지 (L/C)	SWIFT망 → 통지은행 → 수출업체 ▼ 신용장통지 신용장조건변경통지 해외양도신용장통지 타행통지신용장통지 신용장(선)통지	SWIFT망을 통해 통지 은행은 해외 개설은행으로부터 수신한 문서를 수출자에게 통지하여 준다.
2-2.수출승인 신청	수출업체 ↔ 협회(조합) ▼ 수출승인신청 및 승인서 미국비자발급신청 및 승인서	수출시 승인을 필요로 하는 업종인 경우 해당 협회에 승인신청을 의뢰하여 유관기관에 제출한다.
2-3.적하보험	수출업체 ↔ 보험사 ▼ 적하보험 청약서 적하보험 발급통지	적하보험청약서를 작성하여 전송. 수신한 후 보험증권 양식에 부보사항을 출력하여 사용한다.

업 무	프로세스	설 명
2-4.원산지 증명	수출업체 ↔ 상공회의소 ▼ 원산지증명 신청 및 발급 상업송장 신청 및 발급	원산지확인 대상 물품에 해당시 상공회의소에서 해당 서류를 발급한다.
2-5.은행NEGO	수출업체 ↔ 매입은행 ▼ 수출환어음매입신청 계산서 입급통지서	수출환어음 매입추심신청서를 은행에 전송하고 은행은 그 결과를 전송한다.

수입업무 흐름을 살펴보면, 은행, 협회, 식약청에 관련하여 많은 비중을 가지고 있다.

▌그림 9-8 수입업무 전체흐름도

업 무	프로세스	설 명
3-1.수입신용장 개설(L/C)	수입업체 ↔ 개설은행 신용장개설 신청 및 응답 신용장조건변경 신청 및 응답	개설의뢰인은 개설신청을 하고 개설은행은 개설의뢰인에게 응답 및 SWIFT망을 통해 해외통지은행에게 전송한다.
3-2.수입승인 신청	수입업체 ↔ 협회(조합) 수입요건확인 신청 및 승인	업체가 수입요건확인, 통관예정보고를 협회에 전송하고, 협회는 접수필증을 업체에 전송한다.
3-3.수입화물 선취보증	수입업체 ↔ 개설은행 수입화물선취보증신청 수입화물선취보증서	개설은행은 신청서에 대한 보증서를 신청인 및 운송인에게 전송한다.
3-4.수입요건 확인	수입업체 ↔ 협회(조합) 수입승인신청 검사/검역 수입승인서 검사/검역	수입업체가 통관전 승인 및 검사 등 수입요건확인이 필요할 경우 유관기관에 의뢰.

LOCAL(내국신용장)업무은 개설업체와 수혜업체 모두가 전자무역을 통해서 업무를 진행하면 계약, 내국신용장 개설부터 은행에 NEGO까지의 모든 프로세스가 전자무역을 통해서 적용이 가능하다. .

▌그림 9-9 내국신용장업무 전체흐름도

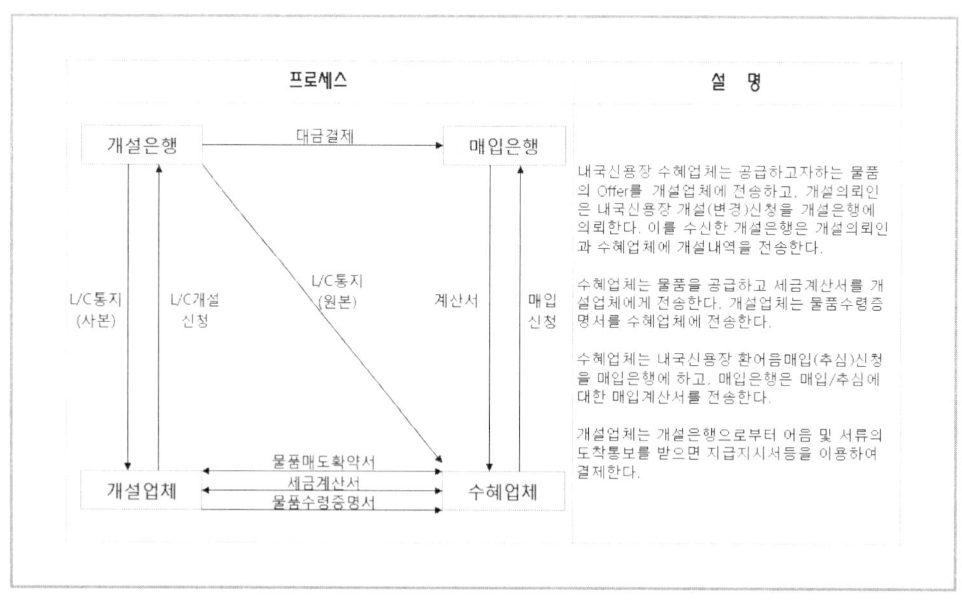

관세환급은 1997년부터 EDI(전자무역)업무로 처리하는 것을 의무화하였고 ERP시스템과 다양한 항목 연계를 통하여 이루어진다.

▮그림 9-10 코드관리 연계흐름도

업 무	담당부서	관련시스템	관련기관	출력물
1-1.자재코드	자재 I/F → 자재 관리	코드/품명/규격/ 단위/HS번호 ← 내부SYSTEM		코드별/품명별/ HS번호별
1-2.제품코드	제품 I/F → 제품 관리	코드/품명/규격/ 단위/HS번호 ← 내부SYSTEM		코드별/품명별/ HS번호별
1-3.BOM코드	BOM 관리	(업무 연계) BOM코드/자재코드 /단위소요량 ← 내부SYSTEM		BOM코드별/ 자재코드별
1-4.거래처코드	거래처 I/F → 거래처 관리	코드/거래처명/ 대표자/주소/ 사업자번호/ 통관고유번호 ← 내부SYSTEM		코드별/주소별 거래처명별/ 사업자번호별

▮그림 9-11 수출입신고서관리 연계흐름도

업 무	담당부서	관련시스템	관련기관	출력물
2-1.수입신고필증/기납증/분증	수입신고필증 기납증/분증 I/F → (ITEM사항 가공가능) 수입신고필증 기납증/분증 관리	수입시스템	관세사	PO별/신고서별/ HS번호별/ 기간별/SPEC별
2-2.수출신고필증/물반증	수출신고필증/ 물반증 I/F → (ITEM사항 가공가능) 수출신고필증/ 물반증 관리	수출시스템	관세사	ORDER별/ 신고서별/기간별 /HS번호별/ SPEC별
2-3.인수증	인수증 I/F → 인수증 관리	내부SYSTEM		ORDER별/ 신고서별/기간별 /HS번호별/ SPEC별
2-4.분증	분증 → 분증 관리			신고서별/ 수입(기납/분증) 신고서별/기간별 /HS번호별/ SPEC별

■ 그림 9-12 환급신청 연계흐름도

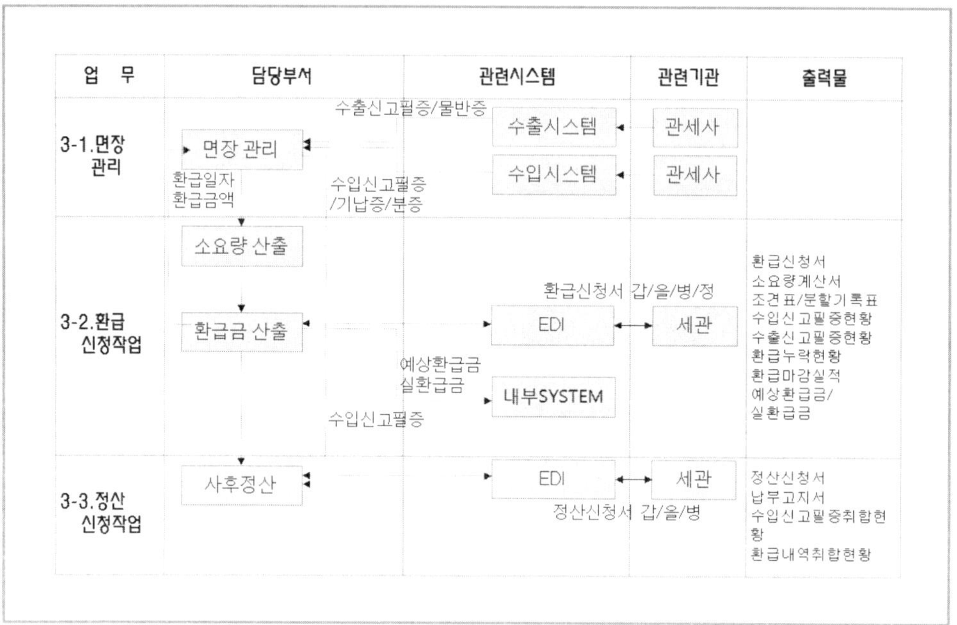

■ 그림 9-13 기납증신청 연계흐름도

▌그림 9-14 분증신청 연계흐름도

통관업무는 현재 24시간 365일 One Stop서비스가 이루어지고 있으며, 또한 Single Window방식으로 관세청에서는 e-customs 서비스 체계를 통한 통관 서비스를 제공하고 있다. 이에 화주가 직접통관업무를 진행하는 화주직접신고제도에 등록된 업체는 직접 전자통관을 활용하고, 관세사 등 대행사에게 맡기는 업체의 경우 대행사가 직접 전자통관을 진행하여 업무처리를 한다.

▌그림 9-15 실시간 통관처리

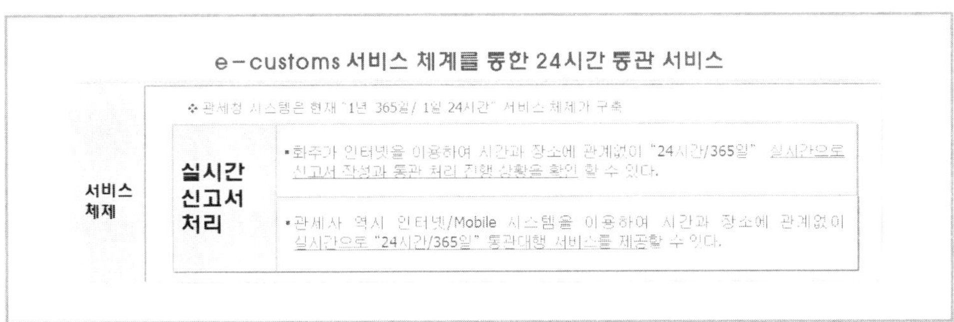

현재 관세청으로 수출입통관을 진행하는 방법은 관세청에서 직접 운영하는 Single Window를 활용하여 수출입신고를 하는 방법과 기존의 EDI 방식으로 통관

업무를 진행하는 2가지 방식을 모두 수용하고 있다. 이는 과거 EDI시스템을 구축하여 운영하는 기업들에게도 원활한 통관업무가 이루어질 수 있도록 하며, 또한 XML방식의 인터넷통관처리방식도 지원함으로써 모든 사용자들이 활용할 수 있도록 구성되어 있다.

▌그림 9-16 기업의 수출통관처리업무

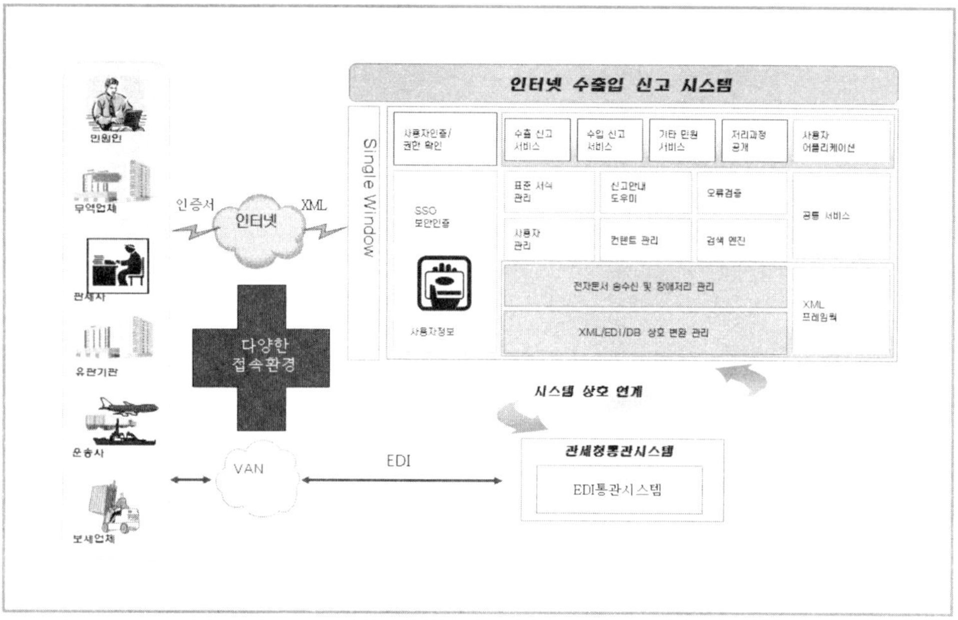

2 신용장과 대금결제

신용장 거래의 구성요소를 살펴보면 기본적으로 관여하는 거래당사자는 개설의뢰인, 개설은행, 통지은행, 수익자입니다. 개설의뢰인은 주거래은행에 신용장 개설을 의뢰하는 자로 수입자를 말하며, 개설은행은 수입자의 뜻에 따라 수출자를 수익자로 하는 신용장을 발행해주는 은행을 의미한다. 수익자는 곧 수출자를 의미하는데 일정한 금액의 지급을 보장 받는 편익을 누리는 자이며 통지은행은 신용장 개설은행이 수익자에게 통지해 주는 은행이며, 그 외 지정은행, 확인은행, 상환은행, 양도은행 등이 신용장의 종류 및 내용에 따라 거래당사자가 될 수 있다.

그림 9-17 신용상의 거래은행

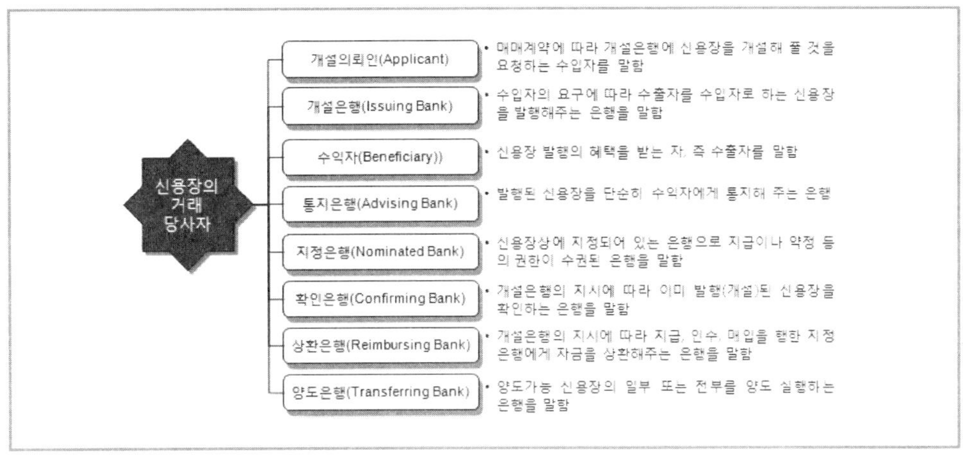

한편 무역 거래내용과 진행절차에 따라 동일인이나 동일은행이 다양한 이름으로 불리는 경우가 많은데 정리하여 살펴보자.

표 9-3 수출입 거래 관계별 명칭

거래내용	수출자	수입자
매매 관계	매도인(Seller)	매수인(Buyer)
수출입 관계	수출자(Exporter)	수입자(Importer)
신용장 관계	수익자(Beneficiary)	개설의뢰인(Applicant)
계정책임 관계	대금수취인(Accounter)	대금결제인(Accountee)
화물 관계	선적인(Consignor)	수하인(Consignee)
신용공여 관계	Accreditee	Accreditor

신용장과 D/A, D/P, 송금방식의 차이점을 살펴보면 무역거래의 계약서(Contract)에서 정의하는 계약방식에 의하여 각각의 방식이 적용된다. D/A는 DOCUMENTS AGAINST ACCEPTANCE로 기한부환어음 방식이며 일반적으로는 최대 180일까지 허용되며, 신용장의 Usance방식과 유사하며, D/P는 DOCUMENTS AGAINST PAYMENT로 수출자가 발행한 화환(貨換)어음을 수입자가 지불하여 선적서류를 인도하는 지불인도조건으로 신용장의 At Sight방식과 유사하다.

송금방식은 사전송금과 사후송금으로 나눠 볼 수 있는데 수출자가 물품을 선적하고 수입자가 물품을 인도 받으면 별도의 첨부서류 없이 수입자가 대금을 지급하는 방식으로 본·지사간의 거래 또는 매우 오랫동안 거래를 통하여 상호 믿음이 가는 거래 당사자와의 거래에서 주로 활용된다. 현재 무역거래의 60% 이상은 송금방식을 활용하고 있으며, 그 이유는 신용장 방식에 비해 빠르고, 수수료 절감 차원에서 많이 활용하고 있다.

▌표 9-4 대금 결제 방식

구분	지급 대상자	주요내용
신용장 방식	지급은행	수출업체가 수출 후 Nego은행에 Nego서류를 제출하여 대금을 수령함
D/A, D/P	수입자	수입자와 수출자가 계약에 의해 은행이 보증하지 않고 직접 거래하는 방식으로 첫 거래가 아닌 자주 거래를 함으로써 서로간의 신용이 있는 상태에서 많이 사용
송금방식	수입자	CWO, COD, CAD, T/T의 송금방식이 있으며, 주로 본사, 해외지사와의 무역 거래 시 사용하는 방식

▌그림 9-18 신용장 거래의 흐름

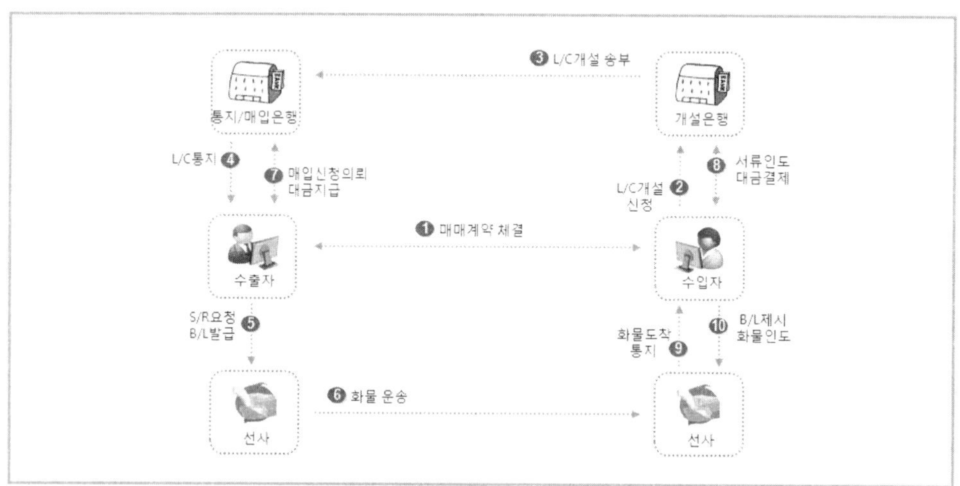

신용장을 전자무역방식으로 활용하면 어떤 장점이 있을까? 은행에 직접 방문하여 수입신용장 개설을 할 경우, 수입신용장개설신청서 외에 첨부서류(수입승인서, 물품매도확약서 또는 매매계약서, 담보제공증서 등)를 제출해야 되며 수입신용장 원본 수령 시 은행에 직접 방문해서 받아야 하는 불편함이 있다. 또한 해외수익자의 통지기간까지 기간이 오래 걸리는 단점이 있다.

은행에 직접 방문하지 않고 전자무역을 이용할 경우, 첨부서류 제출면제는 물론 은행에 직접 방문하지 않고 사무실에서 L/C원본을 통지 받을 수 있어서 관리

비용을 줄일 수 있는 장점이 있다.

▮표 9-5 전자무역 도입 효과 비교

전자무역 도입 전	전자무역 도입 후
신청서 작성 + 첨부서류 제출 - 수입승인서, 물품매도확약서 등	신청서만 작성하여 EDI로 송신 - 첨부서류 제출 면제
L/C원본 수령 시 은행 직접방문	사무실에서 전자무역으로 L/C원본 수신
법정서식 사용에 따른 관리비 증가	A4용지에 Free Format 형태로 출력 됨 - 유관기관에서 원본문서로 인정함
해외수익자로부터 L/C통지기일 까지 장기간 소요	은행이동시간 및 개설은행에서 재입력 절차가 생략되므로 수익자까지 통지 기일이 2~3일 단축

1) 신용장 개설시 주의사항

① 수익자(수출자), 개설의뢰인(수입자)의 회사명, 주소 등은 약식으로 사용하지 않는 것이 좋다.

② 신용장 금액은 숫자와 문자를 병기하며, 금액 앞에 'about', 'circa' 또는 이와 유사한 표현이 있는 경우 10% 이내에서 과부족을 인정하므로 유의해야 한다.

③ 신용장 금액은 신용장의 한도액을 표시하며, 그 금액 이상으로 환어음을 발행할 수 없게 되어 있다.

④ 선적기일, 유효기일 및 제시기일 표기 시 해석상 오해의 소지가 없도록 월 표시는 문자로 하는 것이 좋으며, 날짜표시 앞에 'to', 'until' 등의 표현이 있을 경우 그날 자체가 포함되나 'after'는 그날이 포함되지 않는다.

⑤ 신용장 양도(Transfer)에 대한 아무런 언급이 없으면 신용장 양도가 불가능하다.

2) 신용장을 작성해 보기

수입자의 거래은행이 신용을 대외에 제공하고 수입상을 대신하여 약정된 금액, 기간, 조건에 따라 수출상이 수입상 앞으로 대환어음을 발행하면, 그 어음의 인수 또는 시급에 대해 보승을 하거나 자기 앞으로 어음을 발행하게 하여 그 어음의 인수 또는 지급에 대해 확약하는 증서이다.

(1) 개설의뢰업체정보

개설의뢰업체정보 | 신용장개설정보 | 주요구비서류 | 저장 | 취소

기본정보

수신자ID	CODE

개설의뢰인		수익자	
개설의뢰인 상호	CODE	수혜자 상호	CODE
개설의뢰인 대표자		수혜자 주소	
개설의뢰인 주소		수혜자 계좌번호	
개설의뢰인전화번호			

명의인			
명의인 상호	CODE	명의인 대표자	
명의인 전자서명값		명의인 주소	

개설은행		통지은행	
개설은행명	CODE	통지은행명	CODE
개설은행지점명		통지은행지점명	
개설은행전화번호			

〈항목 설명〉

◆수신자ID :

- 해당 수입신용장개설신청서를 EDI로 전송할 경우 수신받는 해당 기관(개설은행)을 조회하여 선택한다.

◆개설의뢰인 정보 :

- 수출입매매계약서에서 명시된 수입자의 상호, 대표자명, 주소, 전화번호 등을 입력하며 상호를 입력할 때는 가급적 약자는 사용하지 않는 것이 좋다. 개설의뢰인은 수입자, Applicant 등으로도 표시된다.
- 개설의뢰인 정보는 회원가입 시 등록된 기본값으로 표현(자동등록)된다.

◆수익자 정보 :

- 수출입매매계약서에서 명시된 수익자의 상호, 주소, 계좌번호 등을 입력하며 상호를 입력할 때에는 가급적 약자는 사용하지 않는 것이 좋다. 수익자는 수출자, Beneficiary 등으로도 표시된다.

◆명의인 정보 :

- 통상 개설의뢰인과 동일한 정보를 입력하지만 틀릴경우 명의인 정보를 입력한다.
- 명의인 정보는 개설의뢰인 정보와 동일한 내용이 표현(자동등록)된다.

◆개설은행 정보 :

- 개설은행과 관련된 은행명, 은행지점명, 전화번호를 입력한다.
- 개설은행 정보는 은행코드 값을 선택하여 입력한다.

◆**통지은행 정보 :**

- 통지은행과 관련된 은행명, 은행지점명을 입력한다.
- 통지은행 정보는 은행코드 값을 선택하여 입력한다.

(2) 신용장개설정보

〈항목 설명〉

◆**개설 신청일자 :**

- 신용장을 개설(open)하는 신청일자를 입력한다.

◆**개설방법 :**

- 신용장 개설방법을 By air mail, By full cable, By short cable 중에서 선택하여 입력한다. - 신용장의 개설방법은 선적기일, 시황, 자금사정 등을 고려하여 우편에 의한 개설(mail credit)과 전신에 의한 개설(cable credit)의 두 가지 방법이 있으며 전신에 의한 개설은 전문 통지 방식(full cable)과 사전 통지 방식(short cable)으로 나뉜다.
- 우편에 의한 개설은 "By Air Mail" 값을 선택한다.
- 전신(전문통지)에 의한 개설은 "By Full Cable" 값을 선택한다.
- 전신(사전통지)에 의한 개설은 "By Short Cable" 값을 선택한다.

◆**유효기일 :**

- 신용장 개설 후 유효한 기일을 입력한다. 수익자가 매입은행 또는 지급은행에 대하여 어음의 지급·인수 또는 매입을 요구하기 위하여 서류를 제시하여야 할 최종 유효기일을 말하며 수출입매매계약에 명시된 신용장 유효기일을

입력해야 하고 신용장 유효기일은 개설은행이 보증하는 기간을 의미하므로 유효기간을 완전하게 입력해야 한다. 신용장을 사용할 수 있는 기한(환어음을 네고할 수 있는 기한)으로 보통 선전기일에 21일을 더하여 정한다. 이 유효기일에 따라 은행에서 Term Charge가 발생되니 너무 오래주면 수수료가 많이 나온다는 점을 주의해야 한다.

◆신용공여주체 :

- 기한부신용장의 신용공여에 대한 주체를 입력한다. usance 신용장인 경우에 그 자금부담과 이자를 누가 내느냐에 따라서 종류가 나누어 진다.
  - 국내 개설은행에 의한 신용공여를 할때에는 "Banker's" 값을 선택한다.
  - 해외 수출업자에 의한 신용공여를 할때에는 "Shipper's" 값을 선택한다.
  - 국내 수입업자에 의한 신용공여를 할때에는 "Domestic" 값을 선택한다.

◆기타정보 :

- 신용장거래에서 특별히 필요한 사항과 요구조건을 입력한다. 즉, 운송서류의 발송 지시사항, 선하증권의 특별입력사항, 신용장의 양도조건과 내용등을 입력하면 된다.

◆신용장 종류 :

- 신용장의 종류를 선택하여 입력한다. 통상 취소불능화환신용장(Irrevocable L/C)을 많이 선택하나 양도가능의 여부와 보증을 위해 발행되는 경우에는 취소불능양도가능화환신용장(Irrevocable transfer L/C) 혹은 취소불능양도가능보증신용장(Irrevocable Transfer standby L/C)을 선택하여 입력한다.
  - 신용장에 Revocable이라는 문구가 있으면 취소가능신용장이 되나, 아무표시가 없거나 Irrevocable이라는 문구가 있으면 취소불능신용장으로 취급한다. 취소불능신용장인 경우에는 기본 관계당사자 전원의 서면합의가 없으면 조건변경 및 취소를 할 수 없으며, 취소가능신용장인 경우 취소권의 행사는 매입은행의 매입통지가 개설은행에 도착할 때까지만 가능하다.
  - 신용장 상에 transferable이라는 문구가 있는 경우에 한하여 양도가 가능하고, 양도는 1회에 한하여 가능하며 분할선적이 가능한 경우에만 분할양도가 가능하다.
  - 신용장 상에 Standyby라는 문구가 있는 경우는 무화환신용장(Clean L/C)의 일종으로 상품의 대금결제를 목적으로 하는 화환신용장이 아니고 주로 금융이나 보증을 위해 발행되는 특수한 신용장이다. 보증 신용장은 주로 현

지금융을 보증하거나 국제입찰 시 계약보증금, 이행보증금 등을 도달할 때 이용된다.

◆**개설금액 :**

• 본 신용장의 총 금액을 거래통화단위(USD, EUR, JPY, CNY 등)와 금액을 숫자로 입력한다.

◆**지급구분 및 지급조건 :**

• 대금지급에 대한 구분방법과 내용을 입력한다.

– 화환어음조건은 결제조건으로서 화환어음에 의한 결제를 가리키는 경우와 화환어음 그 자체의 조건을 가리키는 경우가 있다. 후자의 경우에는 어음의 만기일, 어음금액, 첨부서류의 종류, 신용장 첨부의 유무, 신용장이 첨부되는 경우에는 신용장의 종류나 발행은행, 신용장이 첨부되지 않은 경우에는 D/A로 하느냐 D/P로 하느냐 등이 이 조건에 포함된다

– 혼합지급조건은 선지급, 동시지급, 후지급 중 2가지 이상을 혼합한 결제방식으로 Progressive Payment (누진지급조건)이 대표적인 혼합방식이며 중장기연불 수출입방식 플랜트, 조선등 대형거래에 쓰여진다

– 연지급조건은 지정된 연지급은행에 서류를 제시하면 연지금은행은 서류심사 후 수익자에게 지급확약서를 발급해 주고 만기에 지급을 이행하는 방식

◆**과부족허용률사용여부 및 허용률 :**

• 신용장 총액에서 벗어날 수 있는 허용치 등을 표시하며 선적물품의 정확한 금액 산정이 불가능할 경우(예: 벌크화물-곡류 등) 사용한다. 과부족허용률사용여부 항목에서 Plus/Minus 코드를 선택하였을 경우, 허욜률 항목에 ± 형태로 입력하며, Not exceeding 코드는 최대신용장금액을 명기하였을 경우에 사용한다

◆**부가금액 부담 :**

• 운임(Freight Costs), 검사비(Inspection Costs), 보험료(Insurance Costs), 이자(Interest) 등이 추가 부가된 경우, 해당 추가 부담항목 및 금액이 발생하였을 경우 입력한다.

◆**선적 및 도착항 :**

• 선적항 및 도착항을 평문형태로 입력한다.

• 수입승인서에 표시된 도착항과 일치하여야 한다. 승인서상의 선적항이

European Ports 등으로 표시되어 있을 경우에는 London port 또는 Hamburg 등으로 I/L 범위내에서 지명으로 표시할 수 있다.

◆선적일자 및 선적기간 :

- 선적일자와 선적기간을 입력한다.
- 선적기간이란 그 신용장에 의해 거래되는 화물의 최종 유효선적기일을 말한다.
- 선적기간을 정함에 있어 지정된 선적일자에 From, To가 사용된 경우는 해당일이 포함되고, After, Before가 사용된 경우는 해당일이 포함되지 않는다. 그리고 On or About라는 용어가 지정일자와 함께 표시된 경우에는 ±5일 이내의 기간(끝 날짜 포함)을 선적일자로 본다.

◆분할선적 허용여부 :

- 분할선적에 대한 허용여부를 허용(allowed), 금지(prohibited) 중에서 선택하여 입력한다.
- 분할선적 금지(prohibited)의 경우, 나누어 선적해도 안되지만 과부족허욜률에서 인정하는 범위 ±~%를 벗어나면 분할선적으로 인정되므로 주의해야 한다.
- 분할선적에 대해 신용장에 표시가 없으면 분할선적을 허용하는 것으로 간주하게 됨으로 분할선적이 곤란한 거래에서는 반드시 금지한다는 내용을 신용장상에 포함시켜야 한다.
  - 분할선적을 허용할 때에는 "ALLOWED" 값을 선택한다.
  - 분할선적을 금지할 경우에는 "PROHIBITED" 값을 선택한다.

◆환적 혀용여부 :

- 환적에 대한 허용여부를 허용(allowed), 금지(prohibited) 중에서 선택하여 입력한다.
- 환적이란 운송수단을 바꾸거나 배를 바꾸는 것을 말하며 직항노선이 없거나 배, 기차, 트럭 등을 섞어서 운송해야 할 상황이 아니면 운송수단을 바꾼다는 것은 분실 혹인 망실의 위험이 높기 때문에 조심해야 된다.
  - 환적을 허용할 때에는 "ALLOWED" 값을 선택한다.
  - 환적을 금지할 경우에는 "PROHIBITED" 값을 선택한다.

◆원산지 국가 :

- 거래할 상품의 원산지 국가를 선택하여 입력한다.

◆가격조건(인도조건) 및 관련장소 :

- 가격조건을 선택하여 입력하고 가격조건 관련장소를 평문으로 입력한다.

◆**상품명세 :**

• 거래할 상품이나 용역 등의 명세를 Free Text 형태로 자유롭게 입력한다. 상품에 대한 과다한 명세는 지양하고 명세가 복잡한 경우, 대표적인 상품명세만 적고 Details as per Offer No~ 등으로 표시한다.

◆**수입용도내용 및 수입승인번호 :**

• 해당조합 및 협회에서 수입승인을 받은 품목에 대한 수입승인번호와 승인금액을 입력하고 수입용도내용을 선택하여 입력한다. (단, 수입승인을 받지 않은 품목은 입력할 필요는 없음)

(3) 주요구비서류

◆**주요구비서류 :**

• 운송서류의 종류와 통수 및 요구하는 선적서류의 조건을 입력한다. 기본서류는 상업송장(Invoice). 선하증권(B/L), 보험증권(Insurance Policy)이 있으며, 그 외 부속서류에는 원산지증명서(Certificate of Origin), 포장명세서(Packing List), 영사송장(Consular Invoice), 검사증명서(Inspection Certificate) 등이 있다.

  – 상업송장(Commercial Invoice)은 당해 상품의 명세서인 동시에 대금청구의 역할도 겸하고 있다. 수입자가 필요한 통수를 표시하면 된다.

  – 포장명세서(Packing List)에는 필요한 포장명세서 통수를 표시하고 특별한 포장방법을 요구할 때는 이 난에 표시하거나 별도 지시사항을 표시하기도 한다.

－보험증권의 경우, 가격조건이 c조건(cip, cif)가 아닌 경우에는 이 보험증권을 삭제하고 여백에 buyer insurance 또는 insurance to be covered by buyer등과 같은 문언을 입력하여 보험의 부보의무가 수입자에게 있음을 명기한다. 그러나 CIP, CIF인 경우에는 보험증권의 제시가 필수적이므로 수출입매매계약서에서 약정한 적하보험 부보조건을 정확히 입력해야 한다.

◆주요부가조건 :

• 본 신용장에 해당되는 주요부가조건을 선택한다.

• "SHIPMENT BY", "ACCEPTANCE COMMISSION & DISCOUNT CHARGES ARE FOR BUYER'S ACCOUNT", "ALL DOCUMENTS MUST BEAR OUR CREDIT NUMBER", "LATE PRESENTATION B/L ACCEPTABLE" 중에서 하나를 선택한다.

◆수수료부담자 :

• 수출상이 부담하는 경우에는 Beneficiary 선택하고 수입상이 부담하는 경우에는 Applicant로 입력한다.

• 수입지역 외에서 발생한 모든 은행비용과 수수료 기타 비용을 누가 부담할 것인지를 명시하지 않으면 후에 비용부담의 문제로 신용장거래 당사자간에 분쟁이 발생할 수 있다. 따라서 이러한 비용을 누가 부담하 것인지 사전에 명확하게 하여야 한다.

◆확인지시문언 :

• 본 전송항목내의 지시사항을 수행하는 기관을 나타내는 코드를 선택하여 입력한다.

－신용장 확인지시 없이 통지할 경우에는 "WITHOUT" 값을 선택한다.

－통지은행에 일임할 경우에는 "MAY ADD" 값을 선택한다.

－신용장 확인 요구를 할 경우에는 "CONFIRM" 값을 선택한다.

◆서류제시기간 :

• 서류제시기간을 입력한다.

• 모든 신용장은 선적일 이후부터 매입을 위하여 선적서류가 제시되어야 하는 기간을 표시하여야 하나 만약 입력하지 않았을 때에는 선적일 이후 21일 이내에 제시하여야 한다.

• 서류제시기간의 최종일이 은행휴업일인 경우에는 유효기일과 마찬가지로 다음 최초의 영업일까지 연장된다.

출력서식

취 소 불 능 화 환 신 용 장 개 설 신 청 서
(Irrevocable Documentary Credit Application)

> Except so far as otherwise expressly stated, this documentary credit is subject to the "Uniform Customs and Practice for documentary Credits"
> (ICC Publication No 500) and "Uniform Rules for Bank-to-Bank Reimbursements under Documentary Credits" (ICC Publication No.525

문서/전자문서번호 : 20091207000005

---------- < 일 반 정 보 > ----------

계설신청일자 : 09-12-07
계설방법 : By Full Cable
계설(의뢰)은행 : 0004
Industrial Bank of Korea
[Tel No.] KANGNAM BR
(희망)통지은행 : 0027
HSBC Newyork Bank
NEWYORK BR
신용공여주체 : Shipper's
수입승인번호(금액) : IMPORT-03498 USD 1,000,000
기타정보 :

---------- < 스 위 프 트 > ----------

40A Form of Documentary Credit : 09-12-07
31D Date and Place of Expiry : (date) 09-12-12
(place) HSBC BANK NEWYORK BR
50 Applicant : INCHEON TRADING CO
25 Sinsaeng-dong Jung-gu Incheon
59 Beneficiary : Dream Trading CO.
115 FREEDOM COURT ROCKWALL TEXAS 75032
32B Currency Code,Amount : USD 1,000,000
+39A Percentage Credit Amount Tolerance : (±)5.5(%)
42C Drafts at... :
43P Partial Shipments : PROHIBITED
43T Transhipments : ALLOWED
44A Loading on Board/Dispatch/Taking in Charge at/from ... :
INCHEON
44B For Transportation to... : NEWYORK
44C Latest Date of Shipment : 09-12-12
[Terms of price] Carriage Paid to
[Place of terms of price] INCHEON
[Country of origin] BR
DRAZIL
46A Document Requird :
380 SIGNED COMMERCIAL INVOICE IN 3 COPIES
706 FULL SET OF CLEAN ON BOARD OCEAN BILLS OF LADING MADE OUT TO

MARKED FREIGHT COLLECT AND
NOTIFY
530 FULL SET OF INSURANCE POLICIES OR CERTIFICATES, ENDORSED IN BLANK FOR 110% OF THE INVOICE VALUE, EXPRESSLY STIPULATING THAT CLAIMS ARE PAYABLE IN KOREA AND IT MUST INCLUDE : INSTITUTE CARGO CLAUSE

271 PACKING LIST IN 3 COPIES
861 CERTIFICATE OF ORIGIN
2AB ACCEPTANCE COMMISSION DISCOUNT CHARGES ARE FOR BUYER'S ACCOUNT
71B Charges : ALL BANKING COMMISSIONS AND CHARGES
INCLUDING REIMBURSEMENT CHARGES
OUTSIDE KOREA ARE FOR ACCOUNT OF
BENEFICIARY

48 Period for Presentation : DOCUMENTS TO BE PRESENTED WITHIN
14 DAYS AFTER THE DATE OF SHIPMENT
BUT WITHIN THE VALIDITY OF THE CREDIT
49 Confirmation Instructions : CONFIRM

---------- < 전 자 서 명 > ----------

신청업체 전자서명 : INCHEON TRADING CO
대표이사 KIM IN CHEON
3948173627
[주소] 25 Sinsaeng-dong Jung-gu Incheon

> 이 전자문서는 무역자동화촉진에 관한법률 제2조 제7항, 제10조 제1항 및 동법 시행령 제12조에 의거 발행된 전자문서 입니다.

END PAGE

물품대금결제 방식은 여러가지 있지만 실무에서 주로 쓰이는 무역대금 결제방식은 크게 송금방식, 추심방식, 신용장방식이며, 국제팩토링방식, 포피팅방식, 오픈어카운트 방식 등의 특수한 결제방식도 있다. 송금방식은 무역물품 대금을 외화로 결제하는 방식을 말하며 물품을 인도하는 시기에 따라 선적 전 송금과 선적 후 송금의 방식으로 나눌 수 있다.

추심방식은 쉽게 설명 하면 신용에 의해서만 거래되는 방식으로 수출자가 수입자의 신용상태만 믿고 먼저 물품과 화환어음을 보낸 후 결제가 이루어지므로 쌍방이 매매계약을 성실히 이행해야 한다.

신용장방식은 취소불능화환신용장에 의하여 대금의 전액을 결제하는 조건으로 선적서류의 첨부를 요하는 수출입거래 중 가장 안전한 방식이다. 신용장 방식과 추심방식의 차이점을 살펴보면 다음과 같다.

▌그림 9-19 대금결제 방식

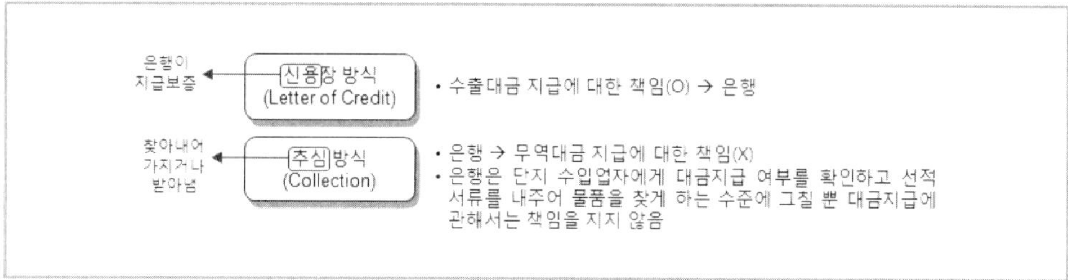

▌표 9-6 무역결제 방식

결제방식	종류	내용
송금방식	사전송금방식 (CWO)	수출품이 가치가 있고, 많은 수입자가 원할 때 수출자 입장에서 가장 유리한 방식으로 무서류 방식으로 먼저 공급대금을 받은 후 수출하는 방식
	사후송금방식 (COD, CAD)	COD: 상품인도결제방식으로 귀금속 등 소액거래에 해당하는 방식으로 많이 쓰이며 수입자가 상품을 인도받으면서 대금을 결제하는 방식 CAD: 서류인도방식으로 수출자가 선적 후 서류를 수입자에게 인도하면서 대금을 결제하는 방식
추심방식	D/A	수출자가 물품을 선적 후 거래은행을 통해 추심지시서를 활용하여 의뢰하면, 수입자는 해당 환어음을 인수받고, 만기일에 대금을 지급하는 방식
	D/P	수출자가 선적 후 추심지시서를 통해 의뢰하면, 수입자 거래은행이 수입자로부터 대금을 지급받고, 서류를 인도하는 방식

신용장방식	At Sight L/C	발행된 환어음을 즉시 결제하는 방식
	Usance L/C	발행된 환어음이 기한부신용장으로 만기일에 지급하는 방식. 예를 들어 Usance일 경우 L/C상에는 00 days after sight로 표시 함

그림 9-20 결제방식에 따른 업무 흐름도

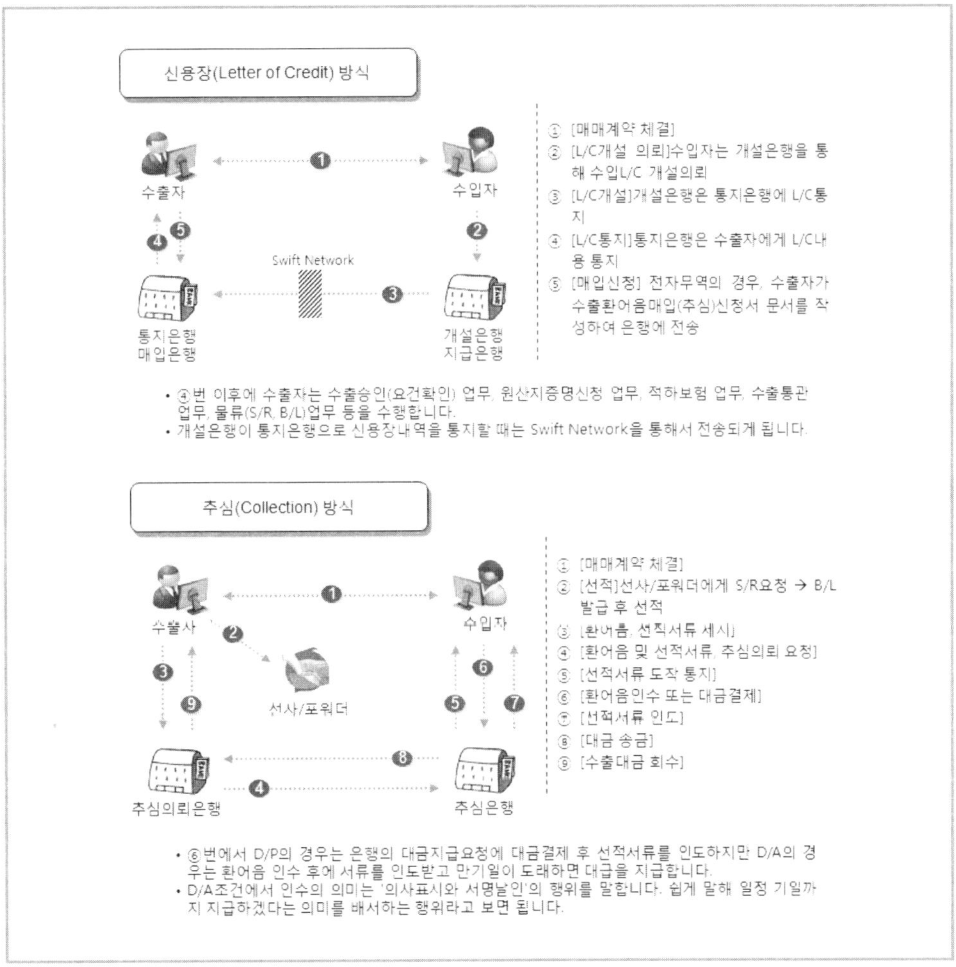

3 운송 및 보험

무역에서 운송은 내륙운송과 선박, 항공을 이용한 운송을 의미한다. 수출에서는 화주가 포워더 또는 선사에게 선적요청(S/R : Shipping Request)을 하고, 이에 필요한 첨부서류 invoice, Parking List와 Shipping notice를 작성하여 보낸다. 수출하는 물량이 콘테이너 기준으로 선적이 가능할 경우 직접 선사를 이용하여 거래를 한다.

선사는 해당물품에 대해서 선적을 하며, 이때 선하증권(B/L : Bill of Lading)을 발행하며 실무에서는 이를 Master B/L이라고 하며 포워더는 이에 해당하는 물품에 대해서 부킹을 하고 화주에게 선하증권(B/L : Bill of Lading)를 발행한다. 이때 발행되는 B/L을 House B/L이라고 한다. Master B/L과 House B/L은 같은 용도로 사용하며, 은행에 Nego시 동일하게 원본으로 활용 할 수 있다.

수입에서는 수입하는 물건이 세관에 도착하고, 하역하여 정식 수입통관이 되기 전에 보세창고에 적재한다. 이 때 보세장치장을 이용하게 되며, 반입보고서를 작성하여 반입을 하며, 또한 수입신고 후에는 반출보고를 통하여 보세창고에서 물건을 일반창고로 옮기고, 실무에서는 영업용 장치장을 운영하는 곳에서 보세창고와 일반창고를 같이 운영하므로, 수입통관 후에는 보세창고에서 일반창고로 이동하여 보관한다.

표 9-7 운송 종류별 내용

운송 종류	주요 내용
해상운송	운항하는 선박에 의해 수출입 거래되는 상품을 해상으로 운송하는 것으로 대량운송 및 원거리 운송에 적합하며, 오랜 기간 동안 운송에 따라 상품의 변형이나 변질이 없는 경우 주로 활용하며, 항공운소에 비해 상대적으로 운송비가 저렴함
내륙운송	차량운송과 철도운송이 있으며, 혼용하여 운송하는 경우가 있으며, 화물차의 대량보급에 의해 종합적인 운송체계의 역할을 담당함
항공운송	긴급한 상품이나 고가품을 운송하는데 쓰임. 반도체 같은 고가품의 경우 항공운송을 많이 활용 함
복합운송	두 종류 이상의 운송수단에 의해 화물을 운송하는 것이며, 전구간에 통용되는 운임을 적용(Through Rate), 화물이 해상·내수로·육상 등 여러 가지 운송경로를 통해 운송될 때 전구간에 통용되는 선하증권(Through B/L), 단일운송 책임하에 적용되며 장점은 여러 운송경로를 사용하므로 환적이 발생하는데 환적할 때마다 운송계약을 맺어야 하는 번거로움을 없애고 비용도 절감 됨

항공화물에 대해서 화주로부터 화물을 인수함과 동시에 Air Waybill을 발급한다. 해상운송에서의 선하증권(B/L)과 같은 용도로 쓰이며, 기본적인 성격은 B/L과 동일합니다. 항공화물운송장은 IATA(국제항공운송협회)에서 발행하는 양식과 세

부적으로 규정되어 있으며 법률적으로는 항공운송에 대한 Warsaw조약(국제항공운송의 통일규칙에 관한 조약)을 준수한다.

Air Waybill은 3통의 원본과 6부 이상의 부본으로 구성되어 있으며, 원본은 항공사, 송화주, 수화주용으로 사용된다.

- 화물의 운송계약체결에 의한 증거서류
- 화주로부터 화물 수령에 대한 수령증
- 운임, 제요금의 명세서 및 청구서
- 세관신고서류
- 운송인에 대한 물품의 취급, 발송, 인도에 대한 지시서
- 송화인이 화주보험에 부보한 보험가입증명서

표 9-8 Air Waybill과 선하증권의 차이점

Air Waybill	Bill of Lading
Non-negotiable(양도성 없다)	Negotiable(양도성이 있다)
창고에 반입되면 AWB발행	성적 후 B/L발행
기명식	지시식
송화인이 작성	선사가 작성
유가증권이 아닌 단순 화물수취증	유가증권

선적서류란 무역품의 재산권을완전히 나타낸 것으로서 국제무역계에서 인정되고있는 상용(商用) 서류를 의미하며, 선적서류는 상업송장, 포장명세서, 운송서류 및 보험서류 등 서래 시마다 요구되는 기본시류와 그 밖에도 주로 신용장상의 이행 조건을 서류화함에 따라 발행하는 보충서류가 있다. 우리나라의 경우 선적방법은 선박과 항공기를 이용하는 2가지 방식이다.

일반적으로 선하증권(船荷證券)·보험증권 및 상업송장(商 業送狀)의 3가지로 이루어지는데, 국가에 따라서는 그 이외에 영사송장·세관송장·원산지증명서·검사증명서·포장명세서·중량용적증명명세표 등을 필요로 하는 경우도 있다.

무역실무에서는 invoice, Parking List를 기본적으로 활용하여 포워더 또는 선사에 팩스로 보내주면 운송사가 B/L를 작성하여 화주에게 전달한다. 최근에는 uTradeHub에서 eB/L 업무를 적용하여 선적서류를 간소화하고 선적업무를 진행할 수 있다.

▌그림 9-21 선적서류

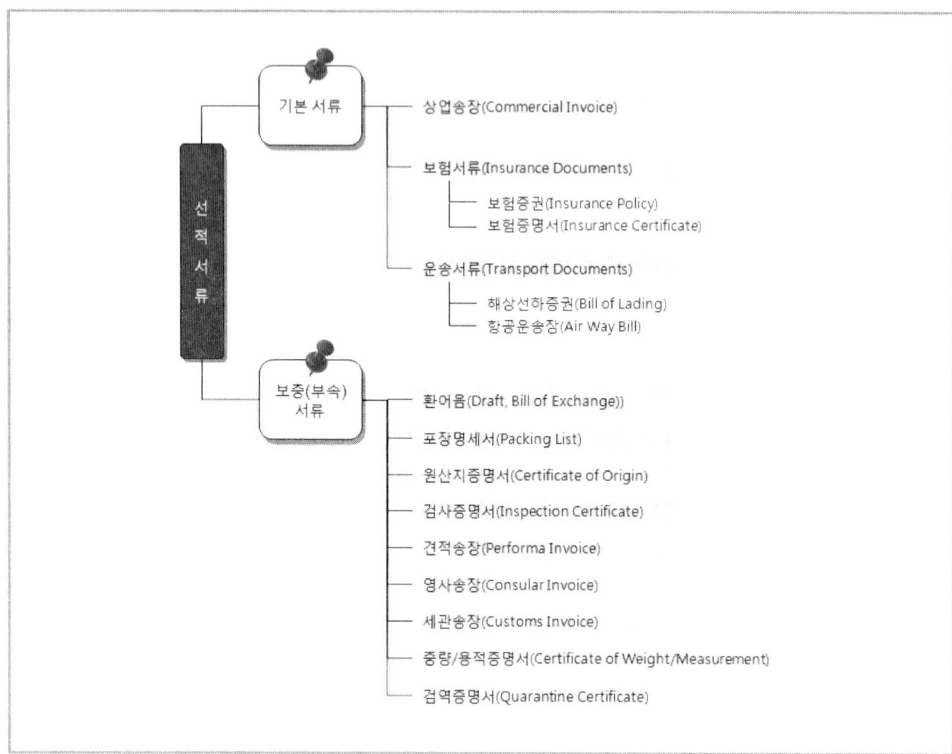

▌그림 9-22 u-Logis 구성도

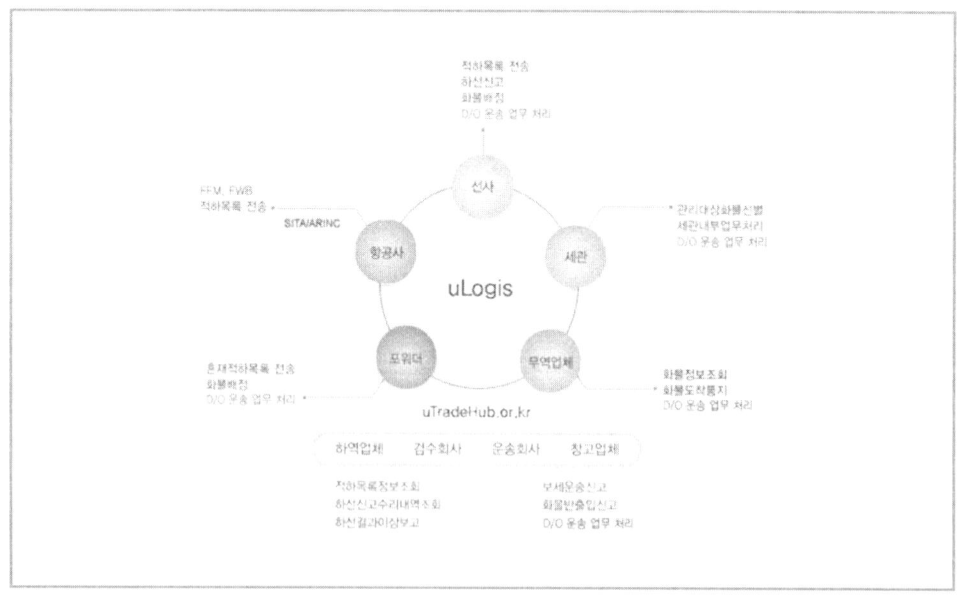

수출 환어음은 매입은행의 서식이다. 수출자가 선적을 이행하면서 발생하는 여러 가지 서류들(선하증권, 상업송장, 포장명세서, 보험증권, 검사증명서 등등의 제반서류)을 선적서류 또는 선적관계서류라고 말하며, 매입은행에 선적서류 일체를 제시하면서 수출대금을 청구하는 시점에서 매입은행의 수출환어음 서식을 작성하여 함께 제시하면 매입은행은 그 환어음을 매입하는 형태로 업무진행이 되면서 수출대금을 수출자에게 지급한다. 그래서 NEGO를 '수출환어음매입'이라고 해석을 하게 되는 것이다.

수출환어음 서식은 간단하므로 네고금액, 신용장개설은행, 개설신청인, 결제은행 정도의 간단한 내용만 작성하면 된다. 참고로, 신용장의 종류가 매입신용장(=by negotiation) 이 아니라, (연)지급신용장(=by (deferred) payment)인 경우에는 원칙적으로 무 어음 신용장이기 때문에 이 경우에는 '수출환어음매입'이 아니라 '선적서류매입'이라고 한다. 그래서, 은행의 네고신청서의 제목을 보시면, '수출환어음(선적서류)매입 신청서'라고 되어 있다. 그럼 환어음 서식화면과 환어음의 주요 당사자에 대해 간략히 알아보자.

▌그림 9-23 수출환어음매입

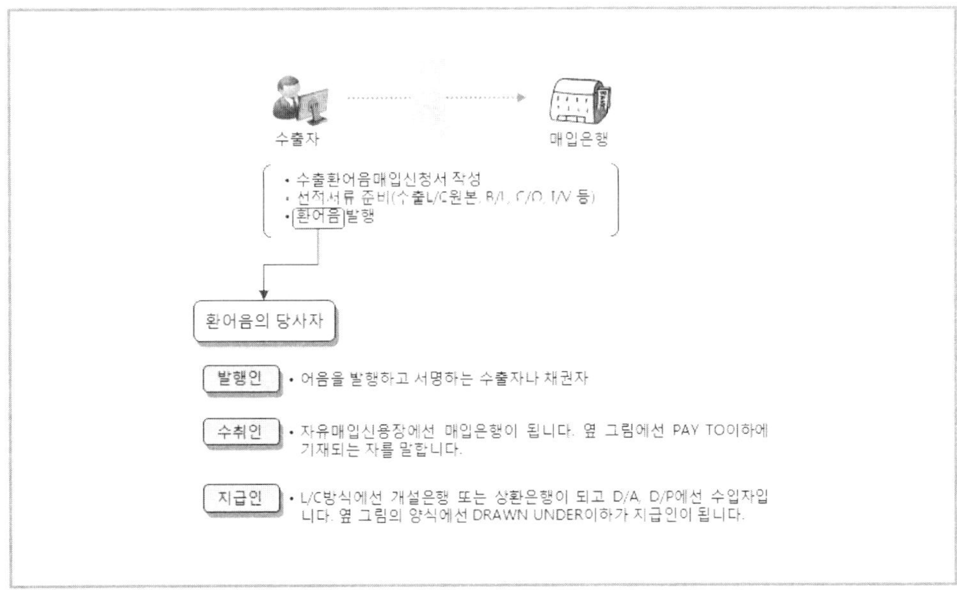

▌그림 9-24 수출환어음 샘플

금액 지급 만기일 표시 발행일 발행지

어음번호

BILL OF EXCHANGE

문자금액

①NO. 123456 BILL OF EXCHANGE. ② MAY 10, 2007 ③ SEOUL, KOREA

④FOR US$53,200.-

⑤AT xxxxxx SIGHT OF THIS **ORIGINAL** BILL OF EXCHANGE(SECOND OF THE SAME TENOR AND DATE BEING

PAY TO ⑥ WOORI BANK OR ORDER THE SUM OF

⑦ SAY US DOLLARS FIFTY THREE THOUSAND TWO HUNDERED ONLY :

VALUE RECEIVED AND CHARGE THE SAME TO ACCOUNT OF ⑧ TOKYO SUPPLY LTD.

수취인

⑨DRAWN UNDER THE MIISUBISHI BANK, LTD. HEADOFFICE TOKYO, JAPAN

⑩L/C NO. U-1041509 ⑪DATED APRIL 17, 2007

Charge the same to account of

⑫TO THE MIISUBISHI BANK, LTD.

HEADOFFICE, TOKYO

⑬ K.K. TRADING C

지급인과 지급지 신용장 번호 신용장 발행일자 신용장 개설은행

발행인의 기명날인

상업송장은 수출자와 수입자 간의 거래계약 및 매매계약 조건 사실을 입증하는 대표적인 선적서류로써 수출자가 작성하며 선적한 물품의 명세서로서의 역할 외에 대금청구서 등의 역할도 겸하고 있다. 상업송장은 선하증권과 함께 무역거래 시 필수적인 선적서류 중 하나이지만 그 자체가 청구권을 갖는 서류는 아니고 다만 거래이행 및 계약의 사실만을 입증해주는 서류이다.

또한 상업송장은 거래상품의 주요사항을 상세히 명기한 것으로 수출자 에게는 수출통관에 필요하므로 통관용 상업송장을 작성하여 세관에 제출하게 되는 역할과 대금 청구할 때 네고서류로 활용되며, 수입자에게는 매입명세서로서의 역할을 하여 수입 신고 시 과세가격의 증명자료가 된다.

또한 수입 국가에 따라 상공회의소에서 확인란 것을 요청 하는 경우가 있는데 이는 일반 업체에서 작성한 것을 상공회의소에서 확인 하는 용도로 쓰인다.

상업송장은 물품의 품명, 수량, 단가, 가격 등이 표시되며 **포장명세서**는 품명, 수량, 순중량, 총중량 등을 자신들의 양식에 맞게 작성을 한다. 상업송장이 포장명세서는 많은 모든 항목이 유사하나 상업송장은 상품의 각각의 단가와 금액을 표현하나 포장명세서는 상품의 포장단위의 표시를 말하며, 상업송장의 보조역할을 한다.

▌그림 9-25 상업송장과 포장명세서 차이

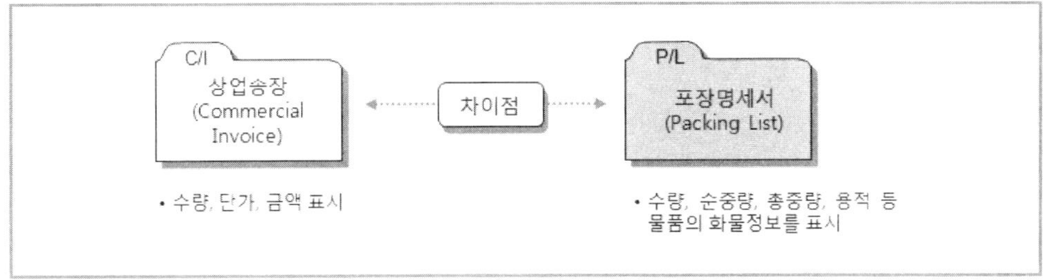

상업송장은 그 용도에 따라 상거래용으로 작성되는 상업송장(Commercial Invoice)과 영사관에서 작성되거나 세관용으로 작성되는 공용송장(Official Invoice)으로 구분할 수 있는데 일반적으로 말하는 송장은 전자의 상업송장을 의미한다.

상업송장의 주요 기능은 다음과 같다.

1. 국내상거래에서 사용되는 송장과 달리 국제무역에서는 구매서의 역할을 하므로 거래물품의 주요사항인 계약상품의 정확한 규격(Specification of Goods) 및 개수, 포장상태 및 화인(Marks)등이 상세하게 표시되어야 한다.
2. 송장은 CIF나 CRF의 경우 선하증권이나, 보험증권이 계약과 일치되었음을 증명하는 등 특정 거래계약의 존재 및 이행의 사실을 입증하는 증거자료가 된다.
3. 계약상품의 단가, 부대비용, 할인료, 지불방식, 지불시기 등을 구체적으로 명기한 매매계산서 및 대금청구서로서 송장상의 발행금액은 환어음(Bill of Exchange)의 발행금액과 일치하여야 한다.
4. 송장은 모든 무역거래의 필수서류이다. 무역결제는 대부분이 환어음으로 이루어지며 수출지 은행에서 환어음을 매입할 때나 수입지 은행에서 대두(T/R)로 수입물품을 수입업자에게 인도할 때 화환어음의 담보물권이 되는 서류에는 이들 담보물의 명세서 및 계산서의 역할을 하는 송장이 포함되어야 한다.

▌표 9-9 송장의 종류별 내용

구분		내용
상업송장	견적송장	수입허가, 외화배정 등을 받기 위한 수입상의 요청에 의해 수입상에게 장차 그가 매입할 화물에 대해서 시산적으로 작성 발송하는 송장 수출상이 거래를 유발 촉진하기 위한 수단으로 사용

	선적송장	선적된 화물의 내용과 가격을 명시한 서류로 목적에 따라 다음의 4가지로 분류됨 • 수출송장(Export I/V) • 위탁 판매송장 • 매입 위탁 송장 • 견본송장
공용송장	세관송장	수입지 세관이 수입화물에 대한 ① 관세가격의 기준을 결정할 목적, ② 덤핑유무를 확인하기 위한 목적, ③ 쿼터품목의 통상 기준량의 계산목적, ④ 수입통계의 목적 등으로 사용되는 송장 국가별로 세관이 요구하는 양식이 상이하므로 소정의 양식에 따라 작성해야 함
	영사송장	수입물품 가격을 높게 책정함에 따른 외화도피나 낮게 책정함에 따른 관세포탈을 규제하기 위하여 수출국에 주재하고 있는 수입국 영사의 확인을 받아야 하는 송장. 이는 주로 몇몇 후진국에서 이용되고 있으나 점차 폐지되는 추세

적하보험을 청약하는 이유는 해상운송 중의 화물은 각종 위험에 노출되어 있으며 항해 중 악천후를 만나 침몰해 버리는 일도 많다. 침몰과 같은 대 사고는 드물다고 해도 선창 내에 해수가 침입하여 당하는 사고는 빈번히 발생하며, 선박간의 충돌이나 선박화재 등도 종종 나타난다. 해상운송에 부수해서 발생하는 이러한 각종의 위험에 의해 화물 기타의 재산이 손해를 입은 경우에 보험을 인수한 보험자가 그 손해를 보상할 것을 약속하고, 보험가입자 즉 보험계약자가 그 대가로서 보험료를 지불하는 의무를 부담하는 것을 내용으로 하는 계약이다. 그럼 적하보험에 관련하여 중요한 몇 가지 사항에 대해 알아보자.

적하보험은 무역조건에 따라 보험의 부도 당사자가 정해진다. 무역조건이란 국제간 무역에 있어 거래당사자 간의 의무와 한계를 각각 명시하는 것으로 현재 INCOTERMS(무역용어의 해석에 관한 국제규칙)상 개정된 무역조건을 기준으로 삼고 있다. 무역 조건은 거래당사자 간의 비용부담관계를 비롯하여 보험계약의 성립요건인 피보험이익의 존재여부를 규정하는 소유권의 이전시점을 결정하는 중요한 요소로서, 소유권(피보험 이익)을 가지고 있는 당사자나 무역조건상 보험료를 부담해야 하는 측이 보험부보 당사자가 된다.

▌그림 9-26 적하보험 의미 신약관과 구약관

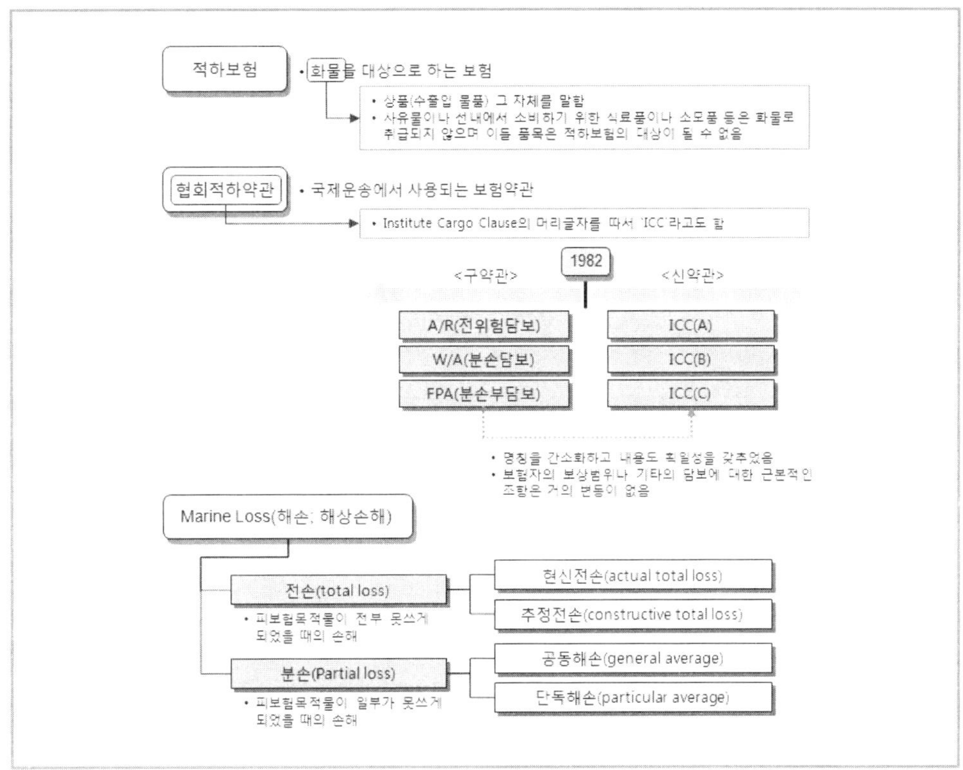

▌그림 9-27 부보조건에 대한 적하보험 가입

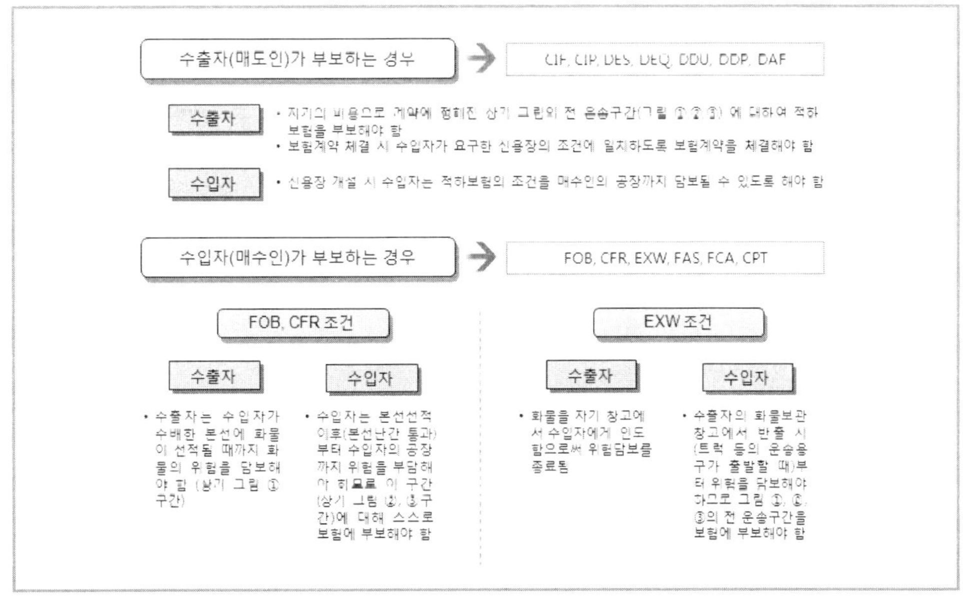

◆보험조건과 보상범위

적하보험에서 적용되는 보험조건은 신협회적하약관에 따른 ICC(A), (B), (C)와 구협회적하약관에 준한 ICC(F.P.A.), (W.A.), (All Risks) 등 세가지가 있으며 이외에 우리나라 실무에서 사용중인 것으로 TL (Total Loss)가 있다.

◆신협회적하약관(Institute Cargo Clause(NEW)상 보험조건

1982년 1월 1일부터 시행된 신협회약관은 기본약관으로 ICC(A), ICC(B), ICC(C) 약관이 있으며 이는 구약관과 담보상 다소 차이가 있다.

표 9-10 ICC 신약관

신약관 종류	내용
ICC(C) (Institute Cargo Clause C) = ICC (FPA) 유사	① 화재 또는 폭발 ② 본선 또는 부선의 좌초, 교사, 침몰, 전복 ③ 육상운송용구의 전복 또는 탈선 ④ 본선, 부선 또는 운송용구와 물 외의 다른 물체와의 충돌 또는 접촉 ⑤ 피난항에서의 화물의 하역 ⑥ 공동해손 희생손해 ⑦ 투하 ⑧ 쌍방과실 충돌약관에 의한 손해 ⑨ 담보위험으로 인한 행해종료시 양하, 입고, 계반비용 ⑩ 공동해손, 구조비. 단, 면책위험으로 인해 발생되는 것 제외
ICC(B) (Institute Cargo Clause B) = ICC (WA) 유사	ICC(B)에서는 ICC(C)에서 담보하는 위험에 추가위험을 담보 ① ICC(C) 조건 일체 ② 지진, 화산의 분화, 낙뢰 ③ 투하 또는 갑판유실 ④ 본선, 부선, 선창, 운송용구, 컨테이너, 지게자동차 또는 보관장소에 해수, 호수, 강물이 침입 ⑤ 본선 또는 부선으로의 선적 또는 하역작업중 바다에 떨어지거나 갑판에 추락한 화물의 포장 당 전손
ICC(A) (Institute Cargo Clause A) = ICC (All Risks) 유사	약관상 규정된 면책사항을 제외한 위험으로 인하여 발생한 손해를 담보하는 조건으로 적하보험 조건 중 가장 담보범위가 넓은 조건 ① 피보험자의 고의적 비행 ② 통상적인 누손, 부족손, 자연소모 ③ 포장불완전 또는 부적합 ④ 피보험 목적물의 고유의 하자 또는 성질 ⑤ 지연 ⑥ 선박소유자, 관리자, 용선자 또는 운항자의 채무 불이행 ⑦ 원자력, 핵무기의 사용 ⑧ 선박, 부선의 불내항 ⑨ 화물의 안전 운송을 위한 선박, 부선, 운송용구. 콘테이너 및 리프트밴의 부적합

	단, 피보험자 또는 그 사용인이 상기 사실을 알고 있을 경우에 한함 ⑩ 전쟁, 내란, 혁명, 모반, 반란 또는 이로 인해 발생한 국내 투쟁, 교전국에 의해또는 교전국에 대하여 행해진 적대행위 ⑪ 포획, 나포, 강류, 억지, 억류(해적행위 제외) ⑫ 유기된 기뢰, 어뢰, 폭탄 기타 유기된 전쟁병기 ⑬ 동맹파업자, 직장폐쇄 또는 노동분쟁소요와 폭동에 가담한 자의 행위 ⑭ 동맹파업, 직장폐쇄, 노동분쟁, 소요, 폭동의 결과, 테러리스트, 정치적 동기 행위

◆구협회적하약관(Institute Cargo Clause)상 보험조건

▌표 9-11 ICC상 보험조건

구약관 종류	내용
F.P.A (Free From Particular Average) : 단독해손부담보조건	① 현실전손 및 추정전손 ② 본선 또는 부선의 침몰 (Sinking), 좌초 (Stranding), 대화재 (Burnt)로 인한 단독해손. 이 경우 면책비율과 인과관계를 불문하고 보상합니다. ③ 선적, 환적, 하역 중의 매포장당 전부손해 ④ 화재 (Fire), 폭발, 본선 및 부선의 물이외의 물체와의 충돌, 접촉으로 인한 단독해손 ⑤ 피난항에서 적하의 양하에 정당하게 기인한 단독해손 ⑥ 공동해손 ⑦ 손해방지비용 ⑧ 중간기항항이나 피난항에서 양하, 창고보관 및 세반을 위한 특별비용
WA (With Average : 분손담보조건)	WA 조건은 FPA조건에서 담보하는 위험에 추가하여 FPA조건에서 보상해주지 않는 즉, 해상고유의 위험 중의 하나인 악천후(Heavy Weather)로 야기된 단독해손 또는 해상위험 중 투하나 강도로 인한 단독해손을 보상하여 주는 조건
A/R (All Risks) : 전위험담보조건	전위험을 담보하는 조건이나 모든 손해나 멸실을 담보하는 것은 아니며, 약관상 규정된 면책사항을 제외한 위험으로 인하여 발생한 손해를 담보하는 조건으로 적하보험 조건 중 가장 담보범위가 넓은 조건임. 약관상 규정되어 있는 면책사항은 다음과 같다. ① 보험계약자 또는 피보험자의 고의 또는 불법행위로 인한 일체의 손해 ② 보험목적물의 고유의 하자 또는 성질에 기인한 손해 ③ 운송지연으로 인한 손해 ④ 전쟁, 폭동, 파업 등으로 인한 손해 ⑤ 위험요건을 구비하시 않은 사유에 의한 손해 즉, 통상적인 손해 상기 면책사항 중 전쟁, 폭동, 파업으로 인한 손해는 전쟁 및 동맹파업 특별약관을 첨부하여 담보할 수 있다.

수출보험의 사전적 의미로는 수출거래에 수반되는 여러 가지 위험 가운데에서 해상보험과 같은 통상의 보험으로는 구제하기 곤란한 위험 즉, 수입자의 계약파기, 파산, 대금지급지연 또는 거절 등의 신용위험(Commercial Risk)과 수입국에서의 전쟁, 내란, 또는 환거래 제한 등의 비상위험(Political Risk)으로 인하여 수출자, 생산자 또는 수출자금을 대출해준 금융기관이 입게 되는 불의의 손실을 보상함으로써 궁극적으로 수출진흥을 도모하기 위한 비영리 정책보험이다.

수출보험의 경우는 수출자, 생산자 또는 수출자금을 대출해준 금융기관이 입게 되는 불의의 손실을 보상함으로써 궁극적으로 수출 진흥을 도모하기 위한 비영리 정책보험이며, 수출자가 원할 경우 보험을 청약한다. 주로 전쟁이 빈번한 지역이나, 중동지역 등 수출하는데 있어 수출품의 유실의 위험도가 높을 경우 수출보험공사에 보험청약을 할 수 있다.

수출보험공사에서 다양하게 보험을 취급하고 있으며, 그 중 무역업체와 긴밀한 관계가 있는 보험은 단기수출보험으로 개별보험과 포괄보험 크게 2가지로 나눠 볼 수 있다.

▌그림 9-28 수출보험 적용단계

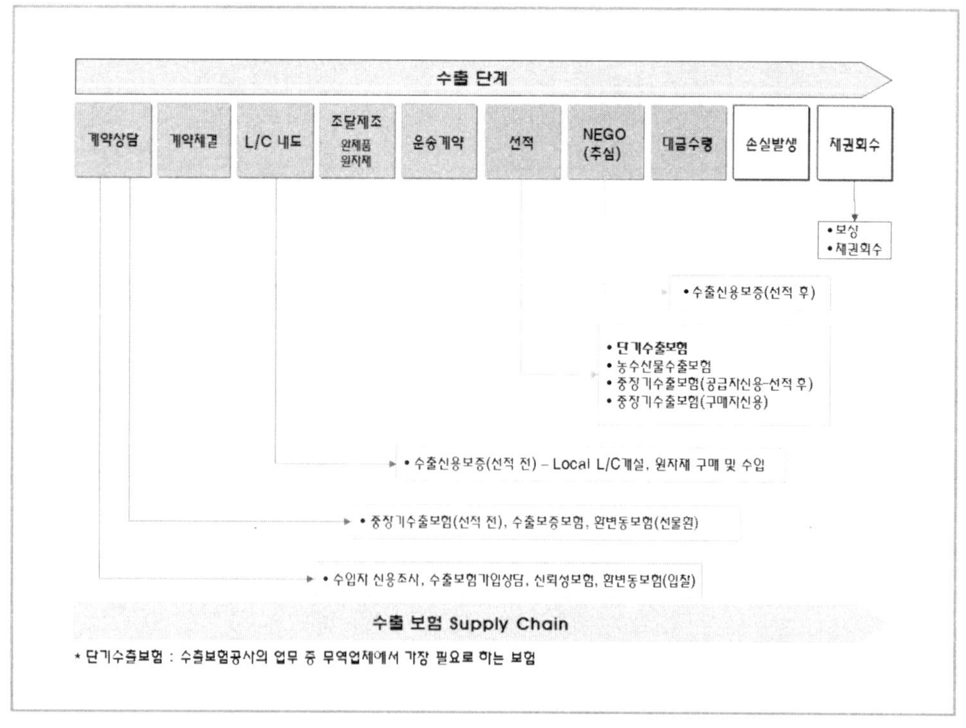

1) 수출보험의 주요기능

(1) 수출거래상의 불안제거 기능

수출보험은 수출거래에 따른 수출자의 위험부담을 해소하여 준다는 측면에서 수출거래의 환경 및 조건을 국내상거래의 경우와 동일한 정도로 유리하게 조성하는데에 1 차적인 기능을 가지고 있다. 즉 수입국에서 발생하는 비상위험 또는 신용위험 등으로 인하여 수출불능이 되거나 수출상품의 대금회수가 어렵게 되어 수출자나 생산자 등이 입게되는 손실을 보상함으로써 안심하고 수출활동을 할 수 있도록 하는 기능을 갖는다.

(2) 금융보완적 기능

수출보험은 수출대금 미회수위험을 담보하므로 금융기관으로 하여금 수출 금융을 공여하게 하는 금융보완적 기능을 가진다. 즉 수출금융에서는 수출대금의 회수가능성 여부가 대출심사의 중요한 기준이 되는바, 수출보험에 의하여 이를 해결할 수 있으므로 금융기관은 수출자에게 담보요건 등에서 보다 유리한 조건으로 과감하게 수출자금을 공급할 수 있게 된다.

(3) 수출진흥 정책수단으로서의 기능

수출보험은 수출무역, 기타대외거래의 촉진 및 진흥을 위하여 정부의 지원하에 운영됨에 따라 보험요율 등을 정함에 있어 장기적 차원에서의 수지균형을 목표로 하여 가능한 한 저율로 책정하는 한편 보상비율 등에서는 최대한 수출자에게 유리한 형태의 보상제도를 채택하는 등 수출경쟁력을 강화시키고, 결과적으로 수출을 촉진시키는 역할을 하게되는 수출진흥 정책수단으로서의 기능을 갖는다.

수출보험의 이러한 기능은, 각국간 수출지원 경쟁이 심화되고 있는 가운데 수출금융 및 세제상의 우대조치 등의 직접 수출지원수단에 대한 국제적 규제가 강화되고 있어 국제적으로 용인되고 있는 간접지원수단인 수출보험의 역할이 더욱 중요해지고 있다.

(4) 해외수입자에 대한 신용조사 기능

수출보험은 효율적인 인수 및 관리를 기하고 보험사고를 미연에 방지하기 위해 다각적으로 해외수입자의 신용상태와 수입국의 정치경제사정에 관한 조사활동을 하게 되는 바, 이러한 해외수입자 및 수입국에 관한 신용정보를 제공하여 수출자로 하여금 효과적으로 활용할 수있도록 함으로써 수출자의 신규수입선 확보와 수출거래 확대에 기여함과 동시에 건전한 수출거래를 유도하는 부수적 기능을 가지고 있다.

2) 전자무역 서비스 대상

포괄보험에 가입된 업체를 대상으로 5가지의 업무를 서비스로 하고 있다.

- 수출보험청약신청
- 수출보험결과통지서
- 수입자신용조사의뢰서
- 신용정보자료통보서
- 신용조사통보서

▌그림 9-29 수출보험 전자무역 업무도

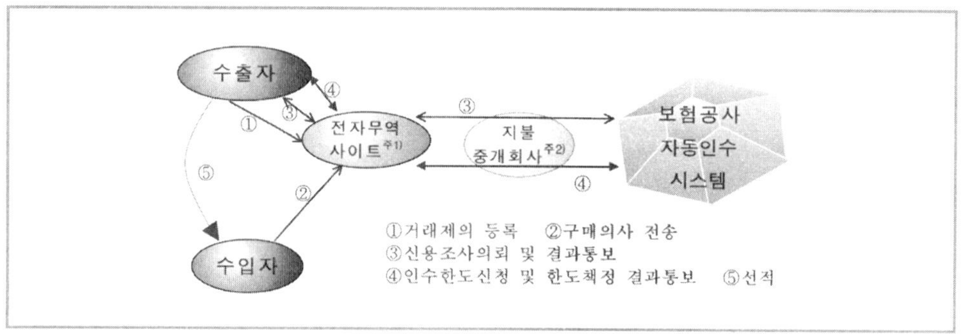

4 수출 · 입 통관 및 물류업무

수출통관이라 함은 수출하고자 하는 물품을 세관에 수출신고 한 후 신고수리받아 물품을 외국무역선(기)에 적재하기까지의 절차를 말한다. 수출하고자 하는 모든 물품은 세관의 수출통관절차를 밟아야 하는데 당해 물품을 선(기)적 하기 전까지 당해 물품의 소재지 관할세관장에게 수출신고를 하는 수리를 받아야 한다. 일반적인 수출신고는 수출물품을 적재하기 전에 하여야 하나, 수출물품의 특성을 고려하여 다음의 경우에는 적재 후에 수출신고 할 수 있다.

수출신고를 하는데 있어 방법은 관세사에 의뢰하여 진행하는 방법과 화주직접신고(자가통관)로 하는 방법이 있으며, 통관 건수가 많을수록 화주직접신고를 하는 것이 비용 및 시간의 절감을 얻을 수 있다.

수출신고의 보완은 신고사항의 보완 수출신고서 기재사항이나 제출서류가 미

비한 경우로서 수리 이후에 보완이 가능하다고 세관장이 인정하는 경우에는 사후적인 보완이 가능하다.

신고취하는 수출신고인 스스로 신고를 철회하는 것으로서 수입자 사정으로 인해 수출물품을 인수하기 어려운 상황이 발생하는 경우 등에 있게 되는데, 이는 정당한 사유가 있는 경우에 한하여 세관장의 승인을 받아야 하며, 취하시점은 수출신고 이후부터 당해 물품을 선적한 선박이 출항하기 전까지이다.

신고각하는 세관장이 직권으로 수출신고의 효력을 무효화시키는 것으로서 세관장으로부터 신고사항의 보완을 요구받고 지정된 기간 내에 보완하지 않는 경우 등이 이에 해당한다. 신고가 각하된 경우에는 물론 수출이 불가능하다.

수출신고수리는 최소 수출신고일로부터 30일 이내에 선적항의 보세구역에 반입되지 않은 물품에 대하여는 수출신고의 수리가 취소된다. 수출신고가 수리된 물품은 세관장의 보세구역 반입 연장승인을 받는 경우를 제외하고는 수출신고일로부터 30일 이내에 선적항의 보세구역에 반입하여야 하며 수출 신고가 수리된 물품은 언제든지 외국으로 갈 선박에 선적시킬 수 있다.

▌그림 9-30 수출신고의 보완 및 각하, 수출신고 취하

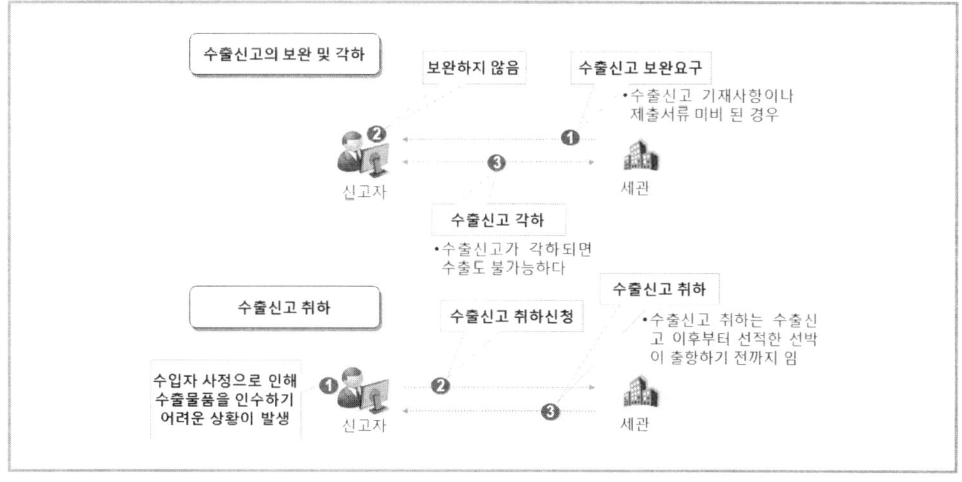

1) 수출신고의 흐름

수출신고는 원칙적으로 전자무역방식과 관세청 Single Window방식에 의해 진행되고 있으며 예외적인 경우에 한해 수출신고서 및 증빙서류를 세관장에게 제출하도록 하고 있다.

수출통관은 화주직접신고(자가통관)와 관세사의뢰통관 방법이 있으며 관세청 C/S시스템을 통해 자동수리, 서류심사 후 수리, 물품검사 후 수리 등의 방법으로 신고수리를 해주고 있다.

전자무역을 활용하는 방법 외에 관세청에서 http://portal.customs.go.kr을 오픈하여 관세사 및 화주직접신고하는 업체들이 많이 활용하고 있는 추세이다. 관세청에서 인터넷통관으로 직접 수출신고를 처리할 수 있는 사이트로써 수출신고 외에 관련 통관정보 등을 제공하고 있다.

관세청에서 제공하는 Single Window방식의 http://portal.customs.go.kr는 송수신에 대한 전송료가 무료이기에, 월 사용 건수가 적은 업체나 관세사 등 대행업체들이 많이 사용하고 있는 추세이다. 단점은 기업의 내부 시스템(Legacy)과 연계처리가 불가능하기 때문에 건수가 많은 업체의 경우 사용의 불편함이 있다.

▌그림 9-31 전자통관 업무흐름

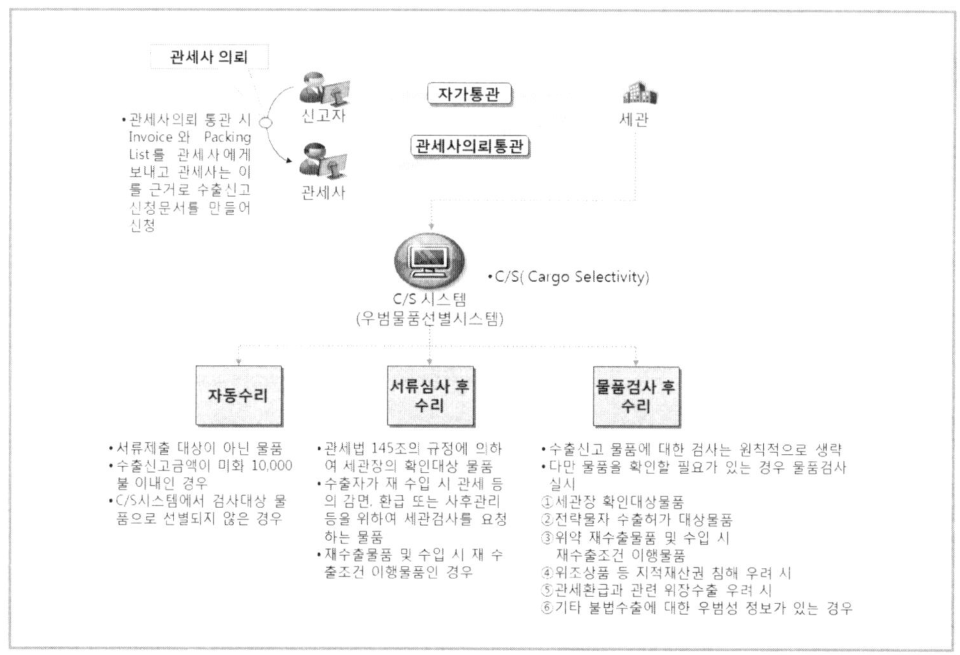

2) 화주직접신고의 장점

화주직접신고하는 방법은 2가지가 있다. 첫번째는 통관EDI시스템을 구입하여 사무실의 PC에 설치하여 수출신고, 임시개청, 수출정정신고 등을 하는 것이고 두

번째는 관세청 통관포탈사이트를 활용하는 방법으로 http://portal.customs.go.kr/ 에 가입하여 웹에서 직접 수출신고를 하는 방법이 있다. 과거에는 첫번째 방법으로 많이 활용하였으나 지금은 관세청통관포탈사이트도 많이 사용하고 있다. 그 이유는 통관EDI시스템을 구입하여 적용시 S/W구매비용, 유지보수비용 그리고 전송료가 발생하는데 관세청통관포탈사이트를 활용하면 그러한 비용이 절감 된다. 다만 ERP를 보유하고 있으며, 통관건수가 많은 기업의 경우 ERP에서 생성된 데이터를 통관EDI시스템과 Interface하여, 적용하는 것이 업무의 효율성이 높고 사용자 입장에서 편리함으로 첫번째 방법을 많이 활용한다.

과거에는 관세사 자격증을 보유하고 있는 사람을 채용하여 업무를 하여야 했으나, 지금은 그러한 규제는 없고 신고제도로 변경되어 직접 신고를 할 수 있으므로 기업 입장에서는 비용절감 측면에서 중소기업들도 많은 도움이 된다.

▌표 9-12 관세사 및 화주직접신고 비교

	관세사 이용	화주직접신고 이용
처리시간	관세사에 요청하여 처리하므로 상대적으로 많은 시간이 소요	수출신고 후 5분 이내에 처리결과 확인
비용	수출신고 건당 약 1만5천원	KTNET이용시 : 전송료 170원/1KB 1건 전송시 약 1,500원 통관포탈사이트 : 전송료 발생 무료
적용방법	기업에서Invoice, PackingList를 팩스로 관세사에 보내면 관세사에서 수출신고 후 기업 수출신고서 교부	기업에서 직접 입력한 후 수출신고를 신청하여 수신받은 수출신고서를 출력하여 사용

▌그림 9-32 화주직접신고시 비용절감 효과

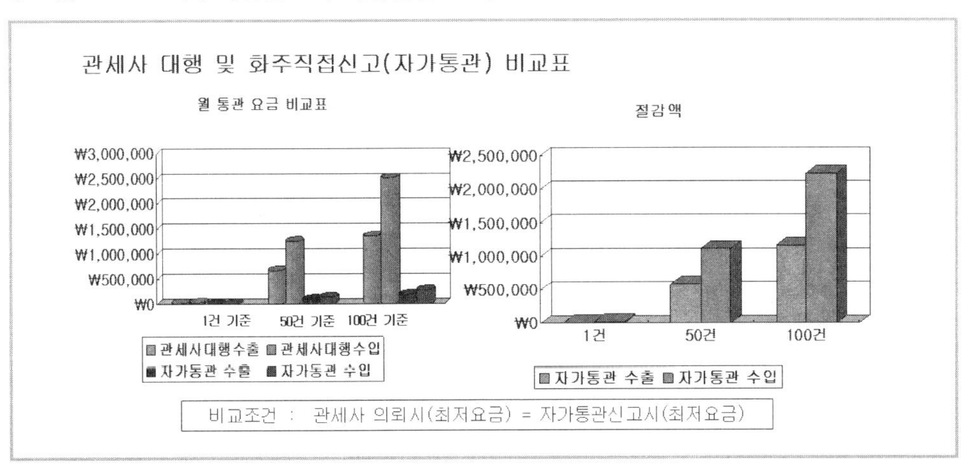

화주직접신고 시 작성하는 내용의 양에 따라 금액은 변동되나 일반적으로 평균적인 기준금액으로 적용함.

3) 수출신고를 하고 수리를 받아야 하는 시점

물품을 수출하고자 하는 자는 수출하고자 하는 물품을 선박 또는 항공기에 적재하기 전까지 수출하고자 하는 물품의 소재지를 관할하는 세관장에게 수출신고를 하고 수리를 받아야 한다.

또한 수출신고는 수출물품의 소유자(화주 또는 완제품 공급자)나 수출입통관을 전문으로 하는 국가공인자격인(관세사, 통관취급법인 또는 관세사법인)이 전자자료교환방식에 의한 수출통관 시스템을 사용하여 전자문서로 수출신고서를 작성하여 관세청 통관시스템에 전송하면 된다.

▌그림 9-33 통관신고 방법

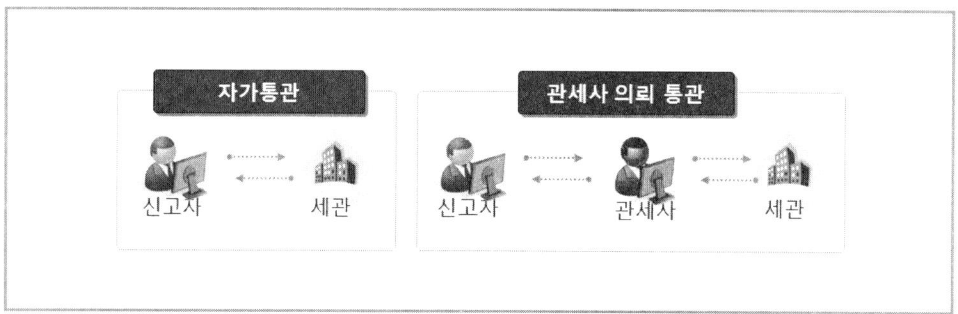

4) 수출신고 내용 정정

전송한 수출신고내용에 대하여 전산으로 오류사항을 통보 받거나 신고내용을 정정하고자 하는 경우에는 신고번호가 부여되기 전까지는 수정한 내용을 포함한 신고자료를 당초의 제출번호에 의하여 다시 전송하면 되고, 신고번호가 부여된 후에 정정사항이 발생한 경우에는 수출신고정정승인신청서를 작성하여 신고한 세관장에게 제출하면 된다.

화주직접신고로 수출신고 정정시 주의할 점은 정정을 자주하게 되면 세관에서 기업에게 벌점을 부과하여 일정기간동안 화주직접신고를 못하게 된다. 정정내용은 품목이 추가되거나, 수량이 변경되거나, 품목이 빠질 경우에 정정신고를 한다.

▌그림 9-34 정정 처리방법

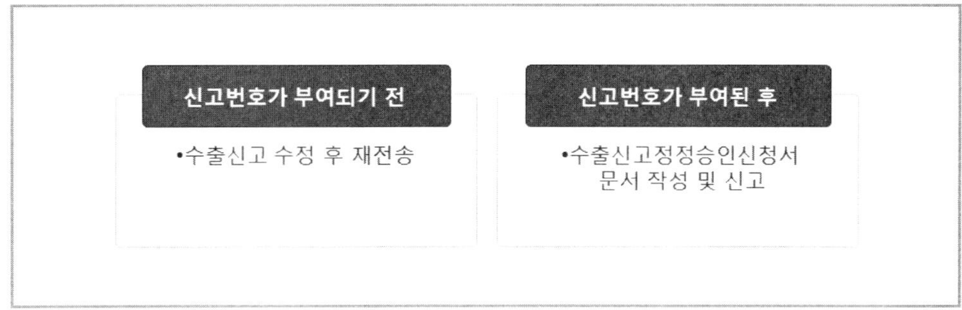

5) 수출통관 전체 흐름

▌그림 9-35 수출신고 및 선적요청(S/R)과 선하증권 발급에 대한 전체적인 흐름도

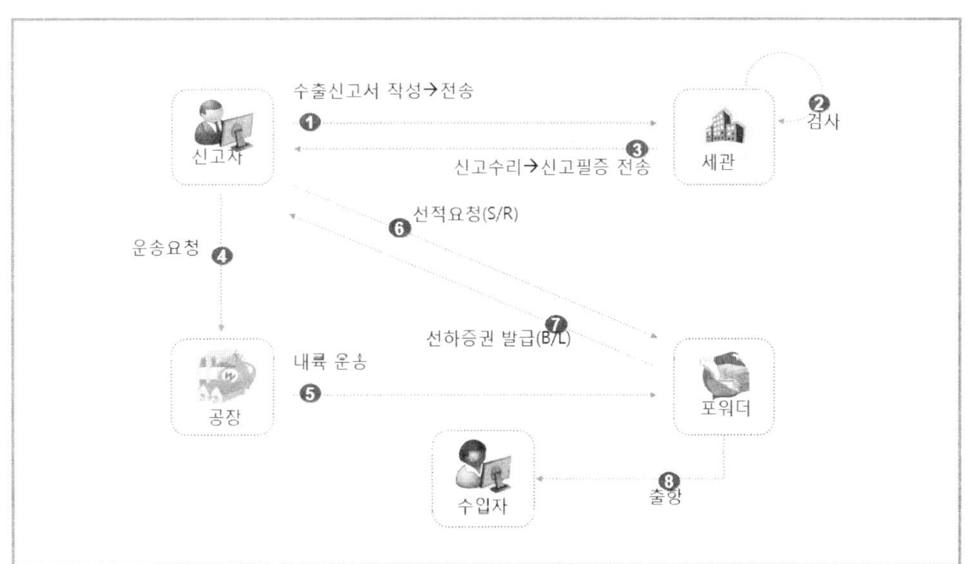

① 신고자(화주 또는 관세사)는 수출신고서를 작성하여 관할지 세관에 전송한다.

② 수출신고서를 수신 받은 해당 세관은 관세청 통관시스템에서 전송 받은 수출신고서를 검사한다.

③ 관세청 통관시스템에서 검사 완료 된 수출신고 건에 대해 수출신고필증을 신고자에게 다시 전송한다.

④ 수출신고필증을 받은 신고자는 수출물품이 있는 공장에 운송요청을 지시한다.

⑤ 공장에서 수출물품을 출고하여 포워더로 이동한다.

⑥ 신고자는 선적요청서(S/R: Shipping Request)를 포워더에게 전송한다.

⑦ 선적요청서를 수신 받은 포워더는 수출물품을 선적하고 선하증권(B/L: Bill of Lading)을 발급한다.

⑧ 포워더는 수입자 도착항으로 수출물품을 운송한다.

※ 수출신고필증을 받은 수출자는 30일 이내에 수출물품을 선적해야 한다.

6) 수출신고 된 물품에 대한 신고서의 처리방법 3가지

화주(기업)이 수출신고를 하면 세관에서는 해당품목에 따라서 자동처리, 즉시처리, 검사후 처리하는 3가지 방법으로 수출신고에 대한 처리를 한다. 일반적인 품목으로 지속적으로 수출하는 경우에는 대부분 자동처리 대상이다.

▌그림 9-36 수출신고서 처리방법

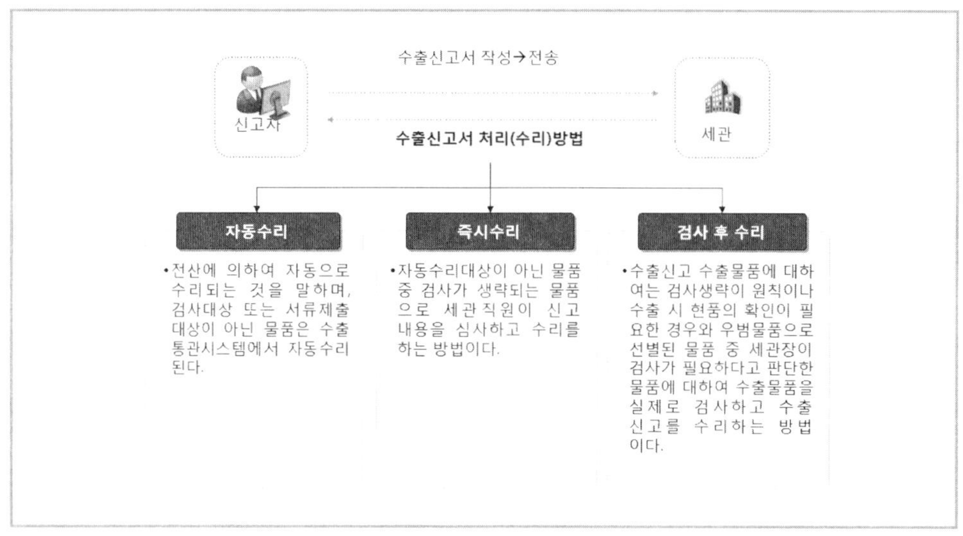

그럼 수출신고 시 수출신고서를 세관에 제출하여야 하는 물품 (서류제출 대상 물품)은 어떤 것이 있을까?

- 법 제 226조(허가, 승인 등의 증명 및 확인)의 규정에 의한 세관장 확인물품 및 확인방법 지정 고시 중 수출신고 수리 전에 요건구비의 증명이 필요한 물품 다만, 수출승인기관과 전산망이 연계된 품목은 제외
- 계약내용과 상이한 물품의 재수출 또는 재수출조건부로 수입통관 된 물품의 수출

• 수출자가 재수입시 관세 등의 감면, 환급 또는 사후관리 등을 위하여 서류제출로 신고하거나 세관검사를 요청하는 물품 수출통관시스템에서 서류제출대상으로 통보된 물품

수입통관하는 모든 수입물품은 세관에 수입신고를 하여야 하며, 세관에서 수입신고를 수리하여야 물품을 국내로 반출할 수 있다. 수입신고는 우리나라에 물품이 도착되기 전에도 가능하다. 이러한 신고를 출항 전 수입신고, 입항 전 수입신고라 한다. 수입을 하고자 할 때에는 해당하는 물품이 관련법령에 의해 수입요건(검사, 검역, 허가, 추천 등)을 구비하여야 하는지를 우선 알아보아야 한다.

왜냐하면 요건구비대상에 해당되는 물품은 요건확인 기관(검사 · 검역 · 추천기관 등)의 확인을 받고 해당 구비서류를 갖추어야 세관의 통관이 가능하기 때문이다.

그림 9-37 수입통관 개요

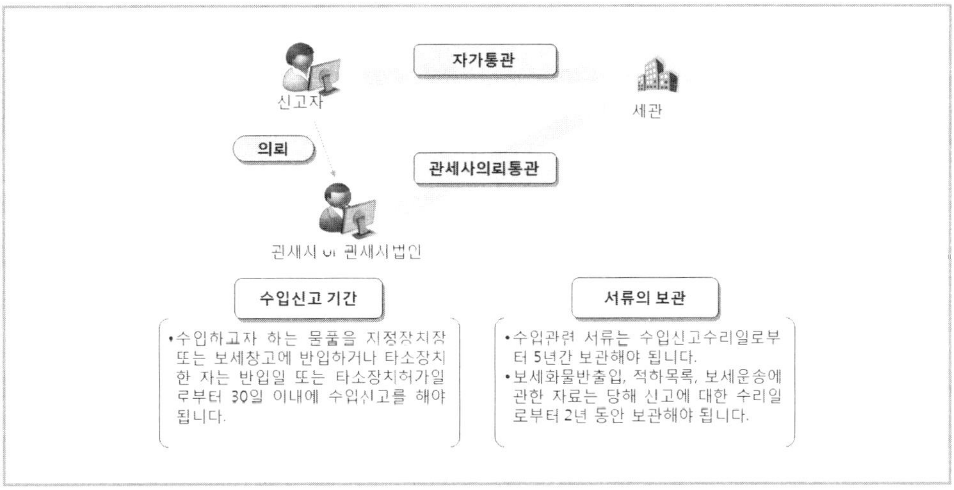

일반적으로는 수입통관 업무의 경우 수출통관업무보다 복잡하고 까다로워서 실제 화주직접신고하는 화주(기업)은 소수에 불과하다. 또한 관련 세부규칙이 자주 변경되는 부분이 있어서 업무를 이해하는데 있어 화주는 어려운 부분이 많이 있기에 관세사를 대행하는 경우가 90% 이상 된다.

7) 수입통관 절차흐름도

수입통관 절차라 함은 수입하고자 하는 물품을 세관에 수입신고 한 후 필요한 경우 심사와 검사를 거쳐 수입신고수리를 받고 수입물품을 인수한 후 신고수리 후 15일 이내에 관세 등을 납부하기까지의 일련의 절차를 말한다. 그럼 다음을 통해 수입통관 절차흐름도에 대해 알아본다.

그림 9-38 수입통관 절차

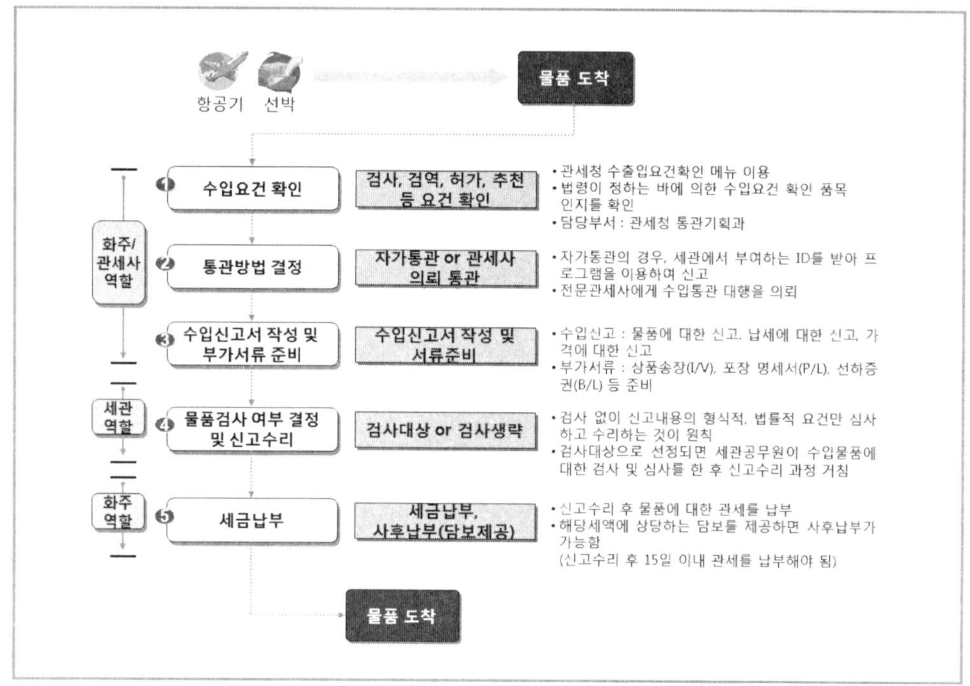

8) 수입신고

수입신고는 우리나라에 물품이 도착되기 전 뿐만 아니라 선박 (항공기)이 도착한 후 보세 구역에 도착하기 전, 보세구역에 장치한 후 어떠한 시점에서도 신고가 가능하다.

▌그림 9-39 수입신고 시점

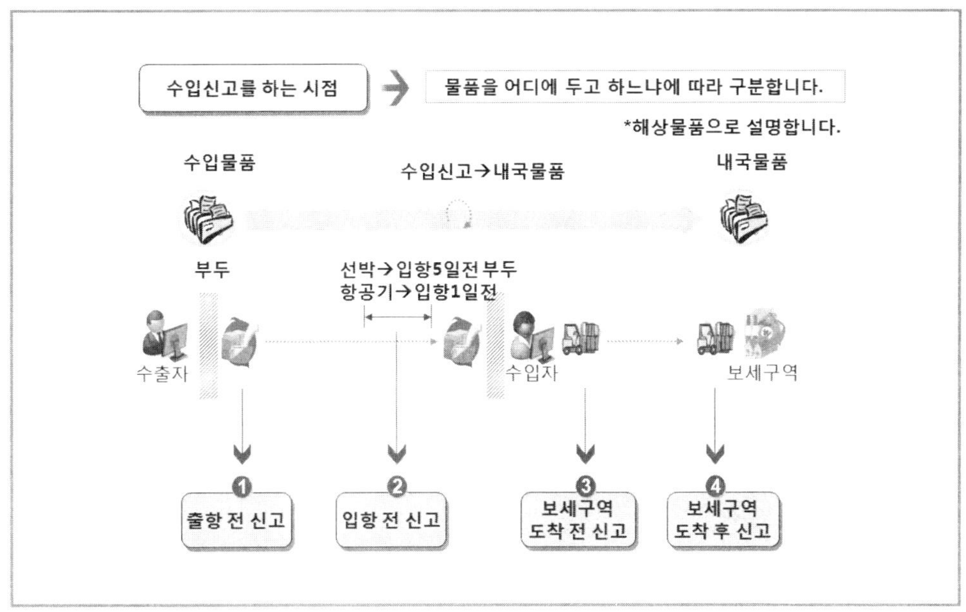

▌표 9-13 보세구역 및 입출항 신고 내용

구분	주요내용
출항 전 신고	출항 전 신고는 수입하고자 하는 물품을 적재한 항공기 또는 선박이 당해 물품을 적재한 공항 또는 항구를 출발하기 전에 수입신고를 하는 것을 말하는데 항공기로 수입되는 물품 또는 일본, 중국, 대만, 홍콩으로부터 선박으로 수입되는 물품은 출항전신고가 가능하며, 수입물품을 적재한 선박이 도착할 입항예정지 세관장에게 수입신고를 하여야 한다.
입항 전 신고	입항 전 신고는 수입하고자 하는 물품을 적재한 항공기 또는 선박이 선적 지 공항 또는 항구에서 출항 한 후 우리나라 항구(공항)에 입항하기 전에 수입신고 하는 것을 말하는데 출항 전 신고와 같이 수입물품을 적재한 선박(항공기)이 도착할 입항예정지 세관장에게 수입신고를 하여야 한다.
보세구역 도착 전 신고	보세구역도착 전 신고는 수입하고자 하는 물품이 우리나라 항구 또는 공항에 도착한 후 보세창고에 입고하기 전에 수입신고 하는 것을 말하는데, 이때의 보세구역이란 보세창고는 물론 부두 밖 컨테이너 보세창고 및 컨테이너 내륙통관기지, 선상도 포함하여 지칭한다.
보세구역 도착 후 신고	보세구역도착 후 신고는 수입하고자 하는 물품이 우리나라 항구 또는 공항에 도착한 후 보세창고에 반입한 이후에 수입신고 하는 것을 말한다. 수입물품을 반입한 보세구역 관할 세관장에게 수입신고를 하여야 한다.

▌그림 9-40 수입통관 업무 프로세스

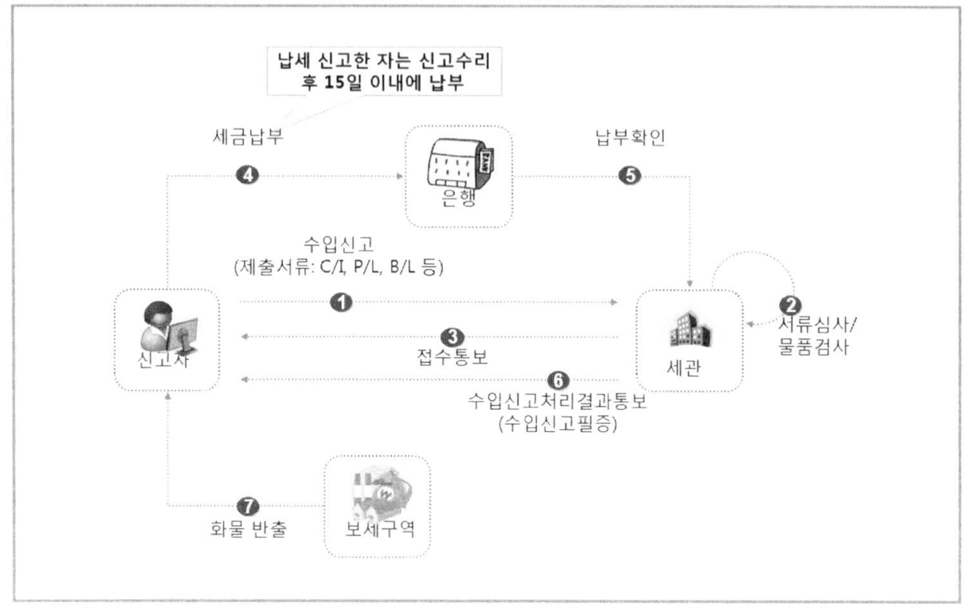

① 신고자(화주 또는 관세사)는 수입신고서를 작성하고 제출서류(C/I;상업송장, P/L;패킹리스트, B/L;선하증권 등)를 준비하여 관할지 세관에 전송한다.

② 수입신고서를 수신 받은 해당 세관은 관세청 통관시스템에서 전송 받은 수입신고서에 대해 서류심사 및 물품검사를 한다.

③ 관세청 통관시스템에서 해당 수입신고 건에 대해 접수통보를 신고자 에게 전송한다. (오류 시 오류통보 전송)

④ 신고자는 은행을 통해 해당 수입신고건의 세금을 납부한다.

⑤ 은행은 수입신고 세금납부 내역을 세관에 전송한다.

⑥ 세금납부 내역을 확인한 세관은 수입신고처리결과(수입신고필증)를 통보한다.

⑦ 보세구역에 있는 화물을 반출한다.

※ 수입신고의 취하는 원칙적으로 할 수 없으나 수입된 물품이 위약물품이나 우리나라에서 수입 금지조치를 내렸거나 운송도중에 손상, 변질 등이 일어났을 경우에 한하여 세관장의 승인을 얻어 취할 수 있다. (관세법 제250조) 그러나 장치장에서 물품을 반출한 이후에는 정당한 이유가 있다고 하더라도 취하할 수 없으며 수입신고 수리된 물품이라도 수입신고 취하승인을 얻으면 그 신고수리의 효력이 상실된다.

▌그림 9-41 e-Trade world 업무 구성도

9) 서류심사 대상일 경우의 프로세스

관세청 전산시스템에서 서류 심사 건을 선별하여 서류제출대상으로 확정하면 신고인에게 서류제출통지를 한다. 신고인은 관련서류를 취합하여 세관에 직접 방문해서 관련서류에 대한 확인을 받는다.

▌그림 9-42 가격신고 제출대상 프로세스

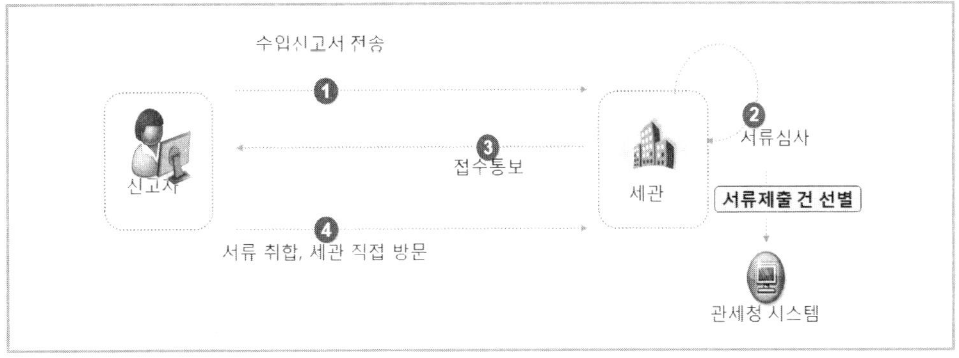

수입신고서 작성 시 가격신고서 제출대상일 경우에는 가격신고서를 작성하여 수입신고서와 함께 관세청에 송신한다.

▌그림 9-43 가격신고 업무도

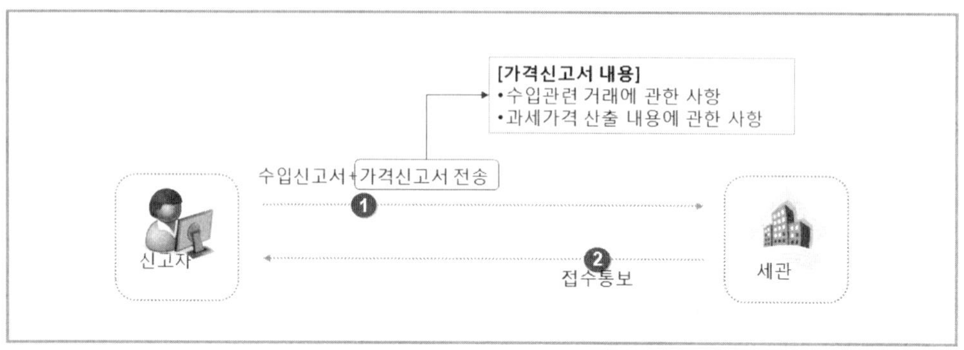

10) 관세감면/분납/용도세율적용 대상 프로세스

일반적으로 수입물품에 대하여는 국가재정 수입확보 및 국내산업보호 육성을 위하여 관세가 부과되는 것이 원칙이나 특정한 국가정책 목적을 달성하기 위하여 일정한 요건을 갖춘 특별한 경우에 관세의 일부 또는 전부를 면제, 분할납부, 용도에 따라 세율을 적용하는 건인 경우 감면/분납/용도세율적용 신청서를 작성하여 세관에 제출한다. 감면/분납/용도세율적용 신청서를 보내는 시점은 수입신고에 대한 접수통보를 받은 이후 시점에 송신하여야 한다.

▌그림 9-44 관세 감면 분납 신청서 업무도

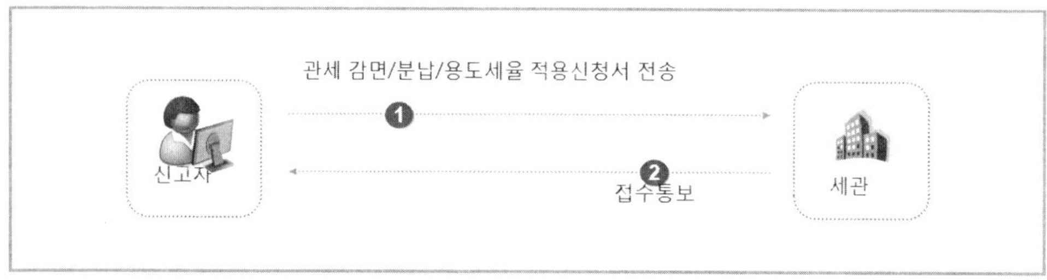

11) 가격신고

관세의 납세의무자는 수입신고를 하는 때에 세관장에게 당해 물품의 가격에 대한 신고를 하여야 하며, 이러한 가격신고는 가격신고서에 의하여야 한다. 관세법은 수많은 수입자의 거래관계내용을 일일이 확인할 수 없는 문제점과 대부분의 수입자가 성실한 납세를 할 것을 예견하여 수입자가 스스로 자기의 거래 내용을 밝히고 법령에 적합한 세액을 신고하도록 규정하고 있다.

그러나 모든 수입물품에 대해서 가격신고를 해야 되는 건 아니며 가격신고 제출 생략가능 물품을 경우, 가격신고의 제출이 생략된다. 그럼 가격신고 제출 생략가능 물품과 필수제출 물품에 대해 알아본다.

표 9-14 가격신고 제출 여부 구분

구분	내용
가격신고 제출 생략가능 물품	① 과세가격이 미화 1만불 이하인 물품(단, 특별소비세, 주세, 교통세가 부과, 분할 신고한 물품은 제외) ② 성실자율심사업체로 지정된 업체가 수입하는 물품 ③ 수입통관 사무 처리에 관한 고시상의 수입신고 생략물품, 간이신고 대상물품, 목록통관 특송 물품, 간이신고 특송물품 ④ 종량세 적용 물품(단, 가격에 따라 세율이 달라지는 물품은 제외) ⑤ 정부 또는 지방자치단체가 수입하는 물품, 정부조달물품, 정부투자기관이 수입하는 물품 ⑥ 관세와 내국세 등이 모두 부과되지 않은 무세 또는 면세인 물품 ⑦ 방위산업용 기계, 그 부분품 및 원재료 ⑧ 수출용 원재료 ⑨ 특정연구기관이 수입하는 물품
가격신고 제출 필수 물품	① 법 제30조 1항 제1호 내지 제5호의 규정에 의하여 가산할 금액이 있거나 법 30조 2항 제1호 내지 4호 규정에 의하여 공제할 금액이 있는 물품 * 가산요소(예시) - 수수료, 중개료(구매수수료 제외) - 용기 포장비 - 생산지원비 - 로열티 및 권리사용료 * 공제요소(예시) - 수입장소 도착 후 운송관련 비용 - 수입 후 행해진 건설, 설치, 정비, 유지 또는 수입물품관련 기술지원 금액 - 기타 계약과 관련 없이 구매자 자신의 필요에 의해 사용된 검사비용, 구매수수료, 교육훈련비 - 수출세 등 ② 법 31조 내지 제35조 의한 과세가격을 결정하는 물품(2방법 이하) 다만, 수입신고생략물품, 간이신고대상물품, 목록통관 특송 물품은 제출을 생략 ③ 법 제39조에 의한 부과고지 대상 물품(단, 이사화물은 해당 없음) ④ 잠정가격신고물품 수입신고수리전 세액심사대상 물품(체납업체, 불성실 신고인, 농수산물 등 가격변동이 심한 물품 중 관세청장이 지정한 물품)

12) 관세감면 및 분할납부 제도

일반적으로 수입물품에 대하여는 국가재정 수입확보 및 국내산업보호 육성을 위하여 관세가 부과되는 것이 원칙이다. 그러나 특정한 국가정책 목적을 달성하기 위하여 일정한 요건을 갖춘 특별한 경우에 관세의 일부 또는 전부를 면제하는 것을 관세의 감면이라 한다.

또한 특정한 물품에 대하여 부과된 관세를 일정기간 분할하여 납부할 수 있는 분할납부 제도가 있다. 관세는 수입신고 수리 전 또는 수리 후 15일 이내에 관세의 전액을 납부 하여야 하나, 중요산업에 소요되는 시설기계류 등의 관세납부에 따른 수입자의 자금부담을 완화시켜 설비투자를 촉진하기 위하여 이 제도가 마련된 것이다. 다음을 통해 관세감면 신청 시기와 구분, 그리고 사후관리 실시에 대해 알아본다.

관세감면과 분할납부 대상은 학술연구용품, 종교용품/장애인용품, 정부용품, 시설기계류, 중소제조업체 물품 등이 있다.

또한 분할납부기간은 분할납부승인금액에 따라 최장5년까지 허용될 수 있으며 관세법 시행규칙 제59조 제2항의 별표4의 납부기간과 방법을 참조하자.

▌그림 9-45 관세감면 및 분할납부

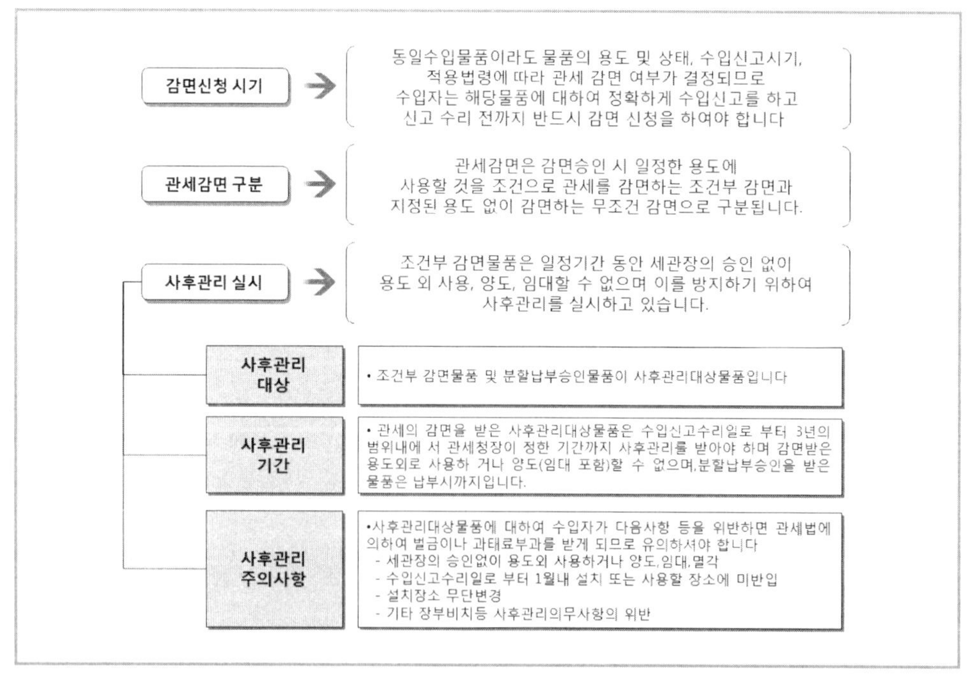

수입물류는 외국화물을 적재한 선박이나 항공기가 국내에 입항하여 하선 또는 하기, 보세운송, 보관, 통관 등의 절차를 거치면서 최초의 수입화물이 중간과정에서 불법 유출됨이 없이 적법하게 통관되어 화주에게 인도될 수 있도록 하는 과정이다.

수입물류는 일반적으로 입항, 하선(하기), 입항지 보세구역 반입, 보세운송, 내륙지 보세구역 반입 등 5단계를 거치면서 진행된다.

적하목록 신고 후에 세관에서 부여 받는 화물관리번호를 기초로 관세청의 화물추적정보시스템에 모든 내용이 기록되기 때문에 화주는 화물관리번호만 알면 시스템을 이용하여 쉽게 화물의 현재상태(보세운송 중, 도착완료여부)를 알 수 있다. 그럼 수입물류가 진행되는 5단계에 대해 알아본다.

▌그림 9-46 수입물류 흐름도

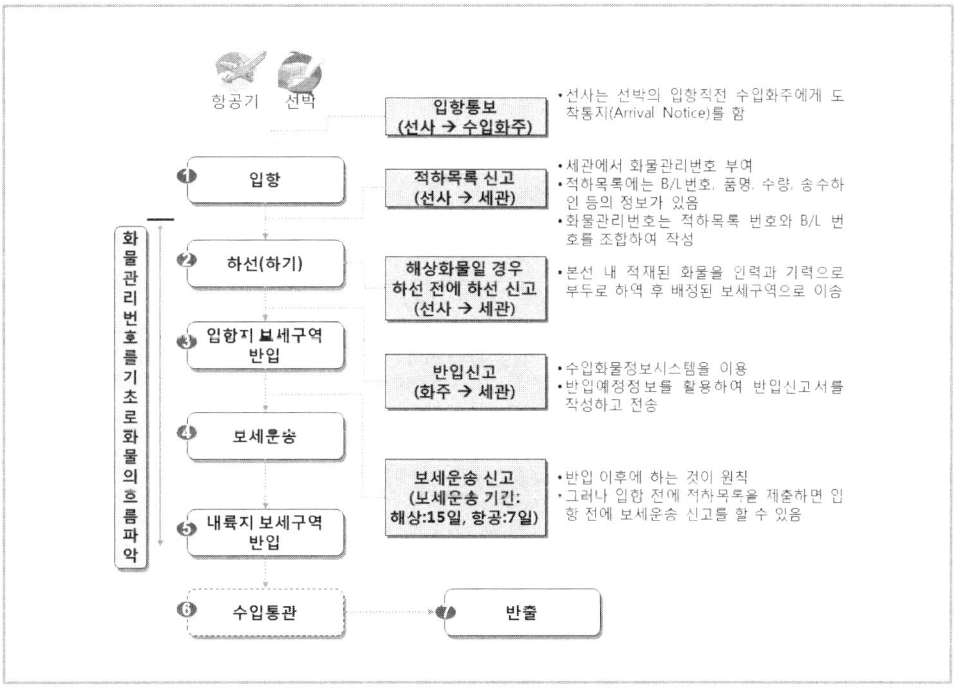

항공기 선박
입항통보 (선사 → 수입화주)
•선사는 선박의 입항직전 수입화주에게 도착통지(Arrival Notice)를 함
❶ 입항
적하목록 신고 (선사 → 세관)
•세관에서 화물관리번호 부여
•적하목록에는 B/L번호, 품명, 수량, 송수하인 등의 정보가 있음
•화물관리번호는 적하목록 번호와 B/L 번호를 조합하여 작성
❷ 하선(하기)
해상화물일 경우 하선 전에 하선 신고 (선사 → 세관)
•본선 내 적재된 화물을 인력과 기력으로 부두로 하역 후 배정된 보세구역으로 이송
❸ 입항지 보세구역 반입
반입신고 (화주 → 세관)
•수입화물정보시스템을 이용
•반입예정정보를 활용하여 반입신고서를 작성하고 전송
❹ 보세운송
보세운송 신고 (보세운송 기간: 해상:15일, 항공:7일)
•반입 이후에 하는 것이 원칙
•그러나 입항 전에 적하목록을 제출하면 입항 전에 보세운송 신고를 할 수 있음
❺ 내륙지 보세구역 반입
❻ 수입통관
❼ 반출
화물관리번호를 기초로 화물의 흐름 파악

보세운송이란 외국으로부터 수입하는 화물을 입항지에서 통관하지 아니하고 세관장에게 신고하거나 승인을 얻어 외국물품상태 그대로 다른 보세구역으로 운송하는 것을 말한다.

이러한 보세운송은 수입화물에 대한 관세가 유보된 상태에서 운송되는 것이므로 운송에 제약이 따른다.

▌그림 9-47 보세운송 예시

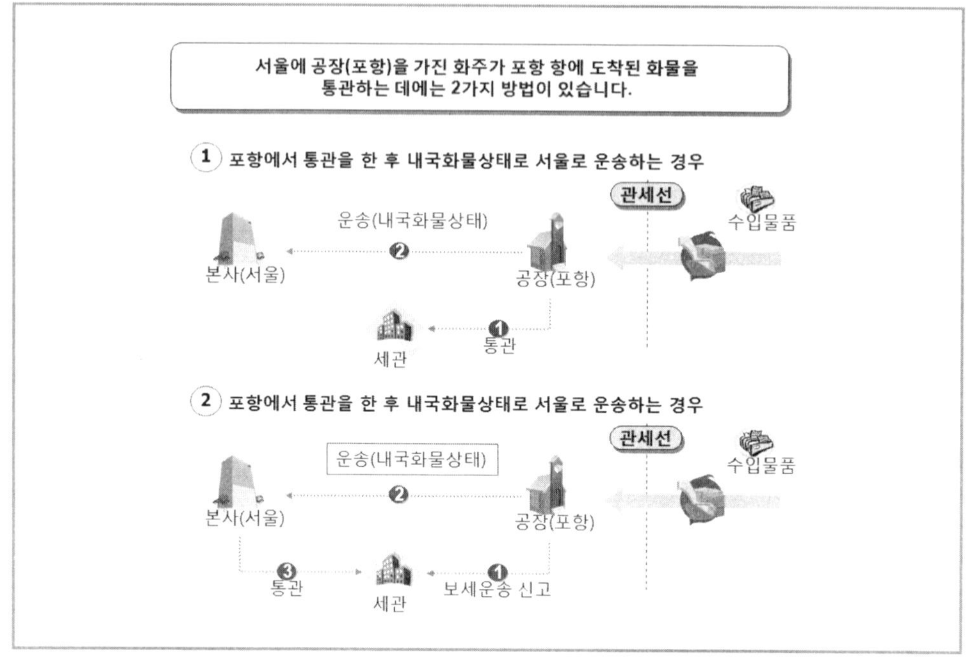

- 이와 같이 보세운송을 하여 서울에 물품을 옮겨 놓은 후에 통관을 하게 되면 화주에게 편리한 면이 있지만, 보세운송할 물품을 세관에 신고(승인신청)를 한 후 보세운송하여 목적지 세관의 보세구역등에 반입한 후에 관할세관장에게 도착보고를 해야 하는 번거로움이 있다.
- 그러나 보세운송신고(승인신청)와 도착보고 등의 업무가 수입화물 전산시스템에 의하여 이루어 지고 있으며 적하목록 등을 사전에 입수하면 하선(기)전에 보세운송신고가 가능하므로 보세운송으로 인한 수입화주의 불편사항은 거의 없다.

5 관세환급업무

관세환급이란 세관에 납부한 관세를 어떠한 사유로 되돌려 받는 것을 말하며 그 종류는 되돌려 받는 사유에 따라 여러 가지가 있으나 일반적으로 관세환급이라 지칭되고 있는 환급특례법에 의한 관세환급은 우리나라 수출물품에 대한 국제 가격경쟁력을 제고시키기 위한 수출지원제도로서 수출용원재료를 수입하는

때에 납부하였거나 납부할 관세 등을 관세법 등에 불구하고 수출 등에 제공하였을 경우 수출자 또는 수출물품의 생산자에게 되돌려 주는 제도를 말한다.

일종의 수출을 활성화 하기위한 보조금 정책으로 기업들에게는 매우 유익한 제도이다.

1) 관세환급 진행 시 사전에 확인해야 될 사항

관할지 세관에 관세환급 방법에 대하여 신청이 되었는지 확인해야 한다. 만약 관세환급을 한 번도 하지 않았다면 관할지 세관에 방문하여 간이정액환급 적용 또는 비적용 승인 신청을 해야 한다. 승인신청이 안된 경우 아래 사항을 확인한 후, 본 신청서 및 소요량산정 방법을 관할지 세관에 신고해야 한다.

간이정액환급율표는 관세청에서 확인 할 수 있으며 1만원 당 환급액이 정액으로 고시된다. 개별환급의 경우 수출신고서에 기재된 품목을 생산하는데 있어 원자재를 직접 수입하거나, 구매승인서 및 내국신용장로 구매를 할 경우 물품거래증명서(인수증)을 받게 되는데 각 소요되는 원자재를 각각 소요량을 계산하여 관세환급을 받는다.

▌그림 9-48 정액환급과 개별환급

간이정책환급 적용 대상

- 중소기업기본법 제2조의 규정에 의한 중소기입자로시 전년도 총 환급실적(기초원재료납세 증명서 발급실적 포함)이 3억원 이하인 자가 제조한 수출물품은 국가가 정한 수출품 H.S코드에 따라 일정한 금액을 환급 받을 수가 있다.

개별환급 적용 대상

- 정액환급율표의 적용대상이 되지 않는 수출품목이나, 간이환급율표상이 금액에 비하여 현저히 차이가 날 경우, 물품에 제조하는데 소요된 원재료의 수입 시 납부한 관세 등의 세액을 소요원재료별로 확인, 합계하여 환급금을 산출 하는 방법 이다.

2) 관세환급 효과

1. 외국으로부터 수입되는 원재료가 수출 등에 제공된 후 환급시까지 관세 등의 금액에 상당한 자금부담을 주게 되므로, 이런 자금 부담이 없는 국산원재

료의 사용 개발을 촉진할 수 있다.

2. 수입물품에 부과하는 관세 부담을 제거하여 수출 물품의 국제경쟁력을 높이고, 수출지원 및 촉진의 효과를 볼 수 있다.
3. 현행 관세환급제도가 실시됨에 따라 사전면세제도는 폐지되었고, 모든 수입물품에 대하여 수입시에 관세를 부과, 징수함으로써 사후관리절차가 필요 없게 되어 환급업무에 대한 절차가 간소화 되었다.

관세환급 업무는 **간이정액환급**과 **개별환급**으로 나눌 수 있으며, 수출용 원자재 국내거래 증명방법에는 기초원재료납세증명서, 수익세액 분할증명서, 평균세액증명서 등이 있다.

■ 그림 9-49 관세환급 업무의 종류

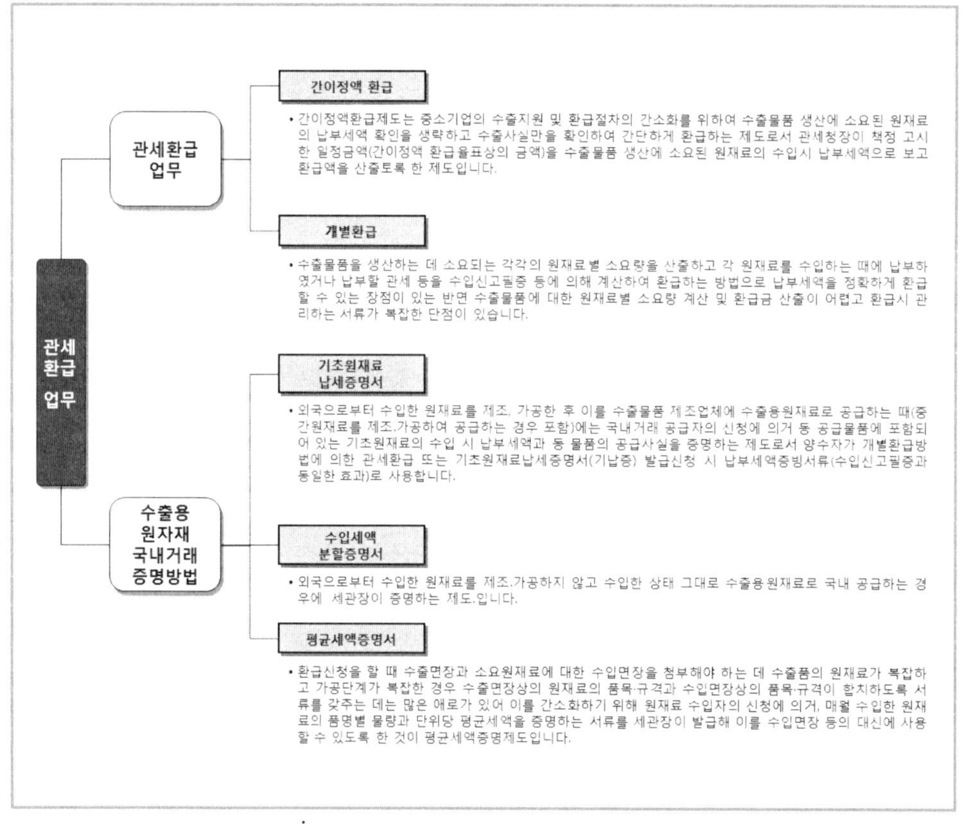

3) 관세환급 업무흐름도

▌그림 9-50 관세환급 흐름도

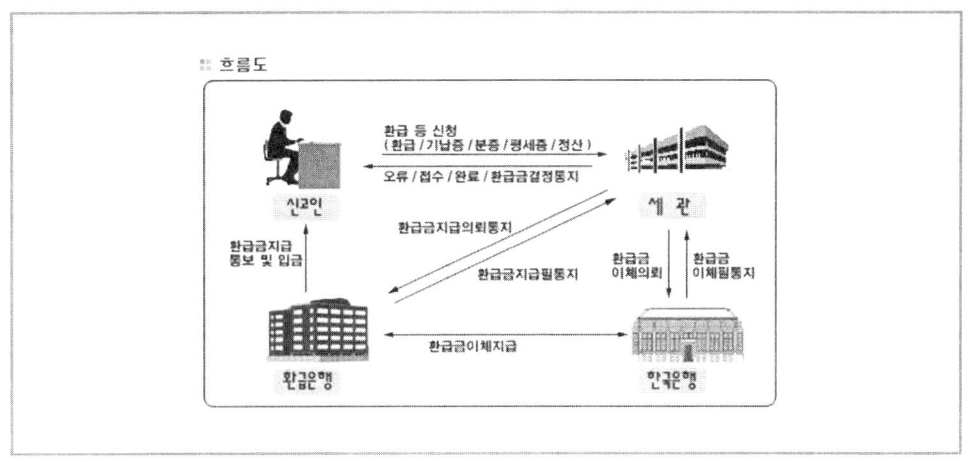

관세환급신청시 화주 또는 대행사(관세사)에서 전자문서를 작성하여 세관으로 전송하면, 관세청 시스템에서 수출신고내역과 수입신고내역을 cross check하여 이상유무를 확인한 후 오류 및 접수, 완료, 환급금결정통지를 신청인에게 보내주고, 한국은행에 환급금에 대해 지급지시를 하여 신청인이 개설한 환급신청 계좌로 환급금을 이체하여 대금 지급을 완료한다.

- 오류통보 : 내용상의 오류 및 과다환급 신청 등 논리적인 검승을 통해서 문서상의 오류 발생시 오류 통보를 함
- 접수통보 : 환급신청이 이상없이 접수되었다는 통보
- 완료통보 : 접수 후 내용 검증을 통하여 이상 없는 건에 대해서 관세청 내부적으로 업무 처리를 함
- 환급금지급통보 : 세관에서 한국은행에 환급금 지급을 지시한 후 신청인에게 환급금지급통보를 함

4) 관세환급업무 관련 전자문서

현재 우리나라는 관세환급 업무를 100% 전산을 통해서 이루어지고 있다. 1997년 5월부터 EDI로 서비스를 시작하였고, 2000년대에 들어서서는 EDI서비스와 함께 관세청에서 인터넷통관포탈 서비스를 통해서 추가적으로 관세환급 업무가 이루어지고 있다.

또한 관세환급 업무의 경우 업무의 표준화가 이루어져 있기 때문에 많은 기업들이 직접 관세환급 S/W를 활용하여 환급업무를 진행하고 있다. 개별환급의 경우 환급신청서 1건은 같은 HS번호와 같은 월에 발생한 수출신고서를 모아서 1건의 관세환급 신청을 한다.

또한 자재 및 제품을 등록하고 환급BOM을 구성하면 소요량계산서 및 조건표, 분할사용기록표, 관세환급 신청서(송신문서)가 자동으로 만들어 주기에 매우 편리하게 활용할 수 있다.

▌표 9-15 환급신청시 송신문서별 사항

송신문서	내용
관세환급신청서 (갑, 을, 병, 정)	갑 : 수출신고된 total 내용 및 환급신청 내역 을 : 수출신고서별로 수량, 금액을 각각 작성 병 : 수입신고서 및 인수증 내역을 각각 작성 정 : 부산물 발생시 부산물에 대한 명시
기초원재료납입증명서	갑 : 납품업체에 납품한 양도내역 을 : 수입신고에 관련된 계산근거내역 병 : 부산물 내역
분할증명서	분할 양도내역
평균세액증명서	갑 : 평균세액대상내역을 각각 작성 을 : 수입신고서 내역

5) 소요량 산출하기

수출물품을 생산 하는데 소요 되는 원재료의 양인 단위실량과 생산 과정에서 정상적으로 발생 되는 손모량을 포함한 양을 말하며 관세 환급금을 산출 하는데 가장 기본적인 요소이다.

▌그림 9-51 소요량 산출

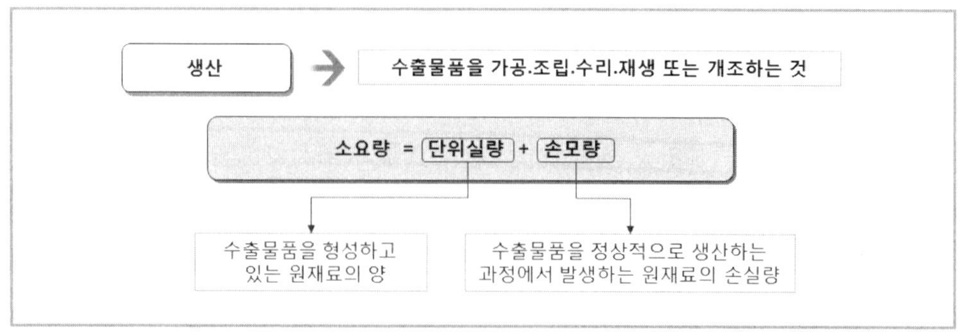

소요량의 종류에는 자율소요량과 표준소요량이 있다. 2가지 방법의 차이점에 대해 알아본다.

6) 자율소요량

자율소요량이란 환급신청자(수출자 또는 생산자)가 수출 물품을 생산 하는데 소요 되는 원재료의 소요량을 생산 현장에서 실제 사용 되는 양을 기준으로 스스로 산정한 양이다.

수출 물품의 생산에 소요 되는 원재료의 종류별 양은 기업이 현실적으로 쉽고, 정확하게 산정할 수 있을 것이므로 이를 관세청에서도 수용한 것이며 관세청에서는 과다 환급 방지를 위하여 최소한의 산정 및 관리에 대한 기준과 절차만 정하고 있다.(소모량의 인정 범위, 산정 방법 신고 등)

자율소요량 제도의 도입 배경은

- 기업관리 소요량과 환급소요량의 동일화
- 기업경영의 여건 변화
- 소요량 관리 여건의 변화
- 기존 제도에 의한 관리, 운영상의 한계 등

7) 표준소요량

- 표준소요량이란 소요량계산 업무의 간소화 등을 위하여 필요하다고 인정하는 경우 관세청장이 수출물품별 평균 소요량을 정하여 고시한 소요량을 말하며 현재는 표준 소요량을 별도로 고시하지 않고 있다.

8) 소요량 산정방법

소요량 산정방식은 단위실량 산정, 단위설계 소요량 산정, 수출 건 별 등 총 소요량 산정, 일정기간 별 단위소요량 산정, 1회계연도 단위소요량 산정방식으로 크게 5가지가 있으며 화주가 자신에게 맞는 방식을 선택하여 적용한다.

(1) 단위실량 산정

- 수출물품을 구성하고 있는 실제 원재료의 양인 단위실량 만으로 소요량을 산정하는 방법 즉, 단위실량은 수출물품(견본)을 분해하여 실측하거나, 수출

물품 1단위를 생산하는데 사용 되는 설계도면상의 원재료의 실 면적이나 부품내역서상의 실량 등을 말한다.

- 손모량이 적은 기계류, 전자제품 등 부품조립에 의해 생산 되는 수출물품에 적합한 방법, 손모량에 대한 환급을 포기하고 단위실량만 환급을 받는다.

(2) 단위설계 소요량 산정

- 수출물품을 생산 하는데 있어 가장 기본이 되는 자료인 제조사양서상의 원재료 중 환급을 받고자 하는 원재료의 종류별 양을 의미 한다.
- 제조사 양서상 손모량이 표시된 경우 계산 근거가 객관적이고 확인이 가능해야 한다. 제조사양서에 의해 자재의 수급량이 결정되는 업체로 손모량이 안정적인 비료, 염료, 페인트 등 화약제품 류를 생산하는 업체에 적합한 방법이다.

(3) 수출건 별 등 총소요량 산정

- 수출계약 건 별 또는 수출 건 별로 수출 물품을 생산하는데 사용한 원재료의 종류별 총량으로 소요량을 산정하는 방법으로 당해 수출 물품의 실제 소요량을 의미한다.
- 소요량이 불안정한 농.림.축.수산물 가공업체, 시제품 생산 단계 업체, 수출계약서 별 생산 관리가 용이한 업체에 적합한 방법이다.

(4) 일정기간 별 단위소요량 산정

- 일정기간(1~6개월)동안 생산된 수출물품 1단위에 대한 단위실량과 평균 손모량으로 소요량을 산정 한다. 수출물품을 생산한 기간이 1년 미만인 업체, 제품 수명 주기가 비교적 단기간인 품목을 생산하는 업체에 적합하다.
- 일정 기간별 단위 소요량은 수출물품에 원재료가 물리적으로 결합 되거나, 화학적으로 분해 되어 통합 되는데 따라 산정 방법이 구분된다.

(5) 1회계연도 단위소요량 산정

- 회계연도 동안 생산된 수출 물품 1단위에 대한 단위실량과 평균손모량으로 소요량을 산정 한다. 제품의 수명 주기가 장기적인 석유화학제품, 철강제품, 타이어, 피혁 등을 생산하는 업체, 환급액이 많은 대기업, 국세청 생산 수율 및 원단위보고서 제출업체에 적합하다.
- 회계연도 단위 소요량도 수출물품에 원재료가 물리적으로 결합되거나 화학

적으로 분해 되어 통합 되는데 따라 산정 방법이 구분된다.

9) 환급신청 방법(개별환급)

수출물품을 생산 하는데 소요 되는 원재료의 양인 단위실량과 생산 과정에서 정상적으로 발생 되는 손모량을 포함한 양을 말하며 관세 환급금을 산출 하는데 가장 기본적인 요소이다.

그림 9-52 환급신청 흐름

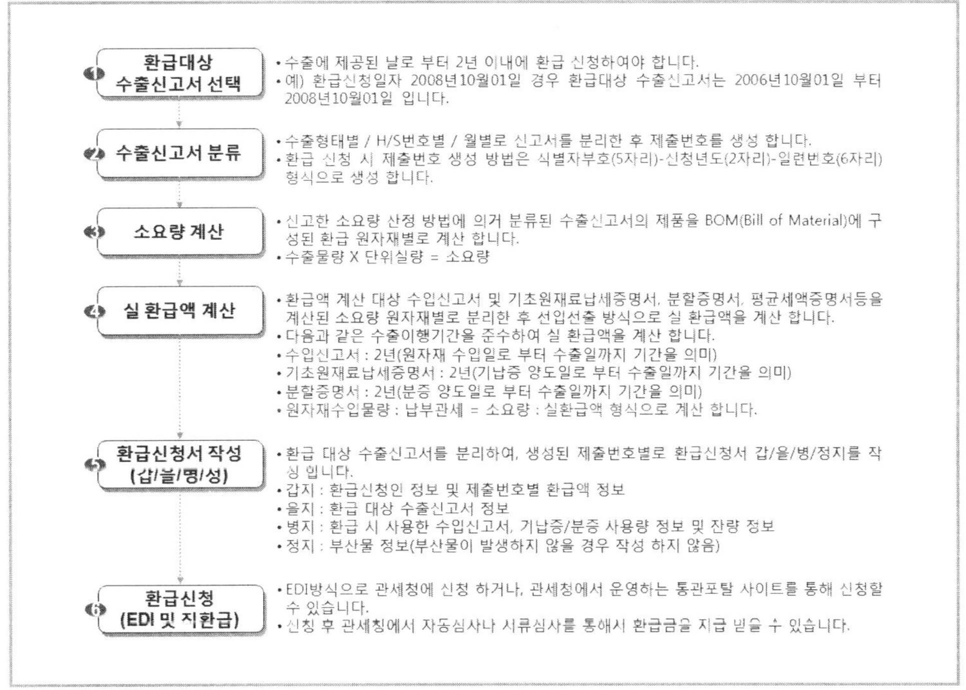

10) 환급신청서의 서식구성 및 작성방법

관세환급신청서는 갑, 을, 병, 정지로 구성되어 있다.

- 환급신청서(갑)은 환급신청인과 수출물품의 총환급액의 기재 및 환급을 신청하는 수출 신고건(수출 신고필증 또는 수출에 갈음하는 서류)이 10건 이하일 경우에 그 내역까지 기재할 수 있는 서식이다.
- 환급신청서(을)은 환급을 신청하는 수출신고건이 10건을 초과할 경우 환급신

청서 (갑)지에 이어서 추가로 기재하는 서식이다. 즉 수출신고서 내역을 기재한다.

- 환급신청서(병)은 환급을 신청하는 수출신고건의 갑, 을지의 수출물품에 대한 소요원자재 별로 환급금의 계산근거와 잔량을 기재하는 서식으로 소요량 계산서상 소요원자재별로 란을 구분하여 작성한다. 수입신고서 및 물품수령 증명서(인수증)의 내역을 기입한다.
- 환급신청서(정)은 수출물품 제조과정에서 부산물이 발생되는 경우 발생된 부산물의 내역과 환급 신청서(병)지의 계산근거 내역에서 부산물에 대하여 공제된 금액을 기재토록 하여 추후 부산물이 수출 등에 제공되었을 경우 환급금을 산출할 수 있도록 하여주는 서식이다.

▌그림 9-53 환급신청서 양식

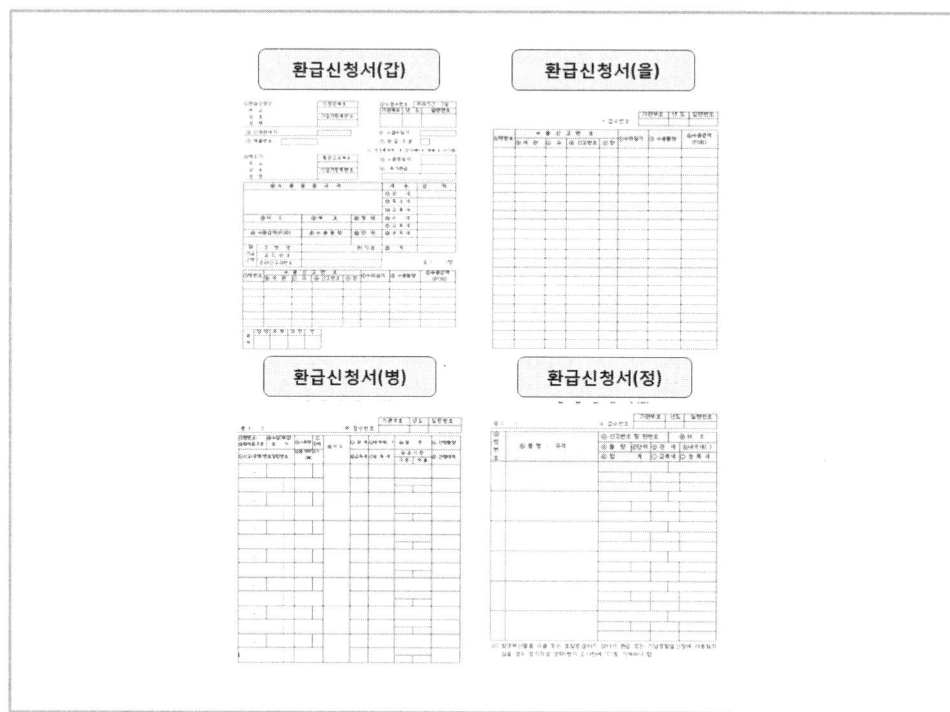

〈작성방법〉

- 환급신청서는 수출물품의 H.S 10단위별로 수출물품이 수출 등에 제공된 월별로 구분 작성한다.

- 2012.7.1 ~ 2012.7.31 까지 동일한 H.S 단위의 물품을 50건 수출하였을 경우 50건의 수출에 대하여 1건의 환급신청서를 작성할 수도 있으며 10건씩 5건으로 환급신청서를 따로 작성할 수 있다.
- 환급신청서는 수출물품의 제조자별로 환급방법(연산품정액, 간이정액, 개별환급) 별로 각각 구분하여 작성한다.
- 수출물품의 H.S 10단위가 동일하더라도 수출형태가 다를 경우 수출형태별로 구분하여 환급신청서를 작성한다. (H.S 10단위가 같은 품목이 수출도 하고 보세공장에 물품공급도 하였을 경우 각 수출형태별로 별도의 신청서를 작성)
- 정액환급(연산품정액, 간이정액) 신청시에는 환급신청서 병지(계산근거) 및 정지(부산물내역)는 작성하지 않는다.
- 부산물이 발생되어 병지(계산근거)에서 부산물비율을 공제하였다 하더라도 부산물이 전부내수판매 되고 수출되지 않아 공제하였던 부산물에 대한 세액의 환급이 필요 없는 경우에는 정지(부산물내역)는 작성할 필요가 없다.

11) 기납증/분증 발급신청서 작성방법

기납증과 분증의 차이점은 **수입한 물품의 가공유무**에 따라 기납증과 분증을 작성한다. **기납증**은 수입한 자재를 가공하여 내국신용장 개설업체는 구매확인서 개설업체에게 납품을 할 경우 기납증을 작성하고, **분증**은 수입한 자재를 가공하지 않고 일부만 나눠서 납품을 할 경우 분증을 사용한다.

12) 기초원재료납세증명서 발급 절차

▌그림 9-54 기납증 종류

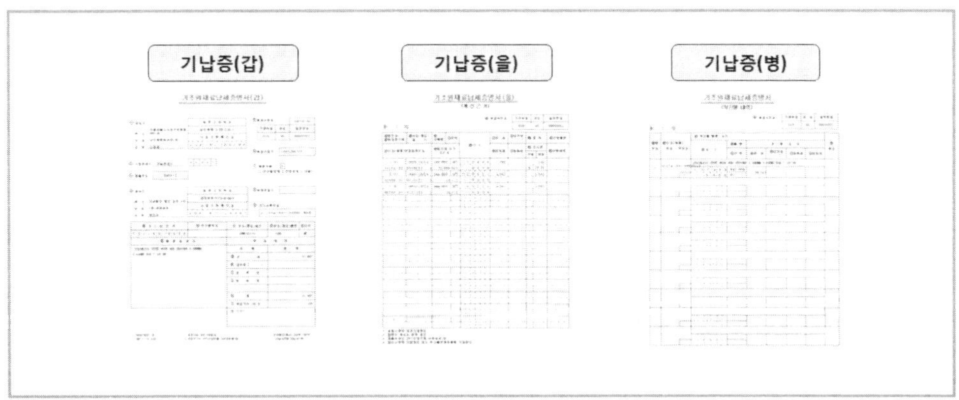

▌그림 9-55 기납증 발급 절차

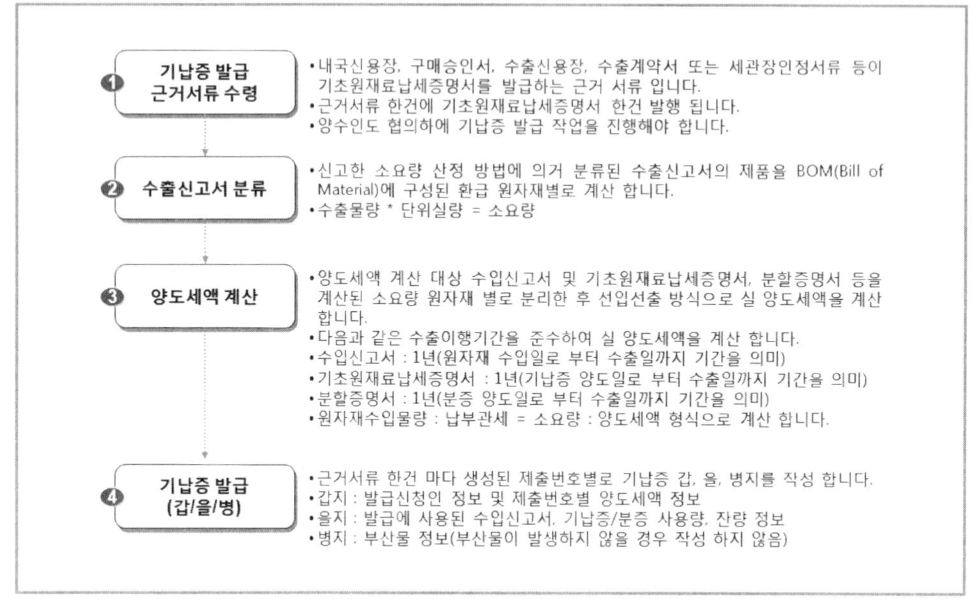

〈작성방법〉

• 기초원재료납세증명서(갑) : 내국신용장(구매확인서)에 의해 공급하는 물품의 내역 및 총 양도세액을 기재하는 서식이다.
• 기초원재료납세증명서(을) : 공급물품의 소요원재료별로 산출한 세액 및 수입신고필증 등의 원재료에 대한 잔량을 기재하는 서식이다.
• 기초원재료납세증명서는 품목별(HS 10단위)로 구분하여 작성한다.
• 한건의 내국신용장등에 의하여 거래되는 물품이 2회 이상 분할하여 공급되는 경우에는 최초물품의 거래된 날에 당해 수출용원재료가 전량 거래된 것으로 보아 신청서류를 작성하여야 하나 신청인이 원하지 않을 경우에는 양도일별로 별개의 건을 신청할 수 있다.
• 2건 이상의 내국신용장등에 의하여 원재료가 공급되었으나 그 양도일자가 같은 경우에는 1건으로 발급신청할 수 있다. 다만 내국신용장 등의 건별로 물품인수증이 발행될 경우에는 각각 별건으로 신청해야 한다.

13) 분할증명서 발급 절차

▌그림 9-56 분할증명서 발급 절차

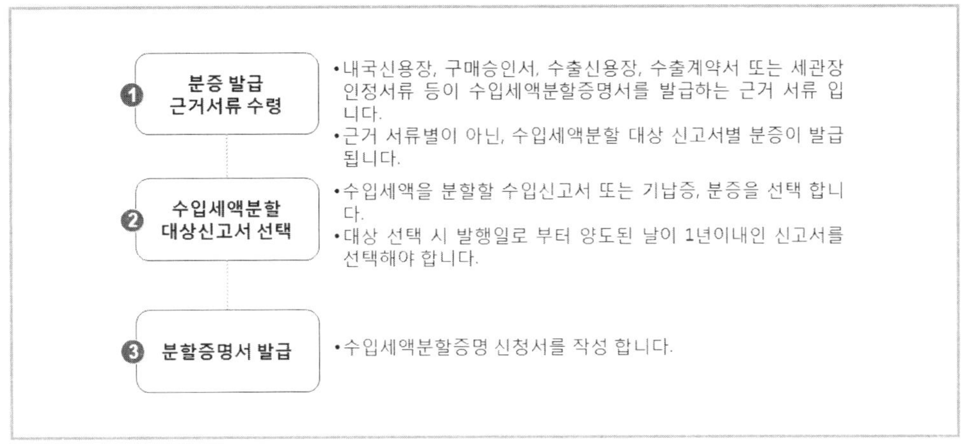

〈작성방법〉

- 수입(구매)한 원재료를 제조·가공없이 수출품등을 제조·가공하고자 하는 자에게 양도하거나 관세환급 또는 기납증발급을 신청하는데 수입신고필증(기초원재료납세 증명서 및 평균세액증명서 포함)의 분할이 필요한 경우 사용되는 서식이다.
- 수입신고필증(기초원재료납세증명서 및 평균세액증명서 포함)란별 양도일별로 각각 구분하여 작성하되, 여러 계약건(환급사무처리에 관한 고시 제3-6조 제2항에서 규정한 서류)으로 물량이 양도되었으나 양도일이 같은 1건의 수입신고필증 등을 분할하고자 하는 경우에는 1건으로 발급신청 할 수 있다

14) 시스템을 활용하여 관세환급 받기

- 기초코드 : 환급에 필요한 각종 코드를 환급신청 전에 등록한다.
- 수출신고서 등록 : 환급대상 수출신고서를 등록한다.
- 수입신고서 등록 : 수입물품 또는 기납증 받은 것을 등록한다.
- 인수증 등록 : 기납증 발행을 위해서는 등록한다.
- 세액계산 : 환급신청을 위하여 세액계산을 계산한다. 이때 계산은 선입선출법에 의해서 작업이 이루어진다.
- 환급신청서 자동생성 : 수출신고서 월별, 동일품목별로 분류하여 자동생성한다.

• 소요량증명서 : 실제 환급에 사용되는 소요량을 계산하여 생성된다.
• 조건표 : 수출내역과 수입내역이 연결되어 수출현황을 검토할 수 있다.
• 환급누락현황 : 수출은 되었으나 수입자재가 부족한 내역을 확인
• 제품별 환급현황 : 환급에 적용된 제품별로 확인
• 수입수출 연결현황 : 수출신고서와 수입신고서의 연결현황 확인
• EDI전송 : 환급신청서를 세관에 전송한다.

▌그림 9-57 EDI 방식 환급신청 절차

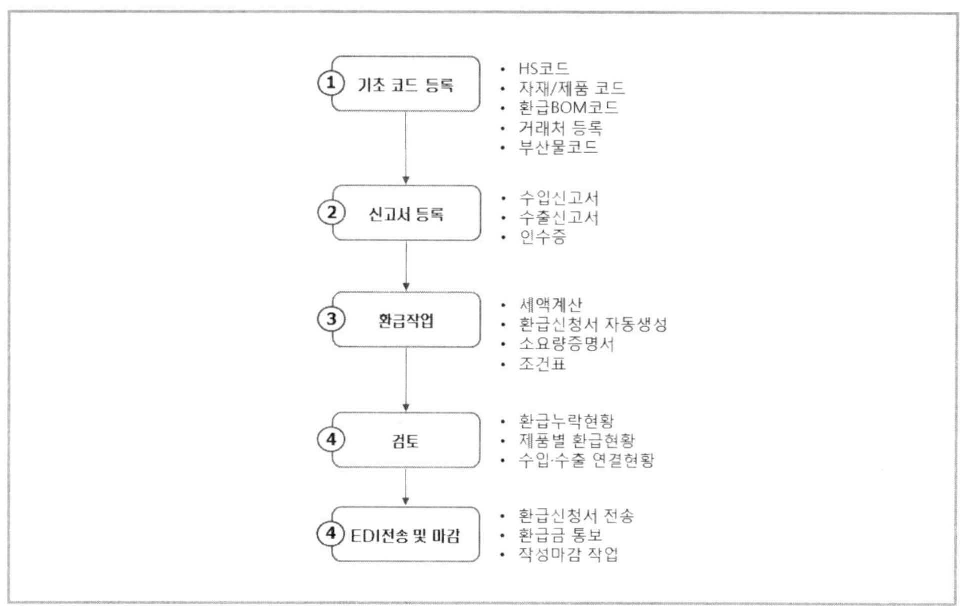

6 부대비용관리 및 클레임관리

수출을 하는데 있어 수출품의 원가 대비 판매 이익률은 매우 중요하다. 좋은 제품을 비싸게 팔 수 있다면 이익이 극대화 된다. 그러나, 사전원가 계산 및 부대비용계산을 적절하게 하지 못하면 간접비가 과다하게 발생하여 이익이 줄어들거나 손해를 볼 수도 있다.

무역에 발생하는 각종 비용에 대해서 알아보면 원가계산에 많은 도움이 된다. 즉 가격조건이나 인도조건 등에 따라 발생하는 부대비용이 차지하는 위치가 수입을 하는 것이 더 좋을 지, 국내에서 유통하는 것이 좋을지 결정하는 요소가 된다.

1) 어떤 방법이 더 이익일까?

예를 들어 한국의 J패션은 청바지를 제조, 판매하는 소규모 의류회사로 청바지 원단을 국내 업체에게 구입해서 자체 공장에서 제조, 동대문시장 등 대형 도매시장에 납품하고 있다. 최근 원자재값 상승으로 제품 생산에 필요한 비용은 날로 증가되는데 경기악화로 인한 소비심리는 둔화되어 청바지 가격을 올리지도 못하는 어려운 형편에 처해 있다.

이에 J패션은 중국에서 보다 저렴한 원단을 수입해서 제조하는 방안을 고민하고 있다. 알아본 바로는 국내 원단과 품질 면에서는 전혀 차이가 없었다. 과연 원단을 수입하는 것이 더 저렴할까? 만약 원단을 국내업체에게 구매하는 것과 중국에서 수입하는 것에 대한 비용이 다음과 같다면 J패션은 어느 것을 선택하는 것이 더 유리한 지 알아 본다.

▌그림 9-58 비교해 보기

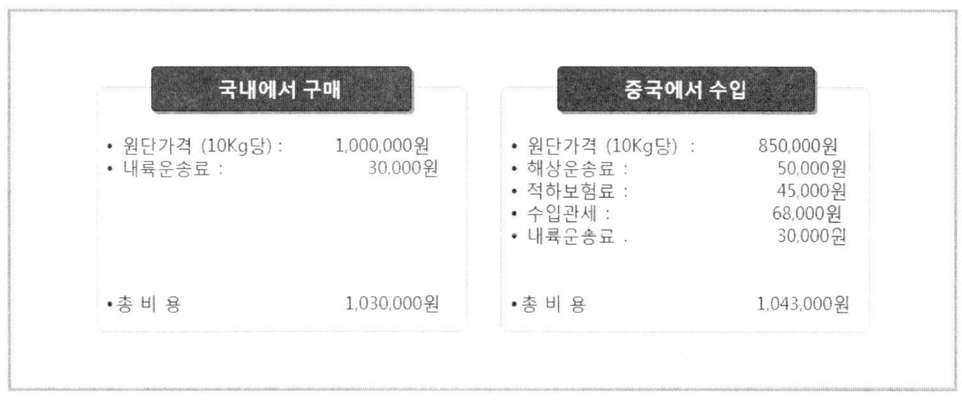

위에서 본 예와 같이 실제 물품의 가격은 저렴하더라도 그 물품을 얻기까지의 비용이 더 발생한다면 결국 손해를 볼 수밖에 없다. 특히 무역은 타국과의 거래이기 때문에 물품의 이동거리가 길고, 이에 대한 위험부담이 있으며, 각 나라의 세관을 통과해야 하므로 무수히 많은 비용들이 발생하며, 이는 모두 다 물품의 실제 유통가격에 영향을 끼치는 요소가 되므로 무역에 있어서 비용 절감은 상당히 중요한 부분을 차지한다.

앞서 살펴보았던 계약의 여러 조건들은 모두 다 이런 비용들을 얼마만큼 절감할 수 있는 지에 대한 조건이라 이야기해도 과언이 아니다. Incoterms 뿐만 아니라 L/C, T/T 등에 따른 은행 수수료, 각종 증명서 발급 수수료, 화물 수송에 따른 각종 운반료 등이 모두 다 비용에 포함되며, 무역의 형태에 따른 중계무역, 임가공무역 등에서 발생하는 커미션, 가공비 등도 비용에 포함되며, 계약 시점의 환율과 네고 시점의 환율 차이로 인한 환차손도 모두 다 비용으로 볼 수 있다.

따라서, 무역 계약 시점에서 이러한 모든 비용들을 파악하여 총 소요비용을 예측할 수 있어야만 제대로 된 계약을 체결할 수 있으며, 이는 물품을 구매하는 경우 즉, 수입이나 물품을 판매하는 경우 즉, 수출 양쪽 모두에게 해당한다.

2) 수출에서 발생하는 비용

수출 시에는 가격조건이나 결제방식에 따라 다음과 같은 비용들을 합산해야 한다.

표 9-16 수출 발생 비용

비용	설명
제조원가	원부자재 소용비용, 생산비용(또는 임가공비), 수출포장비용 등
운송료	가격조건에 따라 부담해야 하는 내륙운송비, 해상운송비, 항공운송비
창고료	제품생산(혹은 구입)후 내륙운송 전까지 혹은 내륙운송 후 선적 전까지 소요되는 창고료
통관수수료	관세사에게 지급하는 통관대행수수료
보험료	적하보험료, 수출보험료
은행수수료	신용장통지수수료, 환가료, less charge, delay charge 등
기타 비용	에이전트 커미션, 각종 증빙서류 발급수수료 등

3) 수입에서 발생하는 비용

수입 시에는 가격조건이나 결제방식에 따라 다음과 같은 비용들을 합산해야 한다.

표 9-17 수입 발생 비용

비용	설명
물품대금	수출자에게 직접(송금) 또는 은행(신용장 또는 추심)을 통해서 지급하는 물품대금
운송료	가격조건에 따라 부담해야 하는 내륙운송비, 해상운송비, 항공운송비
보세창고료	물건이 항구(공항)에 도착한 후 통관절차를 거쳐 물건을 찾을 때까지 발생하는 창고료
통관수수료	관세사에게 지급하는 통관대행수수료

관세 및 세금	세관에서 부과하는 관세 및 품목에 따라 부과되는 특별소비세, 주세, 교육세, 농어촌특별세
은행수수료	Cable Charge, Term Charge, Delay Charge, 송금수수료 등
기타 비용	에이전트 커미션, 각종 증빙서류 발급수수료 등

4) 해상운송 시 일반적으로 발생하는 비용 항목

- 터미널화물처리비 (THC : Terminal Handling Charge) : 화물이 CY에 입고된 순간부터 본선의 선측까지, 반대로 본선의 선측에서 CY의 게이트를 통과하기까지 화물의 이동에 따르는 비용.
- CFS 작업료 (CFS Charge) : 선사가 컨테이너 한 개의 분량이 못 되는 소량화물을 운송하는 경우 선적지 및 도착지의 CFS에서 화물의 혼적 또는 분류작업을 하게 되는데 이때 발생하는 비용.
- 서류발급비 (Documentation Fee) : 선사에서 선하증권(B/L)과 화물인도지시서(D/O)의 발급 시 소요되는 행정비용을 보전하기 위해 신설한 비용.
- 체선(화)할증료 (Port Congestion Surcharge) : 입출항 선박의 수에 비해 항구의 하역능력이 부족하여 하역작업을 위한 대기시간이 길어짐으로 인해 선사 측에 추가적인 경비가 발생할 경우에 일정기간 동안 화주에게 부과.

5) 무역부대비용 계산해 보기

- 무역에서 원가계산은 수출입 업체가 물품을 수출입 할 때 발생하는 비용 즉, 원가 항목을 분석하여 수출입 단가를 산출하는 것을 의미하는 것으로 회사의 이익 실현에 저해되는 물품 및 불합리한 원가 사항을 제거하고 매출에 따른 예상 이익과 판매 계획을 정확하게 수립하는데 필요한 정보를 제공한다.
- 따라서 비용 항목 하나라도 빠짐없이 정확하게 계산해야 하며 환율 등 어떤 기준치가 필요한 경우 정확하고 객관적 타당성이 있어야 한다. 또한 무역 원가계산은 포괄적인 계산이므로 상대편 국가의 전반적인 상황, 관세, 부대비용, 보험료 계산 , 운송 등 국제 물류 비용을 정확히 산출해 낼 수 있어야 한다.
- 이러한 무역원가 분석을 통하여 어느 비용 항목에서 원가 절감이 가능한 지, 어느 항목에서 원가에 영향을 미치는 지 자세히 분석하여 개선하여야 한다.

▌그림 9-59 원가계산의 목적

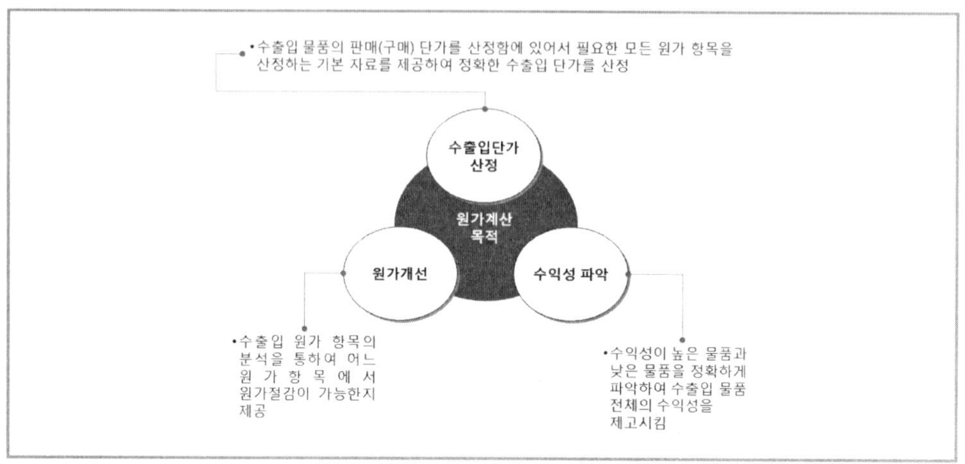

6) 주요 가격 조건 별 수출입 부대비용 계산방법

수출자 및 수입자 입장에서 각각의 비용부담을 살펴보자. 가격조건은 크게 E그룹, F그룹, C그룹, D그룹으로 나눠서 볼 수 있으며, 그 중 우리나라에 가장 많이 쓰이는 가격위주로 설명을 하고자 한다.

▌그림 9-60 가격 조건별 부대비용

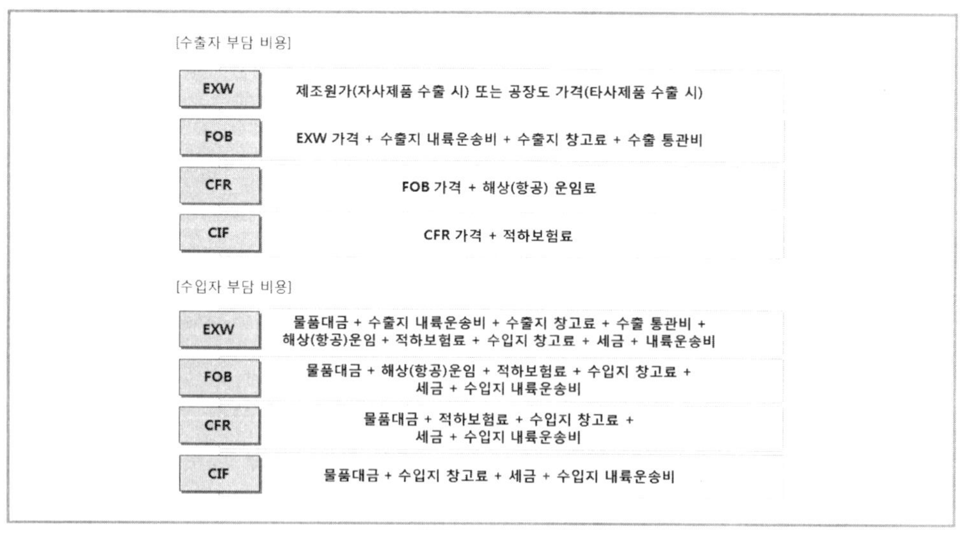

위에서 보이는 것처럼 수출자의 경우 EXW조건이 가장 유리하고, 다음은 FOB, CFR, CIF 조건 순으로 비용이 발생하는 것을 알 수 있다.

수입자의 경우에는 CIF조건이 가장 유리하고, CFR, FOB, EXW 조건 순으로 비용이 많이 발생하는 것을 알 수 있다.

▌그림 9-61 가격조건에 따라 수출자가 부담하는 범위

수출국
물품가격
내륙 운송비
창고료
수출 통관비

운임
해상운임
항공운임

보험료
적하보험료

수입국
창고료
수입 통관비
세비
내륙 운송비

FOB
CFR
CIF

무역거래를 하다 보면 예기치 못한 **클레임**이 발생하는 경우가 있다. 클레임이란 당사자간의 거래계약에 따라 이행하면서 그 계약의 일부 또는 전부의 불이행으로 말미암아 발생되는 손해를 상대방에게 청구할 수 있는 권리를 말한다. 클레임의 종류와 발생원인에 대해 알아보자.

▌그림 9-62 클레임 종류

6) 클레임은 왜 발생 될까?

무역클레임은 발생원인에 따라 **직접적 요인**과 **간접적 요인**으로 나눌 수 있다. 직접적인 요인으로는 품질불량, 수량부족, 선적/운송에 관한 내용, 보험에 관한 내용, 선적불이행이나 선적 지연, 불완전 보험계약 체결, 대금의 지급 지연이나 지급거절, 신용장의 미 개설이나 지연, 거래알선에 따른 수수료 미지급 등이 있으며, 간접적인 요인으로는 당사자간의 의견 차이, 언어의 차이, 각국의 상관습의 차이, 신용조사의 부족, 운송중의 위험, 가격덤핑, 국가마다 법령 등이 있다. 다음을 통해 직접적인 요인 중 많이 발생되는 몇 가지에 대해 알아본다.

▌그림 9-63 클레임별 설명도

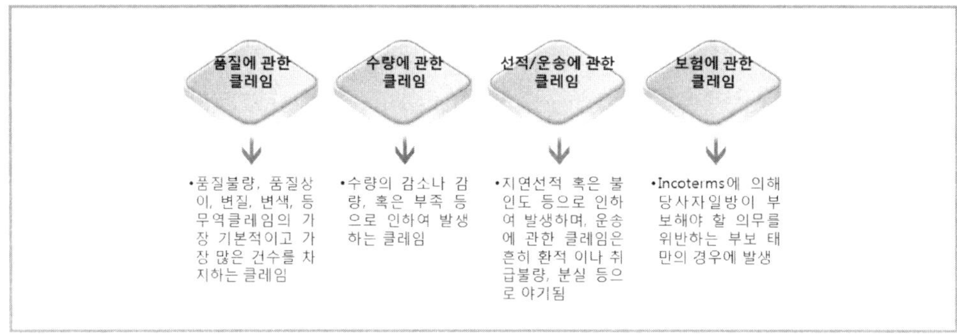

7) 무역클레임의 예방책

무역클레임의 발생은 그 해결에 있어 당사자 쌍방에 시간과 비용이 수반하게 되어 원활한 무역거래에 지장을 초래하게 된다. 따라서 사전에 무역클레임이 발생하지 않도록 예방하는 것이 중요하다. 그 예방대책으로 다음과 같은 점에 주의할 필요가 있다.

▌그림 9-64 예방책

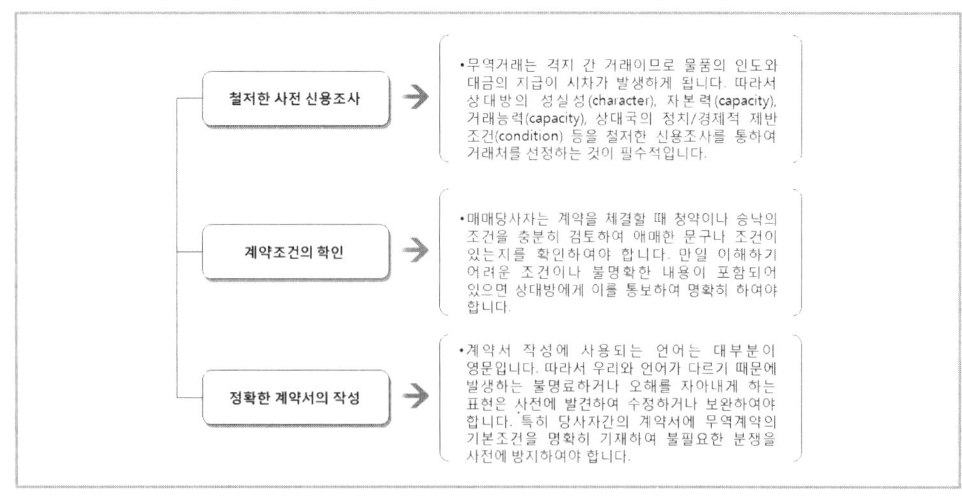

8) 무역클레임의 해결방법

무역클레임의 해결방법으로는 당사자간의 해결방법과 제3자가 개입하여 분쟁을 해결하는 방법이 있다. 당사자간의 해결방법으로는 청구권의 포기 및 화해 등이 있으며, 제3자의 개입에 의한 해결방법으로는 알선, 조정, 중재, 소송 등이 있다. 다음을 통해 각각의 해결방법에 대해 알아본다.

가장 좋은 방법은 중재를 통해 원만하게 해결하는 것이 바람직하다.

▌그림 9-65 무역클레임 해결방법

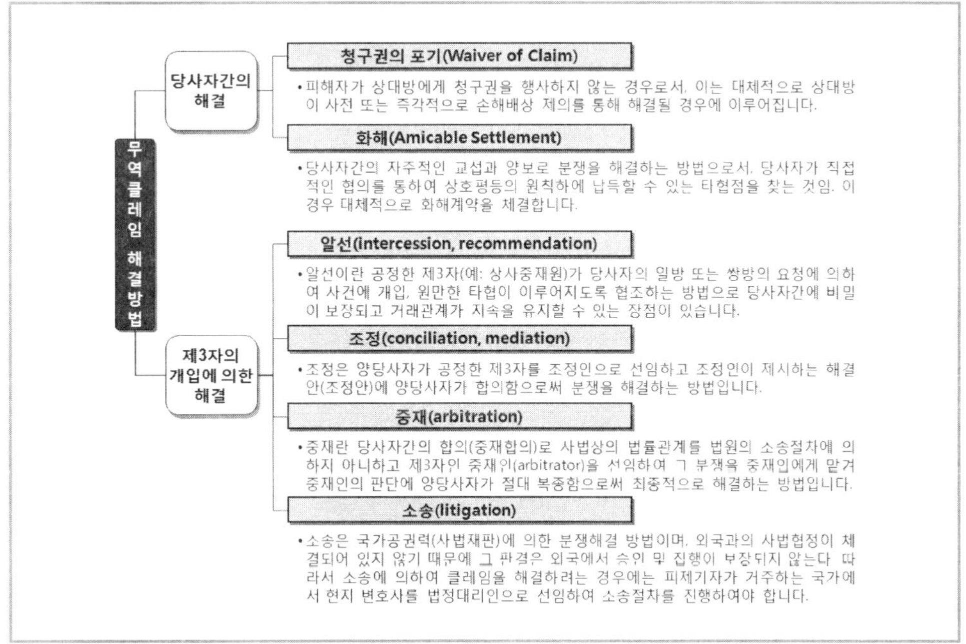

9) 소송과 중재의 차이

소송은 당사간에 합의가 없더라도 당사자가 능력만 있으면 절차의 진행이 가능하나 중재는 반드시 성문화된 합의(계약)가 있는 경우에만 절차가 유효하게 법적 보호를 받을 수 있다, 따라서 기본적인 분쟁의 해결방식은 소송이다.

중재는 이를 대체한 새로운 해결수단이라 할 수 있다. 그러나 소송은 시간이 많이 걸리고 국제법을 적용하여야 하므로 당사자간에도 어려운 점이 많이 있다. 매우 중대한 과실로 손해배상을 철저하게 받아야 하는 경우가 아닐 때는 중재로 하는 것이 현실적으로 편리하다. 중재는 소송에 비하여 다음과 같은 유리한 장점을 지니고 있다.

10) 합리적인 무역분쟁해결제도 중재

중재(**Arbitration**)란 분쟁 당사자간의 합의(중재계약)에 따라 사법상의 법률관계에 관한 현존 또는 장래에 발생할 분쟁의 전부 또는 일부를 법원의 판결에 의하지 아니하고 사인인 제3자를 중재인으로 선정하여 중재인의 판정에 맡기는 동시에 그 판정에 복종함으로써 분쟁을 해결하는 자주법정제도로서 국가공권력을 발동하여 강제집행할 수 있는 권리가 법적으로 보장된다. 다음의 몇 가지 질의응답을 통해 중재에 대해 좀 더 자세히 알아보자.

▌그림 9-66 무역분쟁 해결 사항

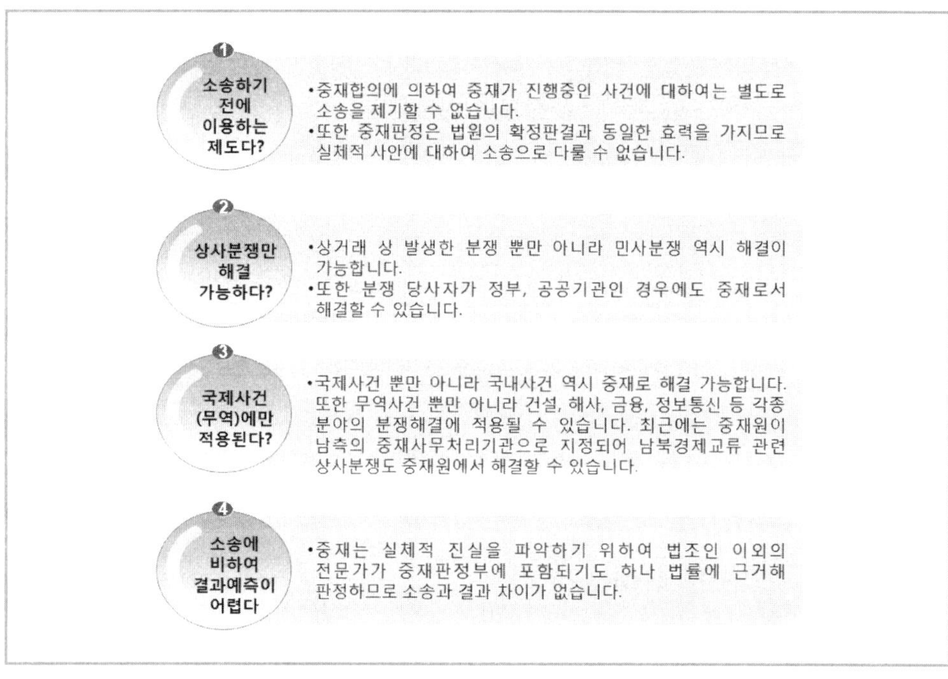

제10장 국제 지급결제시스템(서비스)과 무역 금융결제의 이해

1 개요

경제의 국제화가 심화됨에 따라 개인 및 기업의 해외 상거래와 투자활동이 증가하게 되었고 이를 지원하기 위해 다양한 국제 지급결제서비스가 제공되고 있다.

국가 간 지급결제서비스(Cross-border Payment & settlement service)는 지급지시 전문의 송수신, 자금의 이전 및 결제 등 업무 처리절차가 국경을 넘어 복수의 상이한 법적 관할권 내에서 이루어지는 서비스로서 지급결제서비스를 규율하는 법제도, 업무관행 및 표준 등이 상이하고, 통상적으로 거주자와 비거주자 간, 복수의 통화가 관련되며, 지급결제서비스 제공을 위한 기반이 국내 거래에 비해 완비되어 있지 않는 등 국내 거래와는 다른 특징을 가지고 있다.

2 국제 지급결제시스템 의의

- '국제지급결제'란 「현금」 등 화폐적 가치이전을 통해 국가 경제주체 간 각종 경제활농에 따라 발생한 채권·채부관계를 해소하기 위해 이루어지는 처리 과정을 의미
- '국제지급서비스(payment service)'란 국가 간 경제주체가 지급수단의 이전을 통해 지급행위를 할 수 있도록 금융기관 등이 제공하는 금융서비스를 의미
- '국제지급결제제도'란 국제 지급결제가 일정한 기관에 의해 정해진 체계 및 절차에 따라 처리될 수 있도록 가능케 하는 규범적 체계를 말하며, 이를 구성하는 제도적 장치 또는 요소를 통틀어 국제 지급결제시스템이라 칭함

3 국제 지급결제서비스 유형

1) 소매 금융소비자를 위한 국제 지급결제서비스

국가 간 지급결제서비스 제공기관들은 거주자·비거주자 간 재화·용역의 대금 지급, 각종 증여, 임금·연금 등 수령을 처리하기 위한 국가 간 자금이체 서비스를 제공하고 있으며, 국가 간 자금이체는 목적·방식에 따라 일회성으로 이루어지는 송금(Remittance)서비스와 반복·대량으로 이루어지는 입금이체(Credit Transfer), 출금이체(Debit Transfer) 등이 있다. 송금서비스는 은행계좌 개설을 전제하지 않는 협의의 송금과 계좌 간 자금이체를 모두 포함한다.

이러한 서비스는 은행 외에도 전문 송금업자(Wetern Union, MoneyGram 등), 전자화폐(Paypal 등) 및 지급카드사업자(Visa, MasterCard 등) 등이 제공하고 있으며, 또한 지급카드(신용, 직불 및 현금카드 포함) 발급기관은 그 카드 보유자가 해외에서도 동 카드를 사용해 재화·용역 대금을 지급하거나 ATM에서 사용할 수 있도록 지원하고 있다. 특히 세계적 네트워크를 가진 VISA, MasterCard가 이 같은 국내 발행 지급카드의 해외사용에 있어 직·간접적으로 주요한 역할을 담당하고 있다.

표 10-1 결제 서비스별 네트워크 활용

구분	지급수단	활용 네트워크	비고
소매 금융소비자 결제서비스 (개인)	• 송금 • 신용카드 • 여행자수표 • 외화	• 해외송금전문업체 • 국제 카드네트워크 (Visa, Master 등) • SWIFT	저개발국의 모바일 기반 송금서비스 확대추세
대 기업 거래지원 결제서비스	• Global CMS • 신용장 • 송금/이체 • 상계(Netting)	• 은행 자체 본지점망 • 글로벌 은행과 제휴 • 전자무역결제시스템 • SWIFT	신용장이용 감소 이체방식 증가

2) 대기업 국제 거래지원서비스(Global Transaction Banking)

은행 등 금융기관들은 무역, 해외 생산·판매 등에 종사하는 다국적 기업들이 각종 경상거래에 따른 지급·결제 및 운전자금(working capital)의 조달·운용 업무를 지원하는 서비스(global transaction banking, 이하 "국제 트랜잭션 뱅킹")를 제

공하고 있다. 국제 트랜잭션뱅킹서비스는 복수의 법적 관할간의 자금거래를 수반하므로 규제 차이의 조정, 서비스제공자와 이용자의 규제준수 부담의 최소화가 중요한 과제이며, 복수통화가 관련되므로 외환시장의 리스크관리 및 외환거래 관련 각국의 규제 준수도 필요하다. 또한 국가 간 영역에서는 보편적이고 단일한 지급결제시스템이 존재하지 않을 수도 있기 때문에 별도의 업무체제 및 물리적 인프라를 구비하여야 한다. 국제 트랜잭션 뱅킹서비스는 ① 각종 경상거래 대금의 지급 · 수령 관리, ② 무역금융 및 구매 · 판매업무 지원, ③ 국제 자금관리서비스(globalcash management service ; G-CMS) 등으로 구성된다.

4 국제무역 거래 및 무역결제

무역거래는 마케팅, 상역, 외환 및 결제, 통관 및 물류의 절차로 진행되며 외환 및 결제에서는 외국환은행이 수출 · 수입 업체와 연계하여 해외은행과 환거래 계약을 체결하고 은행상호간 보유계정을 통해 수출입대금을 결제하는 과정이 진행된다.

기업이 무역관련 대금을 결제하기 위해서는 다양한 방식의 결제방식이 사용되고 있는 데, 주로 신용장(L/C), 송금(CAD, COD, Open Account), 추심(D/P, D/A) 방식이 있으며 아래 표에서와 같이 대금결제와 관련한 제약이 있다. 특히 오픈어카운트(O/A)는 수출상이 물품을 선적한 후 상업송장·선하증권(B/L) 등의 선적서류를 직접 수입상에게 발송하되 수출채권을 은행에 매각하여 현금화 하는 방식으로 신용장 및 추심방식에 비해 은행수수료 등 금융비용을 크게 질감할 수 있으나 대금회수 면에서의 리스크 부담이 있어서 수출상은 해외거래 선의재무 상태나 신용도에 대한 철저한 조사를 필요로 한다.

표 10-2 무역대금 결제 지급 관계

구분	신용장	송금	추심
대금지급 책임자	신용장 개설은행	수입업자(구매자)	수입업자(구매자)
국제 규범	신용장 통일규치(Uniform Custom & Practice for Document Credits)	-	화환어음 추심에 관한 통일규칙(Uniform Rules for Collection of the Commercial Papers)

결제 리스크	Low(수출업자)	High(수출업자) *사전송금방식 제외	High(수출업자)
상품 인수 리스크	Low(수입업자)	High(수입업자) *사후송금 제외	High(수출업자)
화물의 소유권	개설은행 *수입업자 미결제시 개설은행이 처분가능	수입업자 *사후송금(O/A), 선적 후 기준	수출업자 *수입업자 대금결제 전 기준
은행 비용	High	Low	Medium
업무 처리 속도	Low	High	Low

5 무역대금 결제 방식의 변화와 전자무역결제

수출시장에서의 경쟁심화 등으로 인해 최근 국제무역 결제방식은 기존 신용장 방식에서 오픈어카운트 방식 위주로 변화하고 있으며, 거래절차 복잡성, 선적서류 지연도착에 따른 화물수취 지연, 비용의 과다소요, 서류내용의 오류 · 누락에 따른 지급거절 가능성 등 신용장 방식의 문제점과 국제 B2B거래의 확산, 정보통신기술의 발달로 국제 간 전자무역결제 시스템도 근래 등장하였다.

국제상거래가 원활하기 위해서는 신뢰성 있는 국제전자결제시스템 개발이 필수적이다. 가상공간을 통한 전자결제시스템은 거래당사자에게 대금지급의 확실성과 거래의 안정성 및 신속성 보장이 전제되어야 한다. **무역결제방식의 전자화는 최근의 정보통신기술의 발달을 반영하여 기존의 결제방법인 신용장, 추심, 송금 등의 결제방법을 전자화 하거나 혹은 새로운 기술과 아이디어를 도입하여 전자자금이체, 신용카드, 전자화폐, 스위프트신용장 등이 결제 수단을 대신하는 방안 등이 나타나고 있다.**

6 전자신용장 및 내국신용장 이해와 활용

1) 전자신용장의 의미

전자신용장은 전자방식에 의해 신용장장이 발행되어 통지되는 신용장이다. 미국통일상법상의 신용장 개념을 기초로 정의하면 “전자신용장(Electronic Letter of

Credit)은 고객의 요청에 따라 발행인이 이에 명시된 조건이 일치할 때에 전자환어음을 인수, 지급하거나 다른 지급요구에 응하겠다는 은행 또는 타인에 의한 전자적인 약속"을 의미한다. 이러한 전자적인 약속은 전자환어음을 인수, 지급한다는 합의이거나 은행 또는 타인이 인수, 지급하도록 수권되는 것이다. 전자화환신용장은 전자신용장에 전자환어음과 전자선적서류가 첨부된 신용장이라고 할 수 있다.

인터넷을 통해 신용장 통지가 이루어지므로 신용장 수령을 위한 은행을 방문할 필요가 없고, 신용장확인요청과 신용장 교부취소 요청도 인터넷으로 수행이 가능하며 통지, 변경, 양도 및 매입 등 모든 거래내용과 신용장의 잔액을 인터넷으로 수시로 조회할 수 있다.

2) 전자신용장의 효용성

(1) 서류심사 작업의 자동화와 단기화

전자신용장의 도입으로 선적서류가 EDI 네트워크를 통하여 전자적으로 제시됨으로써 신용장조건과 선적서류와 그리고 선적서류 상호간의 일치여부에 대한 검사를 자동점검 프로그램으로 수행할 수 있다는 장점이 있다. 프로그램이 신용장 조건과의 일치여부를 항목 간에 점검할 수 있어 시간도 많이 절약되고 인력도 거의 필요 없게 된다.

▌그림 10-1 e-Nego 업무흐름도

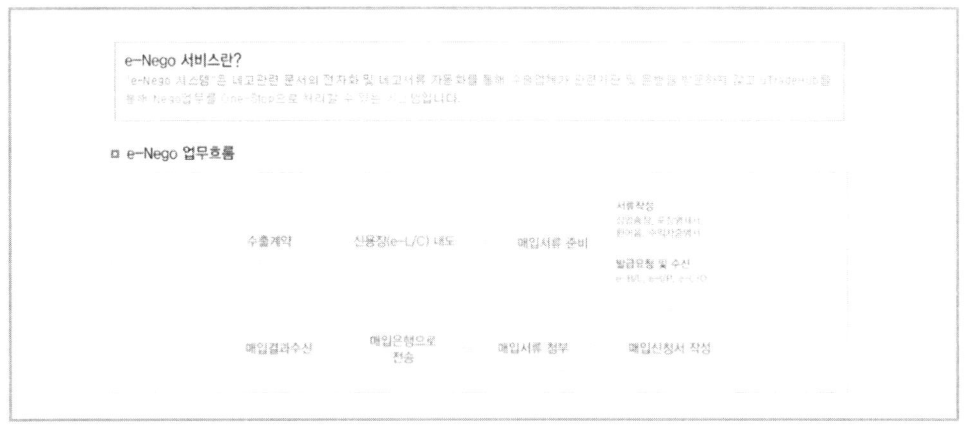

(2) 전자자금이체에 의한 결제

서류전달뿐만 아니라 대금결제도 전자자금이체로 이루어진다. 즉, 신용장 대금

도 전자자금이체로 결제됨으로써 서류전달과 대금전달 모두 전자화되어야만 전자신용장이 제 기능을 수행할 수 있기 때문이다.

(3) 서류심사 관행의 명확화

전자신용장의 도입으로 서류심사업무가 보다 명확하게 되어 국제표준은행 관습의 개념도 많이 퇴색될 수 있다. 이것은 선적서류의 전자제시로 인하여 서류의 정확성이 높아져서 서류를 심사하는 데 은행의 재량권이 극히 제한적으로 사용될 수 있기 때문이다.

(4) 사기 가능성의 배제

전통적인 신용장거래에서는 사기서류와 관련된 많은 문제가 발생하였는데, 전자신용장거래에서는 사용자 인증과 메시지 인증이 이루어짐으로써, 사기를 목적으로 하여 사기서류를 은행에 제시할 수 있는 가능성이 배제될 수 있다.

(5) 불일치한 서류 발생의 감소와 정정작업의 간소화

전자신용장거래를 통하여 서류의 정확성이 제고됨으로써 불일치한 서류가 제시될 가능성이 줄어든다. 비록 불일치한 내용이 발생하더라도 선적서류를 데이터베이스를 전제로 하면 그 데이터베이스에 접근하여 이를 수정할 수 있다. 따라서, 그 정정작업도 간소화되어 서류취급업무의 효율화를 도모할 수 있다.

▌그림 10-2 전자신용장업무 흐름도

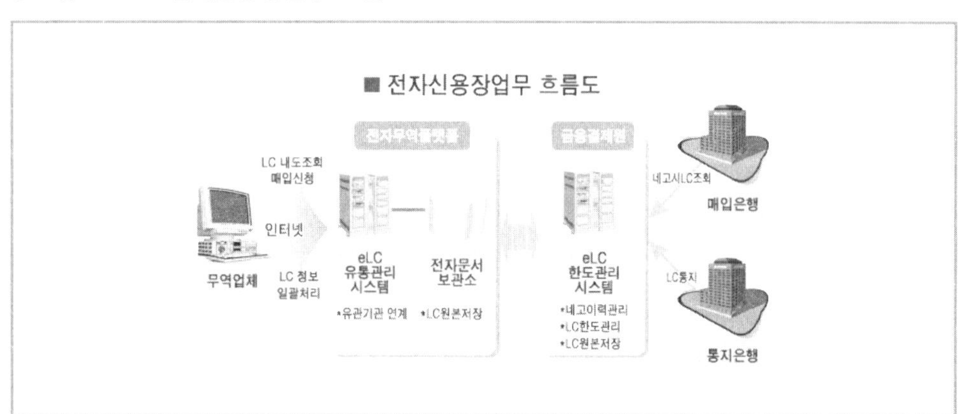

3) 내국신용장의 의미

내국신용장 제도는 수출용 원자재의 국내구입 및 수출용 완제품의 생산, 공급

을 원활하게 하기 위한 제도이다. 내국신용장이란 수출용 원자재나 완제품의 국내거래와 관련하여 물품의 구매자를 발행의뢰인으로 하고 동 물품의 생산자를 수익자로 하여 국내은행이 발행한 신용장을 말한다.

이 제도는 국내에서 수출용 원자재나 완제품을 생산, 공급하는 물품공급자이 대금회수를 보장해 주는 한편, 내국신용장을 근거로 각종 자금을 수혜할 수 있게 함으로써 수출을 활성화하기 위한 것이다.

4) 내국신용장의 EDI 업무처리 효과

EDI 처리효과는 내국신용장 거래 시 발생하는 모든 서류(오퍼, 내국신용장, 세금계산서, 인수증, 로컬 네고 등)를 EDI 방식으로 처리함으로써 발행 기업은 내국신용장 발행 신청 시 오퍼 등 첨부서류를 제출할 필요가 없다. 물품명세 또한 대표적인 물품명세만 입력하기 때문에 입력시간을 단축할 수 있고, 내국신용장 발행을 위한 은행방문이 필요 없게 되어 업무처리를 신속하게 처리 할 수 있다. 발행은행은 내국신용장 개설시 이중입력이 거의 배제됨에 따라 업무의 효율화에 기여할 수 있다.

수혜자는 내국신용장을 EDI로 수신 후 직접 출력하여 사용하기 때문에 은행을 방문하던 시간을 절약할 수 있고 기존의 은행 지점장의 확인도장 날인 대신에 기업의 인감날인을 사용한다.

기존 내국신용장 거래는 기업을 방문하여 관련서류를 전달하고 수령하지만 EDI 이용 시에는 기업에서 모든 서류를 송수신하기 때문에 기업방문이 필요 없고 또한 네고서류를 회사의 PC에서 직접 출력하여 사용하므로 신속한 업무처리를 통한 전체 업무처리시간 단축으로 자금회전의 효율화를 기할 수 있다.

7 전자무역 결제시스템의 이해와 유형

1) 개요

전자무역에 있어서 전자결제시스템은 국내거래와는 다른 양상을 보이고 있다. 특히 결제금액에 있어서 그 금액이 매우 크다는 점이다. 이런 이유로 안전하게 인수하고 인도하기 위하여 은행이 관련되고, 은행에게 담보권을 행사할 수 있는

권한을 제공하여야 할 것이다. 따라서 전자무역은 다른 거래와는 달리 매매계약에 의해 결제가 대규모로 이루어질 때에는 수출업자와 수입업자가 대금결제조건을 설정할 때의 요구조건, 이와 관련된 대금결제의 안정성, 은행 입장에서의 요구조건이 충족되어야 한다. 그리고 전자무역서비스와 전자무역 대금결제서비스를 제공 해주는 데 3자의 신뢰할 만한 인증기관의 역할도 요청된다.

2) 전자결제시스템의 요건

1. 안정성 및 기밀성
2. 신뢰성 및 상호인증
3. 정확성 및 무결성
4. 호환성 및 범용성
5. 신속성 및 경제성
6. 사용자의 편의성

3) 전자무역 결제시스템의 유형

(1) 볼레로(Bolero) 시스템

볼레로(Bill Of Lading Electronic Registry Organization)는 국제은행간 금융 통신망인 스위프트와 세계 해운업계의 상호보험조합 TTClub인(Thorugh Transport)이 지분을 출자해 설립한 회사다.

볼레로넷 서비스는 은행의 신용장과 해운업체의 선화증권을 포함한 각종 무역관련 서류를 전자결제로 대체하는 것을 목표로 무역서류의 전자화를 통해 무역거래 당사자뿐만 아니라, 은행, 운송사 등을 지원하는 인터넷 기반의 무역거래전용 네트워크이다. 볼레로넷의 무서류 무역거래 서비스는 인터넷을 통해 수출입업체와 해운 회사로부터 관련 무역서류를 모두 넘겨받아 표준화한 후 다시 은행에 전송함으로써 거래하는 방식을 사용하고 있다.

또한 대금결제는 거래은행간 SWIFT를 통해 이뤄진다. 기존의 모든 절차를 유지하면서 단지 종이서류를 전자서류로 대체하는 것이지만 국제적으로 표준화된 신용장과 송장 등을 인터넷으로 작성해 전송한다는 점이 다르다. Bolero는 중립적인 제3자로서 전자 선화증권 배서의 연속성을 보장하며 거래의 보안성과 인증된 정보교환, 서류교환 제공이 핵심을 이루고 있으며, 또한 법적 테두리 안에서 사용자들의 충돌을 예방하고 조정하는 역할을 담당한다.

(2) Trade Card시스템

Trade Card란 글로벌 전자상거래에서 기업 간 무역대금결제를 인터넷상에서 서류의 일치성을 자동으로 점검하고 대금지급을 이행할 수 있는 기반으로 지난 94년 세계무역센터협회 등이 개발한 전자무역결제 카드시스템으로서 일종의 무역결제용 온라인 카드솔루션이다.

다국적 은행, 물류업체들이 선도하는 볼레로나 아이덴트러스와는 달리 Trade Card는 미국의 신용카드, 정보기술업계를 등에 업은 무역결제 서비스이다. Trade Card는 신용장방식 등과 다른 새로운 지급결제시스템을 제공하여 수입업체와 수출업체, 금융기관, 보험회사 및 화물운송업체를 연결, 수출입계약에서부터 선적관련 서류의 전자전송은 물론 무역금융 및 보험, 대금결제, 물류, 등 수출입 전 과정을 포괄하는 자동화시스템이자 전자무역서비스라고 할 수 있다.

국제무역거래에서 기업간의 대금결제의 중요한 수단으로 사용하고 있는 화한신용장거래가 서류의 점검에 따르는 불일치가 70%를 상회하고 있을 뿐만 아니라 이러한 하자를 수정하고 보증하는데 비용과 시간이 크게 증가하고 있다. 이러한 현실의 문제 해결이 시급한 가운데 Trade Card는 전통적인 신용장중심의 무역거래 방식에서 탈피, 수출입서류의 전송과 대금결제방법을 전자화하고 무역서류의 전자화 및 서류 점검절차의 자동화를 통해 이러한 문제들을 해결하고자 하였다. 이는 기존의 높은 대금결제수수료와 이자를 부담하는 신용장이나 기탁방식과는 달리 저렴한 비용으로 소액이나 거액의 대금결제 모두 가능하며 당해 대금결제에 필요한 서류의 단계별 추적이 가능하다.

제11장 전자무역플랫폼 활용 실무

1 전자무역시스템(u-Trade Hub)

1) u-Trade Hub 개요

전자무역서비스(uTardeHub; ubiquitous Trade Hub)는 마케팅에서부터 외환, 결제, 요건확인, 물류, 통관 등 무역업무 전반을 인터넷을 통해 신속하고 편리하게 처리할 수 있는 새로운 개념의 차세대무역업무 단일창구(Single Window)로서 다음과 같은 장점을 지니고 있다.

▌그림 11-1 u-Trade Hub 전체 구성도

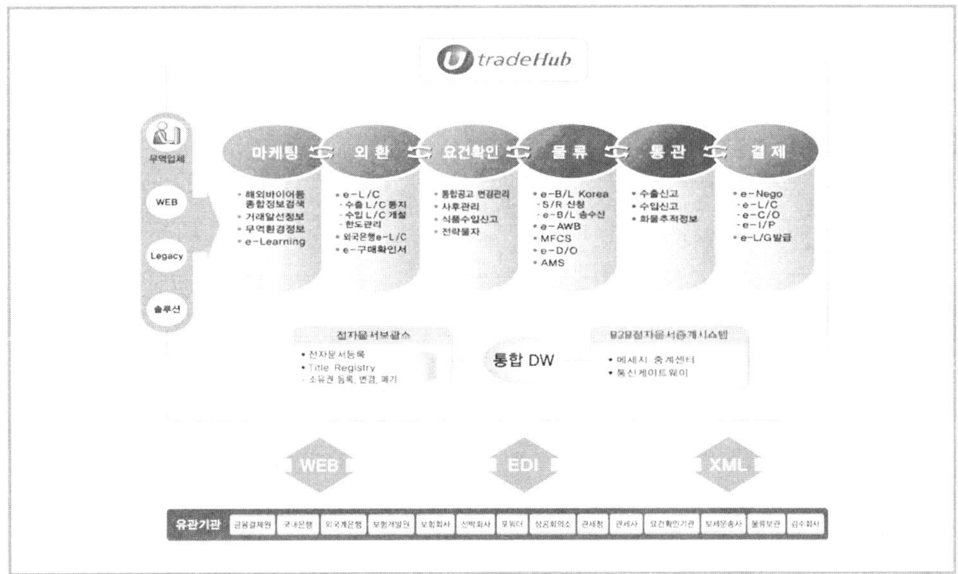

2) u- TradeHub의 특징

(1) 인터넷방식의 One-Stop 전자무역 서비스

uTradeHub는 마케팅에서부터 대금결제에 이르는 모든 무역 업무를 단절 없이

(seamless) 처리할 수 있는 무역업무처리 시스템이다.

(2) 무역절차에 따른 업무처리 지원

My Task기능을 통하여 모든 수출입 건에 대해 계약서 작성부터 대금 지급까지 무역절차의 진행상태와 앞으로 처리해야 할 일을 알려주는 To-Do Task가 표시되어 업무 효율성이 증대된다.

(3) 업무시간 단축 및 비용절감

uTradeHub를 통해 모든 무역 업무를 일괄 처리하므로 오프라인의 절차가 없어지고 인터넷 기반의 업무 처리로 인해 업무시간이 단축되고 비용이 대폭 절감된다. 특히 한번 입력한 정보는 uTradeHub에 그대로 저장되어 다른 문서 작성 시에 활용할 수 있어 동일한 정보 입력을 할 필요가 없다.

(4) 편리한 문서유통

XML 표준을 적용하여 전자문서의 상호연동성을 제고하였으며, uTradeHub에 구현한 전자문서 보관소를 통하여 저장된 문서를 클릭 한번으로 은행, 물류업체, 관세청 등에 신속 정확하게 제출 할 수 있다.

(5) 사용자별 맞춤서비스

“My Trade"를 통해 각각의 이용자에 적합한 최적의 업무영역을 설정한 맞춤형 서비스를 제공함으로써 메뉴설정 및 업무현황 정보, 모니터링 등 자신만의 업무영역(Work Place)을 제공한다.

(6) 안전한 거래 보장

정보 및 문서는 권한 있는 사용자만 접근, 활용할 수 있어 거래 안전성이 확보되고 위 변조나 금융사고 등의 걱정이 없다. 또한 전자문서의 진정성 및 제3자 유통성 확보를 통해 동일문서의 중복제출 및 종이원본의 제출이 불필요하다.

(7) uTradeHub 서비스 구성

uTradeHub는 마케팅포털, 은행포털, 무역포털, 통관포털, 물류포털, 전자문서보관소, 중계시스템 및 보안인증으로 구성되어 있다.

▌그림 11-2 uTradeHub 구성도

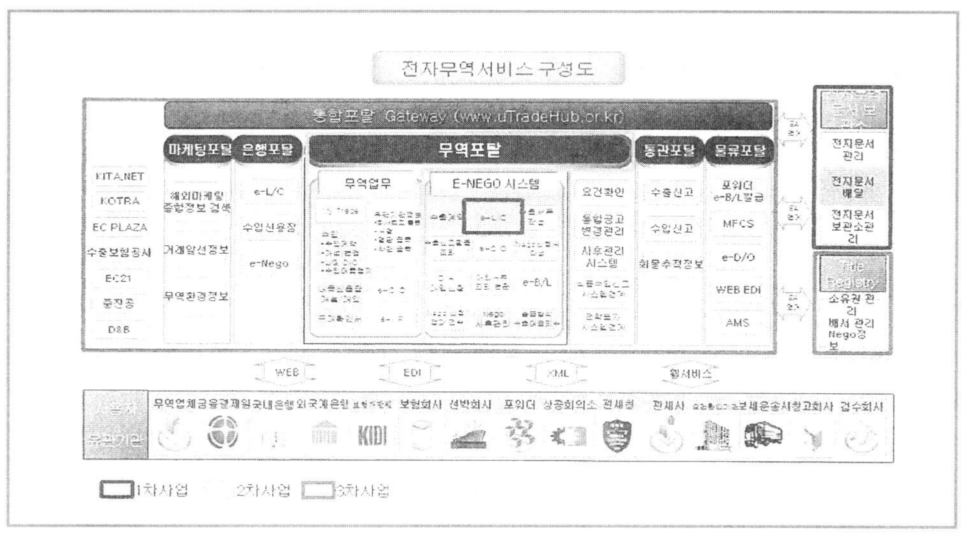

자료: 한국무역협회, '전자무역활성화 및 글로벌화 전략', 2008.

가. 무역포털(uTrade)

마케팅, 상역, 외환, 통관, 물류, 결제까지 모든 무역업무 프로세스를 신속하고 편리하게 단절 없이 처리할 수 있도록 단일화된 Workplace를 제공하고 있으며, 무역포털을 통해 선적요청(S/O), 선하증권(B/L), 원산지증명서(O/C), 적하 보험, 환어음 등 유관기관 방문 없이 서류 제출 및 서류접수가 가능하며, 은행이나 수

출입 관련기관을 방문할 필요 없이 언제 어디서나 복잡한 무역 업무를 볼 수 있어 시간과 비용이 크게 절감되고 있다. 무역포털을 통해 제공되고 있는 서비스로는 신용장 개설및 통지, 선하증권, 환어음매입, 계산서발행, 요건확인업무, 원산지증명서, 내국신용장, 구매확인서 등의 처리를 지원하고 있다.

나. 물류포털(uLogis)

수출입물류업체의 업무기능 강화 및 효율성을 증대하고자 물류업체의 업무 프로세스를 자동으로 연계, 시간과 장소의 제약 없이 인터넷으로 이용할 수 있는 수출입화물 통합업무처리 서비스로 서식 표준화를 통한 웹 서비스 및 적하목록 취합(조회)서비스(MFCS)19)를 이용한 화물정보와 실시간 화물진행정보제공서비스 등이 제공되고 있는데 주요 서비스로는 입항정보 및 적하목록취합(조회)서비스, 보세운송 신고, 반출입 신고, 입출항 보고, 화물인도지시서20) 발급, 수출입물류비용 수납21) 등이 있다.

▌그림 11-3 물류포털 구성도

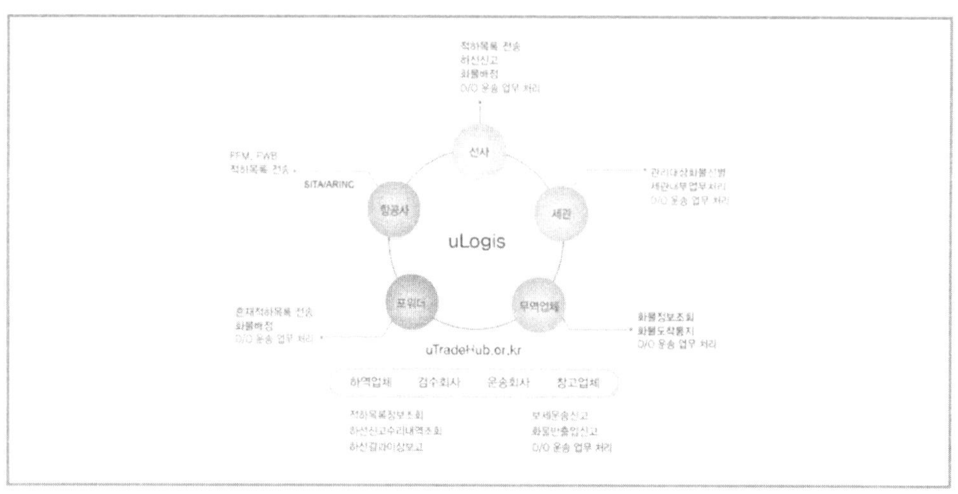

- MFCS : 적하목록취합(조회)서비스는 수출입화물의 적하목록을 취합하여 세관에 전송하는 서비스로 적하모록 제출 의무자인 선사 및 항공사를 지원, 대행하여 취합된 적하목록을 세관으로 전송하는 기능을 담당한다.
- 화물인도지시서(e-D/O) : 기존 수입화물의 인도를 위해서는 화물인도지시서(D/O), 화물인도지시서 발급 신청서, 보세운송요청동의서, 자기운송신청서 등 4종 업무를 직접 방문을 통한 처리가 불가피 나 e-D/O 서비스를 통하면

사무실에서 산청, 발급하고 실시간으로 승인 및 확인이 가능하다는 장점이 있다.

• 수출입물류비용 전자수납(e-T/B) : 수출입업무와 관련한 청구서와 납부증빙 서류를 온라인을 통해 제공하고 전자수납체계를 통하여 납부하는 방식으로 화주, 선사, 항공사, 온라인 이체, 세금계산서 또는 입금표 발급에서부터 보세구역의 화재보험료 영수증까지 온라인을 통해 전자수납이 가능하다.

표 11-1 물류포털 주요서비스 내용

	MFCS	Web-EDI	AMS	DO/운송
항공 보세운송	• 입항정보 조회 • 적하목록 조회 • 특별관리대상화물 조회 • 배정현황 조회	• 수출 신용장 교부 취소 • 보세운송승인 신청 • 보세운송정정 신청 • 사전분류 요청		
해상 보세운송	• 적하목록 예정목록 조회 • 관리대상화물 조회 • 보세운송차량조회	• 보세운송신고 • 보세운송승인신청 • 사전분류요청 • 반출입계		• D/O 조회 • 자가운송 신청 • 보세운송/배차요청 승인 • 화물인도동의서 발급
항공 보세창고	• 입항정보조회 • 적하목록조회 • 배정현황조회 • 은행D/O 조회	• 반입신고 • 반출신고 • 반출입신고 • 정정체화신고		
해상 보세창고	• 반입예정목록 • 조회하신신고목록 • 조회하역내역조회 • 보세운송차량조회	• 반입신고 • 반출신고 • 반출입신고 • 정정체화신고		• D/O 확인 • 화물인도동의서 확인
선사	• 적하목록 제출 • 하선신고 • 세관오류통보 • 보세운송차량조회	• 적하목록 입력/수정/삭제 • 적하목록 정정 • 하선신고 • 입출항보고	• 선적정보 입력 • AMS 제출	• D/O 발행 • 자가운송 접수/승인 • 보세운송 접수
항공 포워더	• 적하목록 조회 • 전송현황상태 조회 • 세관오류조회 • 배정현황조회	• 적하목록 입력/수정/삭제 • 적하목록 정정 • D/O 발행	• 항공 AMS 제출	
해상 포워더	• 적하목록 취합/제출현황 • 세관오류통보은행 L/G • 보세운송차량조회	• 적하목록 입력/수정/삭제 • 적하목록 정정 • 이적정보 • 양수도 신고	• 선적정보 입력 • AMS 제출	• Master D/O 신청/수신 • House D/O 신청/접수/발행 • Co-load D/O 업무 • 자가/보세운송/배차 신청

다. 은행포털(uBankers)

전자신용장(e-L/C)의 유통 및 전자매입(e-Nego) 시스템을 지원하기 위한 포털이다. e-Nego 시스템 지원을 통해 uTradeHub의 핵심 서비스를 제공하고 신용장 업무에 필요한 기반 데이터 입력을 최소화하여 업무의 효율성을 제고하고 있다. 주요 서비스로는 e-L/C 유통, e-Nego 지원업무22), 수출입대금 결제 등이다.

▌그림 11-4 은행포털 업무 흐름도

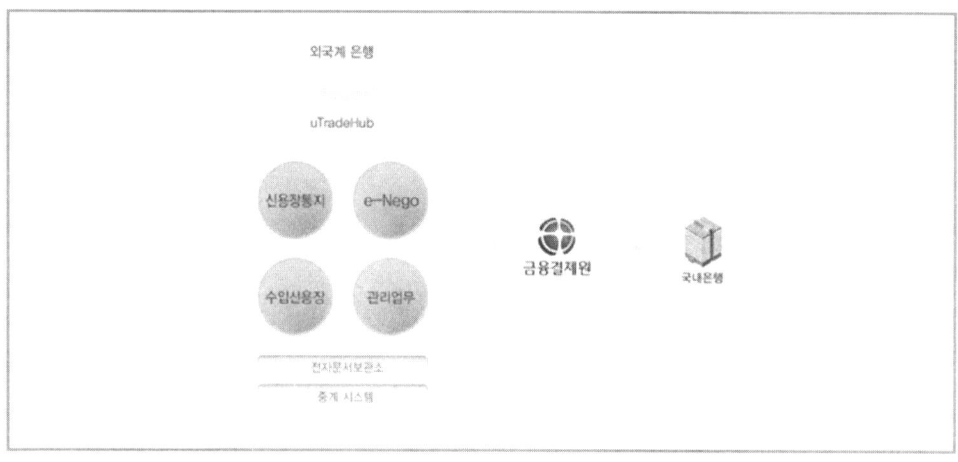

- 전자신용장(e-L/C) : 은행으로부터 신용장, 조건변경, 수수료 등의 업무를 통지받을 수 있으며, 매입, 양도 등의 신청업무를 온라인으로 처리할 수 있다.
- 전자선하증권(e-B/L) : 운송사로부터 전자적으로 B/L을 수신하고, 그 소유권은 Title Registry에 등록되며 원본은 전자무역문서보관소에 보관되므로 B/L이 전자적으로 유통되는 기반을 제공하고 있다.
- 전자수출환어음매입(e-Nego) : 네고관련 문서의 전자화 및 네고서류 자동화를 통해 수출업체가 관련기관 및 은행을 방문하지 않고 uTradeHub를 통해 Nego업무를 One-Stop으로 처리할 수 있다.
- 수출입요건확인 : 무역업체와 요건확인기관 간에 발생하는 승인, 추천 등의 서류상의 업무를 인터넷을 통한 전자적인 방법으로 처리되고 있다.
- e-Nego 지원업무 : uTradeHub를 통해 Nego 관련 문서의 전자화 및 네고 서류 자동화가 가능하며, 효율적인 신용장잔액 관리와 e-L/C 및 D/A, D/P, O/A 매입을 지원하고 있다.

▌그림 11-5 현대자동차 e-Nego 서비스 흐름도

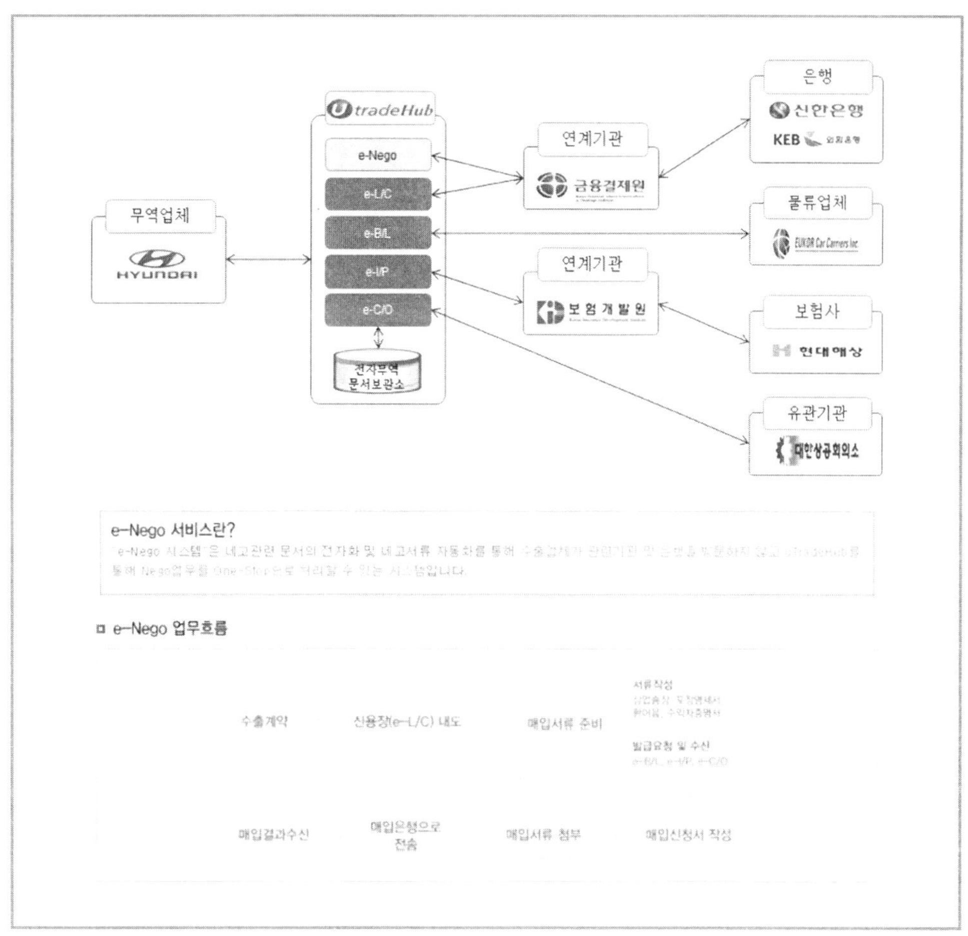

라. 통관포털(uCustoms)

통관절차 간소화와 통관정보의 신속한 유통을 위한 수출입 통관업무 서비스를 제공하고 있으며 주요 서비스로는 수출입 신고, 환급신청, 통관고유번호신청, 통관관련 정보 조회 등이 있다.

▌그림 11-6 통관포털

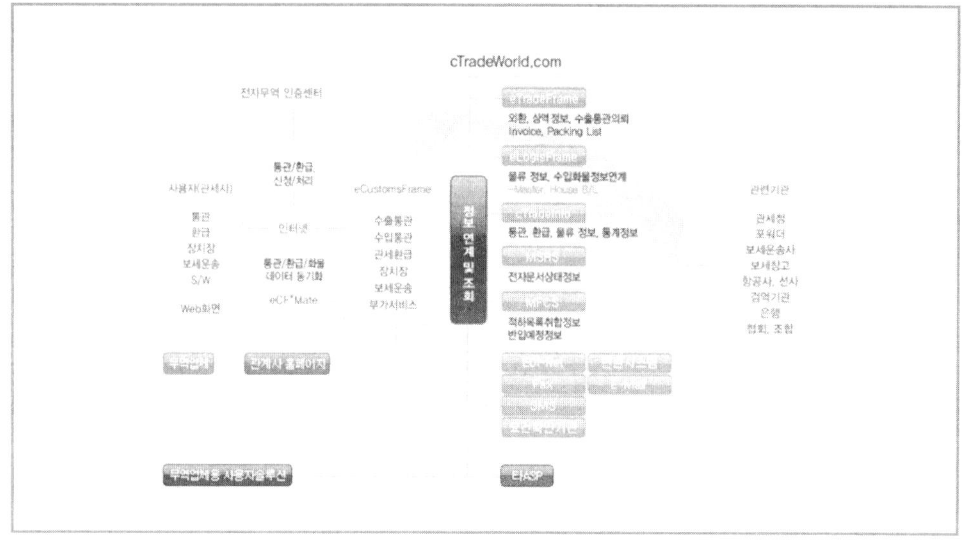

마. 마케팅포털(uTrade Search)

uTradeHub상에서 무역 서비스뿐만 아니라 마케팅 정보까지 One-Stop으로 제공하기 위하여 구축되었으며 국내 Tradekorea, KITA.net, EC21, EX Plaza 등 전문사이트를 통한 품목별 및 국가별 해외시장 정보를 비롯하여 바이어, 기업정보 등 다양한 거래알선 정보와 전시회 및 무역실무 정보를 종합적으로 검색할 수 있도록 통합검색서비스를 제공하고 있다.

▌표 11-2 마케팅포털

마케팅포탈은 국내 무역관련 전문사이트를 연계하여 사용자가 필요한 정보를 검색할 수 있는 기능을 제공하고 있습니다. 국내 유명 무역전문 사이트들의 무역정보 검색 서비스로 무료로 제공하고 있습니다.

주요정보	세부정보	기관
마케팅정보 종합검색시스템	• 독립 URL(www.utradesearch.or.kr)로 접근 가능 • 공공 및 민간 연계된 통합 무역자료 제공 • 마케팅정보에 대한 전문지식을 가진 업체들과의 정보연계 • 각 연계기관별 무역정보의 통합, 상세검색 기능 • 정보 유형별로 연계정보 제공	한국무역정보통신
연계기관	• 공공단체: 한국무역협회, KOTRA • 민간업체: EC21, Ecplaza	한국무역정보통신
유형별 연계정보	• 해외시장정보: 품목별시장정보, 국가정보, 통상정보, 경제동향정보 • 거래알선정보: 바이어정보, 기업정보, 상품정보, 구매오퍼, 판매오퍼 • 전시회정보: 해외전시회, 국내전시회, 전시회관련정보 • 무역실무정보: 무역서식정보, 무역실무가이드, 사용자지식정보, 교육/세미나정보, 수출지원사업정보	한국무역정보통신

사. 글로벌포털(uGlobal)

전자무역서비스를 국내에 국한하지 않고 해외 파트너사와의 B2B정보를 작성, 교환할 수 있는 서비스를 제공함으로써 무역 및 물류업체의 무역자동화 혁신을 실현하고, 무역 부대비용을 절감 할 수 있도록 지원해 주고 있다. 주요 서비스로는 해외 파트너사와의 전자문서 교환(18종 문서)및 글로벌 포워더를 위한 본.지사간 전자거래 지원 및 전자문서 송수신, 데이터 통합관리서비스 제공, KTNET인프라를 활용한 부가서비스 제공(예: MFCS와 연계한 적하목록 신고, 철강재 사전수입 신고(철강협회)) 등이다. 또한 글로벌포털은 범아시아 전자무역 네트워크 구축연맹(Pan Asian e-Commerce Alliance), 아시아-유럽 전자무역 네트워크 구축연맹(Asia Europe Alliance for Paperless Trading) 등 국제간 전자무역 사업자간의 협력을 통해 서비스를 제공하고 있다.

2 uTradeHub KTNET 발급 구매확인서 활용 실습

◆ 사용자 접속 초기화면

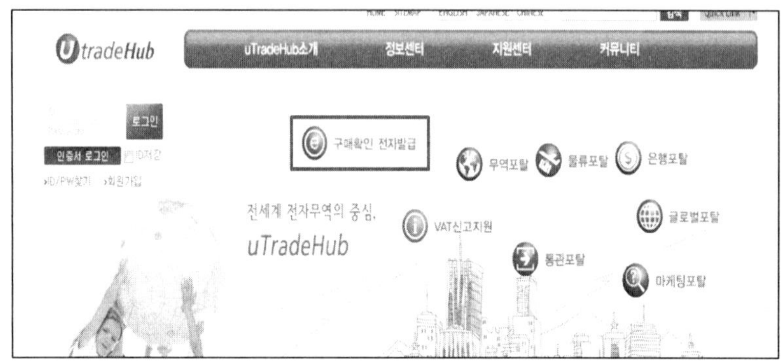

◆ 구매확인 전자발급

◆ 국내구매-구매확인(KTNET발급) 선택

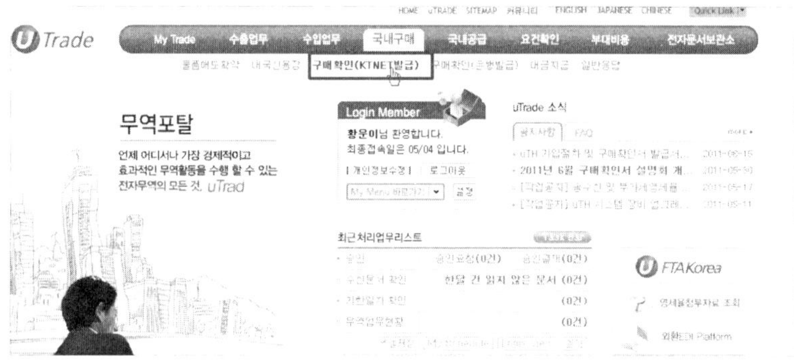

◆ 업무처리 절차

1. 구매확인서를 작성해서 ('작성' 버튼)
2. 작성된 문서를 발급기관 (KTNET or 거래은행)에 제출하여 ('전송' 버튼)
3. 발급기관이 내용 확인 후 발급여부를 처리하면 (발급 or 오류처리)
4. 결과를 수신하여 업무에 활용한다.
  - 인쇄해서 종이서류로 공급자에게 전달하거나
  - 인쇄하는 중 e-mail로 공급자에게 전달한다.
5. 공급자는 종이서류 or e-mail 받은 구매확인서를 활용한다.

Total 1 / 1 3건 My task ▸작성 ▸수정 ▸삭제 ▸전송 ▸복사 ▸인쇄 ▸엑셀저장 ▸통지조회

☐	번호	상태	구분	작성일자	총수량	총금액	변경전

- '작성' : 구매확인서를 작성할 때 사용
- '수정' : 작성 중 또는 임시저장 된 구매확인서를 수정할 때 사용
- '삭제' : 작성된 또는 작성중인 구매확인서를 삭제할 때 사용
  - 이 화면에서 삭제했다고 이전에 발급받은 혹은 발급기관에 제출한 구매확인(신청)서가 삭제되는 것은 아님
  - 신청했던 구매확인서가 발급기관으로부터 발급이 완료되어 수신된 상태에서는 반드시 발급받은 기관에 구매확인서 '취소'를 요청해야 함
  - 발급기관에 '취소' 요청되지 않은 경우 구매확인서는 유효함
- '전송' : 작성이 완료된 구매확인서 발급기관에 제출할 때 사용
  - 전송을 하면 초기에는 '전송 중'으로 보임
  - 잠시 후 다시 조회하면 '전송완료'로 보임 (조회를 다시 해야 나타남)
  - 전송완료가 된 상태에서는 발급기관에서 업무처리를 하는 동안 기다려야 함 (보통 1시간 이내에 발급여부가 결정됨)
- '복사' : 전송완료 또는 구매확인을 처리한 자료를 쉽게 작성할 때 사용
- 인쇄' : 작성된 서류내용을 전송 전에 확인하기 위해 인쇄할 때 사용
- '엑셀저장' : 작성된 내용 중 필요한 자료를 저장할 때 사용
- '통지조회' : 발급기관에서 통지된 내용을 조회할 때 사용

[화면1 : 신청서 작성]

- 외화획득용 구매확인 신청 - '신청' 버튼 선택
- 「Header」「일반정보」「구매물품 목록」「근거(첨부)서류 정보」「세금계산서 목록」으로 구성

[좌측 메뉴설명]

- 외화획득용 구매확인신청 : 구매확인서를 신청, 전송 등 하는 화면
- 외화획득용구매확인서(출력사용) : 구매확인서가 발급된 후 인쇄 등을 하는 화면
- 외화획득용구매확인서 오류통보 : 구매확인신청을 했으나, 발급기관에서 내용의 미흡, 불일치 등으로 오류로 처리한 내용을 조회하는 화면
- 수출근거서류등록신청서 : 사용하지 않음
- 수출근거서류등록신청서 접수통보 : 사용하지 않음
- 수출근거서류등록신청서 오류통보 : 사용하지 않음
- 유통요청서 : 사용하지 않음

[입력 : Header]

Header

전자문서번호*	APPPCR2011090800006449	전자문서기능	⦿Original ○Duplicate ○취소신청
수신처	전자무역기반사업자 (KTNET)	전자문서구분	⦿신규신청 ○변경신청
		변경전 구매확인서번호	

* 취소신청 : 이미 등록된 구매확인서를 취소할 경우 선택
* 변경신청 : 기존 구매확인서 번호로 수정 변경할 경우 선택

* 표시는 필수 입력하는 항목 (uTradeHub 모든 화면 동일)

- 전자문서번호 : 자동 부여됨 (전자문서의 확인에 사용되므로 그대로 둠)
- 전자문서기능 : 신청문서의 형태를 나타냄
  - Original : 처음 작성해서 제출할 때 사용
  - Duplicate : 작성해서 제출한 문서를 상대방(KTNET)에서 수신하지 못했을 때 재전송하는 경우 사용
  - 취소신청 : 신청해서 발급번호까지 받았으나 취소하고자 할 때 사용
- 전자문서구분 :「신규신청」「변경신청」 선택
- 수신처 : 전자무역기반사업자(KTNET) 자동 지정
- 변경 전 구매확인서번호 : 변경, 취소 신청인 경우 활성, 찾기를 통해 입력

[입력 : 일반정보]

□ 일반정보

신청인(상호, 성명, 사업자등록번호, 주소) [정보갱신]		공급자(상호, 성명, 사업자등록번호, 주소) [찾기]	
상호	(주) 무협상사 테스트	상호*	
성명	김무협	성명*	
사업자등록번호	6208312313	사업자등록번호*	
		수발신인식별자 상세수발신인식별자	
		"동보전송"을 원하시는 경우에는 공급자의 수발신인 식별자 및 상세수발신인 식별자를 입력해주시기 바랍니다. uTH 사용자의 경우 일반적으로 수발신인식별자와 상세수발신인식별자가 동일합니다.	
주소	서울 강남구 삼성동 주소 1 부분 40 바이트 트레이드타워 11층 주소 2 부분	주소*	
공급물품 용도명세*	원자재		
총수량*	0 [찾기]	총할인/할증/변동내역	선택
총금액*	통화코드 [찾기] 0	총할인/할증/변동금액	통화코드 [찾기]
총금액(USD)	USD	총할인/할증/변동금액(USD)	

- 신청인 : 가입신청 때 기재사항 자동 입력 (필요시「정보갱신」사용)
- 공급자 : 거래처의 내용을 입력 (등록해 놓은 경우「찾기」사용)
  - 상호, 성명, 사업자등록번호, 주소 입력
  - 수발신인식별자 : 구매확인서가 발급될 때 신청인과 공급자에게 한꺼번에 전자문서로 전달되도록 요청하는 경우 입력해 놓으면 KTNET이 전자적으로 공급자에게 전달해 주는 기능 (필요시 입력)
    - 공급자의 수발신인식별자도 KTNET에 미리 등록되어 있어야 함
  - 상세수발신인식별자 : 수발신한 전자문서를 자체 전산시스템에서 다시 세부석으로 구분할 때. 주로 은행에서 사용, 대체로 수발신인식별자와동일
- 공급물품 용도명세 : 해당사항 선택 ('첨부' 참조)
- 총수량(총할인/할증/변동내역) : [입력 : 구매물품 목록]입력하면 자동등록
- 총금액(총할인/할증/변동내역) : 총수량과 동일
  - 「통화코드」(KRW)는 선택해야 함
  - '구매물품 목록'에서 자동으로 입력되지 않고 수정하면 오류통보 원인
- 총금액(USD)(총할인/할증/변동내역) : 총수량과 동일

[입력 : 구매물품 목록] (별표1-1 참조)

구매물품 목록*						
HS부호	품목	규격	수량/단위	구매일	단가	금액
검색된 자료가 없습니다						

Text Upload / 구매물품 목록 등록

• 구매하고자 하는 원료/물품 등을 입력하는 화면
• 「Text Upload」 「구매물품 목록 등록」중 선택
  - 「Text Upload」는 다량의 자료를 입력할 때 사용
  - 「구매물품 목록 등록」은 한 개씩 입력할 때 사용

[입력 : 근거(첨부)서류 정보] (별표1-2 참조)

근거(첨부) 서류 정보*					
대표 근거서류명 및 번호	HS부호	품명	규격	총금액	선적기일
검색된 자료가 없습니다.					

Text Upload / 근거서류 등록

• 수출신용장 등 수출에 해당하는 근거서류 입력하는 화면
• 「Text Upload」 「근거서류 등록」중 선택
  - 「Text Upload」는 다량의 자료를 입력할 때 사용
  - 「근거서류 등록」은 한 개씩 입력할 때 사용

[입력 : 세무계산서 목록 정보] (별표1-3 참조)

세금계산서 목록					
세금계산서번호	HS부호	품명	규격	총금액	발행일자
검색된 자료가 없습니다.					

Text Upload / 세금계산서 등록

• 사후발급(구매일 익월 10일 이후)시 세금계산서 목록을 입력하는 화면
• 사후발급 시 세금계산서는 일반 과세 세금계산서를 등록해야 함.
• 「Text Upload」 「세금계산서 등록」중 선택
  - 「Text Upload」는 다량의 자료를 입력할 때 사용
  - 「세금계산서 등록」은 한 개씩 입력할 때 사용

【별표1-1 : 구매물품 목록 등록 세부내용】

「구매물품 목록」 등록

○ 구매물품 목록 등록

번호*	1
제품코드	[찾기]
HS부호*	HS부호는 10자리 숫자만 입력해주시기 바랍니다.
품명	
규격	
비고	

단가*	
단위수량*	선택 [찾기]
수량*	선택 [찾기]
금액*	KRW
단가(USD금액부기)	USD
금액(USD금액부기)	USD
구매일*	
품목별할인/할증/변동내역	선택
품목별할인/할증/변동금액	
품목별할인/할증/변동금액(USD금액부기)	
총금액 :	0
총수량 :	0

저장/추가 · 선택삭제 · 닫기

1. 번호 : 순차적으로 기재됨
2. 제품코드 : 회사에서 자주 사용하는 제품코드를 입력하여 찾기로 활용

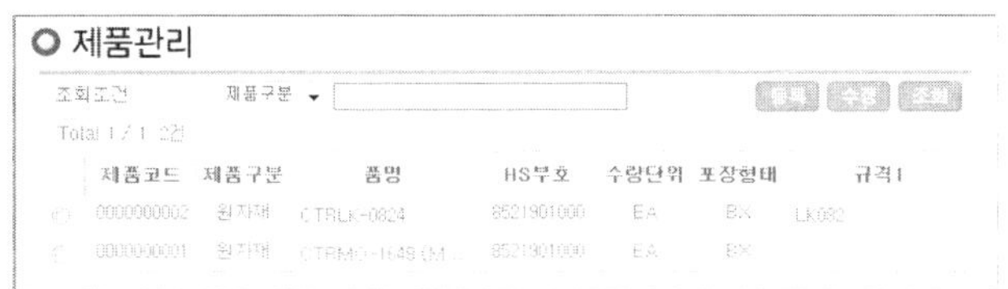

2.1 '등록' '수정' '조회' 버튼 선택

- 등록해 놓은 제품은 double click 하면 구매물품 목록에 자동 입력됨
- '등록'은 제품을 처음 등록할 때 사용
- '수정'은 등록한 제품의 내용을 수정할 때 사용
- '조회'는 등록한 제품을 찾아서 활용하고사 할 때 사용

2.1.1 '등록'

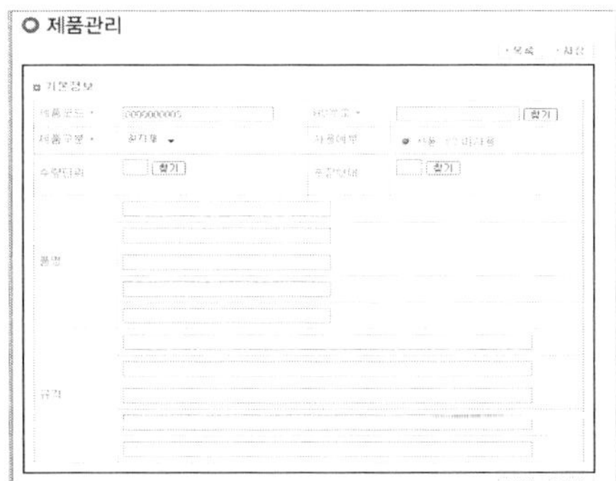

- 제품관리에 필요한 정보를 입력하고 활용하는 화면

- 제품코드 : 자체적으로 관리하기 위한 코드
- HS 부호 : 숫자10자로 구성된 HS부호를 입력
- 제품구분 : 원자재, 부자재, 완제품 중 선택
- 사용여부 : 사용, 미사용 선택
- 수량단위 : '찾기'를 통해서 표준코드 중 선택
- 포장형태 : '찾기'를 통해서 표준코드 중 선택
- 품명 : 제품명을 입력 (1Line 최대 영문 35자리 사용가능)
- 규격 : 제품규격을 입력 (최대 영문 70자리, 5Line 사용가능)

3. HS부호 : 숫자10자로 구성된 HS부호를 입력
4. 품명 : 제품명을 입력 (1Line 최대 영문 35자리 사용가능)
5. 규격 : 제품규격을 입력 (최대 영문 70자리, 5Line 사용가능)
6. 비고 : 기타 기재하고 싶은 내용 입력 (최대 영문 70자리, 5Line 가능)

• 회사에서 자체적으로 부여한 '제품코드', '관세환급미포함' 등으로 활용

7. 단가 : 단가를 입력
8. 단위수량 : 단가 란에 입력한 금액의 기준단위 (예 : 1개당 단가가 KRW 1,000인 경우 , 단가수량에는 "1" 입력)를 입력, 단가기준 측정단위는 찾기를 통해 선택
9. 수량 : 구매하고자 하는 수량을 입력
10. 금액 : 구매금액을 입력
11. 단가(USD금액부기) : USD를 추가적으로 기재할 경우 입력
12. 금액(USD금액부기) : USD를 추가적으로 기재할 경우 입력
13. 구매일 : 구매하는 일자 또는 구매한 일자를 선택

• 구매가 여러 번 나뉘어 진 경우에는 해당 일자를 정확히 입력

14. 품목별 할인/할증/변동내역 : 해당내역을 입력

• minus(amount), plus(amount), plus/minus(amount)

15. 품목별 할인/할증/변동금액 : 해당금액(KRW)을 입력
16. 품목별 할인/할증/변동금액(USD금액부기) : 해당금액을 입력

※ 품명이 같아도 규격, 단가, 구매일 다를 경우 각각 입력해야 함

총금액 : 100

총수량 : 1

▸저장/추가 ▸선택삭제 ▸닫기

☐	HS부호	품목	규격	수량/단위	구매일	단가		금액	
☐	1111111111	1		1 EA	2011-09-12	KRW	100	KRW	100

※ 입력한 물품 목록 선택 시 보이는 화면

총금액 : 100

총수량 : 1

▸새로작성 ▸추가 ▸저장 ▸삭제 ▸선택삭제 ▸닫기

☐	HS부호	품목	규격	수량/단위	구매일	단가		금액	
☐	1111111111	1		1 EA	2011-09-12	KRW	100	KRW	100

1. 새로작성 : 선택한 내용이 아닌 새로운 내용을 작성하고자 할 경우
2. 추가 : 선택한 품목을 수정해서 추가 저장하는 경우
3. 저장 : 선택한 품목을 수정하고자 하는 경우
4. 삭제 : 선택한 품목을 삭제하고자 하는 경우
5. 선택삭제 : ☑ 그림과 같이 체크한 품목을 삭제하는 경우
6. 닫기: 창을 닫고자 하는 경우

「Text Upload」 **입력**

1. 'Text Upload' 버튼 선택

2. '샘플파일받기' 선택하여 Excel 파일을 열어 항목 확인
3. 회사의 자료를 동일한 형태로 수정, 작성

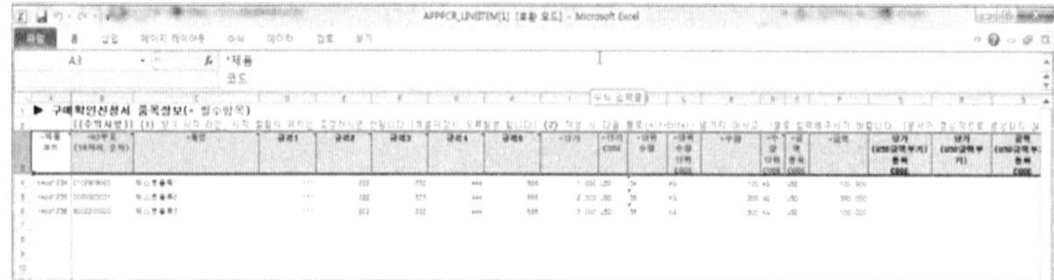

- Excel 양식을 변경하지 말고 사용해야 함
- 통화단위를 외화로 지정 할 경우 소수점이 표시되도록 설정해서 이용
  - 구매물품 목록에서 기재하는 요령과 동일하게 입력항목 사용
- 파일 업로드 후 일부 품목만 수정하고자 하는 경우 : 물품목록 등록 버튼을 눌러 아래쪽에 업로드 한 물품목록이 보임, 해당 목록을 선택해서 수정하면 됨.

【별표1-2 : 근거(첨부)서류 등록 세부내용】

○ 근거(첨부) 서류등록 도움말 TIP

근거서류명*	선택
근거서류 문서번호*	
제품코드	찾기
Line Item 선택	선택 (설명 : "LineItem 등록" 에서 입력한 제품을 선택합니다)
HS부호	HS부호는 10자리 숫자만 입력해주시기 바랍니다.
품명*	
규격	
총금액*	통화코드
선적기일*	

저장/추가 | 선택삭제 | 닫기

1. 전자문서구분 : 해당사항 선택

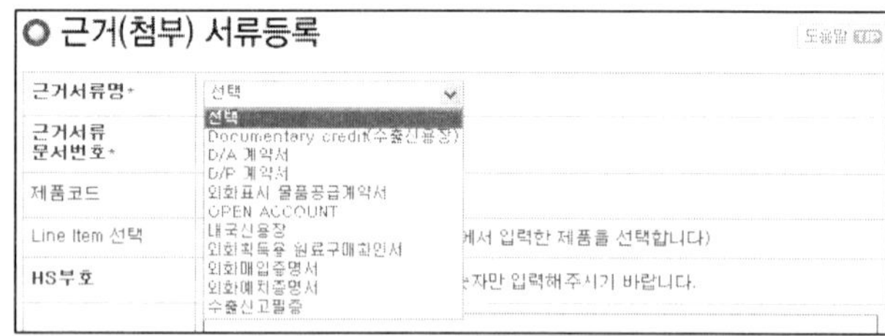

2. 근거서류명 : 해당사항 선택

- Documentary credit(수출신용장)
- D/A 계약서 (D/A : Document against Acceptance)

- D/P 계약서 (D/P : Document against Payment)
- 외화표시 물품공급계약서
- Open Account (당사자 간 신용에 의한 거래방식)
- 내국신용장
- 외화획득용 원료구매확인서
- 외화매입증명서
- 외화예치증명서
- 수출신고필증 (사후발급인 경우 사용)

3. 근거서류번호 : 근거서류의 번호를 입력

- 근거서류를 회사에서 부여한 경우에는 자체에서 관리하는 번호이나, 근거서류가 은행 등이 발행한 경우 은행에서 부여한 번호를 입력

4. 제품코드 : 회사에서 관리하는 제품코드가 있는 경우 입력
5. Line Item 선택 : 근거서류 품목이 등록한 물품목록과 동일할 경우 선택
6. HS번호 : HS번호를 입력
7. 품명 : 품명 입력 ([입력 : 구매물품 목록] 참고)
8. 규격 : 규격 입력 ([입력 : 구매물품 목록] 참고)
9. 총금액 : 근거서류의 전체 금액을 입력
10. 선적기일 : 근거서류의 선적기일을 입력
11. 확인은행 : 근거서류를 발행하고 확인한 은행 해당내용을 입력

- 근거서류 상의 품명이 여러 개인 경우 대표 품명 하나만 쓰고 '000외 0종' 형식으로 입력
- 근거서류 상의 선적기일이 여러 개일 경우 최장 선적기일 입력

「Text Upload」 입력

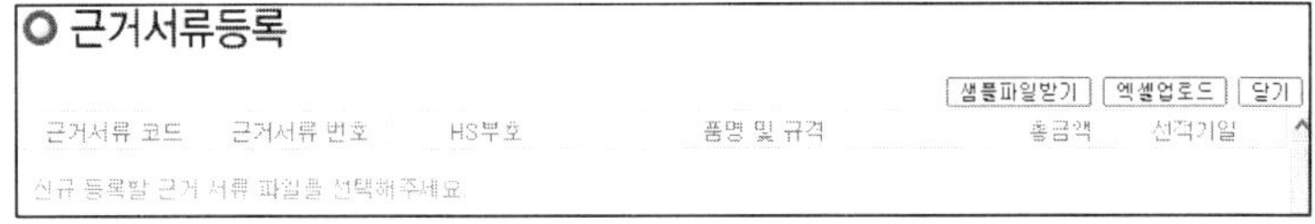

- Excel 양식을 변경하지 말고 사용해야 함
- 구매물품 목록에서 기재하는 요령과 동일하게 입력항목 사용

【별표1-3 : 세금계산서 목록 등록 세부내용】

Windows Internet Explorer

구매일자 기준 익월 10일 까지는 세금계산서를 추가 하실 수 없습니다.

확인

• 구매일 익월 10일 전에 구매확인서를 발급 시 세금계산서등록 불필

「세금계산서 목록」 등록

세금계산서 등록

세금계산서 번호 · 제품코드 · 찾기 · Line Item 선택 · 선택 · HS부호 · 품명 · 규격 · 총금액 · KRW · 발행일자

1. 세금계산서 번호 : 일련번호 입력, 일련번호가 없는 경우 승인번호 입력
2. 제품코드 : 회사에서 관리하는 제품코드가 있는 경우 입력
3. Line Item 선택 : 등록한 물품목록과 동일할 경우 선택
4. HS번호 : HS번호를 입력
5. 품명 : 품명 입력 ([입력 : 구매물품 목록] 참고)
6. 규격 : 규격 입력 ([입력 : 구매물품 목록] 참고)
7. 총금액 : 부가세 포함한 세금 계산서의 전체 금액을 입력
8. 발행일자 : 세금계산서의 발행일자를 입력

• 영세율세금계산서가 아닌 과세된 일반세금계산서를 발급 해 입력해야 함

「Text Upload」 입력

• Excel 양식을 변경하지 말고 사용해야 함

• 구매물품 목록에서 기재하는 요령과 동일하게 입력항목 사용

【첨부 : 구매원료/물품 등의 용도명세】

• 원자재 : 신용장기준 원자재 구매 **[구매물품이 원자재인 경우 선택]**
• 원자재임가공 : 신용장기준 원자재임가공 위탁
• 완제품임가공 : 신용장기준 완제품임가공 위탁
• 원자재(실적) : 실적기준 원자재구매
• 원자재임가공(실적) : 실적기준 원자재 임가공위탁
• 완제품임가공(실적) : 실적기준 완제품 임가공위탁
• 완제품 : 완제품 구매 **[구매물품이 완제품인 경우 선택]**
• 완제품(수출대행) : 수출대행
• 완제품(실적) : 완제품 구매
• 완제품(수출대행) (실적) : 수출대행
• 관련코드가 없을시 사용

[확인기관]

확인기관*	코드 | KTNET
	기관명 | KTNET
	지점명 | 구매확인발급
전자서명*	상호 | (주) 무협상사 테스트 [서명정보갱신]
	대표자명 | 김무협
	전자서명 | 1111111113 숫자10자리만 입력하세요.

• 확인기관 : 구매확인서의 발급을 확인해 주는 기관 (자동기재)
  - 상호, 성명, 사업자등록번호, 주소 입력
• 전자서명 : 가입 때 입력한 전자서명 값 자동입력
  - 전자서명은 전자문서의 위 · 변조를 확인하는 중요한 정보임

<별표>「한국은행 총액한도대출관련 무역금융취급절차」 용도표시 내용

내국신용장의 개설근거별 용도표시방법

개 설 근 거	용 도	표시방법		비 고
		표 시 문 언	표시장소	
Ⅰ. 원자재내국신용장주)				
1. 신용장기준원자재자금이용업체 및 신용장기준포괄금융이용업체의 개설의뢰분	1. 원자재구매	원자재	"용도"란	"원수출신용장내용"란에 원수출신용장 등의 내용 기재
	2. 원자재임가공위탁	원자재임가공	〃	〃
		완제품임가공	〃	〃
2. 실적기준원자재자금이용업체 및 실적기준포괄금융이용업체의 개설의뢰분	1. 원자재구매	원자재(실적)	〃	
	2. 원자재 임가공위탁	원자재임가공(실적)	〃	
	3. 완제품 임가공위탁	완제품임가공(실적)	〃	
Ⅱ. 완제품내국신용장				
1. 신용장기준완제품구매자금이용업체의 개설의뢰분	1. 완제품구매	완제품	〃	"원수출신용장내용"란에 원수출신용장 등의 내용 기재
	2. 수출대행	완제품(수출대행)	〃	〃
2. 실적기준완제품구매자금이용업체의 개설의뢰분	1. 완제품구매	완제품(실적)	〃	
	2. 수출대행	완제품(수출대행)(실적)	〃	

주 : 위탁가공무역에 소요되는 국산원자재를 내국신용장에 의해 구입하는 경우는 현행 표시문언인 "원자재"앞에 "(위탁가공)"이라 표시

[화면2 : 신청서 저장]

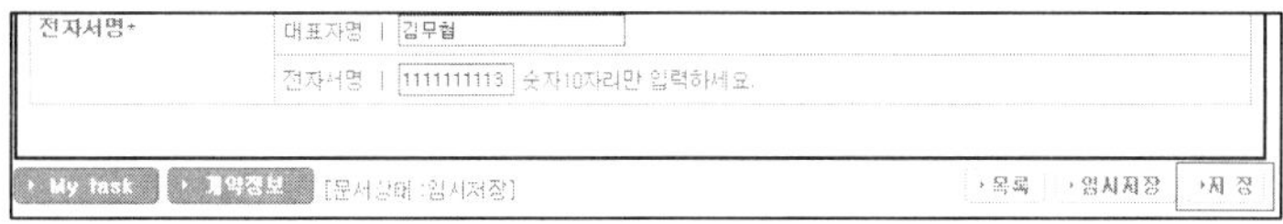

- [문서상태 : 작성완료] 확인 후 '저장'
  - 작성이 완료되지 않은 상태에서 저장하려면 '임시저장'을 선택

※ 저장 오류

- 필수사항을 누락 했을 경우
- 지원하지 않는 특수문자를 입력했을 경우

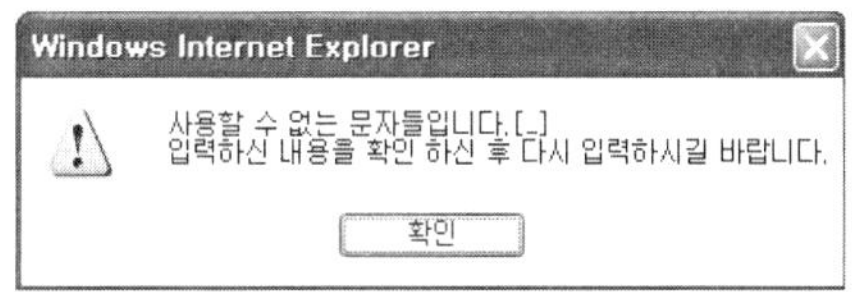

- 특수문자가 신청자 정보란에 해당될 경우 개인정보를 수정해야 함
  위 경우 저장을 선택해도 임시저장이 되며, 임시저장 상태인 문서를 선택해서 오류부분 수정 후 저장

[화면3 : 신청서 작성완료, 전송]

- '작성완료'된 문서를 체크하고, '전송' 버튼을 눌러 KTNET으로 발급신청

[화면3 : 신청서 전송이 정상적으로 완료]

Total 1 / 1 1건 My task ▸신청 ▸수정 ▸삭제 ▸전송 ▸복사 ▸인쇄 ▸엑셀저장 ▸통지조회

번호	상태	구분	작성일자	총수량	총금액	변경전
1	전송완료	신청	2011-06-21 13:46:39	620 EA	KRW 6,200,000	

• '전송완료'는 전송 문서가 KTNET으로 정상적으로 접수되었다는 것을 뜻함

[화면4 : 구매확인서 발급이 정상적으로 완료]

Total 1 / 1 2건 My task ▸신청 ▸수정 ▸삭제 ▸전송 ▸복사 ▸인쇄 ▸엑셀저장 ▸통지조회

번호	상태	구분	작성일자	총수량	총금액	변경전
2	발급완료	신청	2011-06-21 15:25:04	620 EA	KRW 6,200,000	
1	오류통보	신청	2011-06-21 13:46:39	620 EA	KRW 6,200,000	

• '발급완료'는 구매확인서를 정상적으로 발급받았다는 것을 뜻함

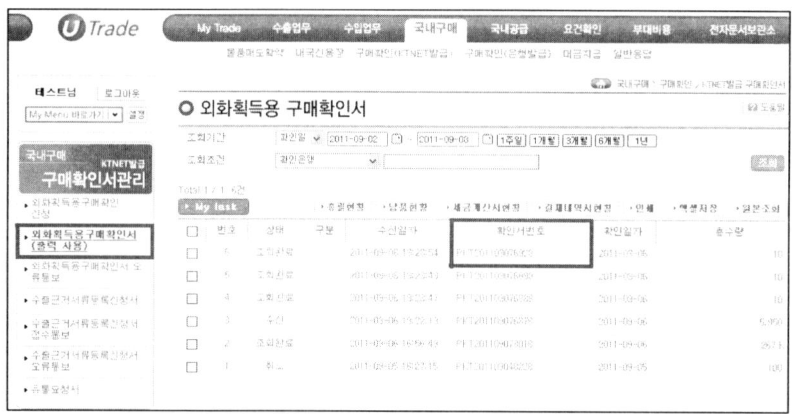

• '발급완료'가 되면 발급번호가 있는 구매확인서의 출력을 위해서는 좌측에서 「외화획득용원료확인서(출력사용)」에서 조회해서 출력해야 함

- KTNET 발급번호는 15자리로 구성되어 있음 (은행은 보통 13자리)

• [각 버튼별 기능 설명]

- 총괄현황 : 사용하지 않음 (서비스 안정화 까지)
- 납품현황 : 사용하지 않음 (서비스 안정화 까지)
- 세금계산서 현황 : 사용하지 않음 (서비스 안정화 까지)
- 결제내역서 현황 : 사용하지 않음 (서비스 안정화 까지)
- 인쇄 : 구매확인서를 출력할 때 사용 [화면6 : '인쇄' 참조]

- 엑셀 저장 : 구매확인서 자료를 엑셀로 저장할 때 사용
- 원본 조회 : 사용하지 않음 (서비스 안정화 까지)

[화면5 : 오류통보 및 재전송]

Total 1 / 1 3건 My task ▸작성 ▸수정 ▸삭제 ▸전송 ▸복사 ▸인쇄 ▸엑셀저장 ▸통지조회

□	번호	상태	구분	작성일자	총수량	총금액	변경전
☑	3	오류통보	신규	2011-09-20 19:31:58	4 EA	KRW 8,000	

- ‘오류통보’는 신청서의 내용이 부정확하여 KTNET에서 신청서류를 반송한 경우이므로 오류내용을 확인하고 이전에 보냈던 전자문서를 ‘복사’하여 오류 내용을 수정하고 저장하면 다시 ‘작성완료’되므로 전송절차를 처리하면 됨

[화면6 : 인쇄]

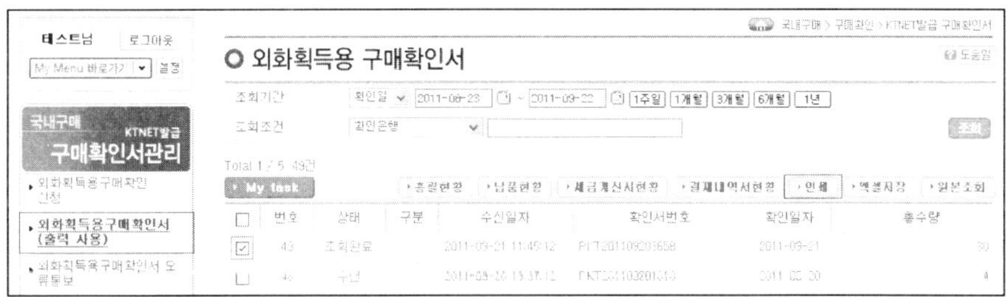

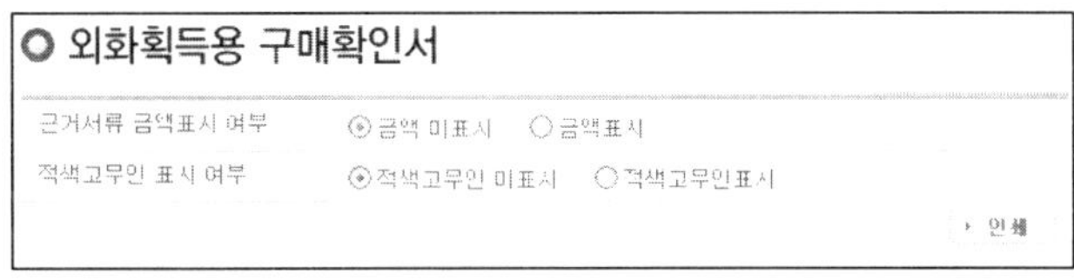

- 구매확인서를 용도에 따라 사용 (인쇄 후 거래처에 제공 등)
- 구매확인서의 ‘근거서류 금액표시 여부’를 선택할 수 있음
- 적색고무인 표시 여부를 선택 할 수 있음

  인쇄물을 제3자에게 제공할 때는 ‘적색고무인’을 날인하여 사용해야 함

  - 전자무역촉진에관한법률 별표2 (서류제출에 관한 특례)

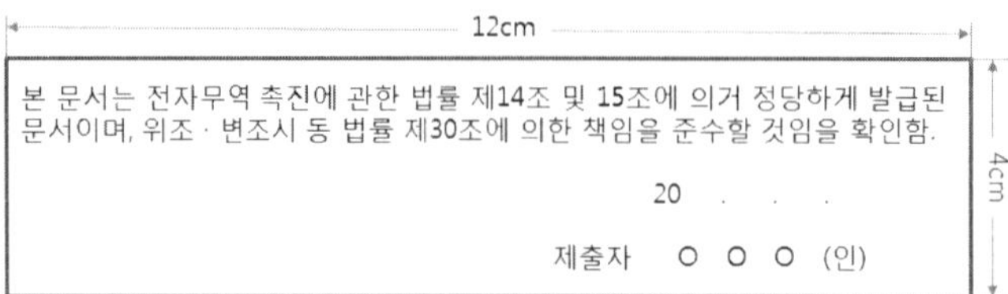
12cm

본 문서는 전자무역 촉진에 관한 법률 제14조 및 15조에 의거 정당하게 발급된 문서이며, 위조 · 변조시 동 법률 제30조에 의한 책임을 준수할 것임을 확인함.

20 . . .

제출자 ○ ○ ○ (인)

4cm

※ 적색이 표시 되도록 컬러로 프린트 후, 제출자란에 신청인의 회사명을 기재하거나 명판을 찍고 직인을 찍어서 공급업체에 전달

※ 적색고무인 표시 여부는 공급업체와 협의

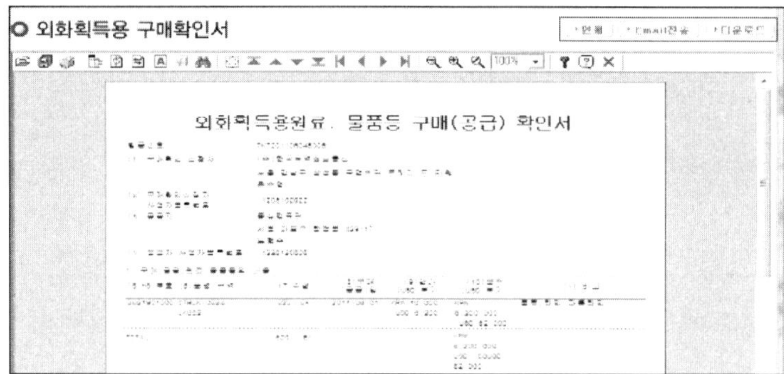

- 우측 상단 버튼을 활용하여 인쇄형태 선택
  - '인쇄'는 종이로 출력하여 활용
  - 'Email 전송'은 메일로 이미지(pdf)를 첨부하여 전달
  - '다운로드'는 인쇄물을 데이터 형태로 저장하여 전달

[화면6 : 변경]

- 구매확인서 신청 화면에서 작성 버튼을 선택

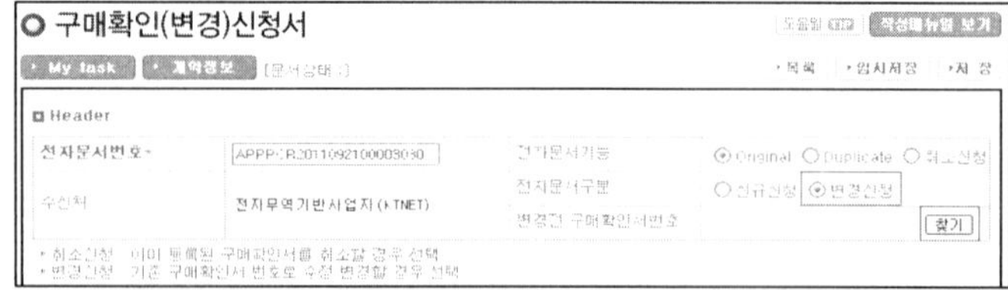

1. 전자문서 구분에서 변경신청을 선택
2. 변경전 구매확인서 번호의 찾기 버튼을 선택

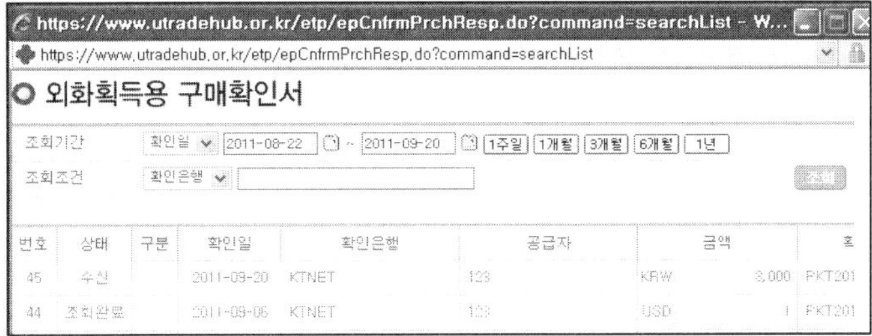

- 새 창에서 조회기간을 설정, 변경하고자 하는 구매확인서를 선택
- 변경하고자 하는 부분을 수정, 저장 후 전송

[화면7 : 취소]

- 구매확인서 신청 화면에서 작성 버튼을 선택

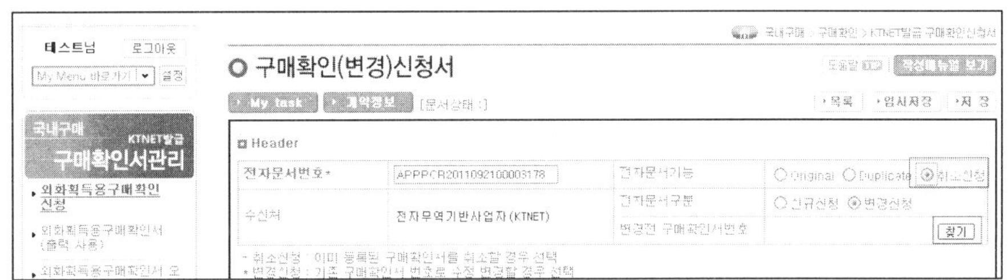

1. 전자문서 기능에서 취소신청을 선택
2. 변경전 구매확인서 번호의 찾기 버튼을 선택

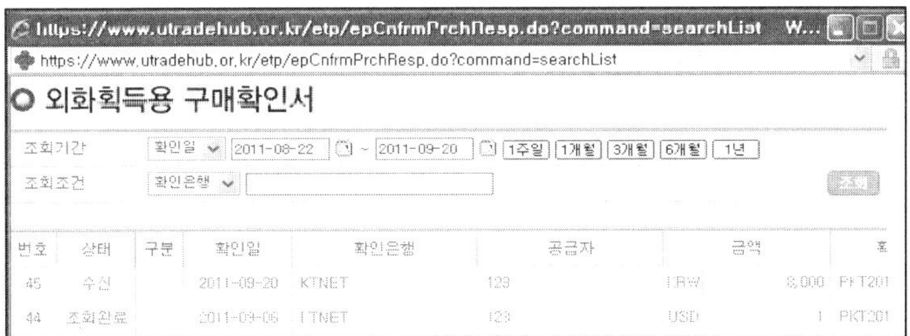

- 새 창에서 조회기간을 설정, 취소하고자 하는 구매확인서를 선택
- 저장 후 전송

VAT신고지원

- 구매확인서, 내국신용장을 전자무역으로 발급(개설)받은 경우 전자무역기반시설(KTNET)을 통해 처리된 내역에 대해 발급(개설)받은 다음날 기업에게 제공해 주는 서비스
  - uTradeHub 가입없이 '사업자등록번호'와 '법인용 범용공인인증서' 또는 '전자무역용 공인인증서'로 조회 가능
  - 은행을 통해 발급받은 구매확인서도 조회가능
  - 조회되지 않는 구매확인서와 내국신용장은 사업자등록번호 등이 누락된 경우로 국세청에 제공되지 않을 수 있으므로 거래처에 문의하기 바람
- 서비스의 기능개선이나 요구, 건의사항은 service@ktnet.co.kr에 요청

3 전자통관시스템(UNI-PASS)

1) UNI-PASS 개요

UNI-PASS는 대한민국 관세청의 전자통환 시스템의 브랜드명으로, 현재 관세청에서 운영하고 있는 업무처리 정보시스템(통관, 화물, 징수시스템)을 총칭한다.

전자통관시스템 UNI-PASS는 국세관세환경의 변화와 IT기술의 발전을 적극 수용하여 사용자와 함께 만들어 온 관세행정정보화의 결정체이다.

2) UNIPASS 특징

- 세계 최고 100% 전자통관 시스템
- 언제 어디서나 어느 장치를 통한 One-Stop 서비스 제공
- 세계가 인정한 과학적인 위험관리로 신속 정확한 통관시스템
- wco 171개국 회원국 가장 빠른 통관 시스템이다.

3) UNI-PASS 시스템 종류

- 수출통관시스템
- 수입통관시스템
- 화물관리시스템
- 화물추척 정보시스템
- 관세환급시스템
- 인터넷 통관포털 시스템
- 위험관리시스템

4) UNIPASS 시스템 소개(수출통관 시스템)

(1) 수출통관 시스템

가. 관세청 통관망과 무역업체, 관세사, 운송업체 및 관련기관 등이 연계되어 있어 신고인은 세관에 "서류 제출 없이" 수출신고하고 수리결과를 확인해 볼 수 있는 시스템이다.

나. 또한, 수출에 필요한 수출승인신청서, INVOICE 및 포장명세서 등 수출신고 첨부서류 작싱을 위해 기존에 입력된 자료를 다시 입력하지 않고 추가 항목만 입력할 수 있도록 함으로써 동일한 내용을 입력하는데 드는 시간과 비용을 절약할 수 있다.

다. 수출통관 시스템은 수출업무시스템, 수출통관정보제공시스템, 통계정보시스템 등으로 구성되어 있다. 특히 수출업무시스템은 신고서 접수・심사, 검사기준 관리, 통관현황 조회 등으로 구성되어 있으며, 수입통관시스템, 화물시스템 및 환급시스템과 연계 운영된다.

▌그림 11-7 C/S 업무 흐름도

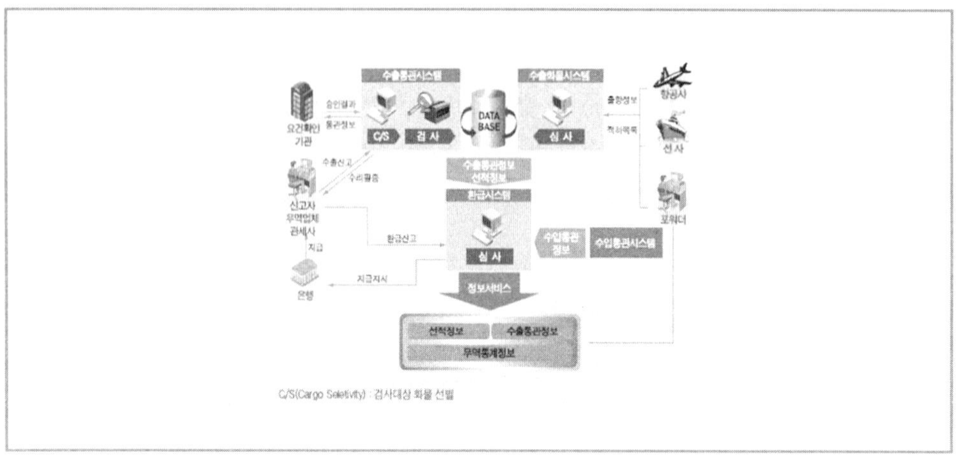

(2) 화물관리 시스템

가. 화물관리 시스템은 통관시스템과 연계하여 각각 수출화물시스템과 수입화물시스템으로 구축되어 있으며, 입항, 하역, 운송, 반입, 통관, 반출 등 일련의 화물 흐름 전 과정을 전자문서에 의하여 신속히 처리 할 수 있도록 구축한 시스템이다.

나. MFCS(Manifest Consolidation System)를 통해 항공사 · 선사 및 포워더의 적하목록을 자동으로 취합하여 관세청에 제출함으로써 모선 또는 항공기 단위로 적재된 화물의 총량관리가 가능하게 되었다. 이에 따라 세관의 효율적인 화물관리와 물류업체의 업무능률 향상을 동시에 충족할 수 있게 되었다.

▌그림 11-8 MFCS 흐름도

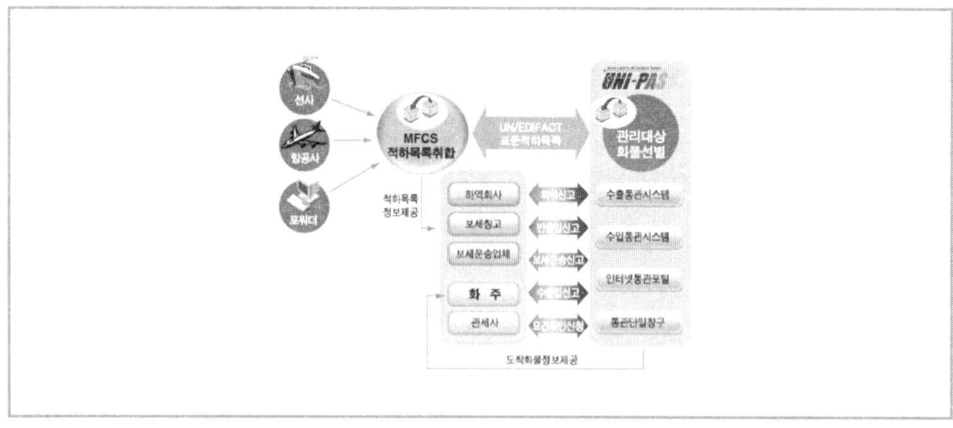

(3) 화물추적정보 시스템

가. 화물정보 시스템은 화물(B/L)별로 유일한 화물관리번호를 부여한 후 이를 통하여 입항에서 통관까지 일련의 화물흐름 전과정에 걸쳐 이동 단계별로 화물진행상태 파악이 가능하다.

나. 또한, 무역업체 등 관련 업체가 화물의 처리상태 및 이동현황을 B/L번호, 컨테이너번호 등 다양한 조건으로 실시간 조회가 가능하도록 인터넷이나 모바일서비스를 제공함으로써 인력·시간·비용 절감 및 업무 효율성이 크게 향상되었다.

다. 특히, 세계관세기구(WCO)의 화물처리시간 측정 가이드라인과 주요 선진국의 세관현대화 기준을 참고하여 개발한 물류정보 제공시스템으로서 고객은 수입화물의 처리상황, 통관소요시간의 평균과 표준편차 등 정보를 파악하여 물류관리 효율화는 물론, 화물처리시간의 사전예측, 물류목표관리 등도 가능하게 되었다.

▌그림 11-9 화물진행정보시스템 구성도

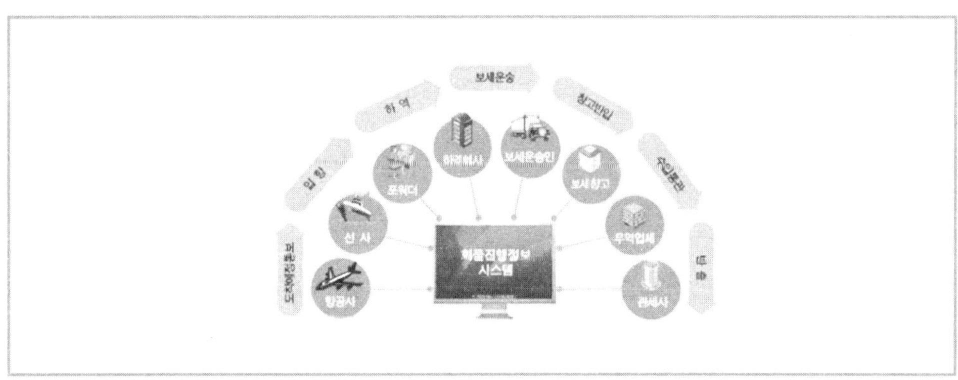

(4) 관세환급 시스템

가. 관세환급은 수입 시 납부한 관세를 환급요건에 해당하는 경우 그 전부 또는 일부를 되돌려 주는 것을 말한다.

나. 관세환급 시스템은 무역업체, 관세사, 금융기관 등과 연계되어 있어 복잡한 절차와 서류가 요구되는 관세환급 절차를 편리하게 처리할 수 있도록 구축된 시스템이다. 신고인이 "서류제출 없이" 시스템을 이용하여 세관에 환급신청하면 세관에서는 수출입신고 및 관세납부내역 등을 컴퓨터 화면으로 확인하여 심사를 완료하면 신청인이 자기 계좌로 환급금을 지급받을 수 있

는 편리한 절차로 이루어져 있다.

▌그림 11-10 관세환급시스템 흐름도

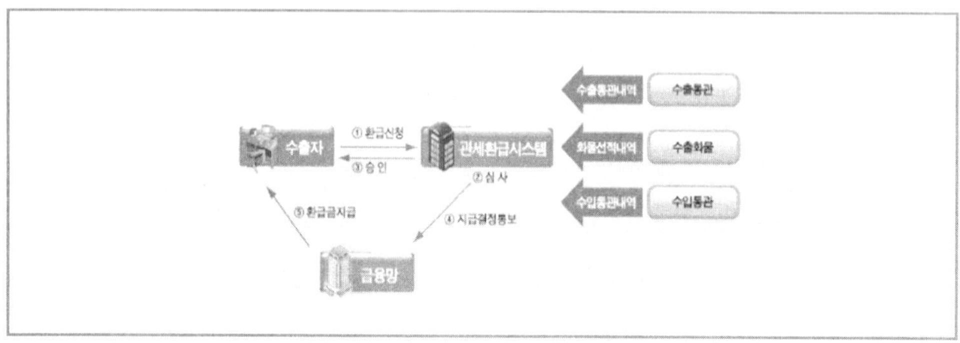

(5) 싱글윈도우

가. 싱글윈도우는 이원화되어 있는 세관의 수출입신고와 각 요건확인기관별 요건신청 절차를 일원화하여 처리할 수 있도록 관세청 시스템과 요건확인 기관 시스템을 연계하여 구축한 싱글윈도우 개념의 정보 인프라이다.

나. 신고인이 한 번의 세관신고로 수입신고 뿐만 아니라 검사·검역 등 복잡하고 다양한 요건확인신청부터 승인확인 절차까지 One-Stop 서비스를 제공받을 수 있다.

다. 이를 위해 관세청과 요건확인기관 간의 신고항목을 표준화함으로써 자료의 중복 입력으로 인한 불편과 업무의 비효율성을 개선하였으며 신청인, 요건확인기관, 관세청간 공동으로 정보를 활용함으로써 업무 효율성을 높일 수 있게 되었다.

▌그림 11-11 인터넷 통관시스템 흐름도

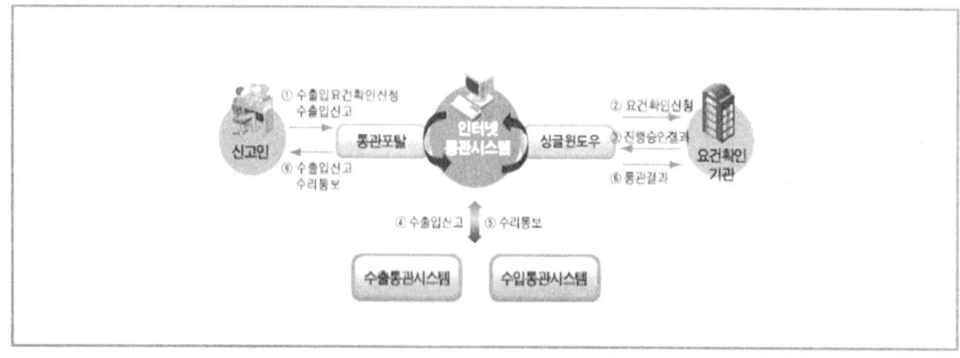

(6) 인터넷통관포털 시스템

가. 인터넷통관포털 시스템은 인터넷 이용의 보편화, 인터넷 방식의 연계 필요성 등 민간 및 공공부문(물류망, 금융망 등)과 인터넷기반의 업무연계에 대응하기 위하여 종전 EDI시스템을 한 단계 발전시킨 보다 편리한 저비용 구조의 통관시스템인 인터넷 통관포털시스템을 구축하였다.

나. 전용 네트워크망 구축이 필요한 종전 EDI시스템의 지역적 한계를 극복하여 시간과 장소에 구애받지 않고 인터넷 이용이 가능한 곳이라면 어디에서라도 편리하게 수출입업무 처리가 가능하며, 관세행정수요자에게 수입화물 진행정보 등 유익한 정보를 맞춤형으로 제공할 수 있게 되었다.

▌그림 11-12 인터넷 통관 포탈 서비스 구성도

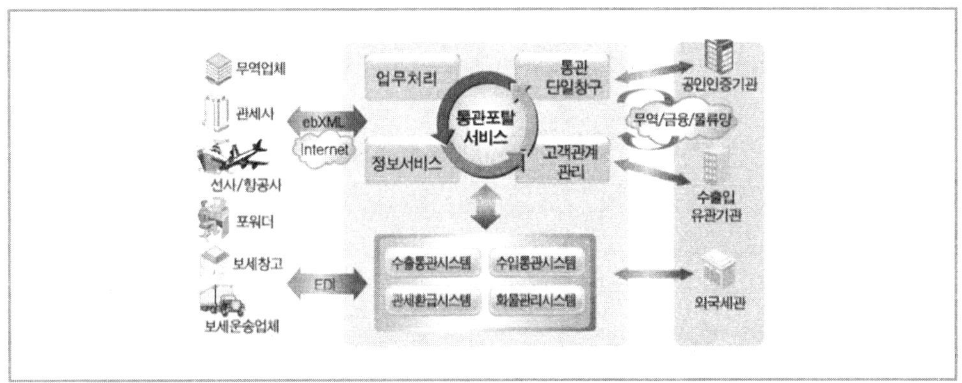

(7) 위험관리 시스템

가. 위험관리 시스템은 통관, 화물, 징수, 심사 등의 시스템에서 발생하는 데이터를 분석하여 신고화물과 관련업체의 위험도를 종합적으로 분석하여 관세포탈, 밀수, 불법외환거래 및 위험물품을 선별하고 피드백을 통해 적발 정확성을 제고하는 시스템이다.

나. 위험관리 시스템은 신속한 통관과 불법무역의 철저한 단속 효과와 정확한 위험선별 기능으로 세수증대 및 수출입통관 유관업체의 법규준수 향상을 기대할 수 있다.

▌그림 11-13 수출입 위험관리시스템 업무 구성도

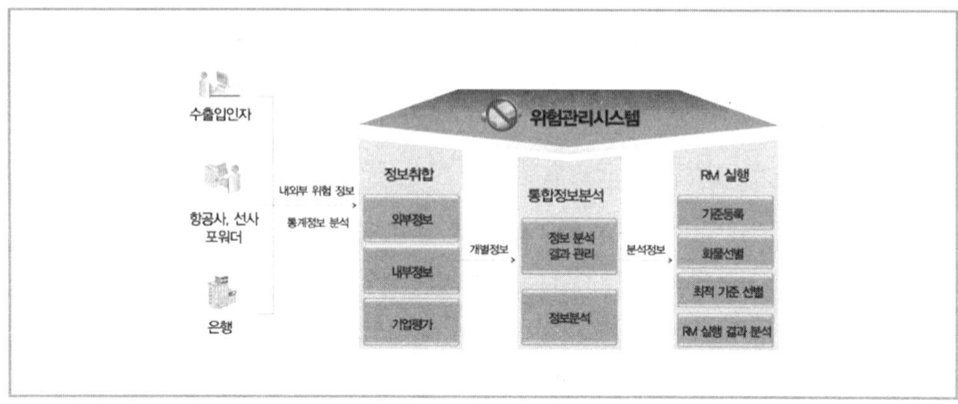

4 해운항만물류통합정보시스템(PLISM)

해운항만 물류업계의 정보 공유 통합을 바탕으로 한 협업적 통합항만 물류정보시스템으로, 수출입 항만 물류과정에 있어서, 정보를 정확 신속하게 생성 전달하도록 한다.

현장에서 활용성이 높고, 업계간 협력을 촉진하는 통합 환적 화물 정보화 시스템으로, 선박회사가 항만 게이트의 반출입을 제어 할 수 있는 지능형 환적 시스템 구축 운영 중에 있다.

1) 추진배경

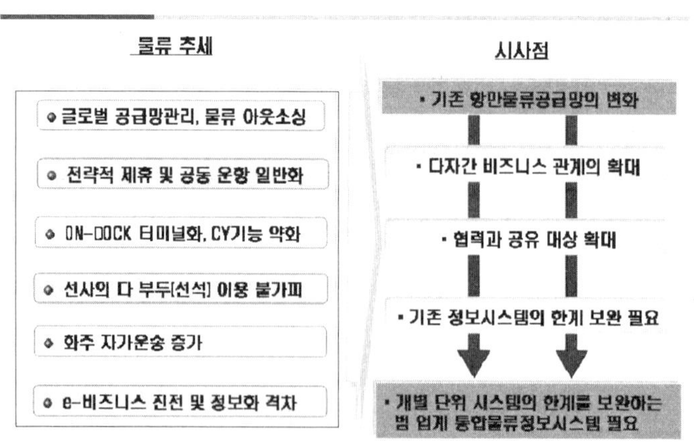

2) PLISM 소개

PLISM(Port Logistics Integrated System for Maritime Business)은 최초의 물류정보를 선사, 장치장, 운송사, 검수사 등 물류주체간의 공유를 통해 정확한 물류정보를 제공함으로써 선박의 운항업무, 컨테이너선적/인도업무, 환적업무 등 복잡한 항만물류업무의 One-Stop 처리를 실현하는데 있다.

PLISM은 수출입물류과정에서 수반되는 선사, 장치장, 검수사, 포워더, 화주 등 관련주체들 내부업무 및 물류주체들간에 이루어지는 선박의 운항정보, 컨테이너 선적/인도업무, 환적업무를 표준화된 시스템에서 공동활용함으로써 기존의 수작업에서 벗어나 업무효율을 극대화 하는 WEB기반의 항만물류통합 서비스이다.

▮그림 11-14 항만물류통합정보시스템 구성도

선적업무지원
운송/철송지원
터미널업무지원
검수업무지원
Integrated Data Base
스케쥴 정보
Booking 정보
터미널 반출입 정보
D/O 정보
환적화물정보
양적하 정보
위험물 정보
검수 정보
야드 정보
Book 정보
화 주
선 사
CIQ 기관
터미널, 하역사
검수/검증

▮그림 11-15 항만물류통합정보시스템 총괄도

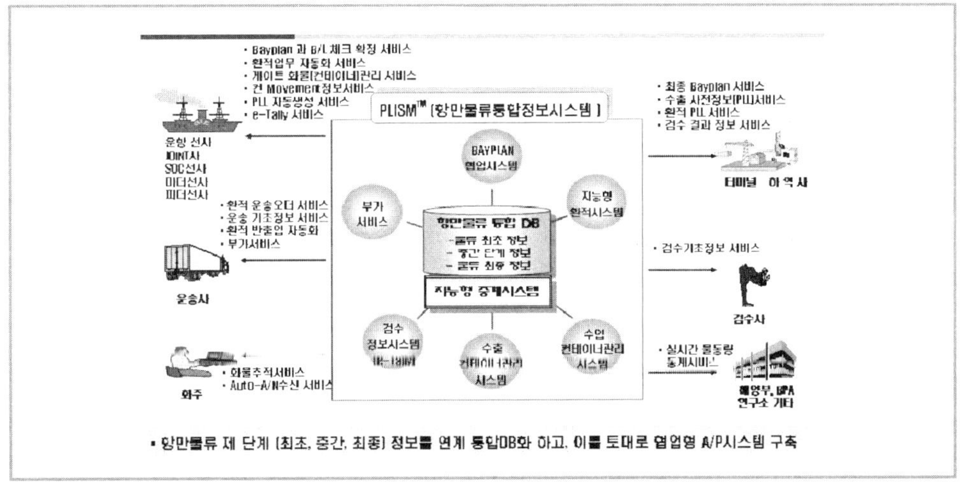

(1) PLISM 수출분야서비스

- 수출화물운송 통제 : COPINO 검증
- Empty 반출에서 FULL 반입까지 Monitoring & Visibility 제공
- 수출선적서류(PLL, CLL, DG, 등등) 일괄생성 처리

▌그림 11-16 PLISM 수출서비스 흐름도

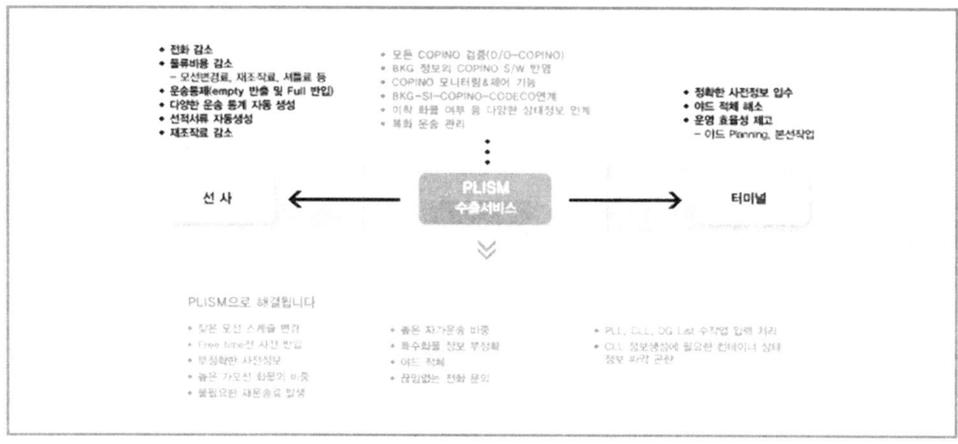

(2) PLISM 소개 (수입분야서비스)

- 불법반출 관리, 자가운송 관리(등록 승인, 모니터링 해제)
- LogisBill(화주간 Invoice 연계)
- Demurrage & Detention 관리 지원

▌그림 11-17 PLISM 수입서비스 흐름도

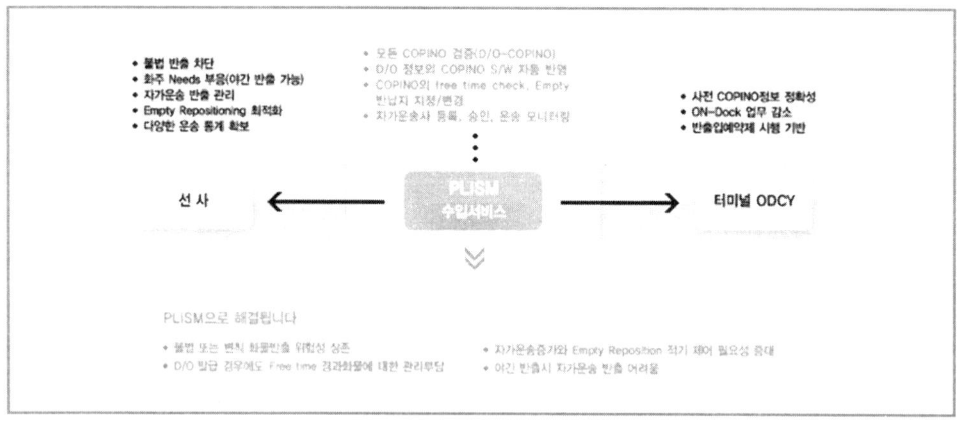

(3) PLISM 소개 (스케줄서비스)

- 선사 관점과 터미널관점이 통합된 VSL 스케줄, 피더선 스케줄 DB
- 내부 및 항만물류 관련업계 실시간 스케줄 정보 공유

▌그림 11-18 PLISM 스케줄서비스 흐름도

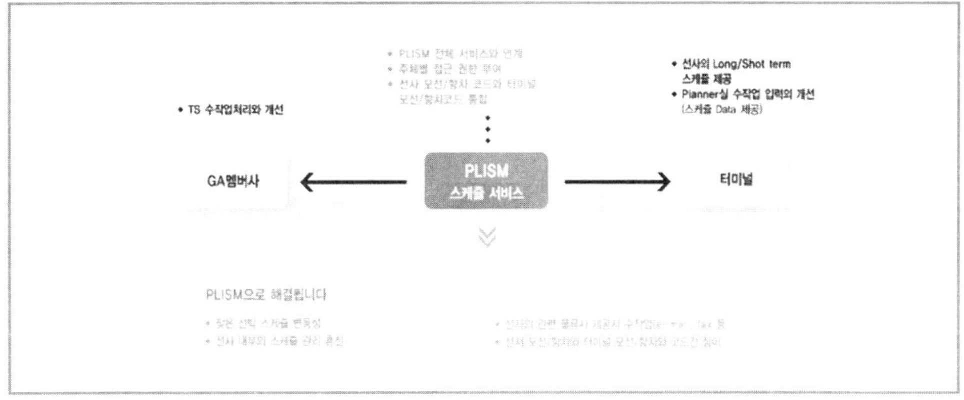

(4) PLISM 소개(EQ Data 제공 서비스)

- 전국 어느 터미널이든 EQ Data 취합(SP-IDC 연계)
- 선사별 맞춤형 Code, 포맷변환 처리

▌그림 11-19 PLISM EQ DATA 서비스 흐름도

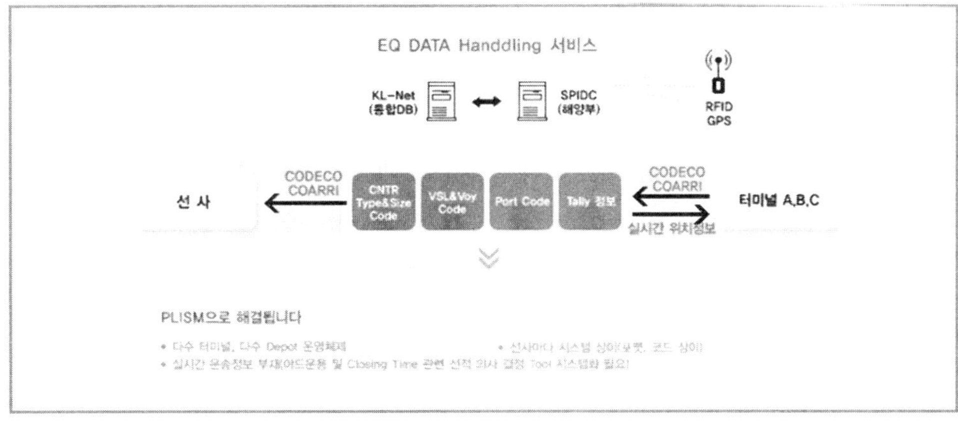

제12장 전자무역기반의 공급망관리

1 무역공급망관리의 이해

Supply Chain이란고객-소매상-도매상-제조업-부품/ 자재/ 운송협력업체등의공급활동의연쇄구조를나타내며, Supply Chain Management란 불확실성이 높은 시장변화에 Supply Chain 전체를 긴밀하게 대응시켜 Dynamic하게 최적화를 도모하는 것이다.

국내 많은 제조 기업들이 SCM을 적용하여 수발주 업무 및 유통 업무를 적용하여 진행을 하고 있다. 대부분이 ERP를 도입 한 후 기업내부의 업무통합이 완료한 후 외부 비즈니스 통합을 위해 SCM을 도입 적용한다. 또한 ERP와 연계를 통하여 Process 통합하여 관리를 하고 있다.

▌그림 12-1 일반적인 SCM모델

공급밍관리(Supply Chain Management)란 기업에서 원재료의 생산·유통 등 모든 공급망 단계를 최적화해 수요자가 원하는 제품을 원하는 시간과 장소에 제공하는 것을 뜻한다. SCM은 부품 공급업체와 생산업체 그리고 고객에 이르기까지 거래관계에 있는 기업들 간 IT를 이용한 실시간 정보공유를 통해 시장이나 수요자들의 요구에 기민하게 대응토록 지원하는 것이다. 세계적으로 선도적 위치에 있는 제조업체, 물류업체, 유통업체들은 SCM을 통해 거래선들과 긴밀하게 협력함으로써 그 이익을 훨씬 더 극대화하고 있다. SCM의 고도화는 공급자관계관리(SRM), 제품주기관리(PLM), 성과측정지표(BSC), 능률원가측정(ABC) 등의 애플리케이션을 기업애플리케이션통합(EAI) 및 기업포털(EP)작업에 연계함으로써 협력사들과의 총체적인 협업체계를 구현하는 데 목적이 있다. 그 저변에는 전사데이터웨어하우스(EDW), 초대형 서버, 전사자원관리(ERP), 고객관계관리(CRM) 등이 자리 잡는다.[13)]

동북아 지역 국가간 상호 의존이 심화 되는 가운데, 대기업에 이어 중소기업의 해외진출이 급증하는 추세에 있어, 중소기업의 해외진출에 따른 비용절감 효과를 극대화하는 동시에 제조업 공동화에 대응하는 국가적 차원의 지원체계가 필요한 배경을 가지고 2003년도부터 동북아 SCM의 업무가 시작되었다.

주요 추진배경을 살펴보면 동북아 경제 중심 추진을 위한 기업 경영의 IT 인프라 필요성을 가지고 있으며 제조업 공동화 대응 체제 마련, 본사-현지법인간 실시간 정보공유 필요성 증대가 절실하였다.

이에 따라 정부에서는 해외진출기업의 본사-생산・판매법인 등 본지사간 글로벌 생산활동을 지원할 수 있는 국가차원의 글로벌 공급망 인프라 확보를 위해, '동북아 GSCM 허브 구축사업' 추진하여 한국 본사-해외 생산법인 및 거래선(고객, 공급자)들을 하나의 Single Business Network에 연계함으로써, 관련 주체간 Collaboration을 강화하여 기업의 e-Transformation 촉진하고자 한다.

이러한 SCM이 현재는 내국의 비즈니스모델이 아닌 글로벌하게 움직이고 있다. 즉 대한민국 내에서만 적용되었던 것이 지금은 국경이 없이 글로벌하게 적용 및 운영하고 있는 실정이다.

SCM은 협업을 통하여 자재, 부품 조달을 하는데 많이 활용하고 있다.

개별 기업들이 ERP 시스템과 연계하여 주요 정보를 협력 업체와 실시간 공유할 수 있도록 하여, 재고 감축과 업무 효율성 향상을 달성 할 수 있도록 하는 웹기반 시스템으로 운영 중이다.

---

13) [네이버 지식백과] SCM [supply chain management] (시사상식사전, 박문각)

▌그림 12-2 SCM 적용 효과

모업체

1. 원활한 자재조달관리
   생산계획에 맞춘 적절한 구매/외주 품목의 조달 가능
2. 리드타임 단축
   출발처리 정보를 활용한 자재 리드타임 단축
3. 신속 정확한 입고처리
4. LOT관리를 통한 안정적 품질수준 유지
5. 적정한 재고수준유지로 재고비용감소
   생산계획에 맞춘 적기조달과 적정재고수준을 유지함으로써 재고비용 감소효과
6. 원활한 커뮤니케이션 형성
   게시판 활성화를 통한 협력업체와의 원활한 커뮤니케이션 형성으로 조직 활성화 유도
7. 설계변경에 의한 혼선 방지
   이력정보의 제공으로 인한 설계변경으로 발생하는 혼선 및 부적절한 재고누적 방지
8. 고객만족 강화
   원활한 자재조달활동과 정확한 납품으로 인한 고객으로의 제품인도가능---> 고객만족 경영

협력업체

1. 적절한 원자재의 조달활동
   월 생산계획과 주별 생산계획을 제공함으로써 적절한 원자재의 조달활동 지원
2. 생산계획변동에 대한 적절한 대처
   생산계획변경이력을 제공함으로서 생산계획 변동에 능동적으로 대처할 수 있도록 지원함으로써 과잉재고억제
3. 정보의 적절한 활용
   정보의 실시간 활용으로 인한 신속한 대등 설계변경에 따른 업무혼선 방지
4. 원활한 커뮤니케이션 형성
   게시판 활성화를 통한 모업체 담당자와의 원활한 커뮤니케이션 형성으로 업무효율 향상

◆ 시장동향

ERP를 도입한 대기업은 정보의 통합성, 실시간 정보처리, 프로세스의 유연성 등 다양한 측면에서 ERP의 활용효과를 극대화하고 있다. 이러한 ERP의 활용도가 높아질수록 외부 비즈니스에 대한 연결을 통해 정보의 활용도를 극대화 시키고자 기업들은 추진한다.

시장 발전주기 측면에서 1999년까지 시장 형성 및 활성화 단계를 거친 SCM 시장은 2000년 기대의 최고점을 지났으며, 2002년부터 SCM 도입에 따른 ROI (Return on Investment)가 나타남에 따라 시장 안정화 단계에 돌입하여 지속적인 성장을 나타내고 있다. 효율적인 Planning과 Execution로부터 오는 이점의 확인, Supply chain solution확대에 대한 사용자의 요구, C-commerce, ERP와 통합기술의 발전, 기업들의 지속적인 효율성과 이익 추구로 인해 세계적인 경기침체에도 불구하고 SCM 시장의 지속적 성장이 예상된다.

SCM 시장은 대형 제조 및 유통/물류 기업을 중심으로 수요가 한정적이어서 높은 성장을 기대하기는 어렵지만 이들 기업들의 수요지속과 함께 글로벌 SCM 이슈가 꾸준하게 제기되면서 5%대의 안정적인 성장세를 유지하고 있는 것으로 분석된다.

SCM은 현재와 같은 경기침체 및 불황기에 더욱 중요한 가치를 지닌다. 왜냐하면 SCM 도입으로 재고 감축과 함께 적기 납품에 성공함으로써 비즈니스 경쟁력을 유지할 수 있기 때문이다. 특히, 부품 및 완성품의 재고 및 공급 관리는 생산 및 판매계획은 물론 나아가 기업의 현금 유동성 문제와 직결되며, 현재와 같은 국내외 경제 변수가 빈번히 발생하는 경우에는 SCM을 통한 기업의 신속한 대응이 경쟁력의 척도가 되기 때문이다.

SCM 시장이 꾸준한 성장을 보일 것으로 예상되는 이유는 경기 침체에 따라 기업들이 매출 및 영업이익을 유지하기 위해 짧아진 제품 수명 주기, 다품목 생산, 납품 기한의 단축 등에 주력하면서 SCM 도입을 확대할 것으로 예상되기 때문이다.

전문가들은 기업의 경쟁력은 단순히 기업의 조달, 생산, 공급 경쟁력으로만 결정되는 것이 아니라 부품 공급, 제품 생산, 운송 등 모든 분야에서 협력사들과 얼마나 효율적인 공급망의 흐름을 구성하느냐에 달려 있다고 지적한다.

따라서 SCM 도입을 통한 진정한 의미의 Time-to-Market 실현은 공급에서 고객까지 이어지는 일련의 프로세스 상에서 비즈니스 불확실성을 최소화하고 최적의 경쟁력을 확보함으로써 궁극적으로는 최소의 비용으로 최고의 고객 만족을 추구하는 경영 패러다임의 혁신을 의미하게 된다.

이러한 분위기 속에서 가시성(Visibility)이 국내 SCM 시장의 가장 주목받는 이슈로 부상하고 있다. 가시성은 한마디로 공급망 전체의 흐름을 정확하게 모니터링하고 공급 흐름에 문제가 발생할 경우 신속한 조치를 취함으로써 원활한 공급망 흐름을 유지하는 것을 말한다.

또한 기업들의 글로벌 비즈니스가 확대되면서 공급망의 복잡화와 개방화가 가속화되고 있는 환경 속에서 주문 충족률을 향상시키고 재고 절감을 위한 수단으로서 그 중요성이 강조되고 있다. 국내에서도 가전, 해운, 반도체, 중공업, 3PL 등 다양한 분야에서 가시성이 실무에 적용되는 사례가 증가하고 있으며, SCM 고도화의 한 축으로 주목받고 있다.

2 무역공급망 관리 활용

국내 기업과 해외 프로젝트 및 기업의 사례를 벤치마킹하여 향 후 발전방향에 대해서 연구해 보자.

1) S전자 사례

추진 배경을 살펴보면 OEM거래선의 확대, 유통거래선의 재고, 결품, Cycle 감

축에 대한 요구 등의 경쟁력 강화가 필요하고, 수요/공급관리를 위한 Needs증가, 경쟁력확보 등 비용절감과 효율성 증대가 필요하였다.

▌그림 12-3 추진배경

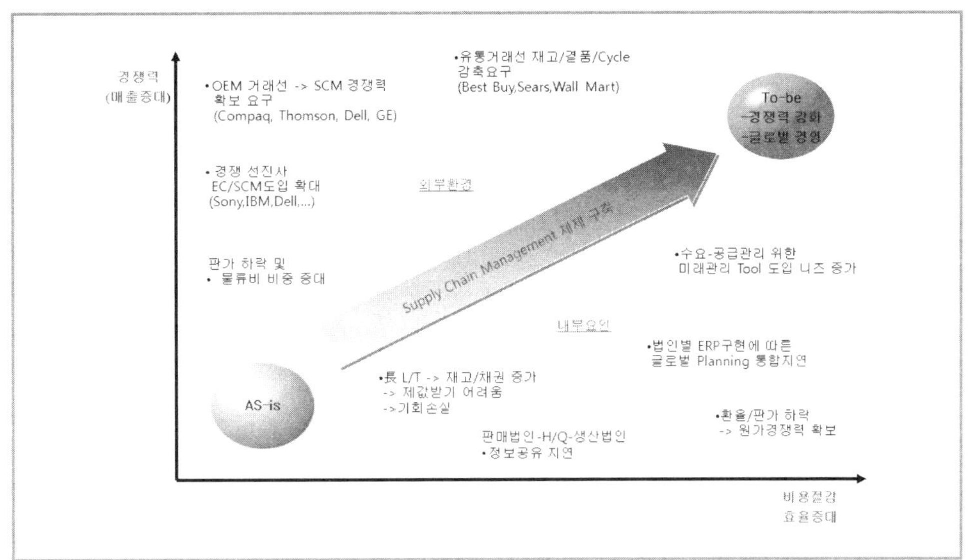

비즈니스 모델을 살펴보면 최종 고객요구에 가장 좋은 제품을, 빠르고, 싸게 공급할 수 있도록 고객, 유통 협력회사, 부품 협력회사, 물류 협력회사 및 사내 개발, 판매, 제조, 조달을 포함한 전체 Supply Chain을 대상으로 프로세스, 조직, 시스템을 재구축하는 총체적인 혁신활동이다.

▌그림 12-4 비즈니스 모델

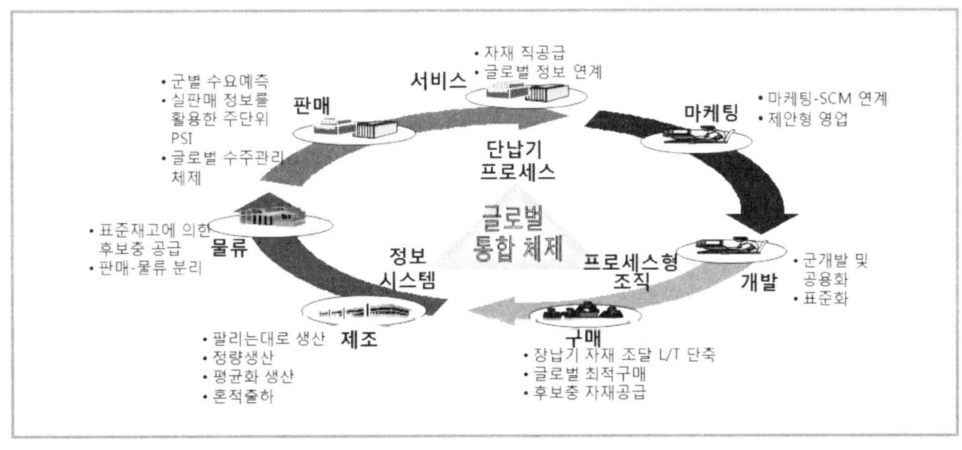

판매거래선, 생산법인이 주요자재에 대해서 효율적인 관리를 통해 상호 협업을 통한 업무 프로세스이다.

▌그림 12-5 기대효과

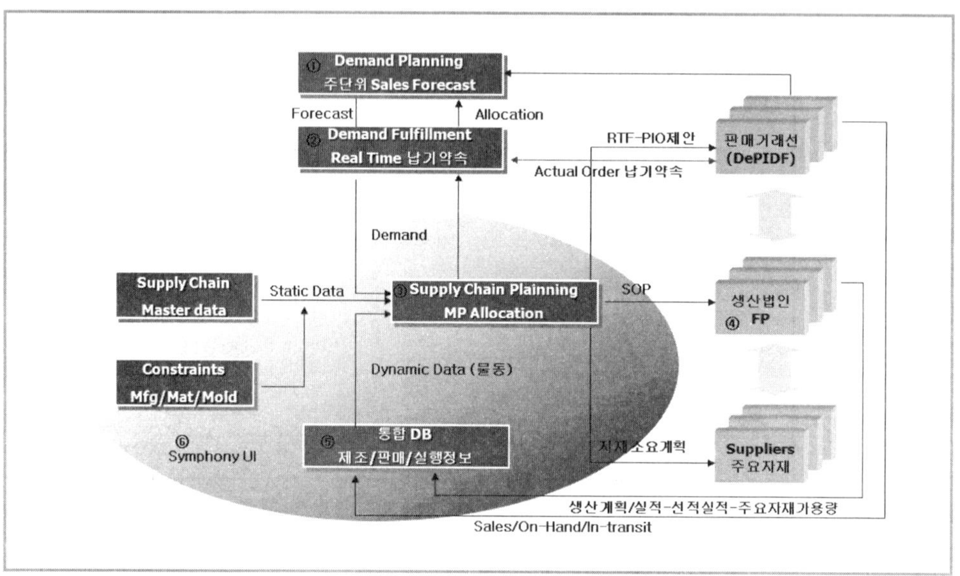

▌표 12-1 무역공급망관리 상의 관리

구분	주요내용
Single process, Single data에 의한 경영	Plan Master Data의 Global통합관리 판매• 제조PSI 수작업 작성 배제
수요와 공급의 불확실성 감소	판매법인과 생산현황을 시간단위로 파악할 수 있는 체제 구축 수요와 공급상황을 본사와 법인이 동시에 공유
주단위 Global Operation 실행 (Weekly Plan, Daily Execution)	주단위 글로벌 회의 실시 Early Warning 체제 구축
거래선 Lock - in 효과 - Swithching Cost 유발	Big 거래선에 대한 차별화 된 서비스로 Lock-in
이미지 제고	주요경쟁사(Sony, Philips등) Bench Marking 방문 Coporate Account 거래시 Symphony로 Logistics 경쟁력 과시

향후 공급망관리 뿐만 아니라 고객관리를 XML/EDI를 통합 연계하여 공급, 생산, 물류 및 유통, 고객인도까지 모든 비즈니스 프로세스를 통합 관리하고자 한다.

▌그림 12-6 향후 TO-BE 모델

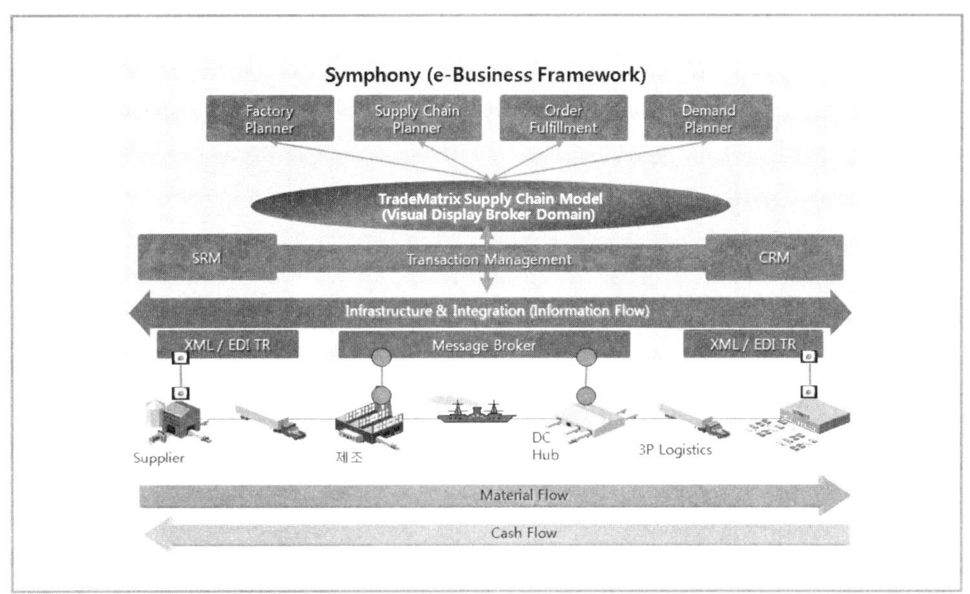

▌표 12-2 국내 기업 사례

구분	P사	S전자	L전자	S전기
추진 배경	• 경영의 신속한 의사결정 필요 • 글로벌 스탠더드에 부합한 시스템 구축 필요	• 법인별 ERP구현에 따른 글로벌 Planning 통합지연 • 판매법인-H/Q-생산법인 정보공유 지연	• e-Businesseoen • 글로벌 경쟁 심화 • Global 통합의 필요성 증대	• Global 단위의 통합필요성 증대 • 다품종, 소량 주문에 따른 납기 체제 개선의 필요
추진 내용	• 고객, 회사 상호간 Win Win 가능한 판매 생산 체제 구축 • 공급사-포스코-고객사간 Supply Chain 전체를 직결하는 e-Business 체제 구축	• 전 부분 Real-Time 정보 공유 • 수요예측의 순차적 가공, 전달 → 단일 Table에서 수요예측 동시 공유 글로벌 재고 및 생산 계획에 근거한 납기약속	• 해외법인 업무 Process 표준화주문 생산 시스템 구축 • 영업의 Forecast 입력, 조정 및 확정까지의 판매 계획 수립 Process • 고객의 주문에 대한 납기약속 체제를 구축	• 전 사업장 통합판매계획 수립 • 납입지시와 연동된 출하관리 • Global 가용성 Check에 의한 납기 Simulation • 공정생산계획 기준 발주 및 납입지시
효과	• 통합시스템구축과 정보 공유를 통한 업무 프로세스 단축 • 시장성을 고려한 상품 개발	• 수요와 공급상황을 본사와 법인이 동시에 공유 • Plan Master Data의 Global통합관리	• Global visibility확보 • Collaborationr기반 확보 • Global수요/공급의 Match Resource의 균형적분배	• 주단위 Speed 경영체제구축 • e-Business 대응을 위한 시스템 기반 구축 • Global 수요 · 공급재고 정보 투명화로 상호 신뢰 구축

2) 대만의 SCM사례

국제경쟁력 강화와 대만의 Global eBiz Hub化를 하고자 "Chinese Taipei to be the Global e-Business Product & Service Collaboration Center"라는 비전을 가지고 추진하였다.

추진전략으로는 범정부 차원의 전담 추진조직 구성하고 제조, 상거래, 금융, 농업, 건설, 공공부문이며 해당 정부 유관부처가 프로젝트 주관하여 정부는 기술지원, 교육지원, 제도적 지원, 인프라 구축 등을 제공하고 시범업종으로 IT 산업을 선정하고 향후 기타산업으로 확대하여 B2B부문에 역량을 집중한다.

초기 one-to-many SCM에서 향후 many-to-many SCM으로 발전을 목표로 한다.

표 12-3 사업의 확산전략

구분	목표	주관	내용
IT	2500여개 업체 적용	Minister of Economic Affairs	• Plan A: HP, Compaq, IBM(3) • Plan B: ACER 등 15개 대만의 주요 제조업체(연간매출액 US$ 300 million 이상)
제조업	제조부문70개 Supply Chain 구현/5000개사 참여	The Industrial Development Bureau, Ministry of Economic Affairs	• 자동차, 석유화학, 섬유 등 주요기간산업 대상 파일럿 프로젝트 수행중 • 7개 프로젝트 승인
상거래 부문	100개 Supply Chain 구현/20000개사 참여	Dept. of Commerce, MOEA	• 3C Consumer products, Grocery, Medicine, Content-based industry(서적, 멀티미디어), Garment, 여행 등 6개 업종 지원 • 6개 국내 소매체인 대상으로 Sales Automation Information System 지원
농업	12개 Supply Chain 구현/1000개사 참여	The Council of Agriculture	• 인터넷 및 e-Commerce 기술을 활용하여 민간부문으로 하여금 신규사업에 투자 유도 • 시범모델로 5개 제품을 선정
건설업	20개 Supply Chain 구현/1000개사 참여	Construction & Planning Administration, MOI	• SCM, ERP 등의 부문에 기술지원 제공 • 선정된 건설사, 투자가간 Supply Chain 구현
금융업	전자금융제공 및 금융공급망 형성/3년 내 2000개 업체가 Monetary flow 자동화 구현	Ministry of Finance	• 기업과 금융기관간 전자금융과 금융서비스 제공 예정 • Internet fund transfer, payment, inquiry service 구현 • 은행간 시스템과 보안시스템에 대해 유관기관이 규격과 표준을 제정
정부 조달	전자조달 구현, 최소 1만개 기업 참여	Public Construction Commission	• 운영 표준 마련 및 관련법 개정 • 초기 소규모, 정형화된 조달프로세스에 우선 적용 • 현재 조달공고, Vendor catalogues, 가격, inquiry, 주문, 결제, CA 서비스중

◆주요내용

- Plan A&B (iAeB Project): IT업종을 대상으로 하는 SCM 프로젝트 / 2000년 말 완료
- Plan CDE: 대만에 기반을 둔 다국적 기업이 국내 R&D활동 및 투자를 지속하도록 하는 한편 글로벌 물류망을 구축하여 업무효율화와 디자인, 연구, 개발 활동의 전산화에 기여할 목적으로 2001년 8월 착수
- New Generation e-Solution Plan: 중국에 진출한 대만기업을 지원하기 위한 'Web Service' 기반의 Global e-Business Infrastructure 구축 진행(2003)

▌그림 12-7 단계별 사업내용

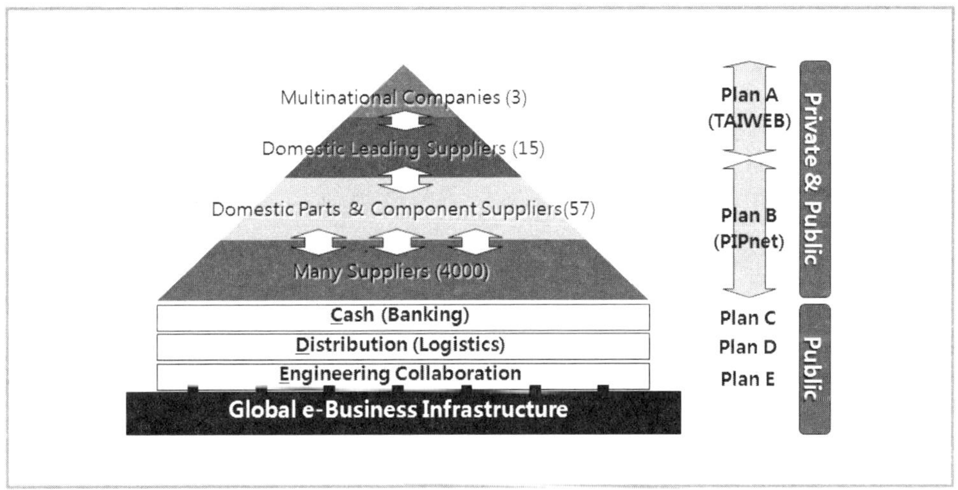

▌표 12-4 프로젝트별 공급망관리 상의 분석

구분	Plan A Project (TaiWeb)	Plan B Project (PIPnet)
Vision	International supply chain hubs	Domestic supply chain network
기대효과	국외 고객과의 협업 증진	국내 공급망의 효율성 향상
Members (Manufacturers)	HP, Compaq, IBM (3)	ACER 등 15개 대만의 주요 제조업체 (연간 매출액 US$300 million 이상)
Suppliers	42개 주요 국내 공급업체 참여	약 4000개 국내 공급업체 참여

◆도입효과

대만의 Plan A (TaiWeb)의 구축으로 인한 비용절감효과는 총 53.9 million이고, KPI improvement효과는 총 24%~50%의 효과가 있다.

▌표 12-5 Cost/KPI 전후 비교

• Cost Saving

Description	Saving(US $)
Suppliers Cost	30 Million
Finish Goods	18.5 Million
Labor	3.7 Million
EDI VAN	1.7 Million
Total Supply Chain	53.9 Million

• KPI improvement

Description	Before (1999)	After (2001)	improv.(%)
Order Cycle Time	9 days	5.5 days	36%
Order Fill Rate	50%	75%	50%
Factory Cycle Time	6.5 days	4 days	39%
Ship to First Commit	67%	83%	24%

3) 미국기업 HP사례

HP는 Vancouver 및 싱가포르 공장에서 생산한 DeskJet 프린터 를 미국, 유럽, 극동 지역의 배송 센터에 공급하고 있으며, 긴 수송 리드타임과 표준 전압 규격의 차이에 따른 각 배송 센터 별 안전재고의 요구수준이 높았다. 또한, 제조, 수송 및 재고 비용이 증가하고 각 지역별 고객 수요 변동에 적극적으로 대응하지 못하는 문제가 발생하였다.

이에 HP사는 이런 문제점들을 개선하기 위해서 사용 전압별로 완제품을 만들어 각각의 물류센터로 보내는 방법을 사용하지 않고 프린터의 설계 단계에서 제품 설계를 변경하여 전원공급장치 부품을 독립적인 부품으로 만들어 지역별 전압에 맞는 전원공급장치를 지역 배송센터에 부품 상태로 보내고 공용으로 사용되는 부품은 공장에서 조립하여 각 지역 배송 센터로 보내서 고객의 요구가 발생하면 배송 센터에서 조립하여 출고하는 방법을 사용하였다.

또한, 한 지역이 다른 지역보다 프린터가 잘 팔리는 경우에는 전원공급장치를 제외한 다른 부품은 공용으로 사용될 수 있기 때문에 부품이 많이 남아있는 배송센터에서 잘 팔리는 배송 센터로 이동시킴으로써 재고 감소 효과가 발생하고, 이때 사용된 전략은 제품 재설계 전략과 완제품의 완성 시점을 최대한 고객 쪽으로 미루는 제품 지연(product postponement) 전략을 활용하였다.

◆ 기대효과

전체 Supply Chain에서 재고 비용을 약18% 절감하고 각 지역별 수요 변동에 따른 대응력 및 재고 회전율의 증가, 제조, 수송, 재고 비용을 포함한 총 비용의 약 25%가 절감되는 효과 및 DeskJet 프린터의 점유율을 세계 1위로 성장을 시키는 원동력이 되었다.

▌그림 12-8 HP 4대 프로젝트

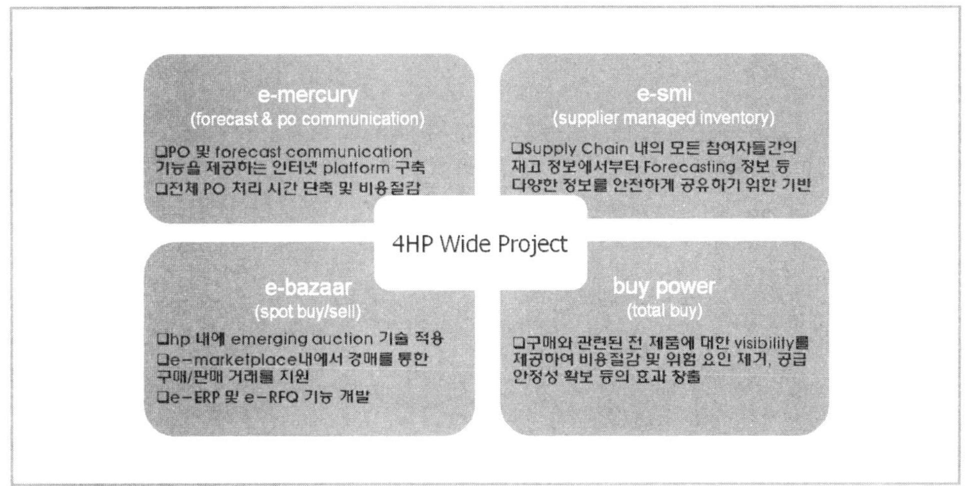

4) Dell의 Supply Chain 통합

Dell의 비즈니스 모델은 'The Dell Direct Mode(DDM)'라는 온라인 판매 방식이다. 기존 Off-linc 유통망을 통해야만 마케팅이 가능할 것이라는 고정 관념을 버리고 온라인으로 승부하겠다는 전략을 실천에 옮긴 것이다.

기존 Supply Chain을 통합한 DDM은 한마디로 고객 주문이 바로 생산 현장으로 직결되는 시스템이다. 일단 고객이 원하는 PC를 온라인을 통해 주문하면 그 정보는 바로 공장으로 전해져 바코드가 부여된다. 이어 부품 협력사에 물품주문서가 전달되고 수시간 이내에 생산 라인에서는 고객이 주문한 컴퓨터 생산이 시작된다.

모든 작업이 실시간으로 진행되기 때문에 주문에서 선적까지 걸리는 시간이 불과 36시간으로 일반 컴퓨터 메이커보다 절반 이상이나 속도가 빠르다. 또한 재고 비용도 타 업체에 비교하여 1/8에 불과하다.

Dell은 판매뿐만 아니라 서비스 기능도 인터넷을 활용하여 통합함으로써 많은 효과를 거두고 있다. Dell은 웹에서 서비스 정보 및 문제 해결 방안, 대화방과 개인별 지원을 위한 커뮤니케이션 기능, 부품 및 소프트웨어 개발업체와의 연계 등의 다양한 온라인서비스를 제품별, 내용별, 개인 등록 번호별로 제공하고 있다.

고객들은 웹 사이트에 접속하여 스스로 제품에 서비스 기능에 대한 학습이 가능하며, 이를 통해 주당 30,000건 정도의 파일 다운로드를 통해 $15,000/주의 비용 절감, 주당 20,000명의 고객이 서비스 요청을 Call Center가 아닌 온라인으로 조회함으로써 건당 $3~$5의 비용 절감, 30%의 인터넷 고객이 Dell의 광고를 보지 않고도 구매를 결정하는 등 홍보 비용의 절감 등의 효과가 나타난다.

Dell은 디지털 기술을 활용하여 기존과는 완전히 다른 새로운 Supply Chain을 구축함으로써 기존 가치사슬 일부를 성공적으로 제거하였고, 이를 통해 업무의 신속성 제고 및 전반적인 비용 감소가 가능하다.

▌그림 12-9 델 SCM의 특징

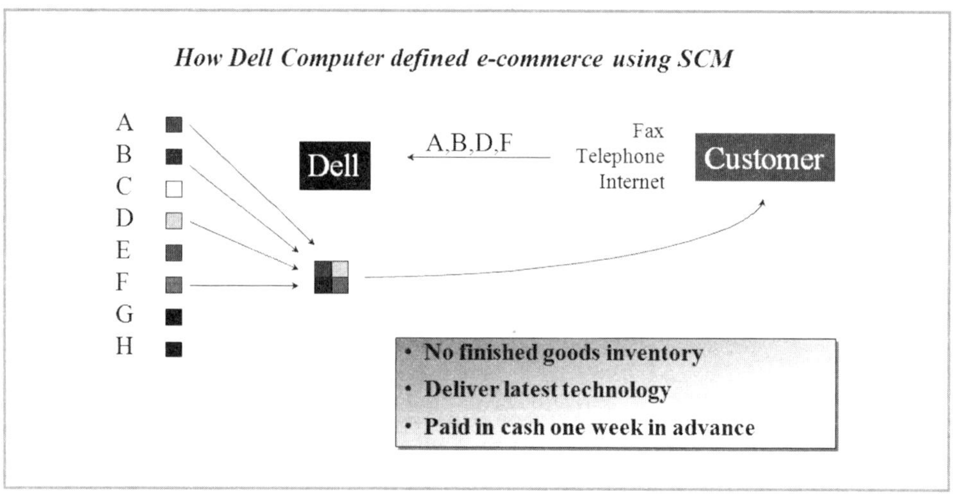

동북아 지역 국가간 상호 의존이 심화 되는 가운데, 대기업에 이어 중소기업의 해외진출이 급증하는 추세에 있어, 중소기업의 해외진출에 따른 비용절감 효과를 극대화하는 동시에 제조업 공동화에 대응하는 국가적 차원의 지원체계가 필요한 배경을 가지고 2003년도부터 동북아 SCM의 업무가 시작되었다.

주요 추진배경을 살펴보면 동북아 경제 중심 추진을 위한 기업 경영의 IT 인프라 필요성을 가지고 있으며 제조업 공동화 대응 체제 마련, 본사-현지법인간 실시간 정보공유 필요성 증대가 절실하였다.

▌그림 12-10 Supply Chain operation 실행도

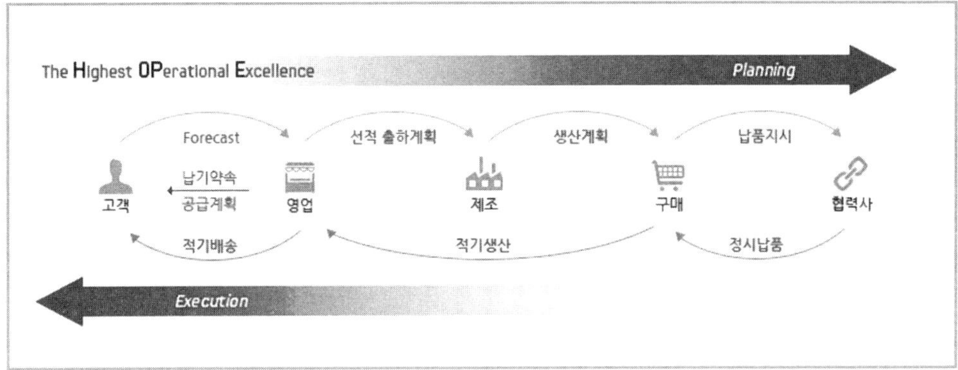

이에 따라 정부에서는 해외진출기업의 본사-생산·판매법인 등 본지사간 글로벌 생산활동을 지원할 수 있는 국가차원의 글로벌 공급망 인프라 확보를 위해, '동북아 GSCM 허브 구축사업' 추진하여 한국 본사-해외 생산법인 및 거래선(고객, 공급자)들을 하나의 Single Business Network에 연계함으로써, 관련 주체간 Collaboration을 강화하여 기업의 e-Transformation 촉진하고자 한다.

5) 삼성전기 사례

삼성전기는 시장 수요 변동에 민첩하게 대응하기 위해 거래선부터 협력사까지의 모든 공급망 관리와, 생산부터 판매까지 전부문의 동기화된 계획 운영과 실시간 모니터링 체계를 구축했다. 이를 통해 고객납기 대응력과 내부 프로세스 운영 효율을 높이고 있다.[14)]

6) 포스코 사례

포스코는 기존의 전사통합시스템인 포스피아2.0을 바탕으로 생산, 구매, 판매 등의 데이터를 종합해 관리하는 전사자원관리(ERP), 철강 조업활동을 관리하는 생산관리시스템(MES), 영업과 생산의 효율성을 위한 공급망관리(SCM), 마지막으로 컴퓨터나 스마트폰으로 원격, 협업 업무가 가능한 스마트워크플레이스(SWP) 등에 혁신을 추구해 포스피아3.0을 구축했다. 포스피아 3.0의 핵심은 '글로벌 최적화'이다. 경쟁사가 따라올 수 없는 경쟁력을 확보하기 위해 포스피아 3.0은 품

14) 삼성전기 홈페이지 http://www.samsungsem.co.kr/introduce/rnd_activity.jsp?lang=kr

질 · 납기 · 원가 경쟁력 등과 같은 철강 본원의 경쟁력을 더욱 강화하는데 주력했다. 또한 글로벌 포스코 법인 전체가 하나의 회사처럼 최적 판매생산계획을 수립하는 체제도 갖추었다. 매월 전 세계 법인장이 영상회의를 통해 전세계 법인의 실시간 생산, 판매, 재고 데이터를 확인해 이를 기반으로 최적의 의사결정을 하는 것은 물론, 이를 통해 재고 감축 등 글로벌 차원에서 자원의 효율적 운영이 가능해졌다. 포스피아 3.0을 통해 원가 절감도 기대된다. 재무운영비용의 경우 글로벌 통합구매, 통합 물류, 공유서비스센터(SSC · Shared Service Center) 등을 통해 약 20% 이상 절감할 것으로 예상된다.[15)]

▌그림 12-11 포스피아 3.0 개념도

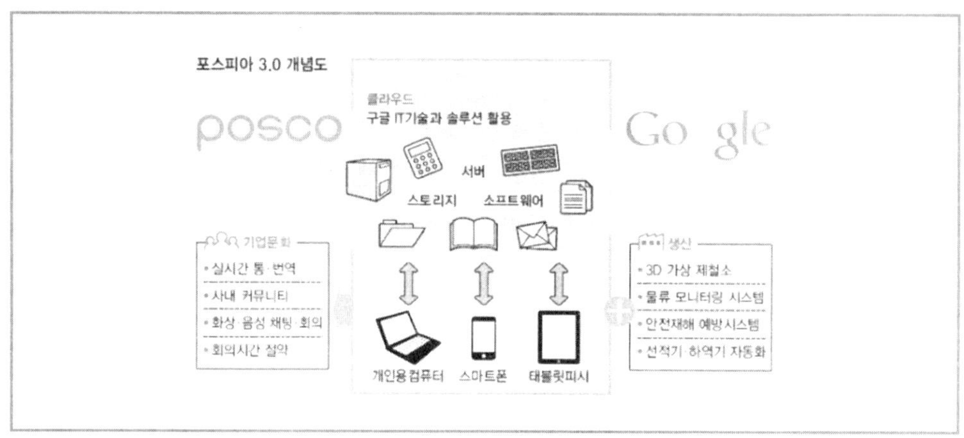

▌그림 12-12 Dell SCM 관계도

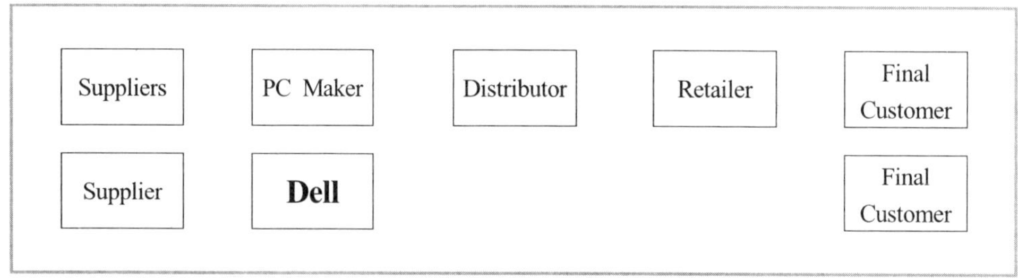

Dell은 창립 초기부터 유통과정을 없애고 직판을 통해 고객에게 더 저렴한 가격에 PC를 공급했다. 델의 직판 모델은 주문 처리시간 단축 및 재고 절감에 초점

15) 포스코 블로그 http://blog.posco.com/803

을 맞춰 고객이 원하는 상품을 가장 신속하게 공급하여 고객의 만족도와 충성도를 높일 수 있었다. Dell은 디지털 기술을 활용하여 기존과는 완전히 다른 새로운 Supply Chain을 구축함으로써 기존 가치사슬 일부를 성공적으로 제거하였고, 이를 통해 업무의 신속성 제고 및 전반적인 비용 감소가 가능하였다.

그림 12-13 주요 내용

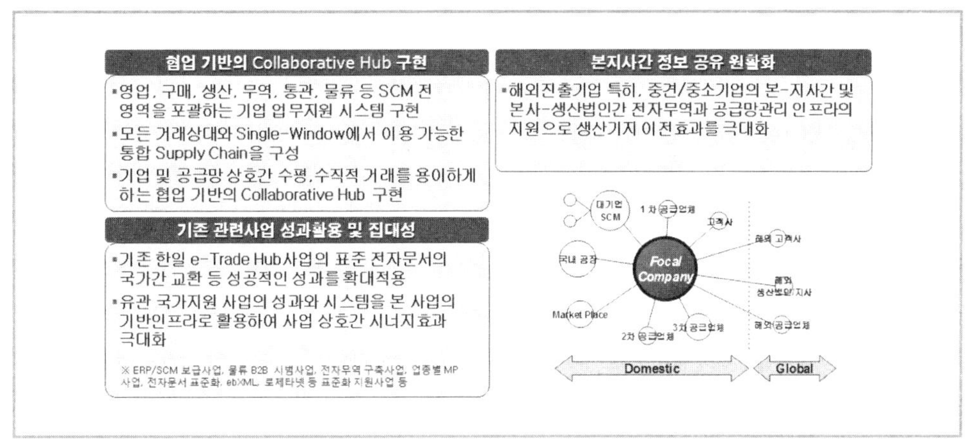

가장 먼저 추진된 것은 한・일간의 eTrade-Hub 구축사업이 시작되면서 정부주도 하에 동북아 GSCM사업이 본격적으로 시작되었다.

7) 동북아 GSCM구축

국가 전자무역 플랫폼과 연계하고 PAA 네트워크를 활용하며 해외 전자무역 파트너와 연계함으로써 해외 금융, 보험, 세관, 물류, 2nd Vendor 및 Customer와의 연계/통합을 지원하는 국가 전자무역 핵심 인프라로 필요로 하는 다양한 기업들이 주축이 되어 진행 되었다.

국내기업으로는 두산(전자), 대우컴퓨터, 부전전자부품, 현대자동차, GM대우자동차, 쌍용자동차, 한국화장품, 한국델파이, 하이텍알씨디, 백금정보통신, 하나로티엔에스, 볼보건설기계코리아, 현대삼호중공업, 신창전기, 쌍용자동차, 엠코테크놀로지 등 있으며, 해외기업으로는 홍콩의 TAL, 대만의 FORMOSA, TAI-YUNA, BAOTEK, GLOTECH, 중국의 GRACE FABRIC, 일본의 MITSUBISHI, SUMITOMO, 독일의 BOSCH, SIEMENS, INA, 프랑스의 DELPHI DIESEL이 참여하여 전자무역기반의 글로벌SCM이 적용되고 있다.

▌그림 12-14 적용 흐름도 및 전자무역 문서

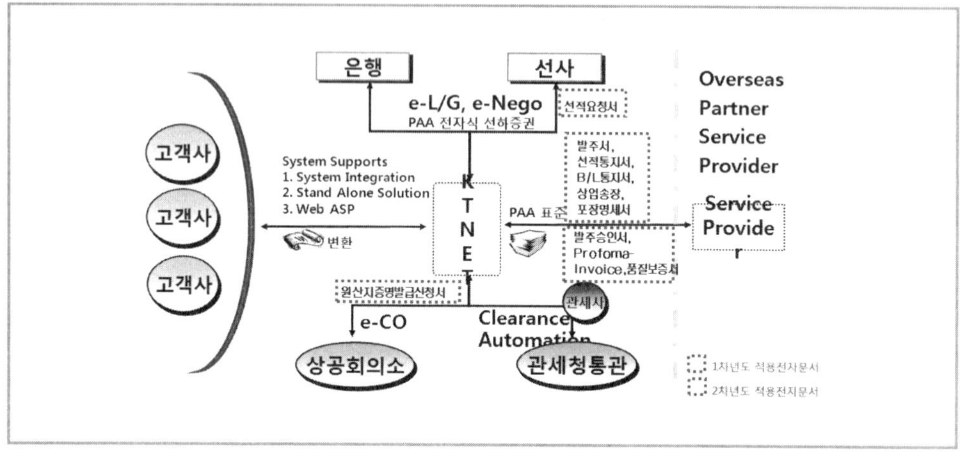

8) ASEM 전자무역 네트워크 구축

ASEM 전자무역 네트워크 구축은 한국과 EU 국가간 무역거래의 활성화 및 기존 Off Line 상의 무역/물류 업무의 Paperless화를 구현하기 위해 추진하고 있으며, 최종적으로는 ASIA와 EUROPE을 엮는 ASEM 차원의 전자무역 네트워크 구축이다.

(1) 추진배경

- EU 와의 교역량 증대에 따른 효율적 거래의 모색
- 업무 프로세스 개선을 통한 산업 경쟁력 제고
- 글로벌 전자무역 서비스의 필요성 대두

이러한 추진배경을 바탕으로 ASEM의 협력분야 중 회원국간의 교역 촉진을 위한 분과회의 중 하나로 TFAP(Trade Facilitation Action Plan) 전자상거래 회의를 구성/운영하여, 2001년 서울에서 개최된 제 1차 TFAP 전자상거래 회의에서 전자무역 시범사업을 국제 협력 사업으로 승인하였고, ASEM 회원국간의 수출입거래에 있어 서류 없는 무역거래(Paperless Trade) 프로세스의 구현을 전제로 하여, 1차 사업년도에는 한국의 현대자동차와 독일의 BOSCH사 간의 부품구매 업무를 Paperless화하는 것을 시범 사업으로 추진하고, 그 성과를 바탕으로 적용업무 및 적용대상 기업을 확대 추진 중이다.

2004 TFAP 전자상거래 회의에 전자무역 시범사업의 결과를 보고하고, 전자무역 확산 관련 Basic 가이드라인 제정을 추진하여, 기본 가이드라인을 바탕으로

ASEM 전체 회원국으로 전자무역 확산 추진 중이며 최종적으로는 아시아와 유럽을 엮는 ASEM차원의 전자 무역 네트워크 구현이 최종 목표이다.

(2) 1차년도 추진경과

가. 상용거래 구축

- 현대자동차-BOSCH, SIEMENS 사간 Invoice, Paking List 실제 상용 거래 체계 구축 및 적용
- 글로비스(현대자동차 물류 담당-MP(현대차의 독일 내 물류 담당)간 선적관련 서류(B/L ADVICE, AIR WAYBILL 등) 상용거래 체계 구축 완료 및 실 거래 적용 예정

나. 국내외 사용자 확대

- 해외 (독일) - SIEMENS, INA 베어링사 / 프랑스 : DELPHI DIESEL SYSTEM
- 국내 - 기존 현대자동차 1개사에서 6개사 신규 참여 확정
  - 볼보건설기계코리아, 현대삼호중공업, (주)신창전기, 쌍용자동차, 하나로T&S(삼성전자 물류/구매 대행업체) 등

다. 전자무역 기반 확충을 위한 한-유럽 정부간 협력 추진

- 영국 : KTNET-SITPRO사간 사업협력 MOU (산자부와 영국 통상산업부 Endorse)
- 독일 : '04년 3월 한-독 경제협력위원회(한국 산자부, 독일 경제노동부 주관)에서 전자무역 관련 소위원회 설치 추진 합의
- 프랑스 : 한-프랑스 정부 차원의 전자무역 협력 합의

라. 한-유럽 간 민간 협력체 구성 기반조성

- 독일의 DAKOSY, 영국 SITPRO사와 사업 협력 합의
- 벨기에 SEAGHA사, 프랑스SOGET사 등을 비롯한 유럽 주요 국가의 통관/물류 자동화 사업자들과의 사업 협력을 통한 한-유럽간 민간 협력체 구성 추진 예정
- EU집행위 차원의 정책적 지원을 통하여 영국의 SITPRO, 독일의 DAKOSY사 등과 함께 EU집행위의 IST 프로그램에 가칭 "ASEM전자무역망" 구축 사업의 제안 추진

▌그림 12-15 적용 전자무역 전자문서

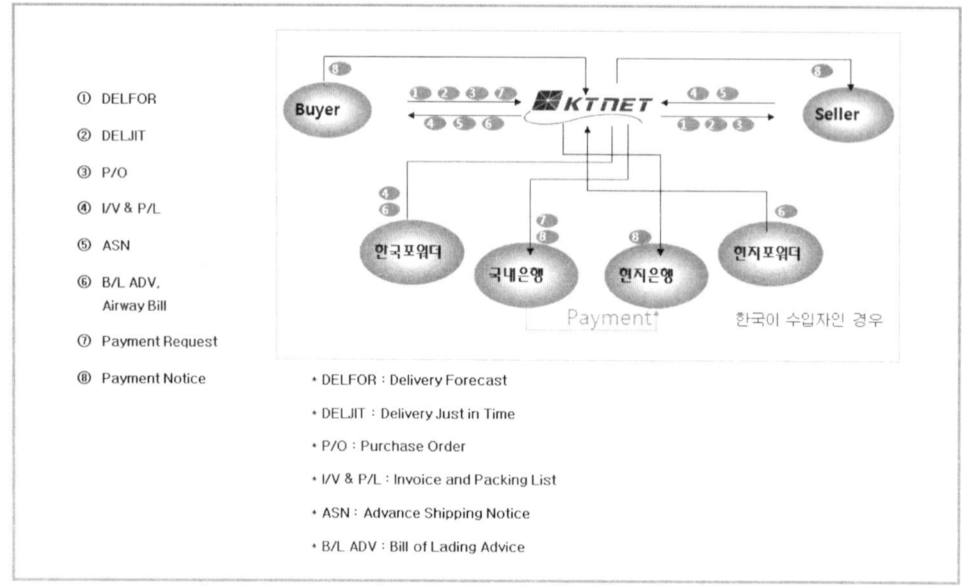

(3) 한일 eTrade-Hub 추진 성과

한 · 일 e-Trade Hub은 상업송장, 물품명세서, 선하증권정보 등의 무역관련 전자문서의 개발 · 적용을 통해 국가간 서류없는 전자무역을 구현하였고, 현대자동차의 내부 관련업무는 물론 공급망상의 관련업체에 까지 해당 전자문서를 활용중에 있다.

글로벌 전자무역 부문의 효과로는 현대자동차와 미쓰비시상사 간 수출입에 사용되는 4종의 문서를 전자무역 실거래 서비스에 적용(2월평균 400건 이상 활용)하고 현대자동차의 경우 관련비용이 연간 85억원으로 절감 되었으며, 10개사로 확산 시 연간 비용절감총액은 약 400억원 정도로 예상하고 있다.

▌그림 12-16 적용업체 및 적용 전자문서

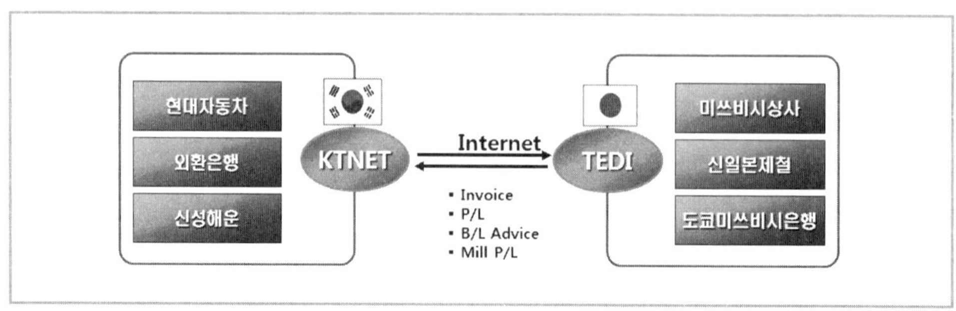

'한일 e-Trade Hub'사업의 성공적인 성과를 기본 인프라로 하고 공급망 관리, 전자무역, 물류 Visibility를 지원하는 전자무역 및 SCM 통합인프라의 구축, 운영하고 있다.

▌그림 12-17 전체적인 개념도

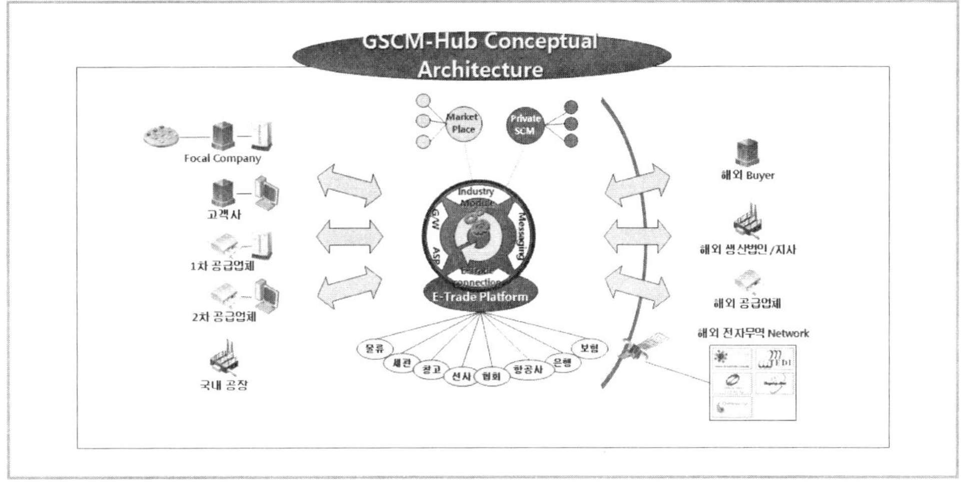

(4) 자동차 부품업체 SCM 모델

대기업이 자체적으로 구축 운영중인 Private SCM망을 동북아 SCM 허브와 연계함으로써 대기업에게는 무역/물류/통관 정보를 제공하고, 협력업체에게는 다국적 Hub & Spoke 형태의 SCM 인프라를 제공한다.

전기/전자업종에 시범 적용된 결과물을 중국진출 자동차부품업종에 시범 적용함으로써 업종별 확산의 토대를 마련하고, 자동차 업종의 Liner SCM Model을 제시함으로써 산업 경쟁력 강화에 기여하였다.

또한 완성차인 현대자동차와 협력업체의 원활한 생산관리를 위한 시스템 중 정기발주, 일일검수 등을 엑셀 파일로 다운받아 표준SCM 저장하고 발주-구매-생산-출하의 순으로 본사-지사간의 업무를 진행한다.

현대자동차의 협력업체에게 수출입솔루션(외환/상역, 물류, 통관 EDI)을 제공하여 은행, 선사, 세관 등 외부 유관 기관과의 EDI 연계 및 KILC 연계를 통한 화물추적정보를 제공하고, 관련 데이터를 해외공장과 교환하도록 시스템을 구성하여 운영하고 있다.

▌그림 12-18 적용 모델

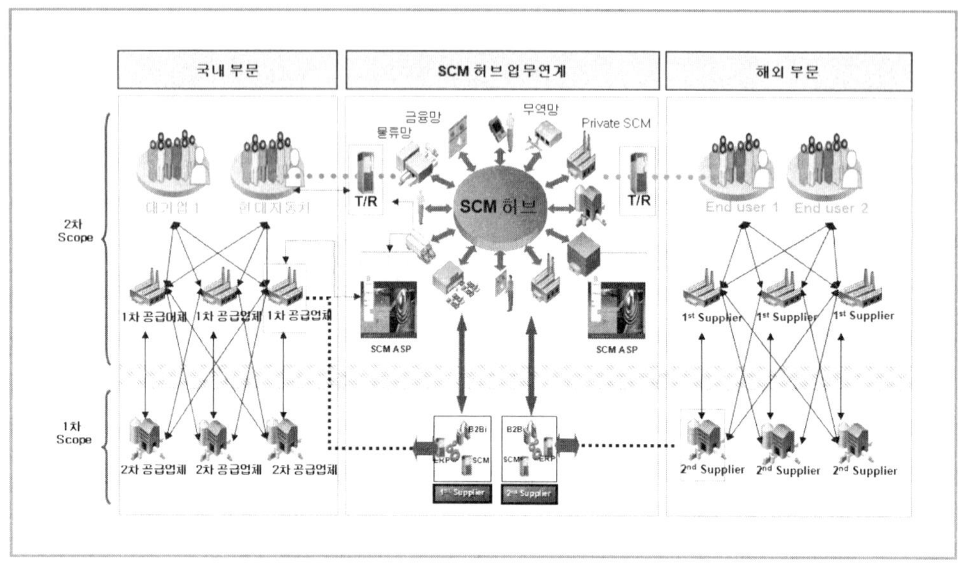

▌그림 12-19 적용 업무 프로세스

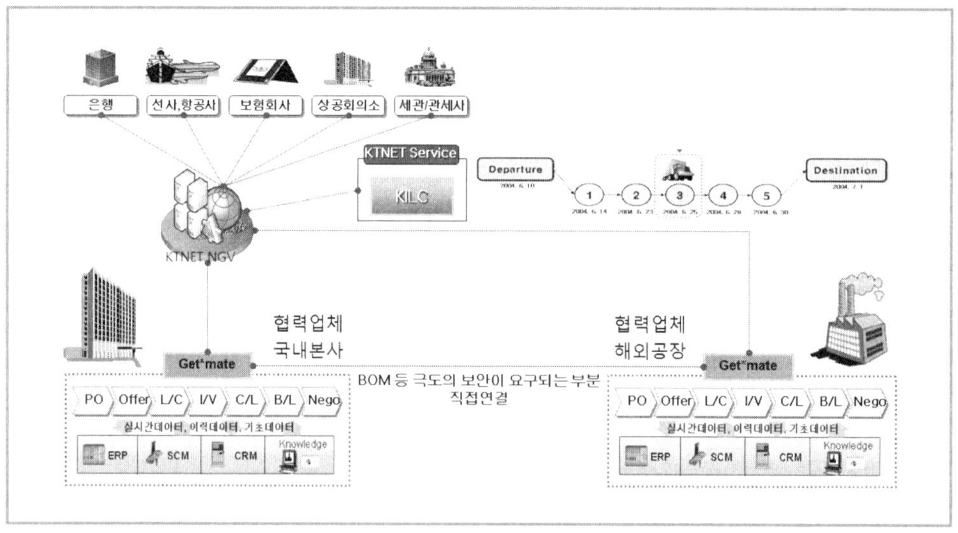

3 FTA와 전자무역

IT 기술을 기반으로 한 전자무역 프로세스는 오는 2020년 e-Trade 3.0시대를 개막하면서 무역을 전문지식의 영역에서 일상적인 거래의 수준으로 보편화시키면서 무역의 생활화를 이끌 것으로 예상된다.

Trade 3.0 시대의 무역프로세스는 무역계약의 사전단계인 해외시장 조사 및 거래선 발굴과정과 사후단계인 무역계약의 이행 및 대금결제·회수 과정이 전자적으로 이루어져, 단절 없는(seamless) 전자무역(Electronic Trade)으로 글로벌 영역으로까지 확산되는 모습을 보일 것으로 전망된다.

전자무역업무 프로세스는 국가전자무역시스템인 유트레이드허브(uTradeHub)와 통관·물류망의 실시간 연계와 해외 전자무역 시스템과의 연계 등 서비스 영역의 확대 등을 통하여 이루어질 것으로 보인다.

오는 2020년 한국은 FTA 허브국가로서 부품소재 조달에서부터 완제품 수출에 이르기까지의 전 과정이 FTA 네트워크를 거쳐 이루어지는 시대를 맞게 되고, FTA 네트워크의 확산과 함께 다자간 무역자유화도 동시에 이루어지면서 통상대국으로서의 한국의 위상이 더욱 강화될 것으로 전망된다.

2020년 우리의 전체 무역에서 FTA 체결국과의 무역이 차지하는 비중은 80%를 넘게 되고, 전 세계 GDP의 90%가 넘는 국가와 FTA를 체결하게 될 것으로 예상되며, 특히 동아시아 FTA 체결로 이 지역은 유럽과 북미를 제치고 가장 큰 역내시장을 갖게 될 것으로 보인다.

4 FTA 원산지관리시스템[16)]

1) 원산지관리시스템의 의의

원산지관리시스템이란 기업의 일반 업무처리에서 추출한 원산지에 관련된 정보(구매, 원가, 판매 등)를 활용하여 원산지결정기준에 따라 원산지를 판정하여, 최종 수출업체인 경우는 원산지증명서를 발급하고 부품공급업체인 경우에는 원산지 확인서를 발급하고 관련 자료를 보관하는 일련의 FTA 원산지업무 처리를 체계적으로 지원해 주는 시스템이다. 국내에서는 국제원산지정보원에서 개발한 FTA-PASS와 KTNET에서 개발한 FTA Korea 등을 활용하고 있다.

16) FTA무역종합지원센터 http://okfta.kita.net/main.do?method=index

▌그림 12-20 원산지증명서 신청 흐름도

○ FTA 원산지증명서 신청방법
- 방문신청 : **세관 또는 상공회의소를 방문하여 원산지증명서 발급 신청**
- 인터넷 신청 : **FTA 포탈에서 Uni-Pass에 접속하여 인터넷으로 발급 신청**

번호	흐름도
1	FTA포탈(http://fta.customs.go.kr) -> Uni-Pass -> 수출통관시스템 접속
2	FTA 원산지증명서 발급 선택
3	공인인증기관의 인증서 발급
4	발급신청내역 전송
5	원산지증명서 발급신청 승인
6	특혜원산지증명 신청 승인내역 조회
7	원산지증명서 출력(신청인)

FTA KOREA

FTA Korea국가전자무역인프라서비스인 uTradehub에서 제공하는 FTA 원산지관리서비스(FTA 원산지 판정/유통/보관)이다. 웹기반으로 별도의 설치과정 없이 원산지 판정 및 입증서류 관리할 수 있다. 여러 수출회사와 거래관계가 있는 중견/중소기업의 원산지관리시스템으로서 사용이 적합하다(전자문서에 의한 원산지판정자료 교환이 가능).

- 업종이나 업체규모에 상관없이 범용적으로 이용가능
- 인터넷 기반 서비스로 별도 설치작업이 없고, 초기 구축비용 및 운영 유지보수비용 절감
- 기존 ERP보유업체의 경우 기준정보 연계모듈 지원
- 기존 원산지관리시스템 보유업체라도 협력사의 원산지관리시스템으로 FTA Korea를 연계하여 이용가능(전자문서 연계)

▌표 12-6 원산지 관리 system 기능

구분	주요 기능
FTA 정보 조회 시뮬레이션	• 협정별 / 지역별 원산지정보 조회 • FTA Rule 관리 / HS 코드 조회 • 시뮬레이션
기준정보 관리	• 회사 / 사용자 / 권한 관리 • 품목관리 / 구매업체관리 / 판매업체 관리 / 표준 BOM / 제조공정관리 • 직접입력, 엑셀 일괄업로드
판정관리	• 원재료수불부, 제품수불부, 제품별 원산지판정대상 • 제품별 원산지 판정 / 매출별 원산지 판정 • 개별확인서 발급 / 포괄 확인서 발급
전자문서송수신	• 증명서 출력 / 발급: 원산지확인서, 원산지소명서 / 제품원가산출내역서 • 송수신관리(원산지확인서, 원산지소명서 / 미결요청서 / 결과통보서 등
사후관리	• 서명권자대장, 확인서 수취사항, 발급 문서별 이력관리, 기준정보관리 등

출처: www.FTAkorea.or.kr, 2013.

2) 원산지관리시스템의 기능

- FTA 원산지판정을 지원해 주는 원산지결정기준 DB 제공
- 원산지 판정을 위한 기초 정보 관리
- 수출 물품(제조 물품)의 BOM(재료명세서) 정보
- 원재료 및 수출물품(제조 물품)의 재고 정보
- 국내외 원재료의 거래 정보 및 원산지 관련 정보
- FTA 협정별 · 제품별 원산지 판정
- 원산지증명(확인)서 및 소명서 출력
- 사후 검증을 대비한 관련 문서 저장 관리
- 전자문서에 의한 협력업체와의 원산지증명(확인) 관련 문서 송수신 (선택)

3) 원산지관리시스템의 필요성

- 복잡한 원산지판정 · 관리에 대한 전문 지식 제공
- FTA 협정별 · 품목별로 결정기준 상이
- 원산지 결정기준에 따른 충족 요건 산출 절차 복잡
- FTA 협정별 증명서 발급방식 및 제출절차 상이
- 사후검증을 대비한 관련 정보에 대한 관리체계 제공
- FTA 환경하에서의 특혜관세 수혜물품에 대한 사후 검증요구에 대응

▌그림 12-21 시스템 구성도

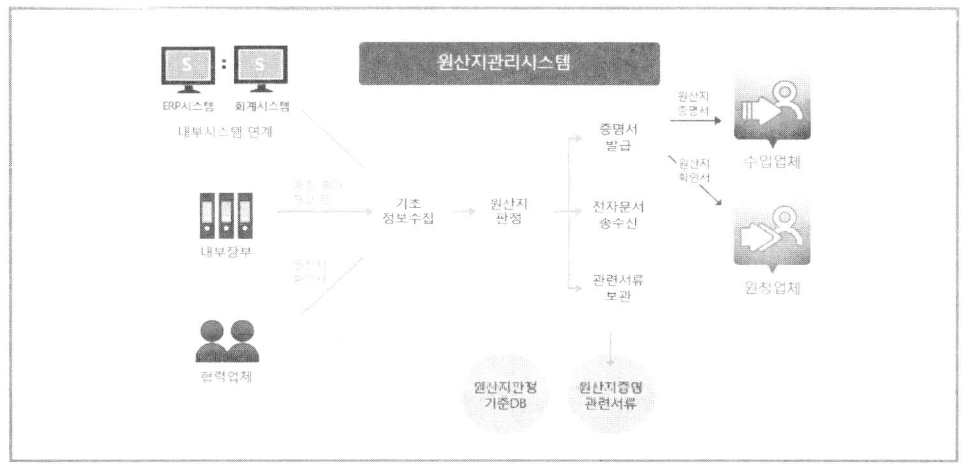

출처: www.FTAkorea.or.kr, 2013.

- 최대 5년간의 원산지증명을 위한 사후검증 자료(정보) 보관

• FTA 환경 변화에 대한 지속적인 관리

- 신규 협정에 의해 계속적으로 추가되는 새로운 원산지 규정들에 대한 적용이 용이
- 정기적인 Update를 통하여 원산지판정기준에 대한 변경 관리

▌그림 12-22 U Trade Hub 구성도

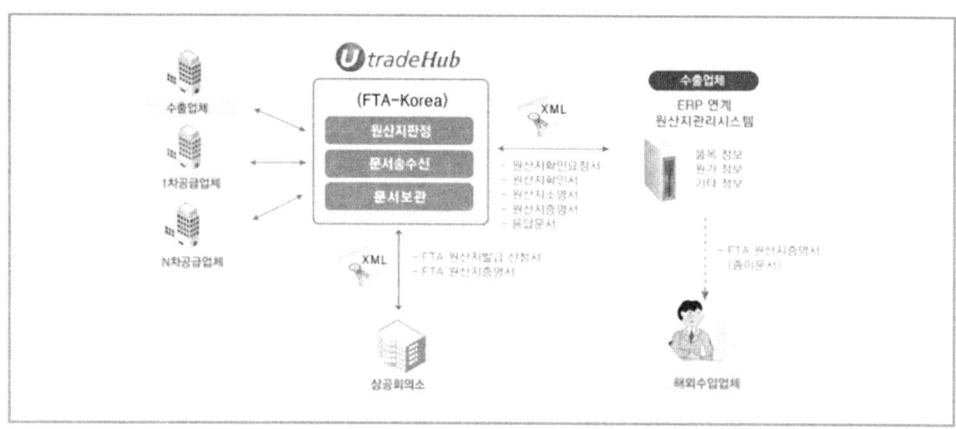

출처: www.FTAkorea.or.kr, 2013.

[별지 제2호 서식]

원 산 지 (포 괄) 확 인 서

발급번호 :

1.공급자	법인명(상호)		사업자등록번호	
	대표자(성명)		전화 / 팩스	
	주소(전자주소)		인증수출자번호	
2.공급처 (수출자 /생산자)	법인명(상호)		사업자등록번호	
	대표자(성명)		전화 / 팩스	
	주소(전자주소)			

공 급 물 품 명 세 서

3.연번	4.품명 · 규격	5.적용 대상협정	6.품목번호 (HS 6단위)	7.원산지 결정기준	8.원산지기준 충족여부		9.원산지 (국가)	10.원산지포괄확인기간 (년 월 일 ~ 년 월 일)
					충족	미 충족		
					☐	☐		
					☐	☐		
					☐	☐		
					☐	☐		
					☐	☐		
					☐	☐		
					☐	☐		

위 기재 내용은 사실과 다름이 없으며, 허위 또는 중대한 과실이 있는 때에는 그에 따른 모든 법적 책임이 작성자에게 있음을 확인합니다.

「자유무역협정의 이행을 위한 관세법의 특례에 관한 법률 시행규칙」 제6조의3에 따라 작성 · 제공합니다.

작 성 자 : (서명)
직 위 :
상 호 및 주 소 :
작 성 일 자 :

210㎜×297㎜(신문용지 54g/㎡(재활용품))

<table>
<tr><th colspan="3">작 성 요 령</th></tr>
<tr><th>번호</th><th>기재항목</th><th>기 재 내 용</th></tr>
<tr><td></td><td>발급번호</td><td>• 원산지확인서의 발급번호를 적습니다.</td></tr>
<tr><td>1</td><td>공 급 자</td><td>• 원재료를 실제로 공급한 자의 상호, 사업자등록번호, 주소, 대표자 성명, 전화 및 팩스 번호, 회사주소(전자주소 포함)를 적습니다.</td></tr>
<tr><td>2</td><td>공 급 처</td><td>• 원산지확인서의 원재료를 공급받은 업체의 상호, 사업자등록번호, 대표자 성명, 전화 및 팩스 번호, 회사주소(전자주소 포함)를 적습니다.
• 공급처가 다수인 경우에는 별지에 적습니다.</td></tr>
<tr><td>3</td><td>연 번</td><td>• 종류가 다른 물품이 여러 개일 경우 각 종류별로 연번을 적습니다.</td></tr>
<tr><td>4</td><td>품명 · 규격</td><td>• 공급물품의 품명과 규격을 적습니다.</td></tr>
<tr><td>5</td><td>적용대상 협정</td><td>• 해당 공급물품의 원산지결정기준을 적용한 자유무역협정(FTA)의 명칭을 적습니다.
(예시) 한-칠레, 한-싱가포르, 한-EFTA, 한-아세안 등</td></tr>
<tr><td>6</td><td>품목번호</td><td>• 공급물품의 6단위의 품목번호를 적습니다.</td></tr>
<tr><td>7</td><td>원산지 결정기준</td><td>• 물품의 원산지를 결정하는데 적용된 기준을 아래 표에서 정한 방법으로 적습니다.
<table>
<tr><td>원산지기준</td><td>기재방법</td></tr>
<tr><td>가. 완전생산 물품</td><td>- WO</td></tr>
<tr><td>나. 세번변경기준
- 2단위세번변경기준
- 4단위세번변경기준
- 6단위세번변경기준</td><td>
- CC
- CTH
- CTSH</td></tr>
<tr><td>다. 부가가치기준
- 공제법을 적용한 경우
- 집적법을 적용한 경우
- 역외산재료최대허용법을 적용한 경우
- 순원가법을 적용한 경우</td><td>
- BD
- BU
- MC
- NC</td></tr>
<tr><td>라. 선택기준
- 실제 선택한 기준
예) 6단위세번변경기준을 선택한 경우
공제법에 따른 부가가치기준을 선택한 경우</td><td>

- CTSH
- BD</td></tr>
<tr><td>마. 결합기준
- 세번변경기준과 부가가치기준을 모두 충족한 경우</td><td>- CC(CTH 또는 CTSH) + BD(BU, MC 또는 NC)</td></tr>
<tr><td>바. 주요공정기준</td><td>- SP</td></tr>
<tr><td>사. 역외가공기준(개성공단 생산물품)</td><td>- OP</td></tr>
</table></td></tr>
<tr><td>8</td><td>원산지기준 충족여부</td><td>• 원산지결정기준 충족여부를 표시합니다.
(예시) 원산지인정요건을 충족한 경우 "☑ 충족"에 표시합니다.</td></tr>
<tr><td>9</td><td>원산지</td><td>• 원산지기준을 충족할 경우 "KR" 또는 "한국"으로 적습니다.</td></tr>
<tr><td>10</td><td>원산지포괄 확인기간</td><td>• 물품공급일로부터 12개월을 초과하지 아니하는 범위에서 반복하여 사용하려는 경우 그 반복사용기간을 적습니다.
(예시) 2014.07.01 - 2015.06.30
※ 원산지포괄확인기간을 적지 아니한 때에는 단수원산지확인서로 봅니다.</td></tr>
</table>

■ 자유무역협정의 이행을 위한 관세법의 특례에 관한 법률 시행규칙 [별지 제4호서식] <개정 2013.2.22>

업체별 원산지인증수출자 인증서

CERTIFICATE OF COMPANY-SPECIFIC APPROVED EXPORTER

○ 상 호(Name of Company) :

○ 주 소(Address) :

○ 대 표 자(Representative) :

○ 인 증 번 호(Customs Authorisation No.) :

○ 인증유효기간(Validity Period) :

위 업체를 「자유무역협정의 이행을 위한 관세법의 특례에 관한 법률 시행규칙」 제7조에 따라 업체별 원산지인증수출자로 인증합니다.

We hereby certify that, the above company is authorised as "Company-specific approved exporter" in accordance with Article 7 of the 'Enforcement Rules of the Act on Special Cases of the Customs Act for the Implementation of Free Trade Agreements'.

년 월 일

(yyyy/mm/dd)

관 세 청 장
○ ○ 세 관 장

○ ○ Customs
The Republic of Korea

직 인 (to be sealed)

▌그림 12-23 원산지 확인 판정 절차

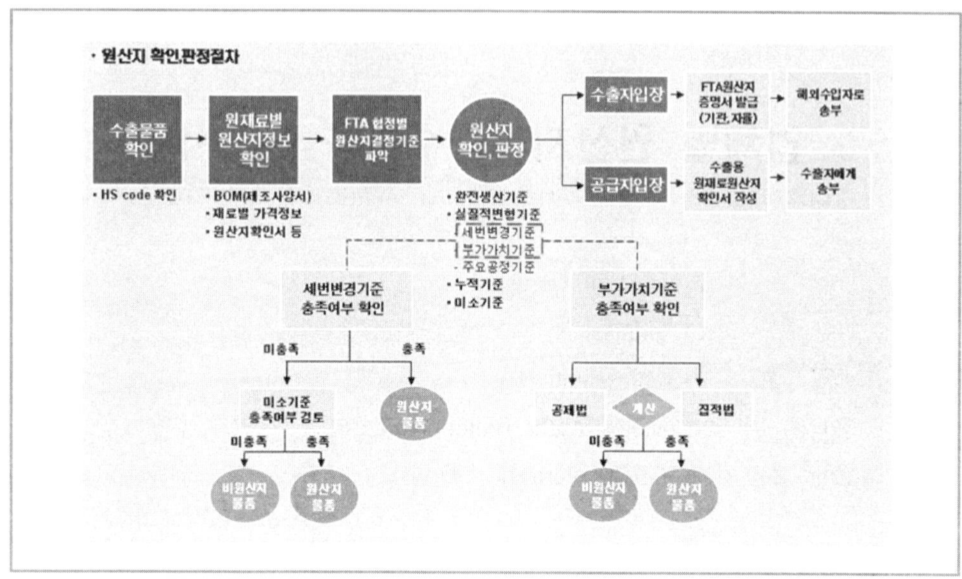

5 글로벌 전자무역 성공사례

1) EC21

중소업체들이 가장 많이 접하게 되는 거래알선 사이트를 통해 수출에 성공한 업체들의 면면을 살펴보면 몇 가지 공통점을 발견할 수 있다. 즉, 생산하는 제품의 품질이 목표로 하는 해외 시장에서 충분한 경쟁력을 갖췄으며, 전자무역을 수단이 아닌 도구라는 생각으로 접근해 업체 대표이사 또는 무역실무 담당자들이 자신의 경험과 전자무역의 편리함을 적절히 배합해 시너지 효과를 이룰 수 있었다는 것이다(중소기업진흥공단 - http://www.sbc.or.kr).

여기에는 성공한다는 의지를 꺾지 않겠다는 끈기도 분명히 작용했다. 17년간 에이전트를 통해 가방을 수출해온 오프라인 무역업체 싸이버팁스는 EC21(대표 권태경 http://www.ec21.com)의 유료 서비스인 e-트레이드 파이오니어(e-TP)에 가입한 후, 알지도 못하는 미국의 한 업체로부터 거래제의 오퍼 메일을 받았다. 몇 차례의 추가상담이 오간 이 업체는 100만 달러에 달하는 수출계약을 체결했다.

싸이버팁스 제품의 신뢰감이 수출의 첫 번째 이유라면 EC21 e-TP 서비스는 싸이버팁스 제품의 우수성을 전 세계 바이어들에게 알리는 역할을 한 셈이다.

e마켓플레이스의 연간 수출대행 규모가 처음으로 1,000만 달러를 돌파했다. 무역 e마켓플레이스인 EC21은 올 1월부터 이달 초까지 9개월여 동안 43개 업체 72건의 수출대행을 통해 1,117만 1,525 달러의 계약을 성사시켰다.

국내에서 단일 무역 e마켓의 순수 온라인 거래액이 연간 1,000만 달러를 돌파한 것은 이번이 처음이다. 이같은 결과는 특히 대다수 무역 e마켓들이 온라인보다 오프라인 오퍼업무에 주력하고 있는 현실에서 주목된다.

(ECPlaza - http://www.ecplaza.net)

EC21은 현재 글로벌 무역 e마켓인 미트월드트레이드의 분류체계를 적용한 eTP(e-Trade Pioneer) 서비스를 통해 국내 업체들의 수출을 지원하고 미국, 중국, 태국 등 국가별 파트너와의 연계도 제공하고 있다.

eTP에서는 신청 기업과의 일대일 상담을 통해 거래성사까지의 모든 업무를 지원한다. 상품홍보를 위한 홈페이지 및 카탈로그도 지원하는데 여기서 만들어진 홈페이지는 전 세계 30여개 주요 검색엔진에 자동 등록되고 EC21 3만여 해외 회원사에도 홍보된다.

이밖에 42만 건의 수출입 오퍼와 12만 건의 상품 카탈로그가 신속하게 검색되며 인콰이어리(enquiry) 관리도 대행한다.

EC21 회원사로 등록한 출산준비물 업체인 키드피아의 노주원 사장은 홈페이지 구축비용(500만원)의 10분의 1로 홍보효과를 톡톡히 보고 있다고 말했다. 또한, 한빛전자의 이도균 사장도 해외 바이어들의 인콰이어리가 급증하고 있지만 EC21이 마케팅, 계약업무까지 대행해주니 걱정이 않된다고 자랑했다.

EC21 권태경 대표는 지난해 10월 eTP 서비스를 개시한 이후 1년 만에 최고의 성과를 달성했다면서 현재 신청한 업체의 95% 이상이 인콰이어리를 받고 거래성사율도 30%를 상회하고 있다고 말했다.

무역 e마켓업계의 한 관계자는 최근의 전자무역 활성화 움직임이 대부분 신용장 개설(무역성사) 이후, 업무인 무역자동화에 초점이 맞춰져 있는 반면, 이번에 1,000만 달러를 돌파한 EC21은 무역성사 이전 업무인 바이어 정보, 해외 마케팅 등에 집중돼 있어 일반 기업들의 전자무역 활용에 있어 새로운 촉매제 역할을 할 것으로 내다봤다.

EC21은 금년 들어 기주상사(서울 18만 달러), 한빛전자(경기 12만 달러) 등, 51개 업체 91건의 수출대행을 통해 1,184만 7,447달러의 계약을 성사시켜 국내에서 처음으로 단일 무역 e마켓을 통한 수출거래액이 연간 1,000만 달러를 돌파했다.

현재 글로벌 무역 e마켓을 운영중인 EC21(www.ec21.com)은 국내 업체들의 바이어 발굴 및 해외 마케팅, 수출을 지원하는 eTP(e-Trade Pioneer) 서비스를 지난해 10월부터 제공하고 있다.

eTP 서비스의 가장 큰 장점은 초기 단계부터 거래성사가 될 때까지 IS(Industry Specialist, 업종별 무역 전문가)가 신청 기업과 일대일 상담을 하며, e무역 단계별로 모든 업무를 지원한다는 것이다.

e마켓플레이스는 업체의 해외홍보 자료가 수집되면 모든 자료를 원어민 에디터팀에서 2중 교열과 검수를 통해 해외 바이어가 쉽게 상품의 특성을 이해할 수 있게 편집, 재구성을 한 영문 기초자료를 만든다.

그리고 기초자료를 토대로 앞에서 언급한 것과 같이 상품홍보를 위한 홈페이지 및 카탈로그를 제작하고, 만들어진 홈페이지는 전 세계 주요 검색엔진에 자동으로 등록되며, EC21 해외 회원사에 홍보된다.

이밖에도 EC21의 20만여 바이어 DB풀에서 선정된 해당 업종의 바이어에게 타깃 마케팅을 하며, IS가 해외 업종별 유사 사이트를 검색하여 상품을 등록해 주기도 하고, 거래제의서를 작성하여 바이어에게 보내기도 한다.

이 과정을 거치면 모든 업체가 평균 20여건 이상의 인콰이어리를 받게 되고 IS와의 상담을 통해 유망 인콰이어리만을 선정하여 계약을 위한 상담절차에 들어간다.

폭 넓은 해외 네트워크 및 마케팅 채널을 풀가동하여 전문 IS가 상품과 인콰이어리를 직접 관리해 주는 것이 eTP 서비스가 거래실적을 높이는 비결이기도 하다.

2) Tage.com

Tpage.com을 통해 24만$ 수출계약!

- 회 사 명 : CAOS Inc.
- 수 출 국 : 터키, 미국, 폴란드, 러시아, 독일, 영국, 일본, 뉴질랜드 등
- 수출업체 : 약 8개국 15개 업체
- 수출규모 : US$ 225,000
- 수출제품 : 음주측정기
- Tpage를 통한 진행과정 : Tpage Korea의 홍보 메일을 보고 Tpage를 알게 되어 이후 Tpage.co.kr에서 쇼룸을 제작, Tpage.com에서 전자 부스 및 전자카탈로그를 제작하였다.

◆ **진행방법**

① **http://home.tpage.co.kr/kw328으로 제품사진 소개**

제품 참조용 사진 확인 장소로 사용 - 용량이 크거나 아직도 상대적으로 인터넷 인프라가 취약한 국가 및 바이어의 경우, 이미지를 잘 읽지 못하는 경우와 첨부 파일의 바이러스 감염 걱정 등으로 신규 거래제의를 했지만, 메일의 첨부내용을 열지 않는 경우 등에 대한 방편으로 사용.

② **http://www.tpage.com에서 Post offer on Tpage를 이용 제품소개**

제품을 하고 Auto Multi Posting을 이용 제품홍보 및 Offers to Buy에서 거래 제의함.

특히, CAOS inc 제품은 구매/수요의 영역 구분이 애매하여 초기 단계에서는 시행착오를 겪었으나 시장에 대한 새로운 마인드를 가까스로 터득한 후에는 전혀 다른 영역에서의 시장(수요) 접근이 가능함을 알게 되었다.

음주측정기의 수요 영역이 측정 장비와 일반 소비자 제품과는 다른 교통안전, 산업안전, 전기전자 제품의 유사 영역에 위치하며, 제품의 특수성으로 인하여 동일한 제품에 대한 수입업체가 과거에는 거의 노출되지 않았으므로 유사한 다른 종류(관련이 있는) 비슷한 유형의 제품을 구매,[17] 취급하는 바이어의 Buying Offer를 참조하여 지속적으로 거래 제의하였으며, 때로는 전혀 다른 레저 스포츠, 선물용품 영역, 또는 기계류 등의 취급 업체와도 협의하여 진행 중이다.

③ **Tpage의 인지도에 의한 수입업체로부터의 문의**

상기와 같이 Posting on Tpage를 통한 offer 검색, 거래제의/Tpage에서 제공된 수입업체 검색(유사상품) → 거래제의 함으로써 말미암아 부가적으로 얻게 된 부분은 거기에 가기만 하면 좋은 일인 것처럼 이미 알고 있는 바와 같이 유명 백화점, 유명 시장, 쇼핑몰에 구매자가 몰려드는 것처럼, Tpage에 상품을 올려두고 그냥 기다리기만 해도 저수지의 포인터에 낚시대를 드리우고 기다리는 효과가 있었다.

이와 같이 Tpage에 노출된 CAOS Inc.의 제품을 인지하고, 홍보내용을 인지한 국내의 유능한 무역업체를 통하여서도 상담 및 수출 진행을 하였다. 국내의 수출업체로부터 제품 문의 및 수출 진행 중(K사 20,000달러, S사50,000달러)

17) 한국글로벌커머스협회 - http://www.gcakorea.org

◆ **향후 거래일정**

• 독일지역 : 4만 달러 확정

• 크로아티아 등 유럽지역 US$ 100,000-예정

• 그 외 지역 : 경찰청 장비로 확정(자료제시 가능)

• 현재는 수출 물량이 많이 늘어나고 있으나 지속적으로 거래선 확보를 위하여, Tpage를 이용할 예정이며, 시간이 나는 대로 수출을 갈망하는 소기업의 수출업무 무상지원 예정이며(현재도 몇 개의 업체 지원요청 받음) Tpage의 유용성을 홍보할 예정이다.

◆ **Tpage의 유용성**

중소기업들이 예전에는 엄두를 내지 못했던 제품을 광고할 수 있는 장(場)이 Tpage.com/Tpage.co.kr를 통하여 전 세계를 대상으로 마켓 활동을 전개할 수 있도록 최선을 다한다.

3) 위너텍

• 회 사 명 : (주)위너텍

• 수 출 국 : 남아프리카

• 수 출 액 : US$ 5,000

• 계약일자 : 2001년 8월

• 수출품목 : Smart Dual Cam Camera

워너텍은 그동안 내수 판매에만 중점을 두었는데 해외 수출 길을 개척해 보고자 인터넷을 두들겨 보게 되었다. 그러던 중 해외 바이어나 오퍼를 많이 보유하고 있다는 Tpage를 알게 되었고 Tpage 무역팀의 도움을 받아 온라인 상에서 수출물꼬를 트기에 이르렀다.

Tpage와 첫 만남을 가졌던 6월, 처음엔 반신반의 하였으나 위너텍과 티페이지(Tpage)가 합심을 해서 꾸준히 오퍼를 내고 마케팅을 펼친 결과 2개월 후, 가시적인 성과를 내기에 이르렀으며, Tpage에서 메타 서치라고 하는 기능을 이용해 저희와 맞는 업체를 찾고 위너텍 제품에 관심 있어 하는 바이어를 검색해서 오퍼를 보내는가 하면, 오토멀티포스팅이라는 기능을 이용해서 위너텍 제품에 대한 오퍼를 세계 주요 오퍼 게시판에 올렸다.

또한, World Trade Expo에 참가해 전자 부스와 카탈로그를 만들어 전시관에 입

점, 해외 바이어들에게 소개를 하였으며, 쿨마트를 통해 집중적으로 Tpage의 무역업무를 지원 받았다.(한국경제신문 - http://www.hankyung.com)

이후 Tpage 글로벌에서 발송하는 뉴스레터에 제품 사진을 실어 해외 바이어들에게 보다 적극적으로 마케팅을 펼쳤으며, 6월 첫 미팅 이후 약 2달후인 8월, Tpage를 통해 현재까지 세계 각국의 바이어로부터 약 50여건의 인콰이어리를 받았으며, 중국, 슬로베니아, 남아프리카 공화국으로는 샘플까지 발송한 상태이다. 이 중, 남아프리카 공화국에서는 샘플을 받은 후, 미화 5,000$의 오더를 보내왔다. 이 밖에도 미국의 월마트 등, 큰 체인점을 가진 곳으로부터 독점 제의가 온 곳도 있다.

4) 대우자동차

대우자동차(현:GM대우)는 완성차 및 관련부품 수출처인 대만 포머사플라스틱 그룹과의 무역관련 서류를 전자적으로 처리할 수 있는 전자무역을 조만간 실현할 계획이라고 밝힌바 있다.

대우차의 국가 간 전자무역 추진은 현대기아자동차와 일본의 미쓰비시상사 간에 한・일 전자무역 네트워크, 현대기아자동차와 독일 보쉬간 한・유럽 전자무역 네트워크(ASEM)에 이어 세 번째다.

대우차가 전자무역을 도입하게 된 배경에는 포머사플라스틱 그룹과 대만 무역자동화 사업자인 트레이드밴(Trade Van)의 강력한 요구가 있었던 것으로 알려졌다. 이에 따라 대우차는 지난해부터 대우전자를 통해 국내 무역자동화사업자인 한국무역정보통신(KTNET)과 양국 VAN 사업자간 전자무역 추진을 모색해왔다.

대우차의 전자무역은 앞서 추진된 현대차와 미쓰비시 상사 간에 자동차용 강판 수입 사례가 준용될 예정이다. KTNET과 일본의 밴사업자 TEDI가 연결고리 역할을 하고 있는 이 사업은 현재 인보이스, 패킹리스트, 선하증권(B/L) 등, 세 가지 서류를 확장성표기언어(XML) 기반의 전자문서교환(EDI) 시스템으로 교환하는 송수신 시험을 마친 상태다.

대우차의 전자무역이 예정대로 진행되면 현재 동아시아 전자무역망(PAA) 구축사업의 일환으로 추진중인 홍콩・대만 간의 섬유업종에 대한 전자무역 파일럿, 지난 2월 공식협력사업으로 포함된 한・일 전자무역 네트워크 사업과 더불어 PAA 3대 사업으로 자리매김할 전망이다.

5) 기타

◆P사(반도체 장비 부품)

일본에 반도체 장비부품을 납품하는 P社는 인터넷으로 일본의 구매 가능한 한 업체를 발견하여 상대방의 이메일로 직접 접촉을 하지 않고, 게시판에 자사의 상품 등의 상세한 내용을 설명함과 동시에 첨부파일을 업로드하여 바이어의 관심을 산 다음, 구체적인 상담에 돌입하여 단시일 내에 일본 기술자의 방한, 수출상담 및 계약으로 이어져 매달 상당한 금액의 부품을 현금결제 방식으로 지속적으로 수출에 성공하였다. 일본에서 부품을 공급 받았던 일본 바이어는 기술력 우수하고, 상대적으로 가격이 좋은 한국 제품을 선호하게 되어, 현재도 지속적인 오더를 하고 있는 상태이다.

◆C사(시약)

종이카탈로그를 사용하지 않고, e-Market Place 활용 예시약을 만드는 C사는 시약의 용도가 상세하게 구분되어 있어 전체적으로 종류가 약 180만점이나 되기 때문에 국내 연구원에게 상품을 소개하기 위한 종이카탈로그 제작비용이나 영업활동 등의 마케팅 비용으로 실제 수출 가격의 15~20% 정도를 지출하였으나 2001에 우연히 미국의 시약전문 e-MP에 가입한 이후, e-MP 운영자에게 8%의 수수료를 지불하는 조건으로 마케팅에 성공하여, 크게 수출 경쟁력을 높여 싱가포르 중앙병원에 첫 수출을 하기에 이르렀다.

◆D사(의류/패션)

D사는 자사의 기업이미지 제고를 위한 CI(Corporate Identity)의 일환으로 홈페이지에 그래픽, 동화상, 음향 등의 다양한 수단을 이용하여 잠재 고객들에게 기업이미지를 부각시키고, 인터넷 거래알선 사이트를 이용, 효과적인 정보와 서비스를 제공하여 기업 브랜드 이미지를 향상시켜 인터넷을 통한 무역을 실현.

◆K사

거래알선 사이트의 적절한 사용

K사는 국내 자체 개발한 신기술을 이용한 제품을 생산하였으나 해외 마케팅을 위한 인력 부족과 시장 개척의 경험 부족으로 판매부진에 시달렸다. 그러나 지방자치단체의 무역거래알선 사이트의 무료 홈페이지 및 상품 카달로그를 통해 홍

보를 하게 되어, 바이어로부터 수만은 이메일을 받아 수출 판로 개척의 효과를 보았다. 기존의 중간상이나 대기업, 종합상사의 종속적인 입장에서 자체 수출 판로를 찾아 독자적으로 거래가 가능하게 됨.

◆ 스카이월드(스카이댄서)

전북 전주시 팔복동 소재 '스카이월드'사의 김대용 기획실장은 요즘 세계 각국 바이어들로부터 쏟아져 들어오는 구매 상담 E-mail에 깜작 놀라고 있다. 이 업체는 이벤트 행사장이나 주유소 상점 앞 등에 세워놓은 것으로 바람을 넣어 사람형상을 한 입간판인 '스카이댄서' 10여종을 생산하는 회사이다.

지난해 11월 설립한 뒤 주로 국내에서만 한 달 1억원 가량의 매출을 올렸다. 그러던 도중 7월초 인터넷 무역알선 사이트인 'www.ec21.com'에 회사 및 상품정보를 올려놓은 뒤, 여력이 없을 정도로 바쁘게 되었다. 이 사이트를 보고 미국, 영국, 프랑스, 중국 등 세계 30여 국가로부터 밤 낮 가리지 않고 '주문메일'이 쏟아지기 때문이다. 이미 6개국의 업체와 7,000만원 상당의 구매 계약을 체결했으며, 100여 건의 구매 상담을 진행중이다. 일약 해외진출이 가능해진 것이다.(2000년 9월 동아일보)

◆ 유니텍케미털(면접착 테이프)

올해 디지털 무역으로 200만 달러어치의 면접작 테이프들 수출한 염병호 유니텍케미칼 사장은 디지털 무역알선 사이트인 EC21을 통해 접촉한 미국 ATP사와 연간 40만 달러 상당의 수출 계약을 체결했다.

독일 베스마하사와 일본 큐슈비호사를 알게 된 것도 EC21사이틀 통해서였다. 염사장은 수출 상담을 위해 해외출장을 간적도 없고, 바이어 접대를 위해 룸살롱에 가지도 않았다. 따라서 거래 성사까지 필요한 부대비용이 줄어들었으며, 과거와 비교할 때, 조사비용이 90% 이상 줄었다.(2000년 10월 매경 economy)

◆ 씨티엠사

96년도 창업된 씨티엠은 오디오테이프, 비디오테이프, 1회용의료기를 수출하는 수출전문기업으로 이회사의 총직원은 3명에 불과하지만 지난해 '100만불 수출탑'을 수상했을 정도로 내실 있는 기업이다.

씨티엠은 무역사이트인 www.ec21.com의 마켓포커스에 게재된 날부터 인콰이어리 횟수가 높아졌다. 이 회사에서 수출하고 있는 제품은 비디오테이프, 오디오테이프, 1회용의료기 등으로 EC21의 마켓포커스 코너에 게재된 후, 사우디아라비아와 필리핀으로 10만 달러 가량의 수출계약을 체결했고, 현재 5건의 계약이 진행 중이다. 이 회사는 연간 수출액 40만에서 50만달러를 디지털 무역으로 거둘 것으로 전망하고 있다.(2001년 3월 무역일보)

◆ H수산(고등어)

파푸아뉴기니의 통조림 공장 사장으로부터 현재 대만의 수산물 무역상을 통해서 구매 예정중인 냉동 고등어 2만 톤을 다른 판로로 구매하고 싶다는 제의(Offer to Buy) 파푸아뉴기니 공장은 대만 상사와의 품질 및 납기지연 문제로 속앓이를 하고 있어 그에 대한 해결 방안도 제시를 요망했다.

구해달라는 원산지가 북해산 임을 감안해 영국의 런던 상공회의소 홈페이지(www.ne-chamber.co.uk)를 통해 북해산 고등어 수출조합 리스트를 검색, 노르웨이 업체 선정 이유는 일본에 수출실적이 있어 품질, 납기에 대한 신뢰를 가늠할 수 있었기 때문 결국 노르웨이산 고등어에 대한 재견적을 3차례 반복한 지 1달 만에 파푸아뉴기니 공장과 20,000+/-10%의 물량을 수주했다.

◆ 무역실무 지식 없이 인터넷을 통한 정보 획득 후 거래 성사

- 홍콩 항공권 예약 및 호텔정보 : 한국벤처거래소(www.huven.com)에서 국내외 호텔/항공정보 클릭
- 샘플 계약서 : 무협 무역정보망(www.kotis.net) → 무역실무 → 무역실무매뉴얼 → 영문 계약서 입수
- 홍콩현지 통역서비스 : KOTRA(www.kotra.or.kr) 골든키 회원가입 후, 홍콩무역관 안내로 미국 바이어와의 전시회장 및 호텔에서 상담시 통역 지원
- 수출계약 체결 : 중진공(www.smipc.or.kr)의 온라인 상담 코너 등 자문

◆ D사(농기구)

IMF 이후 원화 절하로 신기계가 수출 경쟁력이 있다고 판단, 주로 태국시장에 농기계를 수출하기로 목표 설정하고, 태국의 산업 기계류 바이어를 찾기 위해 태국 상무부 산하 DEP(www.thai-trade.com)에서 Business Opportunities의 순서로 찾거나 Thailand Industrial Directory가 들어 있는 www.thai-imex.com에 접속하여 약

50개의 농기계 수입상을 파악, 동 바이어의 구매제의를 찾았다. 그 중, 도정 및 저장 플랜트(Rice Milling & Storage Plant)를 수입하고자 희망하는 방콕의 B그룹과 150만불 예산으로 수출 건의 협의했었다. 금액이 워낙 커서 혹시 개도국 자본재 수출관련, 전대차관 공여 가능성을 수출입은행(www.koreaexim.go.kr)에 조회해 본 결과 태국 차관 한도 배정 계획이 없음을 알고 중고 플랜트 쪽을 방향을 선회했다.

한편, 국내의 유휴설비 정보를 구하기 위해 중기청(www.smba.go.kr)의 '유휴설비', 한국기계진흥협회(www.koami.or.kr)에 접속, 전북 모 단위농협과 일일 100톤 규모의 구형 도정 플랜트 매물정보를 입수했다. 결국 대금 결제조건을 계약금액의 30%는 선수금 지불조건 및 잔액의 70%는 방콕은행 개설의 기한부 신용장(유산스 240일) 조건으로 합의, 120만불 수출계약 체결할 수 있었다.

◆A사(식품류)

제주도의 A사는 주로 일본 관광객이 제주도 방문시 호텔 면세점을 통해 포장김치를 팔던 업체였는데, 일본 관광객의 호평에 힘입어 일본 현지 소비자에게 직접판매 목표를 세웠다.

우선 '김치'라는 상품의 정보는 해외 검색엔진에 없다고 판단, 자사 홈페이지 구축시 영문 상품설명문을 작성할 겸 '김치의 모든 것'을 알려주는 농수산물유통공사(www.kati.net)에 접속, 수출상품으로서 기존 업체들과의 차별화할 내용을 검토했다.

또한, 일반 슈퍼마켓에서 팔 경우, 3단계의 중간 유통마진 때문에 수출 가격이 안 맞아 일본의 통신판매망을 활용하는 것이 가장 적격이라 판단, 야후 재팬(www.yahoo.co.jp)을 통해 '비스니스, 기업' 디렉터리 → 긴강식품 → 통신판매 순으로 약 30여개 통판업체를 검색했다.

한편, 일본 김치 제조업체와의 경쟁동향을 살피기 위해 KOTRA 시장정보(www.kotra.or.kr)에 접속, 일본 업체들은 '기무치'라는 브랜드로 벌써 세계시장에서 높은 성과를 보이고 있음. 일본농협(www.zennoh.or.jp)

A사는 일본 업체와의 차별을 위해 인삼김치, 구기자열매김치 등, 정력에 도움이 되는 신상품을 중심으로 수출 중이다.

◆N상사(액세서리)

액세서리 전문 N상사는 일본 보따리 무역상 및 아프리카, 중동지역 전문 무역업체를 통해 연간 3억 원 정도 간접 수출했지만, 금년부터 의류용 장신구를 개발하기로 하고, 한국디자인진흥원(www.designdb.com)을 통해 카탈로그 제작 및 수출용 상품 디자인 개발자금지원을 신청했다.

약 10개 스타일의 상품을 개발, 자체 구축 홈페이지에 상품 사진까지 올리고 난 뒤, 175개국 수출입 오퍼 검색이 가능한 알리바바(www.alibaba.com)에 1주일 단위로 오퍼를 게재하였다.

그러나 불특정 다수를 상대로 무작정 오퍼 포스팅 한 것이 문제였는지 하루에 10여 통 이상의 인콰이어리는 쇄도하나 전부 샘플 무료 요청과 견적 요청이 90%이었다.

산업자원부(www.mocie.go.kr)를 통해 수출입통계를 알아보니 일본시장에 모조 장신구 수출실적이 연간 1,500만 불에 상당함을 확인하고 일본을 타깃 시장으로 방향을 선회했다. 그리고 일본 수입상 명단을 제공하는 일본무역진흥회(www.jetro.go.jp)에서 무려 50여 개의 모조 장신구 수입업체를 확보했다.

또한, 일본관광공사(www.jnto.go.jp)에 접속, 동경에서 열리는 모조 장신구 전시회 일정과 전시장 약도까지 구할 수 있었다.

◆ **세일교역**

인터넷 웹사이트 배너광고를 통해 EC21을 발견한 세일교역이 멤버에 등록하여 이용하던 중, 이집트의 바이어로부터 인콰이어리를 수령하였다.

당초에는 바이어가 요구하는 품목을 바로 공급해 주지 못했으나 지속적으로 연락을 취하던 중, 중고 섬유기계 구입의사를 타진해 와, 유휴설비를 보유중인 국내 섬유업체와 연락하였다.

제품 소재파악 후, 바이어가 직접 입국하여 기계를 검사하고 현장에서 가격 협상 추진하여 원만히 상호 합의에 도달하고 대금결제조건을 L/C 방식 거래로 결정하고 대신 수출대금의 7%를 선수금으로 수령키로 함. 동 바이어와 향후 중고 컴퓨터 자수기에 대한 반복 오더가 예정되어 있음. 또한, 중국 바이어와 27만 달러 규모의 플라스틱 원료 수출 상담이 진행됨.

◆ **삼진무역**

해외영업 담당자의 제안으로 전자거래알선을 이용하기 시작하였으나 경영자는 다수 업체들이 이용하고 있다는 점 때문에 인터넷을 통한 거래 성사에 회의적 시

각을 견지하고 있었다.

무역관련 사이트 검색 중, 무역협회가 운영하는 EC21의 배너광고를 발견하고, 멤버에 등록하여 이용하던 중, 2000년 2월 아프리카 토고의 바이어가 올린 수입오퍼 정보를 발견하고 인콰이어리 송부한 후, 두 달간 가격협상 및 샘플 송부 등의 계약 성사를 위한 절차를 진행하였다. 가격협상은 당초 삼진무역에서 제시한 가격보다 4% 정도 인하된 가격에 상호 합의하고 대금결제조건은 거래대상 국가와 바이어의 신용도에 대한 확신이 없어 사전송금방식(T/T) 거래를 제의하여 바이어가 수락하면서 거래가 성사됨.

◆ 협성메디컬

효과적인 마케팅 수단으로 인터넷을 이용하기로 하고, 대표적인 국내 전자거래 알선 사이트인 EC21에 오퍼를 등록하고 EC21을 통해 접수된 인콰이어리를 무역협회로부터 Fax로 수신하였음.

업체가 전자우편을 자주 열어보지 않거나 수많은 전자우편 중, 인콰이어리를 신속하게 가려내지 못하는 경우를 감안, 협회는 일부 인콰이어리에 대해 해당 업체에 Fax 송부 서비스 실시하고 있음.

상담 과정에서 바이어가 Sample 수령 후, 적극적인 구매 의사를 표명하였으나 가격협상에서 다소 어려움에 직면하였고, 바이어가 저품질의 중국산이나 인도산과 같은 가격을 제시하여 가격협상에 난항이 있었으나 적정 마진을 보장하는 수준에서 타결함.

현재 EC21을 통해 연결된 파키스탄의 바이어에게 2천 달러 규모의 소변측정기를 수출하였고, 5만 달러 규모의 상남 신행 중이고 일본의 바이이로부디 인퀴이어리를 받아 샘플을 송부하였음.

◆ 텔레다인

신문에서 전자거래알선 관련기사를 읽고 무역협회의 전자거래알선 사이트인 EC21에 오퍼를 등록 후, 1일 3~4건의 인콰이어리가 접수되어 샘플 송부 등, 상담절차를 진행하던 중, 미국의 마케팅 Agency로부터 인콰이어리 수령하였음.

미국의 마케팅 Agency는 아시아, 아프리카의 벤처기업 제품에 대한 마케팅 전문대행업체로서 북미전역에 자기비용으로 마케팅을 대행해 주는 소건을 세시하고 대신 북미지역에 대한 독점판매권 부여 및 판매 실적의 일정비율을 수수료로 수수키로 함.

Agency의 판단으로는 마케팅 시작 1차 연도에 15만대, 2차 연도에 30만대 정도 판매 가능했고, 同 Agency는 향후 타 업체의 제품복제 예방을 위해 미국 특허 획득을 권유하였고, 상호 계약서 작성 후 공증까지 마친 상태며, 현재 EC21을 통해 연결된 남아프리카의 바이어와 2건의 상담을 진행 중이고 인도, 덴마크, 핀란드 및 쿠웨이트에 샘플을 송부한 상태임.

◆ 코리아텔레텍

휴대폰 전파차단기를 생산하는 코리아텔레텍(대표 박성찬)은 독일에 본사를 둔 벨기에 바이어와 공급계약 체결을 눈앞에 두고 있었다. 이 계약으로 코리아텔레텍은 휴대폰 전파차단기를 독일과 베네룩스 3국으로 연간 4,000대 가량 수출하게 된다. 코리아텔레텍의 휴대폰 전파차단기인 C-guard는 특별하게 설정된 보호구역 안에서 휴대폰 통신을 제어해 무선 단말기의 송수신 기능을 차단하는 장치다. 최근 무분별한 휴대폰 사용이 문제가 되면서 국내외에서 폭발적인 관심을 모으고 있는 제품이다.

이 수출의 일등 공신은 바로 인터넷이다. 마케팅 인력이 절대적으로 부족한 이 회사는 제품이 개발되고 있었던 지난해 12월부터 인터넷과 e-메일을 통해 제품 홍보를 벌여왔다. 인터넷과 메일링 리스트를 통해 보내는 메일은 하루에 500통에서 1,000여 통이며, 답변은 40～50통 가량이 온다. 이 회사에서 인터넷 마케팅을 담당하고 있는 조규석 실장은 인터넷 사이트에서 발굴한 업체들 중, 섬유 외에는 거의 모든 업체에게 e-메일을 발송할 정도라고 말한다. 왜냐하면, 어떤 업체의 어떤 바이어와 연결되어 있을지 모르기 때문이다.

코리아텔레텍의 무역팀은 받은 메일 중, 최종적으로 약 5개 가량의 메일을 추려낸다. 신뢰도가 높은 바이어를 가려내는 방법은 매우 상식적이다. 인콰이어리를 한 업체들에게 보다 자세한 내용과 회사소개를 요청하고 샘플은 모두 유료로 제공한다. 제품 수입 의사가 있는 바이어라면 1,000달러 가량의 샘플비를 기꺼이 지불한다. 백만 달러가 넘는 계약을 체결하기까지 출장은 단 한번. 협상 과정은 대부분 e-메일로 이루어졌다.

◆ 명진

1975년에 설립된 명진은 고무장갑, 위생롤백을 생산하는 업체이다. 건강, 편리

함, 환경을 우선으로 생각하고 다양한 제품을 세계 각국으로 수출하며 한국 제품의 우수성을 알리며 세계에서 인정받고 있다. 우수한 품질을 바탕으로 더 많은 국가에 수출하고자 이씨플라자의 온라인 수출 지원을 신청하여 유효한 바이어를 발굴하였고, 최근에는 글로벌 B2B 사이트를 통한 인콰이어리 수신으로 독일, 미국의 바이어로부터 거래 제의를 받아 수출을 확대시킬 수 있었다(이씨플라자 제공).

해외시장조사

TOP ↑

(주)금하네이벌텍 해양 방산제품 인도 USD 600,000

(주)금하네이벌텍은 2005년 창립하여 그 동안 해군(수상함, 잠수함)/해경 함정의 방산장비에 대한 지속적인 국산화 연구개발 및 해외 기술협력개발을 추진하여 방산장비 국산화 및 실용화를 선도하여 왔다.

이러한 국산화 기술력을 바탕으로 해외시장을 개척한다면 해외에서도 충분한 경쟁력이 있다고 판단되어 영문 홈페이지를 신규 제작하였다.
하지만, 해외 시장정보가 거의 없어 고민하던 중 이씨플라자의 해외심층조사 서비스를 신청하였고, 타겟마케팅을 통해 여러 국가의 바이어에게 인콰이어리를 받을 수 있었다. 그 중에 인도 바이어와 상담이 꾸준히 진행되어 1차 수출이 진행되었다.

해외 홍보 전문지

TOP ↑

(주)시온바이오 한방샴푸, 트리트먼트 러시아, 우크라이나 USD 85,000

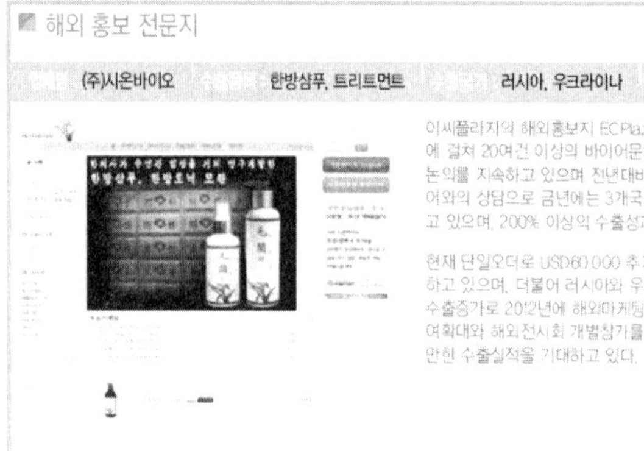

이씨플라자의 해외홍보지 ECPlaza.Net을 통하여 15개국에 걸쳐 20여건 이상의 바이어문의를 받아 제품에 관한 논의를 지속하고 있으며 전년대비 3배 이상 급증한 바이어와의 상담으로 금년에는 3개국으로 수출계약이 진행되고 있으며, 200% 이상의 수출성과를 달성하였다.

현재 단일오더로 USD60,000 추가적인 수출상담을 진행하고 있으며, 더불어 러시아와 우크라이나로의 안정적인 수출증가로 2012년에 해외마케팅과 관련한 세부사업 참여확대와 해외전시회 개별참가를 계획하고 있어 괄목할 만한 수출실적을 기대하고 있다.

[부록 1]

전자무역 촉진에 관한 법률

[전부개정 2005.12.23 법률 제7751호]

제1장 총칙

제1조 (목적) 이 법은 전자무역의 기반을 조성하고 그 활용을 촉진하여 무역절차의 간소화와 무역정보의 신속한 유통을 실현하고 무역업무의 처리시간 및 비용을 절감함으로써 산업의 국제경쟁력을 높이고 국민경제의 발전에 이바지함을 목적으로 한다.

제2조 (정의) 이 법에서 사용하는 용어의 정의는 다음과 같다.

1. "전자무역"이라 함은 「대외무역법」 제2조제1호의 규정에 의한 무역의 일부 또는 전부가 전자무역문서에 의하여 처리되는 거래를 말한다.
2. "무역업자"라 함은 「대외무역법」 제2조제3호의 규정에 의한 무역거래자로서 무역유관기관에게 대외무역 법령, 외국환거래 법령 그 밖에 대통령령이 정하는 법령과 운송·보험 등 당사자간의 계약(이하 "무역관련법령등"이라 한다)에 따라 신청·신고·보고 등(이하 "신청등"이라 한다)을 하는 자를 말한다.
3. "무역유관기관"이라 함은 무역업자에게 무역관련법령등이 정하는 무역 관련 역무를 제공하거나 승인·면허·인증·신고의 수리 등(이하 "승인등"이라 한다)을 하는 기관을 말한다.
4. "전자무역문서"라 함은 전자무역에 사용되는 「전자거래기본법」 제2조제1호의 규정에 의한 전자문서를 말한다.
5. "전자무역기반시설"이라 함은 정보통신망을 통하여 무역업자와 무역유관기관을 체계적으로 연계하여 전자무역문서의 중계·보관 및 증명 등의 업무를 수행하는 정보시스템을 말한다.

제3조 (적용범위) 이 법은 다른 법률에 특별한 규정이 있는 경우를 제외하고 모든 전자무역에 적용한다.

제2장 전자무역촉진 추진체계

제4조 (전자무역의 촉진을 위한 시책의 수립·시행) ① 산업자원부장관은 전자무역을 촉진하기 위하여 다음 각 호의 사항이 포함된 전자무역촉진시책(이하 "촉진시책"이라 한다)을 수립·시행하여야 한다.

1. 촉진시책의 기본 방향에 관한 사항
2. 전자무역기반시설의 구축과 운영에 관한 사항

3. 전자무역의 환경조성에 관한 사항
4. 전자무역과 관련된 국제협력에 관한 사항
5. 전자무역과 관련된 통계자료의 수집·분석 및 활용방안에 관한 사항
6. 전자무역에 관한 거래자간의 분쟁해결을 위한 중재 등에 관한 사항
7. 전자무역 촉진을 위한 재원 확보 및 배분에 관한 사항
8. 그 밖에 전자무역의 촉진을 위하여 필요한 사항

② 산업자원부장관이 촉진시책을 수립함에 있어 「정보화촉진기본법」 제2조의2의 규정에 의한 정보화촉진등에 관한 사항은 동법 제8조제1항의 규정에 의한 정보화추진위원회의 심의를 거친 후 확정하여야 한다. 변경하고자 하는 경우에도 또한 같다.

③ 산업자원부장관은 촉진시책을 시행하기 위하여 대통령령이 정하는 바에 의하여 전자무역에 관한 업무를 수행하는 기관 또는 단체에 대하여 필요한 지원을 할 수 있다.

제5조 (국가전자무역위원회의 설치) ① 전자무역의 촉진에 관한 다음 각 호의 사항을 협의·조정하기 위하여 국무총리 소속하에 국가전자무역위원회(이하 "위원회"라 한다)를 둔다.

1. 촉진시책에 관한 사항
2. 전자무역 추진과 관련된 각 부처간 업무의 협조에 관한 사항
3. 전자무역 관련 법령·제도의 정비·개선에 관한 사항
4. 그 밖에 전자무역 추진에 관한 주요사항

② 위원회는 위원장을 포함하여 20인 이내로 구성하되, 위원은 당연직 위원과 위촉위원으로 구성한다.

③ 위원장은 국무총리가 되고, 당연직 위원은 대통령령이 정하는 관계 중앙행정기관의 차관급 이상의 공무원과 유관기관의 장이 되며, 위촉 위원은 전자무역에 관한 학식과 경험이 풍부한 자 중에서 위원장이 위촉한 자가 된다.

④ 위원회의 효율적인 운영을 위하여 실무위원회를 둔다.

⑤ 위원회 및 실무위원회의 구성·운영 등에 관하여 필요한 사항은 대통령령으로 정한다.

제3장 전자무역기반사업자

제6조 (전자무역기반사업자의 지정 등) ① 산업자원부장관은 대통령령이 정하는 바에 의하여 「전기통신사업법」 제2조제1항제1호의 규정에 의한 전기통신사업자로서 자본금·인력·기술력 등 대통령령이 정하는 기준에 적합한 자를 전자무역기반업무를 수행할 자로 지정할 수 있다.

② 제1항의 규정에 의한 지정을 받은 자(이하 "전자무역기반사업자"라 한다)는 다음 각 호의 사업을 수행할 수 있다.

1. 전자무역기반시설의 운영업무
2. 전자무역기반시설과 외국의 전자무역망간의 연계업무
3. 제12조제1항 각 호의 규정에 의한 무역 관련 업무의 전자무역기반시설을 통한 중

계·보관 및 증명 등의 업무
4. 전자무역문서의 중계사업
5. 제2호의 규정에 의한 연계를 활용한 사업
6. 전자무역기반시설을 활용한 전자무역서비스 관련 사업
7. 전자무역문서의 표준화에 관한 연구사업
8. 전자무역문서 및 무역화물유통정보 등 무역관련정보(이하 "무역정보"라 한다)를 체계적으로 처리·보관하여 검색 등에 활용할 수 있는 집합체(이하 "데이터베이스"라 한다)의 제작·보급과 이를 활용한 사업
9. 무역업자 및 무역유관기관에 대한 전자무역문서 중계 등에 관련된 기술의 보급 및 보급한 기술에 대한 사후관리사업
10. 그 밖에 전자무역의 촉진을 위한 교육·홍보 등 대통령령이 정하는 사업

③ 전자무역기반사업자 외의 자는 제2항제1호 내지 제3호의 업무를 수행할 수 없다.

제7조 (전자무역기반사업자의 결격사유) ①다음 각 호의 어느 하나에 해당하는 자는 전자무역기반사업자로 지정을 받을 수 없다. 전자무역기반사업자가 법인인 경우 그 임원 중 다음 각 호의 어느 하나에 해당하는 자가 있는 때에도 또한 같다.
1. 금치산자 또는 한정치산자
2. 파산선고를 받고 복권되지 아니한 자
3. 이 법을 위반하여 징역 이상의 실형의 선고를 받고 그 집행이 종료(집행이 종료된 것으로 보는 경우를 포함한다)되거나 집행이 면제된 날부터 1년이 경과되지 아니한 자
4. 이 법을 위반하여 징역 이상의 형의 집행유예의 선고를 받고 그 유예기간 중에 있는 자
5. 제11조제1항의 규정에 의하여 지정이 취소된 날부터 2년이 경과되지 아니한 자

② 전자무역기반사업자가 제1항 각 호의 어느 하나에 해당하게 된 때에는 그 지정은 그 때부터 효력을 잃는다. 다만, 법인의 임원 중 그 사유에 해당하는 자가 있는 경우 3월 이내에 그 임원을 개임한 때에는 그러하지 아니하다.

제8조 (업무준칙의 신고 등) ① 전자무역기반사업자는 업무를 개시하기 전에 전자무역문서의 중계·보관 및 증명 등의 업무와 관련하여 다음 각 호의 사항이 포함된 업무준칙을 작성하여 산업자원부장관에게 신고하여야 한다.
1. 업무의 종류
2. 업무의 수행방법 및 절차
3. 전자무역문서의 중계·보관 및 증명 등의 역무의 이용조건 및 이용요금
4. 제12조제4항의 규정에 의하여 무역업자의 위탁을 받아 전자무역문서의 송·수신을 하고자 하는 자에게 전자무역기반시설의 접속을 제공하는 경우 표준이 되는 협정의 내용
5. 그 밖에 산업자원부장관이 정하여 고시하는 사항

② 전자무역기반사업자는 제1항의 규정에 의하여 신고한 사항을 변경하는 경우 산업자원

부령이 정하는 기간 이내에 이를 산업자원부장관에게 신고하여야 한다.

③ 전자무역기반사업자는 업무준칙을 성실히 준수하여야 한다.

제9조 (역무의 제공 등) ① 전자무역기반사업자는 정당한 사유 없이 전자무역문서의 중계·보관 및 증명 등 역무의 제공을 거부하여서는 아니된다.

② 전자무역기반사업자는 역무 이용자를 부당하게 차별하여서는 아니된다.

제10조 (시정명령) 산업자원부장관은 전자무역기반사업자가 다음 각 호의 어느 하나에 해당하는 경우에는 6월 이내의 기간을 정하여 시정을 명할 수 있다.

1. 제6조제1항의 규정에 의한 전자무역기반사업자의 지정기준에 적합하지 아니하게 된 경우
2. 제8조제1항의 규정에 의한 업무준칙의 내용이 전자무역문서의 중계·보관 및 증명 등 업무의 안전성과 정확성의 확보에 지장을 초래하거나 이용자의 이익을 저해하는 것으로 판단되는 경우
3. 제8조제1항의 규정에 의한 신고를 하지 아니하거나 동조제2항의 규정에 의한 변경신고를 하지 아니하는 경우
4. 제8조제3항의 규정을 위반하여 업무준칙을 준수하지 아니하는 경우
5. 제9조제1항의 규정을 위반하여 역무의 제공을 거부하거나 동조제2항의 규정을 위반하여 역무 이용자를 부당하게 차별하는 경우

제11조 (지정의 취소 등) ①산업자원부장관은 전자무역기반사업자가 다음 각 호의 어느 하나에 해당하는 경우에는 산업자원부령이 정하는 바에 따라 그 지정을 취소하거나 1년 이내의 기간을 정하여 제6조제2항의 규정에 의한 사업의 전부 또는 일부의 정지를 명할 수 있다. 다만, 제1호 또는 제2호에 해당하는 경우에는 그 지정을 취소하여야 한다.

1. 거짓 그 밖에 부정한 방법으로 제6조제1항의 규정에 의한 지정을 받은 경우
2. 제1항 본문의 규정에 따른 사업정지기간 중 사업을 계속하여 수행한 경우
3. 제10조의 규정에 의한 시정명령을 정하여진 기간 이내에 이행하지 아니한 경우
4. 제21조제1항 본문의 규정을 위반하여 전자무역문서 및 무역정보를 공개한 경우
5. 제26조제1항의 규정을 위반하여 자료를 제출하지 아니하거나 거짓으로 자료를 제출한 경우
6. 제26조제1항의 규정을 위반하여 관계 공무원의 출입·검사를 거부·방해 또는 기피한 경우

② 산업자원부장관은 제1항제3호 내지 제6호의 규정에 해당하여 사업정지처분을 하여야 하는 경우로서 그 사업정지가 전자무역기반사업자가 제공하는 역무를 이용하는 자에게 심한 불편을 주거나 공익을 해할 우려가 있다고 인정하는 경우에는 사업정지에 갈음하여 5억원 이하의 과징금을 부과할 수 있다.

③ 제2항의 규정에 의하여 과징금이 부과되는 위반행위의 종별·내용 및 정도에 따른 과징금의 금액 그 밖의 필요한 사항은 대통령령으로 정한다.

④ 산업자원부장관은 제2항의 규정에 의한 과징금을 납부하여야 할 자가 납부기한까지

이를 납부하지 아니한 때에는 국세체납처분의 예에 따라 징수한다.

제4장 전자무역기반시설의 이용 등

제12조 (신청등 또는 승인등의 효력) 무역업자 또는 무역유관기관이 무역자동화망을 이용하여 신청등 또는 승인등을 전자문서교환방식으로 처리한 경우에는 무역관련법령등에서 정한 각종 절차에 의하여 처리된 것으로 본다.

제12조 (전자무역기반시설의 이용 등) ①무역업자와 무역유관기관은 전자무역문서를 사용하여 무역업무를 하고자 하는 경우에는 전자무역기반시설을 이용할 수 있다. 다만, 전자문서의 방식으로 다음 각 호의 어느 하나에 해당하는 업무를 하는 경우에는 전자무역기반시설을 통하여야 한다.

1. 외국환업무취급기관의 신용장 통지업무
2. 외국환업무취급기관의 수입화물선취보증서 발급업무
3. 외국환업무취급기관의 내국신용장 개설업무
4. 「대외무역법」 제15조제2항의 규정에 의한 통합공고상의 수출입요건확인기관의 요건확인서 발급업무. 다만, 「관세법」 제226조의 규정에 의하여 세관장이 확인하는 경우를 제외한다.
5. 「대외무역법」 제20조의2의 규정에 의한 구매확인서 발급업무
6. 「대외무역법」 제25조의2의 규정에 의한 원산지증명서 발급업무. 다만, 「대외무역법」 제25조의2 및 동법 제53조제1항의 규정에 의하여 세관장이 발급한 원산지증명서를 제외한다.
7. 「상법」 제695조제2호의 규정에 의한 해상적하보험증권 발급업무
8. 「해운법」 제26조제2항의 규정에 의한 외항화물운송사업자와 동법 제26조의3의 규정에 의한 국내지사 설치신고를 한 자의 수하인에 대한 화물인도지시서 발급업무

② 무역업자와 무역유관기관은 전자무역기반시설을 이용하여 무역업무를 행하고자 하는 경우에는 제13조의 규정에 의한 표준화된 전자무역문서를 사용하여야 한다.

③ 관세청은 「관세법」 제248조제1항의 규정에 의한 신고필증, 「대외무역법」 제25조의2 및 동법 제53조제1항의 규정에 의하여 세관장이 발급하는 원산지증명서와 제1항제4호 단서의 규정에 의하여 확인하는 문서를 전자문서의 방식으로 전자무역기반시설에 전송하여 전자무역기반사업자의 업무와 연계될 수 있도록 하여야 한다.

④ 전자무역기반사업자는 무역업자의 위탁을 받아 전자무역문서의 송·수신을 하고자 하는 자에 대하여 전자무역기반시설의 접속을 제공할 수 있다.

[시행일:2006.12.24] 제12조제1항제2호, 제12조제1항제7호, 제12조제1항제8호

제13조 (전자무역문서의 표준화) ① 산업자원부장관은 전자무역의 촉진을 위하여 관계 중앙행정기관의 장과 협의하여 대통령령이 정하는 바에 따라 전자무역문서의 표준을

정하여 고시하여야 한다. 이 경우 고시한 사항을 변경하는 때에도 또한 같다.

② 제1항의 규정에 의한 전자무역문서 표준화의 내용·대상 및 절차 등에 관한 사항은 대통령령으로 정한다.

제14조 (신청등 또는 승인등의 효력) 무역업자 또는 무역유관기관이 신청등 또는 승인등을 전자무역기반시설을 통하여 전자무역문서로 처리한 경우에는 무역관련법령 등이 정한 절차에 따라 처리된 것으로 본다.

제15조 (전자무역문서의 효력) 무역업자 또는 무역유관기관이 전자무역기반시설을 통하여 신청등 또는 승인등을 한 전자무역문서는 무역관련법령등이 정한 절차에 의하여 처리된 문서로 본다.

제5장 전자무역문서의 보관 및 증명

제16조 (전자무역기반사업자가 보관하는 전자무역문서의 효력) ① 전자무역기반사업자가 전자무역문서를 보관하는 경우에는 「전자거래기본법」 제5조제1항의 규정에 의한 전자문서의 보관이 행하여진 것으로 본다.

② 전자무역기반사업자는 전자무역문서의 보관을 위하여 전자서명을 사용하는 경우 「전자서명법」 제2조제3호의 규정에 의한 공인전자서명을 이용하여야 한다.

제17조 (전자무역문서의 증명) ① 전자무역기반사업자가 전자무역문서의 송·수신 일시 및 그 당사자 등에 관한 증명서를 발급하는 경우 그 증명서에 기재된 사항은 진정한 것으로 추정한다.

② 전자무역기반사업자가 제1항의 증명서를 발급함에 있어서 준수하여야 할 표준서식·방법 및 절차 등에 대하여는 대통령령으로 정한다.

③ 전자무역기반사업자가 전자무역문서의 증명을 위하여 전자서명을 사용하는 경우에는 「전자서명법」 제2조제3호의 규정에 의한 공인전자서명을 이용하여야 하고, 전자무역문서의 송·수신 시점을 확인하는 경우에는 동법 제20조의 규정에 따라 전자서명을 하여야 한다.

제6장 전자무역문서의 이용 촉진

제18조 (전자무역문서의 이용 촉진) 정부는 전자무역문서의 이용을 촉진하기 위하여 각종 법령의 정비 등 필요한 시책을 수립·시행하여야 한다.

제19조 (신청등에 필요한 첨부서류에 관한 특례) ① 산업자원부장관은 무역관련법령등에서 정한 신청등에 필요한 첨부서류가 전자무역기반시설에 보관되어 있는 경우 첨부서류의 제출을 면제할 수 있으며, 전자무역기반시설에 보관되어 있지 아니한 경우에는 다음 각 호의 방법으로 첨부서류를 제출하게 할 수 있다.

1. 첨부서류가 제13조의 규정에 의하여 표준화된 전자무역문서로 작성된 경우에는 「전자서명법」 제2조제3호의 규정에 의한 신청인의 공인전자서명을 하여 제출하는

방법

2. 첨부서류가 종이문서로 작성된 경우에는 당해 서류의 전자사본(대통령령이 정하는 바에 따라 전자무역문서로 제작한 사본을 말한다)에 「전자서명법」 제2조제3호의 규정에 의한 신청인의 공인전자서명을 하여 제출하는 방법

② 산업자원부장관이 제1항의 규정에 의하여 첨부서류의 제출을 면제하는 때에는 먼저 관계 중앙행정기관의 장과 협의한 후 그 범위를 고시(인터넷 게재를 포함한다)하여야 한다.

제7장 전자무역문서의 보안 및 관리

제20조 (전자무역문서 및 무역정보에 관한 보안) ① 누구든지 전자무역기반사업자, 제22조의 규정에 의한 전자무역전문서비스업자, 무역업자와 무역유관기관의 컴퓨터파일에 기록된 전자무역문서 또는 데이터베이스에 입력된 무역정보를 위조 또는 변조하거나 위조 또는 변조된 전자무역문서 또는 무역정보를 행사하여서는 아니된다.

② 누구든지 전자무역기반사업자의 컴퓨터 등 정보처리장치에 거짓정보 또는 부정한 명령을 입력하여 정보처리가 되게 하는 등의 방법으로 제17조제1항의 증명서를 발급되게 하여서는 아니된다.

③ 누구든지 전자무역기반사업자, 제22조의 규정에 의한 전자무역전문서비스업자, 무역업자와 무역유관기관의 컴퓨터파일에 기록된 전자무역문서 또는 데이터베이스에 입력된 무역정보를 훼손하거나 그 비밀을 침해하여서는 아니된다.

④ 전자무역기반사업자의 임원 또는 직원이거나 임원 또는 직원이었던 자는 업무상 알게 된 전자무역문서 또는 무역정보에 관한 비밀을 누설하거나 도용하여서는 아니된다.

⑤ 전자무역기반사업자는 전자무역문서 및 데이터베이스를 3년 동안 보관하여야 한다.

제21조 (전자무역문서 및 무역정보의 공개) ① 전자무역기반사업자는 컴퓨터파일에 기록된 전자무역문서 및 데이터베이스에 입력된 무역정보를 공개하여서는 아니된다. 다만, 국가의 안전보장에 위해가 없고 기업의 영업비밀을 침해하지 아니하는 경우로서 대통령령이 정하는 경우에는 공개할 수 있다.

② 전자무역기반사업자가 제1항 단서의 규정에 의하여 전자무역문서 및 무역정보를 공개하고자 하는 때에는 이해관계인의 의견을 들어야 한다.

제8장 전자무역전문서비스업자

제22조 (전자무역전문서비스업자에 대한 지원 등) ① 산업자원부장관은 무역업자의 전자무역을 효율적으로 지원하고 이를 확산시키기 위하여 다음 각 호의 사업을 하는 자로서 자본금·인력 등 대통령령이 정하는 등록요건을 갖추어 산업자원부장관에게 전자무역전문서비스업자로 등록한 자(이하 "전자무역전문서비스업자"라고 한다)에게 필요한 지원을 할 수 있다.

1. 정보통신망을 통한 무역거래의 알선 및 대행사업
2. 정보통신망을 통한 무역업자의 해외마케팅 지원사업
3. 전자무역문서의 중계사업
4. 제6조제2항제2호의 규정에 의한 연계를 활용한 사업
5. 전자무역기반시설을 활용한 전자무역서비스 관련 사업
6. 전자무역문서 및 무역정보의 데이터베이스 제작·보급 및 이를 활용한 사업
7. 그 밖에 전자무역의 촉진을 위한 사업으로서 대통령령이 정하는 사업

② 제1항의 규정에 의한 전자무역전문서비스업자의 등록절차 그 밖에 필요한 사항은 대통령령으로 정한다.

제23조 (전자무역전문서비스업자 등록의 취소) 산업자원부장관은 전자무역전문서비스업자가 제1호에 해당하는 경우에는 그 등록을 취소하여야 하고, 제2호에 해당하는 경우에는 그 등록을 취소할 수 있다.

1. 거짓 그 밖에 부정한 방법으로 제22조의 규정에 의하여 등록한 경우
2. 제22조제1항의 규정에 의한 등록의 요건에 적합하지 아니하게 된 경우

제9장 전자무역 기술개발의 추진 등

제24조 (전자무역 기술개발의 추진) 정부는 전자무역의 촉진에 필요한 기술의 개발과 기술수준의 향상을 위하여 다음 각 호의 사항을 추진하여야 한다.

1. 전자무역에 관한 기술의 조사·연구개발 및 개발된 기술의 활용에 관한 사항
2. 전자무역에 관한 기술협력·기술지도 및 기술이전에 관한 사항
3. 전자무역에 관한 기술정보의 원활한 유통과 산업계·학계·연구기관 등과의 협력에 관한 사항
4. 그 밖에 전자무역에 관한 기술개발과 관련하여 필요한 사항

제25조 (전자무역 전문인력의 양성) ① 정부는 전자무역의 촉진을 위하여 필요한 전자무역 분야의 전문인력을 양성하는데 노력하여야 한다.

② 정부는 제1항의 규정에 의한 전문인력의 양성을 위하여 「정부출연연구기관 등의 설립·운영 및 육성에 관한 법률」에 의한 정부출연연구기관, 「과학기술분야 정부출연연구기관 등의 설립·운영 및 육성에 관한 법률」에 의한 과학기술분야 정부출연연구기관, 「고등교육법」에 의한 대학, 「평생교육법」에 의한 원격대학 형태의 평생교육시설, 민간 교육기관 그 밖의 관련 기관에 대하여 그 사업 수행에 필요한 경비의 전부 또는 일부를 지원할 수 있다.

③ 제2항의 규정에 의한 경비의 지원에 관하여 필요한 사항은 대통령령으로 정한다.

제10장 보칙

제26조 (자료제출 및 출입·검사 등) ① 산업자원부장관은 전자무역문서의 중계·보관 및

증명 등의 업무의 안전성, 증명의 정확성 확보와 이용자 보호 등을 위하여 필요한 경우에는 전자무역기반사업자에 대하여 자료를 제출하게 할 수 있고, 관계 공무원으로 하여금 전자무역기반사업자의 사무실·사업장 그 밖에 필요한 장소에 출입하여 전자무역문서 중계·보관 및 증명 등의 업무에 관한 시설·장비·장부·서류 그 밖의 물건을 검사하거나 관계인에게 질문하게 할 수 있다.

② 제1항의 규정에 의한 출입·검사를 하는 경우에는 검사일부터 7일 전까지 검사일시·검사이유 및 검사내용 등을 포함한 검사계획을 전자무역기반사업자에게 통지하여야 한다. 다만, 증거인멸 등으로 검사의 목적을 달성할 수 없거나 긴급을 요하는 사정이 있는 경우에는 그러하지 아니하다.

③ 제1항의 규정에 의하여 출입·검사를 하는 공무원은 그 권한을 표시하는 증표를 지니고 이를 관계인에게 내보여야 하며, 출입·검사시 당해 공무원의 성명, 출입·검사의 시간 및 목적 등이 기재된 문서를 관계인에게 교부하여야 한다.

제27조 (청문) 산업자원부장관은 제11조제1항의 규정에 의하여 전자무역기반사업자의 지정을 취소하고자 하는 경우에는 청문을 실시하여야 한다.

제28조 (권한의 위임) 산업자원부장관은 이 법에 의한 권한의 일부를 대통령령이 정하는 바에 따라 소속기관의 장, 특별시장·광역시장 또는 도지사에게 위임할 수 있다.

제29조 (벌칙 적용에서의 공무원 의제) 제6조제2항제1호 내지 제3호의 업무에 종사하는 전자무역기반사업자의 임원 또는 직원은 「형법」 제129조 내지 제132조의 적용에 있어서는 이를 공무원으로 본다.

제11장 벌칙

제30조 (벌칙) ①다음 각 호의 어느 하나에 해당하는 자는 1년 이상 10년 이하의 징역 또는 1억원 이하의 벌금에 처한다.

1. 제20조제1항의 규정을 위반하여 전자무역기반사업자·전자무역전문서비스업자·무역업자·무역유관기관의 컴퓨터파일에 기록된 전자무역문시 또는 데이터베이스에 입력된 무역정보를 위조 또는 변조하거나 위조 또는 변조된 전자무역문서 또는 무역정보를 행사한 자
2. 제20조제2항의 규정을 위반하여 전자무역기반사업자의 컴퓨터 등 정보처리장치에 거짓 정보 또는 부정한 명령을 입력하여 정보처리가 되게 하는 등의 방법으로 제17조제1항의 증명서가 발급되게 한 자

② 제1항의 미수범은 처벌한다.

제31조 (벌칙) 다음 각 호의 어느 하나에 해당하는 자는 5년 이하의 징역 또는 5천만원 이하의 벌금에 처한다.

1. 제6조제3항의 규정을 위반하여 전자무역기반사업자로 지정을 받지 아니하고 제6조제2항제1호 내지 제3호의 규정에 의한 업무를 행한 자
2. 제20조제3항의 규정을 위반하여 전자무역기반사업자·전자무역전문서비스업자·무역

업자·무역유관기관의 컴퓨터파일에 기록된 전자무역문서 또는 데이터베이스에 입력된 무역정보를 훼손하거나 그 비밀을 침해한 자

3. 제20조제4항의 규정을 위반하여 업무상 알게 된 전자무역문서 또는 무역정보에 관한 비밀을 누설하거나 도용한 자
4. 제20조제5항의 규정을 위반하여 전자무역문서 또는 데이터베이스를 3년 동안 보관하지 아니한 전자무역기반사업자

제32조 (벌칙) 제12조제1항 단서의 규정을 위반하여 전자무역기반시설을 통하지 아니하고 전자문서의 방식으로 제12조제1항 각 호의 어느 하나에 해당하는 업무를 행한 자는 2천만원 이하의 벌금에 처한다.

제33조 (양벌규정) 법인의 대표자 또는 법인이나 개인의 대리인·사용인 그 밖의 종업원이 그 법인 또는 개인의 업무에 관하여 제30조 내지 제32조의 위반행위를 한 때에는 그 행위자를 벌하는 외에 그 법인 또는 개인에 대하여도 각 해당 조의 벌금형을 과한다.

부칙 〈제07751호, 2005.12.23〉

제1조 (시행일) 이 법은 공포 후 6월이 경과한 날부터 시행한다. 다만, 제12조제1항제2호·제7호 및 제8호의 개정규정은 공포 후 1년이 경과한 날부터 시행한다.

제2조 (지정사업자에 관한 경과조치) 이 법 시행 당시 종전의 「무역업무자동화 촉진에 관한 법률」 제5조의 규정에 의하여 지정을 받아 무역자동화사업을 행하고 있는 지정사업자에 대하여는 이 법 제6조제1항의 규정에 의하여 전자무역기반사업자가 최초로 지정되기 전까지는 종전의 규정을 적용한다.

제3조 (벌칙에 관한 경과조치) 이 법 시행 전의 행위에 대한 벌칙의 적용에 있어서는 종전의 규정에 의한다.

제4조 (다른 법률의 개정) 대외무역법 일부를 다음과 같이 개정한다.

제2조제6호·제2장의2(제9조의3 내지 제9조의5) 및 제49조제2호를 각각 삭제한다.

제5조 (다른 법률과의 관계) 이 법 시행 당시 다른 법률에서 종전의 「무역업무자동화 촉진에 관한 법률」 또는 그 규정을 인용한 경우 이 법 중 그에 해당하는 규정이 있는 때에는 종전의 규정에 갈음하여 이 법 또는 이 법의 해당 규정을 인용한 것으로 본다.

[부록 2]

전자문서 및 전자거래 기본법

[시행 2014.10.15.] [법률 제12781호, 2014.10.15., 일부개정]

미래창조과학부(지능통신정책과) 02-2110-2934
법무부(상사법무과) 02-2110-3167

제1장 총칙

제1조(목적) 이 법은 전자문서 및 전자거래의 법률관계를 명확히 하고 전자문서 및 전자거래의 안전성과 신뢰성을 확보하며 그 이용을 촉진할 수 있는 기반을 조성함으로써 국민경제의 발전에 이바지함을 목적으로 한다.

[전문개정 2012.6.1.]

제2조(정의) 이 법에서 사용하는 용어의 뜻은 다음과 같다.

1. "전자문서"란 정보처리시스템에 의하여 전자적 형태로 작성, 송신·수신 또는 저장된 정보를 말한다.
2. "정보처리시스템"이란 전자문서의 작성·변환, 송신·수신 또는 저장을 위하여 이용되는 정보처리능력을 가진 전자적 장치 또는 체계를 말한다.
3. "작성자"란 전자문서를 작성하여 송신하는 자를 말한다.
4. "수신자"란 작성자가 전자문서를 송신하는 상대방을 말한다.
5. "전자거래"란 재화나 용역을 거래할 때 그 전부 또는 일부가 전자문서에 의하여 처리되는 거래를 말한다.
6. "전자거래사업자"란 전자거래를 업(業)으로 하는 자를 말한다.
7. "전자거래이용자"란 전자거래를 이용하는 자로서 전자거래사업자 외의 자를 말한다.
8. "공인전자주소"란 전자문서를 송신하거나 수신하는 자를 식별하기 위하여 문자·숫자 등으로 구성되는 정보로서 제18조의4에 따라 등록된 주소를 말한다.
9. "공인전자문서센터"란 타인을 위하여 다음 각 목의 업무(이하 "전자문서보관등"이라 한다)를 하는 자로서 제31조의2제1항에 따라 지정받은 자를 말한다.
   가. 전자문서의 보관 또는 증명
   나. 그 밖에 전자문서 관련 업무
10. "공인전자문서중계자"란 타인을 위하여 전자문서의 송신·수신 또는 중계(이하 "전자문서유통"이라 한다)를 하는 자로서 제31조의18에 따라 지정받은 자를 말한다.

[전문개정 2012.6.1.]

제3조(적용범위) 이 법은 다른 법률에 특별한 규정이 있는 경우를 제외하고 모든 전자문

서 및 전자거래에 적용한다.
[전문개정 2012.6.1.]

제2장 전자문서

제4조(전자문서의 효력) ① 전자문서는 다른 법률에 특별한 규정이 있는 경우를 제외하고는 전자적 형태로 되어 있다는 이유로 문서로서의 효력이 부인되지 아니한다.
② 별표에서 정하고 있는 법률에 따른 기록·보고·보관·비치 또는 작성 등의 행위가 전자문서로 행하여진 경우 해당 법률에 따른 행위가 이루어진 것으로 본다.
[전문개정 2012.6.1.]

제5조(전자문서의 보관) ① 전자문서가 다음 각 호의 요건을 모두 갖춘 경우에는 그 전자문서를 보관함으로써 관계 법령에서 정하는 문서의 보관을 갈음할 수 있다.
1. 전자문서의 내용을 열람할 수 있을 것
2. 전자문서가 작성 및 송신·수신된 때의 형태 또는 그와 같이 재현될 수 있는 형태로 보존되어 있을 것
3. 전자문서의 작성자, 수신자 및 송신·수신 일시에 관한 사항이 포함되어 있는 경우에는 그 부분이 보존되어 있을 것

② 종이문서나 그 밖에 전자적 형태로 작성되지 아니한 문서(이하 "전자화대상문서"라 한다)를 정보처리시스템이 처리할 수 있는 형태로 변환한 문서(이하 "전자화문서"라 한다)가 다음 각 호의 요건을 모두 갖춘 경우에는 그 전자화문서를 보관함으로써 관계 법령에서 정하는 문서의 보관을 갈음할 수 있다. 다만, 다른 법령에 특별한 규정이 있는 경우에는 그러하지 아니하다.
1. 전자화문서가 전자화대상문서와 그 내용 및 형태가 동일할 것
2. 제1항 각 호의 요건을 모두 갖출 것

③ 전자화대상문서와 전자화문서의 내용 및 형태의 동일성에 관한 요건, 전자화문서의 작성 방법 및 절차, 그 밖에 필요한 사항은 미래창조과학부장관이 정하여 고시한다. <개정 2013.3.23.>
④ 제1항과 제2항을 적용할 때 송신 또는 수신만을 위하여 필요한 부분은 전자문서 또는 전자화문서로 보지 아니할 수 있다.
[전문개정 2012.6.1.]

제6조(송신·수신의 시기 및 장소) ① 전자문서(전자화문서를 포함한다. 이하 같다)는 수신자 또는 그 대리인이 해당 전자문서를 수신할 수 있는 정보처리시스템에 입력한 때에 송신된 것으로 본다.
② 전자문서는 다음 각 호의 어느 하나에 해당하는 때에 수신된 것으로 본다.
1. 수신자가 전자문서를 수신할 정보처리시스템을 지정한 경우: 지정된 정보처리시스템에 입력된 때. 다만, 전자문서가 지정된 정보처리시스템이 아닌 정보처리시스템에 입력된 경우에는 수신자가 이를 출력한 때를 말한다.

2. 수신자가 전자문서를 수신할 정보처리시스템을 지정하지 아니한 경우: 수신자가 관리하는 정보처리시스템에 입력된 때

③ 전자문서는 작성자 또는 수신자의 영업소 소재지에서 각각 송신 또는 수신된 것으로 보며, 영업소가 둘 이상일 때에는 해당 전자문서를 주로 관리하는 영업소 소재지에서 송신·수신된 것으로 본다. 다만, 작성자 또는 수신자가 영업소를 가지고 있지 아니한 경우에는 그의 상거소(常居所)에서 송신·수신된 것으로 본다.

[전문개정 2012.6.1.]

제7조(작성자가 송신한 것으로 보는 경우) ① 다음 각 호의 어느 하나에 해당하는 전자문서에 포함된 의사표시는 작성자가 송신한 것으로 본다.

1. 작성자의 대리인에 의하여 송신된 전자문서
2. 자동으로 전자문서를 송신·수신하도록 구성된 컴퓨터프로그램이나 그 밖의 전자적 수단에 의하여 송신된 전자문서

② 전자문서의 수신자는 다음 각 호의 어느 하나에 해당하는 경우에는 전자문서에 포함된 의사표시를 작성자의 것으로 보아 행위할 수 있다.

1. 전자문서가 작성자의 것이었는지를 확인하기 위하여 수신자가 미리 작성자와 합의한 절차를 따른 경우
2. 수신된 전자문서가 작성자 또는 그 대리인과의 관계에 의하여 수신자가 그것이 작성자 또는 그 대리인의 의사에 기한 것이라고 믿을 만한 정당한 이유가 있는 자에 의하여 송신된 경우

③ 다음 각 호의 어느 하나에 해당하는 경우에는 제2항을 적용하지 아니한다.

1. 수신자가 작성자로부터 전자문서가 작성자의 것이 아님을 통지받고 그에 따라 필요한 조치를 할 상당한 시간이 있었던 경우
2. 제2항제2호의 경우에 전자문서가 작성자의 것이 아님을 수신자가 알았던 경우 또는 상당한 주의를 하였거나 작성자와 합의된 절차를 따랐으면 알 수 있었을 경우

[전문개정 2012.6.1.]

제8조(수신한 전자문서의 독립성) 수신한 전자문서는 문서마다 독립된 것으로 본다. 다만, 수신자가 작성자와 합의된 확인절차를 따르거나 상당한 주의를 하였더라면 동일한 전자문서가 반복되어 송신된 것임을 알 수 있었을 경우에는 그러하지 아니하다.

제9조(수신 확인) ① 작성자가 수신 확인을 조건으로 전자문서를 송신한 경우 작성자가 수신 확인 통지를 받기 전까지는 그 전자문서는 송신되지 아니한 것으로 본다. 이 경우 「민법」 제534조는 적용하지 아니한다.

② 작성자가 수신 확인을 조건으로 명시하지 아니하고 수신 확인 통지를 요구한 경우에 상당한 기간(작성자가 지정한 기간 또는 작성자와 수신자 간에 약정한 기간이 있는 경우에는 그 기간을 말한다) 내에 작성자가 수신 확인 통지를 받지 못하였을 때에는 작성자는 그 전자문서의 송신을 철회할 수 있다.

[전문개정 2012.6.1.]

제10조(작성자와 수신자 간의 약정에 의한 변경) 작성자와 수신자는 다른 법령에 특별한 규정이 있는 경우를 제외하고는 제6조부터 제9조까지의 규정과 다른 약정을 할 수 있다.
[전문개정 2012.6.1.]

제11조(전자서명에 관한 사항) 전자거래 중에서 전자서명에 관한 사항은 「전자서명법」에서 정하는 바에 따른다.
[전문개정 2012.6.1.]

제3장 전자거래의 안전성 확보 및 소비자 보호 〈개정 2012.6.1.〉

제12조(개인정보 보호) ① 정부는 전자거래의 안전성과 신뢰성을 확보하기 위하여 전자거래이용자의 개인정보를 보호하기 위한 시책을 수립·시행하여야 한다.
② 전자거래사업자는 전자거래이용자의 개인정보를 수집·이용 또는 제공하거나 관리할 때 「정보통신망 이용촉진 및 정보보호 등에 관한 법률」 등 관계 규정을 준수하여야 한다
[전문개정 2012.6.1.]

제13조(영업비밀 보호) ① 정부는 전자거래의 안전성과 신뢰성을 확보하기 위하여 전자거래이용자의 영업비밀을 보호하기 위한 시책을 수립·시행하여야 한다.
② 전자거래사업자(정보처리시스템의 운영을 위탁받은 자를 포함한다. 이하 이 조에서 같다)는 전자거래이용자의 영업비밀을 보호하기 위한 조치를 마련하여야 한다.
③ 전자거래사업자는 전자거래이용자의 동의를 받지 아니하고는 해당 이용자의 영업비밀을 타인에게 제공하거나 누설하여서는 아니 된다.
④ 제1항부터 제3항까지의 규정에 따른 영업비밀의 범위, 보호조치 등에 관하여 필요한 사항은 대통령령으로 정한다.
[전문개정 2012.6.1.]

제14조(암호제품의 사용) ① 전자거래사업자는 전자거래의 안전성과 신뢰성을 확보하기 위하여 암호제품을 사용할 수 있다.
② 정부는 국가안전보장을 위하여 필요하다고 인정하면 암호제품의 사용을 제한하고, 암호화된 정보의 원문 또는 암호기술에의 접근에 필요한 조치를 할 수 있다.
[전문개정 2012.6.1.]

제15조(소비자보호시책의 수립·시행 등) ① 정부는 「소비자기본법」·「전자상거래 등에서의 소비자보호에 관한 법률」 등 관계 법령에 따라 전자거래와 관련되는 소비자의 기본권익을 보호하고 전자거래에 관한 소비자의 신뢰성을 확보하기 위한 시책을 수립·시행하여야 한다.
② 정부는 전자거래와 관련된 부당행위가 발생하지 아니하도록 전자거래사업자 및 사업자단체가 자율적으로 행동규범을 제정할 것을 권장할 수 있다.
[전문개정 2012.6.1.]

제16조(소비자 피해의 예방과 구제) ① 정부는 전자거래와 관련되는 소비자 피해의 발생을 예방하기 위하여 소비자에 대한 정보의 제공, 교육의 확대 등에 관한 시책을 수립·

시행하여야 한다.

② 정부는 전자거래와 관련되는 소비자의 불만과 피해를 신속하고 공정하게 처리할 수 있도록 필요한 조치를 수립·시행하여야 한다.

[전문개정 2012.6.1.]

제17조(전자거래사업자의 일반적 준수사항) 전자거래사업자는 전자거래와 관련되는 소비자를 보호하고 전자거래의 안전성과 신뢰성을 확보하기 위하여 다음 각 호의 사항을 준수하여야 한다.

1. 상호(법인인 경우에는 대표자의 성명을 포함한다)와 그 밖에 자신에 관한 정보와 재화, 용역, 계약 조건 등에 관한 정확한 정보의 제공
2. 소비자가 쉽게 접근·인지할 수 있도록 약관의 제공 및 보존
3. 소비자가 자신의 주문을 취소 또는 변경할 수 있는 절차의 마련
4. 청약의 철회, 계약의 해제 또는 해지, 교환, 반품 및 대금환급 등을 쉽게 할 수 있는 절차의 마련
5. 소비자의 불만과 요구사항을 신속하고 공정하게 처리하기 위한 절차의 마련
6. 거래의 증명 등에 필요한 거래기록의 일정기간 보존

[전문개정 2012.6.1.]

제18조(전자거래사업자에 대한 인증) ① 미래창조과학부장관은 전자거래 촉진 및 전자거래이용자 보호를 위하여 우수한 전자거래사업자에 대하여 인증을 할 수 있다. <개정 2013.3.23.>

② 미래창조과학부장관은 제1항에 따른 인증을 신청한 자로부터 수수료를 받을 수 있다. <개정 2013.3.23.>

③ 제1항에 따른 인증의 기준·절차와 제2항에 따른 수수료 등에 관하여 필요한 사항은 대통령령으로 정한다.

[전문개정 2012.6.1.]

제18조의2(인증의 표시) ① 제18조제1항에 따른 인증을 받은 전자거래사업자(이하 "우수전자거래사업자"라 한다)는 대통령령으로 정하는 바에 따라 우수전자거래사업자임을 표시(인터넷 등 전자적 방식에 의한 표시를 포함한다. 이하 같다)할 수 있다.

② 우수전자거래사업자가 아닌 자는 제1항의 표시 또는 이와 유사한 표시를 하거나 홍보를 하여서는 아니 된다.

[본조신설 2012.6.1.]

제18조의3(인증의 취소) 미래창조과학부장관은 전자거래사업자가 다음 각 호의 어느 하나에 해당하면 제18조제1항에 따른 인증을 취소할 수 있다. 다만, 제1호에 해당하는 경우에는 인증을 취소하여야 한다. <개정 2013.3.23.>

1. 거짓이나 그 밖의 부정한 방법으로 인증을 받은 경우
2. 제17조에 따른 전자거래사업자의 일반적 준수사항을 위반한 경우
3. 제18조제3항에 따른 인증의 기준을 갖추지 못하게 된 경우

[본조신설 2012.6.1.]

제18조의4(공인전자주소의 등록) ① 공인전자주소를 이용하여 전자문서를 송신하거나 수신하려는 자는 제22조제1항에 따른 전담기관에 공인전자주소를 등록하여야 한다.

② 제22조제1항에 따른 전담기관은 제1항에 따라 등록의 신청을 받은 경우에는 신청된 공인전자주소가 국제표준방식 등에 맞는지를 확인하고, 그 내용을 정보처리시스템에 입력하고 보관하여야 한다.

③ 제22조제1항에 따른 전담기관은 제1항에 따라 등록을 신청한 자로부터 수수료를 받을 수 있다.

④ 제1항부터 제3항까지의 규정에 따른 공인전자주소의 등록, 보관 및 수수료에 관하여 필요한 사항은 미래창조과학부령으로 정한다. <개정 2013.3.23.>

[본조신설 2012.6.1.]

제18조의5(유통증명서의 생성 및 발급 등) ① 제22조제1항에 따른 전담기관은 공인전자주소를 통하여 전자문서가 송신 또는 수신되거나 열람된 경우 다음 각 호의 사항이 포함된 정보(이하 "유통정보"라 한다)를 생성·보관한다.

1. 전자문서의 송신 및 수신 일시
2. 전자문서의 송신자 및 수신자
3. 그 밖에 전자문서의 송신 및 수신에 관한 사항으로서 대통령령으로 정하는 사항

② 작성자 및 송신자는 유통정보를 보관하고 있는 제22조제1항에 따른 전담기관으로부터 유통증명서를 발급받을 수 있다.

③ 제22조제1항에 따른 전담기관이 유통증명서를 대통령령으로 정하는 방법과 절차에 따라 발급한 경우에 그 유통증명서는 진정한 것으로 추정한다.

④ 제1항과 제2항에 따른 유통증명서의 생성·보관 및 발급에 필요한 사항은 대통령령으로 정한다.

[본조신설 2012.6.1.]

제18조의6(자동프로그램 등을 이용한 공인전자주소의 수집 등 금지) ① 누구든지 자동으로 공인전자주소를 수집하는 프로그램이나 기술적 장치를 이용하여 공인전자주소를 수집하여서는 아니 된다.

② 누구든지 제1항을 위반하여 수집된 공인전자주소를 판매하거나 제공하여서는 아니 된다.

[본조신설 2012.6.1.]

제18조의7(광고 송신의 금지) 누구든지 수신자의 공인전자주소에 영리 또는 홍보를 목적으로 광고를 송신할 수 없다.

[본조신설 2012.6.1.]

제4장 전자문서·전자거래기본정책의 수립 및 추진체계 〈개정 2012.6.1.〉

제19조(전자문서·전자거래기본정책의 원칙과 정부의 책무) 정부는 전자문서 이용 및 전자거래를 촉진하기 위하여 다음 각 호의 원칙에 따라 전자문서 및 전자거래에 관한 기

본정책을 수립·시행하여야 한다.

1. 민간 주도에 의한 추진
2. 규제의 최소화
3. 전자문서 및 전자거래의 안전성과 신뢰성 확보
4. 국제협력의 강화

[전문개정 2012.6.1.]

第20조(전자문서·전자거래촉진계획의 수립·시행) ① 정부는 제19조에 따른 전자문서·전자거래기본정책의 원칙에 따라 다음 각 호의 사항이 포함된 계획(이하 "전자문서·전자거래촉진계획"이라 한다)을 수립·시행하여야 한다.

1. 전자문서·전자거래촉진계획의 기본 방향
2. 전자문서 및 전자거래와 관련된 국제규범에 관한 사항
3. 전자결제제도에 관한 사항
4. 지식재산권의 보호에 관한 사항
5. 전자문서 및 전자거래 당사자의 권익 보호에 관한 사항
6. 전자문서 및 전자거래의 안전성과 신뢰성 확보에 관한 사항
7. 전자문서 및 전자거래에 관한 기술의 개발 및 표준화에 관한 사항
8. 전자문서 이용 및 전자거래의 촉진에 필요한 환경조성 및 수요창출에 관한 사항
9. 전자문서 및 전자거래와 관련된 국제협력에 관한 사항
10. 전자문서 이용 및 전자거래의 촉진에 필요한 기반조성의 지원에 관한 사항
11. 초고속정보통신망의 구축 및 이용활성화에 관한 사항
12. 그 밖에 전자문서 이용 및 전자거래를 촉진하기 위하여 필요한 사항

② 전자문서·전자거래촉진계획과 관련된 중앙행정기관(이하 "관계중앙행정기관"이라 한다)의 장은 제1항 각 호의 사항에 관한 소관별 부문계획을 수립하고 주요 정책을 수립·집행할 때 이를 고려하여야 한다.

③ 전자문서·전자거래촉진계획은 미래창조과학부장관이 관계중앙행정기관별 부문계획을 종합하여 수립한다. <개정 2013.3.23.>

[전문개정 2012.6.1.]

第21조 삭제 <2009.3.18.>

第22조(전자문서·전자거래 진흥 전담기관) ① 정부는 「정보통신산업 진흥법」 제26조에 따른 정보통신산업진흥원(이하 "전담기관"이라 한다)으로 하여금 전자문서 이용 및 전자거래의 촉진을 위한 사업을 효율적·체계적으로 추진하고 관련 정책을 개발할 수 있도록 지원하기 위하여 다음 각 호의 사업을 하게 할 수 있다.

1. 제23조제3항에 따른 전자화문서 작성 시설 또는 장비의 인증에 대한 지원
2. 제24조에 따른 전자문서 및 전자거래와 관련된 표준의 연구개발·보급사업 및 국제표준화 활동
3. 제25조에 따른 기술개발의 지원

4. 제28조에 따른 전자문서 및 전자거래 통계의 실태조사의 지원
5. 제31조의2에 따른 공인전자문서센터의 지정업무의 지원
6. 제31조의8에 따른 전자문서보관등 업무준칙의 신고업무에 대한 지원
7. 제31조의9제3항에 따른 공인전자문서센터의 전자문서 보호를 위한 조치에 대한 기술 등의 지원
8. 제31조의15제3항에 따른 보관문서등의 인수
9. 제31조의18에 따른 공인전자문서중계자 지정업무의 지원
10. 제32조에 따른 전자문서·전자거래분쟁조정위원회의 운영

② 전담기관은 제1항제1호에 따른 인증을 신청한 자로부터 미래창조과학부령으로 정하는 바에 따라 수수료를 받을 수 있다. <개정 2013.3.23.>

③ 정부는 예산 또는 「정보통신산업 진흥법」 제41조에 따른 정보통신진흥기금의 범위에서 전담기관이 전자거래의 촉진과 전자문서의 이용활성화를 위한 사업에 필요한 경비의 전부 또는 일부를 출연할 수 있다.

[전문개정 2012.6.1.]

제5장 전자문서 이용 및 전자거래의 촉진과 그 기반 조성 〈개정 2012.6.1.〉

제23조(전자문서 이용의 촉진 등) ① 정부는 전자문서의 이용을 촉진하기 위하여 각종 법령의 정비 등 필요한 시책을 수립·시행하여야 한다.

② 미래창조과학부장관은 전자문서의 이용을 촉진하기 위하여 전자문서의 작성·송신·수신·보관에 필요한 요건·방법·절차에 관한 표준지침을 정하여 고시할 수 있다. <개정 2013.3.23.>

③ 미래창조과학부장관은 전자화문서의 신뢰성을 확보하기 위하여 전자화문서의 작성에 사용되는 시설 또는 장비에 대하여 인증을 부여할 수 있다. <개정 2013.3.23.>

④ 제3항에 따른 시설 또는 장비에 대한 인증과 관련하여 인증 대상·기준·절차 및 관리방법과 그 밖에 필요한 사항은 미래창조과학부령으로 정한다. <개정 2013.3.23.>

⑤ 미래창조과학부장관은 제3항에 따라 인증을 부여한 시설 또는 장비에 대하여 그 운영실태와 사후관리 상태를 조사하여야 하며, 조사 결과 인증기준에 적합하지 아니하다고 인정할 때에는 시정을 요구할 수 있다. <개정 2013.3.23.>

⑥ 미래창조과학부장관은 제3항에 따라 인증을 부여한 시설 또는 장비가 다음 각 호의 어느 하나에 해당하면 인증을 취소할 수 있다. 다만, 제1호에 해당하면 인증을 취소하여야 한다. <개정 2013.3.23.>

1. 거짓이나 그 밖의 부정한 방법으로 인증을 받은 경우
2. 시설 또는 장비가 인증기준에 현저히 미달하여 전자화문서의 신뢰성을 훼손할 우려가 있는 경우
3. 제5항에 따른 시정 요구를 이행하지 아니한 경우

[전문개정 2012.6.1.]

제24조(전자문서 및 전자거래의 표준화) ① 정부는 전자문서 및 전자거래의 효율적 운용과 관련 기술의 호환성(互換性) 확보를 위하여 다음 각 호의 사업을 추진하여야 한다.

1. 전자문서 및 전자거래와 관련된 표준의 제정·개정 및 폐지와 그 보급
2. 전자문서 및 전자거래와 관련된 국내외 표준의 조사·연구·개발
3. 그 밖에 전자문서 및 전자거래와 관련된 표준화에 관하여 필요한 사업

③ 정부는 제1항 각 호의 사업을 효율적으로 추진하기 위하여 필요한 경우에는 관련 기관 및 민간단체로 하여금 이를 대행하게 할 수 있다. 이 경우 대통령령으로 정하는 바에 따라 대행에 드는 비용을 지원할 수 있다.

[전문개정 2012.6.1.]

제25조(전자문서 및 전자거래 기술개발의 추진) 정부는 전자문서 이용 및 전자거래의 촉진에 필요한 기술의 개발과 기술수준의 향상을 위하여 다음 각 호의 사항을 추진하여야 한다.

1. 전자문서 및 전자거래에 관한 기술수준의 조사, 기술의 연구개발, 개발된 기술의 활용에 관한 사항
2. 전자문서 및 전자거래에 관한 기술협력·기술지도 및 기술이전에 관한 사항
3. 전자문서 및 전자거래에 관한 기술정보의 원활한 유통 및 산학연(産學硏) 협력에 관한 사항
4. 그 밖에 전자문서 및 전자거래에 관한 기술개발과 관련하여 필요한 사항

[전문개정 2012.6.1.]

제26조(전자문서 및 전자거래 전문인력의 양성) ① 정부는 전자문서 이용 및 전자거래를 촉진하기 위하여 필요한 전문인력을 양성하는 데 노력하여야 한다.

② 정부는 제1항에 따라 전문인력을 양성하기 위하여 「정부출연연구기관 등의 설립·운영 및 육성에 관한 법률」에 따른 정부출연연구기관 등 연구소, 「고등교육법」에 따른 학교, 민간교육기관, 그 밖의 관련 기관에 대하여 그 사업 수행에 필요한 경비의 전부 또는 일부를 지원할 수 있다.

③ 제2항에 따른 전문인력 양성기관에 대한 경비 지원 등에 필요한 사항은 대통령령으로 정한다.

[전문개정 2012.6.1.]

제27조(공공부문의 전자거래 추진) 국가기관, 지방자치단체, 「공공기관의 운영에 관한 법률」 제4조에 따른 공공기관 및 공공단체 등(이하 "국가기관등"이라 한다)은 그 기관의 운영에 필요한 재화 또는 용역의 조달이나 기관의 사업을 전자거래로 수행하기 위한 계획을 수립하여 추진하여야 한다.

[전문개정 2012.6.1.]

제28조(전자문서 및 전자거래 통계의 실태조사) ① 미래창조과학부장관은 전자문서·전자거래촉진정책의 효과적인 수립·시행을 위하여 전자문서 및 전자거래 통계의 실태조사를 실시할 수 있다. 이 경우 전자문서 및 전자거래 통계의 작성에 관하여는 「통계법」을

준용한다. <개정 2013.3.23.>

② 미래창조과학부장관은 제1항에 따른 전자문서 및 전자거래 통계의 실태조사를 위하여 필요한 경우에는 다음 각 호의 어느 하나에 해당하는 자에 대하여 자료의 제출이나 의견의 진술 등을 요구할 수 있다. <개정 2013.3.23.>

1. 국가기관등
2. 전자거래사업자
3. 전자문서 또는 전자거래 관련 법인·단체

③ 제2항에 따라 자료의 제출 등을 요구받은 자는 이에 협조하여야 한다.

④ 전자문서 및 전자거래 통계의 실태조사에 필요한 사항은 대통령령으로 정한다.

[전문개정 2012.6.1.]

제29조(전자문서 및 전자거래의 국제화) ① 정부는 전자문서 및 전자거래에 관한 국제협력을 촉진하기 위하여 전자문서 및 전자거래에 관한 정보·기술·인력의 교류, 공동조사·연구 및 기술협력, 국제표준화 등의 사업을 지원할 수 있다.

② 정부는 국제기구에서의 전자문서 및 전자거래에 관련된 논의에 적극적으로 참여하여 대응하고, 전자거래사업자 및 전자문서 관련 사업자의 국외시장 진출을 활성화하기 위하여 노력하여야 한다.

[전문개정 2012.6.1.]

제30조(전자상거래지원센터) ① 정부는 중소기업의 전자거래를 촉진하기 위하여 필요한 시책을 마련하여 추진하여야 한다.

② 미래창조과학부장관은 중소기업의 전자거래를 촉진하기 위하여 전자거래와 관련한 교육훈련, 기술지도, 경영자문, 정보제공 등을 지원하는 기관을 전자상거래지원센터(이하 "지원센터"라 한다)로 지정할 수 있다. <개정 2013.3.23.>

③ 지원센터의 지정기준, 사업추진실적 보고 및 경비지원 등에 필요한 사항은 대통령령으로 정한다.

[전문개정 2012.6.1.]

제30조의2(지원센터의 지정취소) 미래창조과학부장관은 지원센터가 다음 각 호의 어느 하나에 해당하면 그 지정을 취소할 수 있다. 다만, 제1호에 해당하면 지정을 취소하여야 한다. <개정 2013.3.23.>

1. 거짓이나 그 밖의 부정한 방법으로 지원센터 지정을 받은 경우
2. 정당한 사유 없이 계속하여 2년 이상 사업추진실적이 없는 경우
3. 제30조제3항에 따른 지정기준에 적합하지 아니하게 된 경우

[전문개정 2012.6.1.]

제31조(전자문서 이용 및 전자거래의 촉진을 위한 지원) ① 국가 또는 지방자치단체는 전자문서 이용 및 전자거래를 촉진하기 위하여 「조세특례제한법」·「지방세특례제한법」 등 조세 관계 법률에서 정하는 바에 따라 조세 감면 등 세제상의 지원과 금융상의 지원, 그 밖에 필요한 행정상의 지원을 할 수 있다.

② 정부는 전자문서 및 전자거래와 관련된 법인 또는 단체가 전자문서·전자거래촉진계획에서 정하는 사업을 실시하는 경우 예산의 범위에서 해당 사업비의 전부 또는 일부를 지원할 수 있다.
[전문개정 2012.6.1.]

제5장의2 공인전자문서센터와 공인전자문서중계자 〈개정 2012.6.1.〉

제1절 공인전자문서센터 〈신설 2012.6.1.〉

제31조의2(공인전자문서센터의 지정) ① 미래창조과학부장관은 전자문서보관등의 안전성과 정확성을 확보하기 위하여 전자문서보관등에 관하여 전문성이 있는 자를 공인전자문서센터로 지정하여 전자문서보관등을 하게 할 수 있다. <개정 2013.3.23.>
② 공인전자문서센터로 지정받을 수 있는 자는 법인 또는 대통령령으로 정하는 국가기관등으로 한정한다.
③ 공인전자문서센터로 지정을 받으려는 자는 전자문서보관등에 필요한 인력·기술능력·재정능력과 제31조의9제6항에 따른 인적·물적 측면에서 독립성 및 그 밖의 시설·장비 등을 갖추어 미래창조과학부장관에게 지정을 신청하여야 한다. <개정 2013.3.23.>
④ 제1항과 제3항에 따른 공인전자문서센터의 인력·기술능력·재정능력과 그 밖의 시설·장비 등의 지정기준, 지정방법 및 지정절차에 관하여 필요한 사항은 대통령령으로 정한다.
[전문개정 2012.6.1.]

제31조의3(공인전자문서센터의 결격사유) 다음 각 호의 어느 하나에 해당하는 자는 공인전자문서센터로 지정을 받을 수 없다.

1. 임원 및 전자문서보관등을 직접 수행하는 직원으로서 대통령령으로 정하는 직원(이하 "임원등"이라 한다) 중 다음 각 목의 어느 하나에 해당하는 사람이 있는 자
   가. 금치산자 또는 한정치산자
   나. 파산선고를 받고 복권되지 아니한 사람
   다. 금고 이상의 실형을 선고받고 그 집행이 끝나거나(집행이 끝난 것으로 보는 경우를 포함한다) 집행이 면제된 날부터 2년이 지나지 아니한 사람
   라. 금고 이상의 형의 집행유예를 선고받고 그 유예기간 중에 있는 사람
   마. 법원의 판결 또는 다른 법률에 따라 자격이 상실되거나 정지된 사람
   바. 제31조의5제1항 및 제31조의22에 따라 지정이 취소된 자의 임원등이었던 사람(그 취소사유의 발생에 관하여 직접 또는 이에 상응하는 책임이 있는 사람으로서 대통령령으로 정하는 사람으로 한정한다)으로서 해당 공인전자문서센터 또는 공인전자문서중계자 지정이 취소된 날부터 2년이 지나지 아니한 사람
2. 제31조의5제1항 및 제31조의22에 따라 지정이 취소된 후 2년이 지나지 아니한 자

[전문개정 2012.6.1.]

제31조의4(시정명령) 미래창조과학부장관은 공인전자문서센터가 다음 각 호의 어느 하나에 해당하면 6개월 이내의 기간을 정하여 그 시정을 명할 수 있다. <개정 2013.3.23.>

1. 제31조의2제4항에 따른 공인전자문서센터의 지정기준에 적합하지 아니하게 된 경우
2. 임원등이 제31조의3제1호 각 목의 어느 하나에 해당하게 된 경우
3. 제31조의8제1항을 위반하여 전자문서보관등 업무준칙의 신고를 하지 아니한 경우
4. 제31조의8제2항을 위반하여 전자문서보관등 업무준칙의 변경신고를 하지 아니한 경우
5. 제31조의9제1항을 위반하여 전자문서보관등의 서비스의 제공을 거부한 경우
6. 제31조의9제2항을 위반하여 이용자를 부당하게 차별한 경우
7. 제31조의9제3항을 위반하여 보관된 전자문서의 내용이 훼손되거나 변경되지 아니하도록 필요한 조치를 하지 아니한 경우
8. 공인전자문서센터의 업무수행의 방법 또는 절차가 부적절하여 전자문서의 보관·송신 또는 수신의 안전성이나 전자문서에 관한 증명의 정확성을 저해할 우려가 있는 경우
9. 제31조의16제2항을 위반하여 보험에 가입하지 아니한 경우

[전문개정 2012.6.1.]

제31조의5(지정취소 및 과징금) ① 미래창조과학부장관은 제31조의2에 따라 공인전자문서센터로 지정을 받은 자가 다음 각 호의 어느 하나에 해당하면 미래창조과학부령으로 정하는 바에 따라 그 지정을 취소하거나 1년 이내의 기간을 정하여 그 업무의 전부 또는 일부의 정지를 명할 수 있다. 다만, 제1호나 제2호에 해당하는 경우에는 그 지정을 취소하여야 한다. <개정 2013.3.23.>

1. 거짓이나 그 밖의 부정한 방법으로 제31조의2제1항에 따른 지정을 받은 경우
2. 업무정지기간에 업무를 계속하여 수행한 경우
3. 제31조의2제1항에 따른 지정을 받은 날부터 1년 이상 업무를 시작하지 아니하거나 업무 시작 후 1년 이상 계속하여 전자문서보관등의 업무를 하지 아니한 경우
4. 제31조의4에 따른 시정명령을 그 정하여진 기간 이내에 이행하지 아니한 경우

② 미래창조과학부장관은 제1항제3호 또는 제4호에 해당하여 업무정지처분을 하여야 하는 경우로서 그 업무정지가 공인전자문서센터를 이용하는 자에게 심한 불편을 주거나 공익을 해칠 우려가 있다고 인정하는 경우에는 업무정지를 갈음하여 1억원 이하의 과징금을 부과할 수 있다. <개정 2013.3.23.>

③ 제2항에 따라 과징금을 부과하는 위반행위의 종류와 위반 정도 등에 따른 과징금의 금액 및 과징금의 산정방법과 그 밖에 필요한 사항은 대통령령으로 정한다.

④ 미래창조과학부장관은 제2항에 따른 과징금을 내야 할 자가 납부기한까지 이를 내지 아니하면 국세 체납처분의 예에 따라 징수한다. <개정 2013.3.23.>

[전문개정 2012.6.1.]

제31조의6(공인전자문서센터를 통한 보관의 효력) 공인전자문서센터가 전자문서를 보관하는 경우에는 제5조제1항 또는 제2항에 따른 전자문서의 보관이 행하여진 것으로 본다.

[전문개정 2012.6.1.]

제31조의7(전자문서 내용의 추정 등) ① 공인전자문서센터에 보관된 전자문서는 보관기간에는 그 내용이 변경되지 아니한 것으로 추정한다.

② 공인전자문서센터가 해당 공인전자문서센터에 보관된 전자문서의 보관 사실, 작성자, 수신자 및 송신·수신 일시 등에 관한 사항에 대한 증명서를 대통령령으로 정하는 방법 및 절차에 따라 발급한 경우에 그 증명서에 적힌 사항은 진정한 것으로 추정한다.

[전문개정 2012.6.1.]

제31조의8(전자문서보관등 업무준칙의 신고 등) ① 공인전자문서센터는 업무를 시작하기 전에 전자문서보관등에 관한 업무준칙(이하 "전자문서보관등 업무준칙"이라 한다)을 미래창조과학부령으로 정하는 바에 따라 작성하여 미래창조과학부장관에게 신고하여야 한다. 이 경우 전자문서보관등 업무준칙에는 다음 각 호의 사항이 포함되어야 한다. <개정 2013.3.23.>

1. 업무의 종류
2. 업무의 수행방법 및 수행절차
3. 전자문서보관등의 서비스의 이용조건 및 이용요금
4. 그 밖에 업무수행에 필요한 것으로서 미래창조과학부령으로 정하는 사항

② 공인전자문서센터는 제1항에 따라 신고한 사항을 변경하려는 경우에는 미래창조과학부령으로 정하는 바에 따라 미래창조과학부장관에게 신고하여야 한다. <개정 2013.3.23.>

③ 미래창조과학부장관은 제1항에 따라 신고된 전자문서보관등 업무준칙의 내용이 전자문서보관등의 업무의 안전성과 정확성을 확보하는 데 지장을 주거나 전자문서보관등의 서비스를 이용하는 자(이하 "이용자"라 한다)의 이익을 저해할 우려가 있다고 인정하는 경우에는 상당한 기간을 정하여 해당 공인전자문서센터에 전자문서보관등 업무준칙의 변경을 명할 수 있다. <개정 2013.3.23.>

④ 공인전자문서센터는 전자문서보관등에 사용되는 시설 또는 장비를 변경하였을 때에는 미래창조과학부령으로 정하는 바에 따라 미래창조과학부장관에게 신고하여야 한다. <개정 2013.3.23.>

[전문개정 2012.6.1.]

제31조의9(준수사항) ① 공인전자문서센터는 정당한 사유 없이 전자문서보관등의 서비스의 제공을 거부하여서는 아니 된다.

② 공인전자문서센터는 이용자를 부당하게 차별하여서는 아니 된다.

③ 공인전자문서센터는 보관된 전자문서의 내용이 훼손되거나 변경되지 아니하도록 대통령령으로 정하는 바에 따라 필요한 조치를 하여야 한다.

④ 공인전자문서센터는 해당 정보처리시스템에 보관된 전자문서나 그 밖의 관련 정보를 적법한 절차에 의하지 아니하거나 전자문서의 작성자, 수신자 및 해당 이용자의 동의 없이 타인에게 제공·공개 등을 하여서는 아니 된다.

⑤ 공인전자문서센터는 전자문서보관등을 신뢰성있게 수행하기 위하여 이용자와의 관계

에서 인적·물적 측면에서 독립성을 유지하여야 하며, 그 구체적인 기준은 대통령령으로 정한다.

[전문개정 2012.6.1.]

제31조의10(정기점검 등) ① 공인전자문서센터는 보유한 시설 및 장비의 안전성에 대하여 미래창조과학부장관으로부터 정기적으로 점검을 받아야 한다. <개정 2013.3.23.>

② 공인전자문서센터는 제31조의8제4항에 따른 변경신고를 하거나 제31조의14제3항에 따른 승계신고를 한 경우에는 미래창조과학부장관으로부터 해당 시설 또는 장비의 안전성에 대하여 점검을 받아야 한다. <개정 2013.3.23.>

③ 제1항과 제2항에 따른 점검의 기준·시기·대상·절차와 그 밖에 필요한 사항은 미래창조과학부령으로 정한다. <개정 2013.3.23.>

[전문개정 2012.6.1.]

제31조의11(보고 및 검사 등) ① 미래창조과학부장관은 필요하다고 인정하면 공인전자문서센터로 하여금 대통령령으로 정하는 바에 따라 관계 자료를 제출하게 하거나 서면 또는 전자문서로 보고하게 할 수 있으며, 관계 공무원으로 하여금 공인전자문서센터의 사무실·사업장과 그 밖의 관련 장소에 출입하여 전자문서보관등에 관한 시설·장비·서류 또는 그 밖의 관련 물건을 검사하게 할 수 있다. <개정 2013.3.23.>

② 제1항에 따라 검사를 하는 공무원은 그 권한을 나타내는 증표를 지니고 이를 관계인에게 보여주어야 한다.

[전문개정 2012.6.1.]

제31조의12(전자문서 등 관련 정보의 보안) ① 누구든지 공인전자문서센터에 보관된 전자문서나 그 밖의 관련 정보를 위조 또는 변조하거나 위조 또는 변조된 정보를 행사하여서는 아니 된다.

② 누구든지 공인전자문서센터의 정보처리시스템에 거짓 정보나 부정한 명령을 입력하는 등의 방법으로 제31조의7제2항에 따른 증명서가 거짓으로 발급되게 하여서는 아니 된다.

③ 누구든지 공인전자문서센터에 보관된 전자문서나 그 밖의 관련 정보를 멸실 또는 훼손하거나 그 비밀을 침해하여서는 아니 된다.

④ 공인전자문서센터의 임원 또는 직원이거나 임원 또는 직원이었던 사람은 직무상 알게 된 전자문서의 내용이나 그 밖의 관련 정보의 내용을 누설하거나 자신이 이용하거나 제3자로 하여금 이용하게 하여서는 아니 된다.

[전문개정 2012.6.1.]

제31조의13(이용자의 정보 보호) 공인전자문서센터 및 공인전자문서중계자는 전자문서보관등 및 전자문서유통과 관련하여 관계 법령에서 정하는 바에 따라 이용자의 개인정보를 보호하여야 한다.

[전문개정 2012.6.1.]

제31조의14(공인전자문서센터 영업의 양도·양수 등) ① 공인전자문서센터는 다른 공인전자문서센터에 영업의 전부 또는 일부를 양도하거나 다른 공인전자문서센터와 합병할

수 있다. 이 경우 양도 또는 합병하려는 날의 60일 전까지 미래창조과학부령으로 정하는 바에 따라 이용자에게 통지하여야 한다. <개정 2013.3.23.>

② 제1항에 따라 영업을 양수한 공인전자문서센터 또는 합병 후에 존속하거나 설립되는 공인전자문서센터는 종전의 공인전자문서센터의 지위를 승계한다.

③ 제2항에 따라 종전의 공인전자문서센터의 지위를 승계한 자는 1개월 이내에 미래창조과학부령으로 정하는 바에 따라 미래창조과학부장관에게 신고하여야 한다. <개정 2013.3.23.>

[전문개정 2012.6.1.]

제31조의15(전자문서보관등 영업의 폐지) ① 공인전자문서센터가 전자문서보관등의 영업을 폐지하려는 경우에는 폐지하려는 날의 60일 전까지 미래창조과학부령으로 정하는 바에 따라 이용자에게 통지하고 그 사실을 미래창조과학부장관에게 신고하여야 한다. <개정 2013.3.23.>

② 제1항에 따라 신고한 공인전자문서센터는 보관하고 있는 전자문서와 그 밖에 전자문서보관등에 관한 기록(이하 "보관문서등"이라 한다)을 다른 공인전자문서센터에 인계하여야 한다. 다만, 다른 공인전자문서센터가 인수를 거부하는 등 부득이한 사유로 인계할 수 없는 경우에는 그 사실을 미래창조과학부장관에게 지체 없이 신고하여야 한다. <개정 2013.3.23.>

③ 미래창조과학부장관은 다음 각 호의 어느 하나에 해당하는 경우로서 전자문서보관등 업무의 계속성과 안전성을 보장하기 위하여 긴급한 조치가 필요하다고 인정할 때에는 전담기관으로 하여금 해당 보관문서등을 인수하게 하거나 그 밖에 필요한 조치를 명할 수 있다. <개정 2013.3.23.>

1. 제2항 단서에 따른 신고를 받은 경우
2. 제31조의5에 따라 공인전자문서센터의 지정을 취소한 경우
3. 그 밖에 공인전자문서센터가 전자문서보관등의 업무를 수행하지 못할 부득이한 사유가 발생한 경우

④ 제1항부터 제3항까지의 규정에 따른 영업의 폐지신고 및 보관문서등의 인계·인수 등에 필요한 사항은 미래창조과학부령으로 정한다. <개정 2013.3.23.>

[전문개정 2012.6.1.]

제31조의16(배상책임 및 보험 가입) ① 공인전자문서센터는 전자문서보관등과 관련하여 이용자에게 손해를 입혔을 때에는 그 손해를 배상하여야 한다. 다만, 공인전자문서센터가 고의 또는 과실이 없음을 증명한 경우에는 그러하지 아니하다.

② 공인전자문서센터는 제1항에 따른 손해를 배상하기 위하여 대통령령으로 정하는 바에 따라 보험에 가입하여야 한다.

[전문개정 2012.6.1.]

제31조의17(수수료 등) 공인전자문서센터는 증명서의 발급을 신청하는 자 또는 이용자에게 수수료 등 필요한 요금을 부과할 수 있다.

[전문개정 2012.6.1.]

제2절 공인전자문서중계자 〈신설 2012.6.1.〉

제31조의18(공인전자문서중계자의 지정 등) ① 미래창조과학부장관은 전자문서유통의 안정성과 신뢰성을 확보하기 위하여 전자문서유통에 관하여 전문성이 있는 자를 공인전자문서중계자로 지정하여 전자문서유통을 하게 할 수 있다. 이 경우 개인정보 또는 영업비밀 보호를 위하여 필요한 경우에는 금융·의료·국방 등 분야별로 대표성이 있는 자를 우선하여 지정할 수 있다. <개정 2013.3.23.>

② 공인전자문서중계자로 지정을 받을 수 있는 자는 법인 또는 대통령령으로 정하는 국가기관등으로 한정한다.

③ 공인전자문서중계자로 지정을 받으려는 자는 전자문서유통에 필요한 인력·시설·장비와 재정능력 및 기술능력(이하 "공인전자문서중계자요건"이라 한다. 이하 이 조에서 같다)을 갖추어 미래창조과학부장관에게 지정을 신청하여야 한다. 다만, 제31조의2에 따라 공인전자문서센터로 지정받은 자는 공인전자문서중계자요건 중 인력·재정능력을 갖춘 것으로 본다. <개정 2013.3.23.>

④ 미래창조과학부장관은 전자문서유통의 안정성과 신뢰성 확보를 위하여 공인전자문서중계자 업무준칙을 고시할 수 있다. <개정 2013.3.23.>

⑤ 미래창조과학부장관은 제1항 후단에 따라 공인전자문서중계자를 지정하는 경우에는 전자문서유통의 안정성과 신뢰성 확보에 필요한 조건을 붙일 수 있다. <개정 2013.3.23.>

⑥ 제1항과 제3항에 따른 공인전자문서중계자요건 및 지정절차 등에 관하여 필요한 사항은 대통령령으로 정한다.

[본조신설 2012.6.1.]

제31조의19(공인전자문서중계자의 결격사유) 다음 각 호의 어느 하나에 해당하는 자는 공인전자문서중계자로 지정을 받을 수 없다.

1. 임원 중 제31조의3제1호 각 목의 어느 하나에 해당하는 사람이 있는 자
2. 제31조의5제1항이나 제31조의22에 따라 지정이 취소된 후 2년이 지나지 아니한 자

[본조신설 2012.6.1.]

제31조의20(공인전자문서중계자의 변경신고) 공인전자문서중계자는 전자문서유통에 사용되는 시설 또는 장비를 변경하였을 때에는 미래창조과학부령으로 정하는 바에 따라 미래창조과학부장관에게 신고하여야 한다. <개정 2013.3.23.>

[본조신설 2012.6.1.]

제31조의21(정기점검 등) ① 공인전자문서중계자는 보유한 시설 및 장비의 안전성에 대하여 미래창조과학부장관으로부터 정기적으로 점검을 받아야 한다. <개정 2013.3.23.>

② 공인전자문서중계자는 제31조의20에 따른 변경신고를 하였을 때에는 미래창조과학부장관으로부터 해당 시설 또는 장비의 안전성에 대하여 점검을 받아야 한다. <개정 2013.3.23.>

③ 제1항과 제2항에 따른 점검의 기준·시기·대상 및 절차에 관하여 필요한 사항은 미래창조과학부령으로 정한다. <개정 2013.3.23.>

[본조신설 2012.6.1.]

제31조의22(공인전자문서중계자의 지정취소) 미래창조과학부장관은 공인전자문서중계자가 다음 각 호의 어느 하나에 해당하면 미래창조과학부령으로 정하는 바에 따라 그 지정을 취소할 수 있다. 다만, 제1호에 해당하는 경우에는 지정을 취소하여야 한다. <개정 2013.3.23.>

1. 거짓이나 그 밖의 부정한 방법으로 제31조의18에 따른 지정을 받은 경우
2. 제31조의18제3항에 따른 공인전자문서중계자요건을 갖추지 못하게 된 경우
3. 임원이 제31조의19제1호에 해당하게 된 경우. 다만, 3개월 이내에 그 임원을 바꾸어 임명한 경우에는 그러하지 아니하다.
4. 제31조의23에 따른 시정명령을 정하여진 기간 이내에 이행하지 아니한 경우

[본조신설 2012.6.1.]

제31조의23(시정명령) 미래창조과학부장관은 공인전자문서중계자가 다음 각 호의 어느 하나에 해당하면 6개월 이내의 기간을 정하여 그 시정을 명할 수 있다. <개정 2013.3.23.>

1. 제31조의18제4항에 따른 업무준칙을 위반한 경우
2. 제31조의18제5항에 따라 붙인 조건을 이행하지 아니한 경우
3. 공인전자문서중계자의 업무수행의 방법 또는 절차가 부적절하여 전자문서유통의 안정성과 신뢰성을 현저하게 해칠 우려가 있는 경우

[본조신설 2012.6.1.]

제6장 전자문서·전자거래분쟁조정위원회 〈개정 2012.6.1.〉

제32조(전자문서·전자거래분쟁조정위원회의 설치 및 구성 등) ① 전자문서 및 전자거래에 관한 분쟁을 조정하기 위하여 전자문서·전자거래분쟁조정위원회(이하 이 장에서 "위원회"라 한다)를 둔다.

② 위원회는 위원장 1명을 포함하여 15명 이상 50명 이하의 위원으로 구성한다.

③ 위원은 다음 각 호의 어느 하나에 해당하는 사람 중에서 미래창조과학부장관이 임명하거나 위촉하며, 위원장은 위원 중에서 호선(互選)한다. <개정 2013.3.23.>

1. 대학이나 공인된 연구기관에서 부교수급 이상 또는 이에 상당하는 직(職)에 있거나 있었던 사람으로서 전자문서 또는 전자거래 관련 분야를 전공한 사람
2. 4급 이상 공무원(고위공무원단에 속하는 일반직공무원을 포함한다) 또는 이에 상당하는 공공기관의 직에 있거나 있었던 사람으로서 전자문서 또는 전자거래 업무에 관한 경험이 있는 사람
3. 판사·검사 또는 변호사의 자격이 있는 사람
4. 「비영리민간단체 지원법」 제2조에 따른 비영리민간단체에서 추천한 사람

5. 그 밖에 전자문서 또는 전자거래와 분쟁조정에 관한 학식과 경험이 있는 사람

④ 위원은 비상임으로 하고, 위원의 임기는 3년으로 하며, 한차례만 연임할 수 있다.

⑤ 위원은 자격정지 이상의 형을 선고받거나 심신상의 장애로 직무를 수행할 수 없는 경우를 제외하고는 그의 의사에 반하여 면직 또는 해촉되지 아니한다.

⑥ 위원회의 업무를 지원하기 위하여 전담기관에 사무국을 둔다.

⑦ 제1항부터 제6항까지에서 규정한 사항 외에 위원회의 운영 등에 필요한 사항은 대통령령으로 정한다.

[전문개정 2012.6.1.]

제32조의2(위원의 제척·기피·회피) ① 위원회의 위원은 다음 각 호의 어느 하나에 해당하는 경우에는 해당 조정사건의 조정에서 제척(除斥)된다.

1. 위원이나 그 배우자 또는 배우자였던 사람이 사건의 당사자가 되거나 사건의 당사자와 공동권리자·공동의무자의 관계에 있는 경우
2. 위원이 사건의 당사자와 친족이거나 친족이었던 경우
3. 위원이 해당 사건에 관하여 증언이나 감정(鑑定)을 한 경우
4. 위원이 해당 사건에 관하여 당사자의 대리인으로서 관여하거나 관여하였던 경우

② 당사자는 위원에게 공정한 조정을 기대하기 어려운 사정이 있는 경우에는 위원회에 기피신청을 할 수 있다. 이 경우 위원장은 기피신청이 타당하다고 인정하면 기피의 결정을 한다.

③ 위원이 제1항이나 제2항의 사유에 해당하는 경우에는 위원장의 허가를 받아 스스로 해당 사건의 조정을 회피할 수 있다.

[본조신설 2012.6.1.]

제33조(분쟁의 조정) ① 전자문서 및 전자거래와 관련한 피해의 구제와 분쟁의 조정을 받으려는 자는 위원회에 분쟁의 조정을 신청할 수 있다. 다만, 다른 법률에 따라 분쟁조정이 완료된 경우는 제외한다.

② 조정은 3명 이내의 위원으로 구성된 조정부(이하 "조정부"라 한다)에서 행한다. 다만, 위원회에서 조정하기로 의결한 사건의 경우에는 위원회에서 행한다.

③ 조정부의 위원은 사건마다 각각 위원회의 위원 중에서 위원장이 지명하되, 제32조제3항제3호에 해당하는 사람이 1명 이상 포함되어야 한다.

④ 위원회 또는 조정부는 제1항에 따른 분쟁조정 신청을 받은 날부터 45일 이내에 조정안을 작성하여 분쟁당사자(이하 "당사자"라 한다)에게 권고하여야 한다. 다만, 부득이한 사정으로 그 기한을 연장하려는 경우에는 그 사유와 기한을 명시하여 당사자에게 통지하여야 한다.

⑤ 제4항 본문에 따른 권고를 받은 당사자는 권고를 받은 날부터 15일 이내에 조정안에 대한 동의 여부를 위원회 또는 조정부에 알려야 한다. 이 경우 15일 이내에 의사표시가 없는 때에는 수락한 것으로 본다.

⑥ 제1항부터 제5항까지에서 규정한 사항 외에 조정절차에 관하여 필요한 사항은 대통령령

령으로 정한다.

[전문개정 2012.6.1.]

제34조(자료 요청 등) ① 위원회는 분쟁조정을 위하여 필요한 자료의 제공을 당사자 또는 참고인에게 요청할 수 있다. 이 경우 해당 당사자는 정당한 사유가 없으면 요청에 따라야 한다.

② 위원회는 필요하다고 인정하는 경우에는 당사자 또는 참고인으로 하여금 위원회에 출석하게 하여 그 의견을 들을 수 있다.

[전문개정 2012.6.1.]

제34조의2(조정의 거부와 중지) ① 위원회는 다음 각 호의 어느 하나에 해당하는 경우에는 조정을 거부할 수 있다.

1. 다른 법률에 따라 분쟁조정이 완료된 경우
2. 사건의 성질상 위원회에서 조정하는 것이 적합하지 아니하다고 인정되는 경우
3. 부정한 목적으로 분쟁의 조정을 신청한 것으로 인정되는 경우

② 위원회는 분쟁의 조정이 끝나기 전에 당사자가 소(訴)를 제기한 경우에는 조정을 중지할 수 있다.

③ 위원회는 제1항과 제2항에 따라 조정을 거부하거나 중지하는 경우에는 그 사실과 사유를 당사자에게 통지하여야 한다.

[본조신설 2012.6.1.]

제35조(조정의 성립) ① 조정은 다음 각 호의 어느 하나의 경우에 성립한다.

1. 제33조제4항에 따른 조정안에 대하여 당사자가 동의한 경우
2. 당사자가 위원회에 조정합의서를 제출한 경우

② 위원회는 제1항에 따라 조정이 성립한 경우에는 위원회의 위원장과 각 당사자가 기명날인한 조정조서를 당사자에게 보내야 한다.

③ 제2항에 따른 조정조서는 「민사소송법」에 따른 재판상 화해와 동일한 효력을 갖는다.

[전문개정 2012.6.1.]

제36조(조정의 불성립) 위원회는 다음 각 호의 어느 하나에 해당하는 경우에는 조정이 성립하지 아니하였음을 당사자에게 통지하여야 한다.

1. 분쟁조정의 신청이 취하되거나 당사자 어느 한 쪽이 분쟁의 조정에 응하지 아니하는 경우
2. 당사자가 위원회의 조정안을 거부한 경우

[전문개정 2012.6.1.]

제36조의2(소멸시효의 중단) 제33조제1항에 따른 분쟁조정의 신청은 소멸시효 중단의 효력이 있다. 다만, 분쟁조정의 신청을 취하하는 경우에는 그러하지 아니하다.

[본조신설 2014.10.15.]

제37조(조정비용 등) ① 위원회는 분쟁의 조정을 신청한 자에게 대통령령으로 정하는 바에 따라 조정비용을 부담하게 할 수 있다.

② 정부는 예산의 범위에서 위원회의 운영에 필요한 경비를 출연할 수 있다.
[전문개정 2012.6.1.]

제37조의2(비밀 유지) 위원회의 분쟁조정 업무에 종사하는 자 또는 종사하였던 자는 그 직무상 알게 된 비밀을 타인에게 누설하거나 직무상 목적 외의 용도로 사용하여서는 아니 된다. 다만, 다른 법률에 특별한 규정이 있는 경우에는 그러하지 아니하다.
[본조신설 2012.6.1.]

제7장 보칙 〈신설 2012.6.1.〉

제38조(유사명칭의 사용금지) ① 공인전자문서센터로 지정을 받지 아니한 자는 공인전자문서센터 또는 이와 유사한 명칭을 사용하여서는 아니 된다.
② 공인전자문서중계자로 지정을 받지 아니한 자는 공인전자문서중계자 또는 이와 유사한 명칭을 사용하여서는 아니 된다.
③ 누구든지 공인전자주소가 아닌 것에 공인전자주소 또는 이와 유사한 명칭을 사용하여서는 아니 된다.
[전문개정 2012.6.1.]

제39조(권한의 위임·위탁) 이 법에 따른 미래창조과학부장관의 권한은 대통령령으로 정하는 바에 따라 그 일부를 소속 기관의 장 또는 지방자치단체의 장에게 위임하거나 관계 중앙행정기관의 장 또는 전문기관에 위탁할 수 있다. <개정 2013.3.23.>
[전문개정 2012.6.1.]

제40조(상호주의) 외국인 및 외국 법인에 대하여도 이 법을 적용한다. 다만, 대한민국 국민 또는 대한민국 법인에 대하여 이 법에 준하는 보호를 하지 아니하는 국가의 외국인 또는 외국 법인에 대하여는 그에 상응하게 이 법 또는 대한민국이 가입 또는 체결한 조약에 따른 보호를 제한할 수 있다.
[전문개정 2012.6.1.]

제41조(청문) 미래창조과학부장관은 다음 각 호의 어느 하나에 해당하는 경우에는 청문을 하여야 한다. <개정 2013.3.23.>
1. 제30조의2에 따라 지원센터의 지정을 취소하려는 경우
2. 제31조의5제1항에 따라 공인전자문서센터의 지정을 취소하려는 경우
3. 제31조의22에 따라 공인전자문서중계자의 지정을 취소하려는 경우
[전문개정 2012.6.1.]

제42조(벌칙 적용 시의 공무원 의제) 다음 각 호의 어느 하나에 해당하는 사람은 그 업무에 관하여 「형법」 제129조부터 제132조까지의 규정을 적용할 때에는 공무원으로 본다.
1. 공인전자문서센터의 임원 또는 직원
2. 공인전자문서중계자의 임원
3. 위원회의 위원 중 공무원이 아닌 위원
[전문개정 2012.6.1.]

제8장 벌칙 〈개정 2012.6.1.〉

제43조(벌칙) ① 다음 각 호의 어느 하나에 해당하는 자는 10년 이하의 징역 또는 1억원 이하의 벌금에 처한다.

1. 제31조의12제1항을 위반하여 공인전자문서센터에 보관된 전자문서나 그 밖의 관련 정보를 위조 또는 변조하거나 위조 또는 변조된 정보를 행사한 자
2. 제31조의12제2항을 위반하여 공인전자문서센터의 정보처리시스템에 거짓 정보나 부정한 명령을 입력하는 등의 방법으로 제31조의7제2항에 따른 증명서가 거짓으로 발급되게 한 자

② 제1항의 미수범은 처벌한다.

[전문개정 2012.6.1.]

제44조(벌칙) 다음 각 호의 어느 하나에 해당하는 자는 5년 이하의 징역 또는 5천만원 이하의 벌금에 처한다.

1. 제31조의12제3항을 위반하여 공인전자문서센터에 보관된 전자문서나 그 밖의 관련 정보를 멸실 또는 훼손하거나 그 비밀을 침해한 자
2. 제31조의12제4항을 위반하여 직무상 알게 된 전자문서의 내용이나 그 밖의 관련 정보의 내용을 누설하거나 자신이 이용하거나 제3자로 하여금 이용하게 한 공인전자문서센터의 임원 또는 직원이거나 임원 또는 직원이었던 자
3. 제37조의2를 위반하여 직무상 알게 된 비밀을 타인에게 누설하거나 직무상 목적 외의 용도로 사용한 자

[전문개정 2012.6.1.]

제45조(양벌규정) 법인의 대표자나 법인 또는 개인의 대리인, 사용인, 그 밖의 종업원이 그 법인 또는 개인의 업무에 관하여 제43조 또는 제44조의 위반행위를 하면 그 행위자를 벌하는 외에 그 법인 또는 개인에게도 해당 조문의 벌금형을 과(科)한다. 다만, 법인 또는 개인이 그 위반행위를 방지하기 위하여 해당 업무에 관하여 상당한 주의와 감독을 게을리하지 아니한 경우에는 그러하지 아니하다.

[전문개정 2008.12.26.]

제46조(과태료) ① 다음 각 호의 어느 하나에 해당하는 자에게는 3천만원 이하의 과태료를 부과한다.

1. 제18조의6을 위반하여 공인전자주소를 수집·판매하거나 제공한 자
2. 제18조의7을 위반하여 수신자의 공인전자주소에 영리 또는 홍보를 목적으로 광고를 송신한 자
3. 제31조의9제4항을 위반하여 전자문서나 그 밖의 관련 정보를 제공·공개 등을 한 공인전자문서센터

② 다음 각 호의 어느 하나에 해당하는 자에게는 1천만원 이하의 과태료를 부과한다. <개정 2013.3.23.>

1. 제18조의2제2항을 위반하여 우수전자거래사업자의 표시 또는 이와 유사한 표시를

하거나 홍보를 한 자

2. 제31조의8제1항을 위반하여 전자문서보관등 업무준칙의 신고를 하지 아니한 자
3 제31조의8제2항을 위반하여 전자문서보관등 업무준칙의 변경신고를 하지 아니한 자
4. 제31조의8제3항에 따른 전자문서보관등 업무준칙의 변경에 관한 명령을 이행하지 아니한 자
5. 제31조의8제4항을 위반하여 시설 또는 장비의 변경신고를 하지 아니한 자
6. 제31조의9제1항을 위반하여 정당한 사유 없이 전자문서보관등의 서비스의 제공을 거부한 자
7. 제31조의9제2항을 위반하여 이용자를 부당하게 차별한 자
8. 제31조의9제3항을 위반하여 공인전자문서센터에 보관된 전자문서의 내용이 훼손되거나 변경되지 아니하도록 필요한 조치를 하지 아니한 자
9. 제31조의10제1항 또는 제2항을 위반하여 점검을 받지 아니한 자
10. 제31조의11제1항에 따른 자료제출이나 보고를 하지 아니한 자, 거짓 자료를 제출하거나 거짓 보고를 한 자 또는 관계 공무원의 출입이나 검사를 거부·방해 또는 기피한 자
11. 제31조의14제1항 후단을 위반하여 전자문서보관등 영업의 양도 또는 합병을 이용자에게 통지하지 아니한 자
12. 제31조의14제3항을 위반하여 공인전자문서센터의 지위승계 사실을 신고하지 아니한 자
13. 제31조의15제1항을 위반하여 전자문서보관등 영업의 폐지를 이용자에게 통지하지 아니하거나 그 사실을 미래창조과학부장관에게 신고하지 아니한 자
14. 제31조의15제2항을 위반하여 보관문서등을 인계하지 아니하거나 신고하지 아니한 자
15. 제31조의16제2항을 위반하여 보험에 가입하지 아니한 자
16. 제31조의20을 위반하여 시설 또는 장비의 변경신고를 하지 아니한 자
17. 제31조의21을 위반하여 점검을 받지 아니한 자
18. 제38조제1항을 위반하여 공인전자문서센터 또는 이와 유사한 명칭을 사용한 자
19. 제38조제2항을 위반하여 공인전자문서중계자 또는 이와 유사한 명칭을 사용한 자
20. 제38조제3항을 위반하여 공인전자주소 또는 이와 유사한 명칭을 사용한 자

③ 제1항과 제2항에 따른 과태료는 대통령령으로 정하는 바에 따라 미래창조과학부장관이 부과·징수한다. <개정 2013.3.23.>

[전문개정 2012.6.1.]

부칙 〈제12781호, 2014.10.15.〉

제1조(시행일) 이 법은 공포한 날부터 시행한다.

제2조(적용례) 제36조의2의 개정규정은 이 법 시행 후 최초로 분쟁조정을 신청한 사건부터 적용한다.

참고문헌

강태구, 디지털수출마케팅, 무역경영사, 2001.
권태형 외, 창업 경영전략, 시그마, 2005.
김병술, 무역업의 창업과 경영, 도서출판 두남, 2003.
김성훈, 무역창업 시뮬레이션, 도서출판 두남, 1999.
김연동, 전자무역 이론과 실무, 도서출판 두남, 2013.
김영문, 500만원으로 창업하기, 집현재, 2011.
______, 예비창업자가 꼭 알아야 할 100가지 문답, 법문사, 2009.
______, 창업길라잡이, 집현재, 2011.
______, 창업학, 법문사, 2006.
______, 카페(cafe)로 창업하기, 집현재, 2012.
김중태, 1인 창조기업 컨설팅 북, 이비즈북스, 2010.
김철중 외, 창업길라잡이, 한솔출판사, 2004.
김학민, 전자무역의 이론과 실무, 경문사, 2007.
김형길 외, 벤처기업의 창업과 경영, 도서출판 두남, 2009.
대외 경제정책연구원, 전자무역의 최근 동향과 활성화 방안, 정책자료 01-05, 2001.
류건우, 국제지급결제네트워크의 구축과 활용 -SWIFTNet-TSU를 중심으로, 한국지급결제학회, 2012.
______, 대구지역기업 FTA활용 실태조사보고서, 대구경북연구원, 2011.
______, 섬유산업 신속대응(Quick Response)시스템 구축과 지역섬유산업 파트너십 모형 개발, 한국섬유산업연합회, 1999.
______, 수출기업 인터넷인증(Web Seal)사업, 대구상공회의소, 2006.
______, 주요 수출상품의 FTA 활용 성공사례 연구, 한남대 산학협력단, 2013.2.
______, 한·중 FTA 대비 지역섬유업계 대응방안, 대구경북섬유산업협회, 2010.
류건우·차병주, 국가전자무역서비스(uTradeHub)기반의 지급결제네트워크 구축과 활용, 산학협동재단, 2013.8.
____________, 글로벌 무역·금융공급망관리를 위한 국제지급결제네트워크의 구축과 활용, 무역보험연구, 2014.
류건우·최하늘·양근우·이호형, 전자무역과 웹비즈니스, 계명대출판부, 2011.
무역협회, 무역창업, 한국무역협회, 2002.
박상하, 정주영 집념의 승부사, 정몽구 결단의 승부사, 무한, 2011.
박종수, 무역 창업의 이해, 도서출판 두남, 2012.

삼성경제연구소, 산업지도를 바꾸는 인터넷 비즈니스, 1999.
손용엽, 이상호, 사이버시장의 경쟁원리, 시그마인사이트, 2001.
신성식, 무역창업의 이해, 도서출판 두남, 2003.
양의동, 전자무역시대의 무역실무론, 도서출판 두남, 2004.
염홍기, 문희철, 21C전자무역시대의 글로벌무역실무, 무역경영, 2011.
염홍기, 실전 인터넷 무역 쉽게 배우기, 중앙경제평론사, 2004.
오충근 외, 창업 가이드, 대경, 2002.
이상진, 전자무역론(개정판), 도서출판 두남, 2013.
이상헌, 은종성 성공 창업 경제학, 도서출판 두남, 2011.
이제현, 전자무역 실무, 박영사, 2010.
이제홍, 김지용, 무역실무 전자무역의 이해, 보명, 2006.
이종섭, 전자무역의 활성화를 위한 모델특성 비교 통상정보연구, 한국통상정보학회.
이형석, 창업 스스로에게 길을 묻자, 누벨끌레, 2012.
인터젠컨설팅, 전자무역비젼 전자무역추진위원회 용역보고서, 2002.
임재욱, E-TRADE시대의 무역실무, 현학사, 2002.
전자무역추진위원회, 중소기업 수출경쟁력 강화를 위한 전자무역마케팅 혁신마스터플랜 수립, 2007.
전타식, 쉽게 배운는 창업 경영론, 도서출판 두남, 2004.
조원길, 김연동, 전자무역실무 학습교재, 보명북스, 2008.
______, 유비쿼터스 시대를 대비한 전자무역실무, 보명북스, 2007.
채진익, 전자무역론(개정판), 2012.
최경주 외, 소호무역창업과정, 창업진흥원, 2011.
최경주, 전자무역 활성화를 위한 발전과제 관한 연구, 전자상거래학회지, 2003.
______, e비즈니스가 무역증대에 미치는 영향, e-Biz Korea, 2002.
______, e-Business 어플리케이션 통합정보 포털 연계 구축에 관한 연구, 2003.
한국무역정보통신, PAA 동아시아 전자무역 구축 소개, 2004.
한국정보통신진흥협회, ITC 실태조사, 2014.
황중서, 인터넷과 무역자동화, 형설출판사, 2000.
Carl Shapiro and Hal R. Varian, Information Rules. Havard Business School Press, 1999.
Mira Burri and Thomas Cottier, Trade Governance in the Digital Age, Cambridge University Press, 2012.

FC 창업 코리아 http://www.changupkorea.co.kr/main/main.asp
소상공인 지원센터 http://www.sbdc.or.kr/
중소기업 중앙회 http://www.kbiz.or.kr/
중소기업진흥공단 http://www.sbc.or.kr/
중소기업청 http://www.smba.go.kr/main/index.jsp
창업진흥원 http://www.changup.or.kr

• 저자 약력 •

최 경 주

〈학력〉

- 한국외국어대학교 졸업
- 한국외국어대학교 대학원 수료(경영학석사)
- 중앙대학교 대학원 무역학과 졸업(경영학박사)

〈주요 경력〉

- (주)영원무역
- 한국무역정보통신 과장 역임
- (재)한국유통물류진흥원 팀장 역임
- (주)신세계 I&c 전자상거래사업부부장 역임
- 국가기술표준원 ISO TC154 전문위원
- 한국농식품유통공사 사이버거래소 자문위원
- 중소기업청 R&D기획 평가위원
- 대구광역시 창조경제혁신센터 사물인터넷(IOT) 심사위원
- 현) 계명대학교 사회과학대학 전자무역학과 교수

〈주요 연구 및 저서〉

- 전자무역 발전과제에 관한 연구
- 대구경북 중소기업 섬유산업 온라인 수출활성화 방안 연구
- e-Business 기업포털 연계구축에 관한 연구
- 전자상거래와 SCM
- e-TRADE 시대의 무역공급망관리
- 전자무역 창업과 실무
- 수출입 시뮬레이션
- 경상북도 수출 700억불 달성 전자거래 알선시스템 구축 방안

〈수상〉

- 2008 지식경제부장관 표창

류 건 우

〈학력〉

- 영남대학교 졸업(경제학사)
- 영남대학교 대학원(경제학석사)
- 영남대학교 대학원(경제학박사)

〈주요 경력〉

- 한국은행 조사2부
- 육군 제3사관학교 교수부 경제학 전임강사
- 일본 코오베상과대학 객원교수
- Michigan State University, Global e-Commerce VIP Program
- 산업자원부 국가전자무역위원회 실무위원
- 한국통상정보학회 회장
- 현) 계명대학교 사회과학대학 전자무역학과 교수

〈주요 연구 및 저서〉

- 전자무역과 웹비즈니스(4인 공저)
- Regionalism and Subregionalism in the APEC Context(Monash Asia Institute)
- 국가전자무역서비스(uTradeHub) 기반의 지급결제 네트워크 구축과 활용(2인 공저)
- 대구지역 중소수출기업 인터넷인증 프로그램 도입에 관한 연구
- 국제지급결제네트워크의 구축과 활용-SWIFTNet-TSU를 중심으로 외

〈수상〉

- 2011 무역의 날 대통령상표창

전자무역의 이해와 활용

초 판 1쇄 인쇄 —— 2015년 2월 25일
초 판 1쇄 발행 —— 2015년 2월 28일
지은이 —— 최 경 주 · 류 건 우
펴낸이 —— 전 두 표
펴낸곳 —— 도서출판 두남
서울시 강동구 성내로6길 34-16 두남빌딩
신 고 : 제25100-1988-9호
TEL : 02) 478-2065, 2066, 2067, 2311
FAX : 02) 478-2068
E-mail : dunam1@unitel.co.kr
http://www.dunam.co.kr

정가 20,000원

ISBN 978-89-6414-595-1 93320